宗教与美国社会

宗教与变化中的美国和世界

第八辑

主编 徐以骅

时事出版社

图书在版编目（CIP）数据

宗教与美国社会——宗教与变化中的美国和世界（第八辑）/徐以骅等主编. —北京：时事出版社，2013. 12

ISBN 978-7-80232-661-3

Ⅰ. ①宗… Ⅱ. ①徐… Ⅲ. ①宗教—研究—美国②宗教—研究—世界 Ⅳ. ①B928. 712②B928. 1

中国版本图书馆 CIP 数据核字（2013）第 257224 号

出版发行：时事出版社
地　　址：北京市海淀区巨山村 375 号
邮　　编：100093
发行热线：（010）82546061　82546062
读者服务部：（010）61157595
传　　真：（010）82546050
电子邮箱：shishichubanshe@ sina. com
网　　址：www. shshishe. com
印　　刷：北京昌平百善印刷厂

开本：850×1168　1/32　印张：14. 75　字数：340 千字

2013 年 12 月第 1 版　2013 年 12 月第 1 次印刷

定价：52. 00 元

合办单位：
复旦大学美国研究中心
上海市高校智库复旦大学宗教与中国国家安全研究中心

《宗教与美国社会》为 CSSCI 来源集刊

《宗教与美国社会》编委会成员

序

● 徐以骅

作为全球移民的主要目的地，美国是世界上拥有最多宗教的国家，世界上的大多数宗教在美国都有栖身之地；美国又是目前世界上在宗教上最具有扩张性且具有向世界各地投射宗教影响力的国家，美国在向世界输出民主的同时，也通过其教牧大亨（pastorpreneurs，或可译为教牧创业者）、慈善事业（philanthropy）、基督教传媒（Christian Media）以及传教士（missionaries）这四个“宗教出口业”的“要害部门”将美国宗教以及美国宗教观念和模式输送到世界各地。而美国宗教在形塑来自世界各地以及遍及世界各地的宗教的同时，也为所有这些外来宗教和当地宗教所形塑。

因此，美国宗教研究不仅要探讨美国本土宗教发展的社会环境和境外宗教的美国化，而且要研究美国宗教发展的国际环境和海外扩张，从而促进与美国宗教国际化相对应的美国宗教研究的国际化。鉴于美国“宗教出口业”的主要推手是教会和非政府组织，宗教和宗教组织因此又成为包括公共外交在内的非传统外交的重要研究对象，而所谓以信仰为基础的外交在实践中也已成为传统外交的重要补充。因此目前把宗教与美国外交研究从政府和政策层面拓展到对外关系层面，从而扩大宗教与美国外交研究的内涵和外延，已成为该研究领域的一大趋势。

美国智库人士曾建言，美国外交要向世界尤其是穆斯林世界表明“美国不是一个宗教威胁”。但美国的“宗教出口业”和大张旗鼓的海外传教事业、美国政府对他国宗教状况说三道四，以及美国政府和非政府组织借宗教名义对他国主权和内部事务的干涉，即美国将“主权问题人权化、人权问题宗教化、宗教问题安全化”的种种做法，确实使不少发展中国家感到是某种“宗教威胁”。上述命题可引起人们对美国宗教模式及其世界影响的一些反思。相形之下，那些历史上多神信仰、不强调劝信改宗尤其在宗教信仰上不咄咄逼人甚至反客为主的国家如中国和印度等，反倒更具备促进全球宗教和谐的潜质。

《宗教与美国社会》系列丛书由复旦大学美国研究中心、上海市高校智库复旦大学宗教与中国国家安全研究中心联合主办。本辑所收录的论文除研讨宗教与美国的内政外交外，还涉及包括伊斯兰教与国际关系、宗教与国家安全、国际宗教非政府组织以及基督教传教运动史等等在内的国际宗教问题。本系列丛书自2004年出版以来，受到来自各方面的支持。在本辑出版之际，本丛书编委会及我本人对本辑的撰稿者，尤其是波士顿大学神学院世界宣教学杜鲁门·柯林斯讲座教授达纳·L. 罗伯特（Dana L. Robert）、2012年5月参加由美中教育基金（US-China Education Trust）与复旦大学美国研究中心联合举办的美国宗教讲习班的美国佛罗里达大学的肯尼斯·D. 沃尔德（Kenneth D. Wald）教授，对资助本辑部分研究的教育部人文社会科学重点研究基地项目“美国的宗教非政府组织”（06JJDGJW001）、复旦大学“985 工程”三期整体推进社会科学研究项目“全球化时代的宗教与中国国家建设”，以及学界同仁和读者，表示衷心的感谢。由于能力有限，本辑的错误疏漏之处肯定不少，祈望同行和读者不吝赐教。

目　录

宗教因素与当前美国-沙特关系

• 涂怡超

[内容提要]　沙特是美国在阿拉伯世界的长期盟友，尽管两国宗教背景迥异，但在冷战期间的世界格局中，宗教因素并未成为美沙关系的障碍。冷战结束以来，由于沙特国教瓦哈比伊斯兰教与恐怖主义理念、组织和行动之间的复杂关系，以及沙特宗教传统对沙特现代化和民主化的掣肘之于美国中东民主进程的阻碍，宗教开始成为两国关系中的摩擦因素。由于地区安全和石油安全仍是美国现阶段中东政策的首要考虑，且当前美国的中东政策仍需要沙特的大力支持，宗教自由在其政策考虑中只居末席，但美国一直通过政府和社会两大层面介入沙特推动其宗教实现渐进式变革。沙特虽在安全上仰赖美国扶持，但在内政外交领域仍坚持借助宗教渠道以达成其根本国家战

略。两国均以现实主义为导向维持两国的特殊关系，力争在尽量不触动对方重大关切的情况下实现己方国家利益，因此在近阶段宗教议题不会在实质上损伤两国关系，但对两国关系形成长远挑战。

美国与沙特阿拉伯长期以来保持紧密的非正式盟友关系，超越两国意识形态、社会制度和宗教信仰的藩篱。宗教因素在美国与沙特关系中地位独特。冷战时期，宗教因素并未影响美沙关系。进入后冷战时期、尤其是“9·11”事件以来，由于沙特国教瓦哈比伊斯兰教与恐怖主义理念、组织和行动之间的复杂关系，以及沙特宗教传统对沙特现代化和民主化的掣肘于美国中东民主进程的阻碍，宗教日益成为美沙关系中的不稳定因素。本文旨在分析宗教在美沙关系中的作用与趋势。

一、冷战期间宗教对美沙关系的影响

沙特地处伊斯兰教的发源地和使者穆罕默德诞生地，据有伊斯兰三大圣地之二麦加和麦地那。自瓦哈卜和穆罕默德·本·沙特结盟，教权和世俗权力成为历代沙特政权的两大支柱。自1932年现代沙特阿拉伯王国建国以来，沙特一直是政教合一国家，费萨尔国王强调沙特“世世代代都将是伊斯兰传统的维护者和伊斯兰圣地的守护者”，法塔赫国王甚至于1986年将“两圣寺的守护者”作为首位头衔。瓦哈比伊斯兰教在沙特国家战略中长期占据显要地位。担任全世界穆斯林的精神盟主、成为伊斯兰教之宗主国借以增强其国家的合法性，这一直是沙特重要对外战略目标。

尽管沙特和美国的宗教背景迥异，且基督教与伊斯兰教之间的历史恩怨已累积千年之久，但是在冷战期间，瓦哈比伊斯兰教一直是两国关系中的良性因素。在冷战期间美国为对抗苏联而进行的联盟外交中，为了对抗无神论的苏联，地处中东战略要地、石油资源丰富的有神论沙特成为美国的优先选择。1951 年 2 月，美国对沙战略进一步系统化，此后冷战期间的历任总统均将沙特看作抵制苏联在海湾地区渗透的重要堡垒。早在 1954 年，著名历史学家伯纳德·路易斯（Bernard Lewis）写道："虔敬的穆斯林，并且大多数穆斯林是虔敬的，不会容忍无神论的信条。"① 艾森豪威尔政府曾希望扶持当时的沙特国王成为全世界公认的伊斯兰领导人，成为"阿拉伯团队的资深伙伴"。② 自 20 世纪 50 年代以来，美国认为沙特在国内外推广瓦哈比伊斯兰教间接符合美国以反共反苏为主旨的战略利益。20 世纪 60 年代，美国支持沙特对瓦哈比伊斯兰教的传播，认为这有利于遏止和反对阿拉伯民族主义者、世俗主义者、共产主义者催发的社会思潮与运动，抵制左派政权。20 世纪 80 年代，美国认为沙特推广瓦哈比伊斯兰教有助于抵消伊朗什叶派革命的影响、协助美国击退前苏联在中东、中亚和

① Bernard Lewis, "Communism and Islam," *International Affairs*, vol. 30, no. 1 (January 1954), pp. 1 – 12.

② "Discussion at the 310th Meeting of the National Security Council, Thursday, January 24, 1957," Eisenhower: Papers, 1953 – 1961 (Ann Whitman Files), Eisenhower Library. Quoted from Rachel Bronson, "Rethinking Religion: The Legacy of the U. S. -Saudi Relationship," *The Washington Quarterly*, vol. 28, no. 4 (Autumn 2005), p. 135.

北非多个国家的影响、遏制伊拉克复兴社会主义的扩张势头。总体而言，二战结束后至20世纪80年代，美国等西方国家乃至梵蒂冈城国把沙特看作是对该地区的和平稳定攸关的国家，瓦哈比伊斯兰教教义和组织均有利于地区的稳定，有助于实现西方在该地区、乃至穆斯林世界的战略目标。

冷战期间，美国基于宗教问题对沙特的外交压力仅体现为“杜鲁门、艾森豪威尔和肯尼迪总统为说服沙特放弃禁止犹太人入境政策所作的温和努力”。1976年美国国务院根据国会要求提交人权国别报告中又一次例行公事地批评沙特的宗教不宽容，国会则越过福特总统的否决通过《国际安全援助和武器出口控制法》，内中有条款要求停止对侵犯人权的政府的军事援助，但这并未对美沙相关合作造成实际影响。此外，美国国务院、军队和石油公司均制定大量政策指南，提醒美国公民“他们在沙特是基于经济或战略因素，不是去改变沙特社会。”冷战期间，美国因商业和军事利益而长驻沙特的大量侨民基本上长期生活在与沙特本国社会隔绝的社区中，沙特政府给予这些社区特殊政策，侨民在此过着与美国完全一致的生活，包括进行各类基督教仪式，因此对沙特社会的了解相对有限。①

对以伊斯兰教为国教的沙特而言，具有深厚基督教背景的美国从伊斯兰教传统而言，亦属“有经人”（ahl al-kitab）范畴。在大多数沙特人的接受谱系中，面对无神论和什叶派的直

① Thomas W. Lippman, “A Most Improbable Alliance: Placing Interests over Ideology,” Mohammed Ayoob and Hasan Kosebalban, eds., *Religion and Politics in Saudi Arabia: Wahhabism and the State* (London: Boulder, 2009), pp. 126－127.

接威胁，基督教美国并非最难以接受的盟友。① 沙特王国基于自身的统治阶级利益和教派利益，在国际和地区层次上首先以反共产主义为首要目标，在阿拉伯世界则是反对将民族主义、阿拉伯社会主义、泛阿拉伯主义、以及零散模糊的伊斯兰意识形态交织在一起、以威权主义为主要特征的中东世俗政权的旗手，由此地区安全、阿拉伯民族主义和伊斯兰成为沙特外交旗帜，沙特开始在对外政策中大力推行以沙特为中心的泛伊斯兰主义，鼓吹伊斯兰团结与合作。泛伊斯兰主义成为反抗各类左翼运动、抵制无神论和世俗化影响的重要渠道，获得以美国为首的西方阵营的高度支持，沙特亦逐渐发展成为泛伊斯兰主义的中心。20 世纪 60 年代，苏联支持阿拉伯民族主义者以消解对美国支持的更为保守的泛伊斯兰主义的影响，沙特与埃及各背倚美国和苏联，为争取在阿拉伯世界和穆斯林世界的领导地位而长期竞争，沙特着力于抵御纳赛尔的民族主义意识形态和不结盟运动（当时在非洲一些国家非常有号召力和吸引力）对中东和伊斯兰世界的影响，并通过吸纳赛义德·库特卜领导的埃及穆斯林兄弟会加入联盟以遏制埃及对阿拉伯世界的影响。在冷战大背景下，宗教因素一直在美沙两国关系中发挥正面积极作用。

---

① 瓦哈比教义对什叶派信仰高度排斥，现代沙特首位国王伊本沙特在回答一位西方来访者的提问时如是表述：“如果我要娶一个基督徒或是犹太女子为妻，一点困难都没有。她会享有完全的信仰自由，当然她的子女必然要以穆斯林的方式来抚养。犹太人和基督徒都是有经人；但是我不可能娶一个什叶派……他们是堕落的，是多神教徒……他们不该把神圣的荣耀赋予穆罕默德、阿里、侯赛因和其他圣人。”转引自王宇洁著：《宗教与国家—当代伊斯兰教什叶派研究》，社会科学文献出版社，2012 年版，第 46—47 页。

在沙特和美国均希望借助宗教渠道来抵御苏联渗透的一致诉求下，在两国以沙特为基地的军事合作中，沙特对自身宗教原则的坚持亦受到美国政府的包容。20 世纪 50 年代，美国在沙特达兰建立军事基地训练沙特人，沙特基于其宗教信仰不允许美方在军事基地中配备犹太人和妇女。尽管美国国会有议员对此抗议，但美国国务院表态“主权国家在确信符合自身最佳利益的情况下，有权利用这样一种方式控制其内政秩序，这是基本原则。”①

自 20 世纪 50 年代至 70 年代，沙特一直注重防范激进伊斯兰的影响。费萨尔国王任内组建了多个各种类型的国际和国内伊斯兰机构，并不断加以扩展，但他一直确保各类最有权力和非常关键的有宗教背景的职位不由具极端倾向的穆斯林担任。1979 年苏联入侵阿富汗、伊朗伊斯兰革命一定程度上打破了沙特和美国对瓦哈比伊斯兰极端化的警惕和约束。为了达成其短期目标，20 世纪 80 年代美国和沙特在资助伊斯兰极端主义者方面形成一致并紧密合作，两国均花费 30 多亿美元资助苏丹、乍得、巴基斯坦等多个国家和地区的武装伊斯兰组织，如今这些地方都是伊斯兰极端主义泛滥成灾、威胁极大的地区。为利用极端伊斯兰组织达到反伊朗和反苏目的，沙特在哈立德和法赫德国王任内对伊斯兰极端主义及其机制化较为宽容，沙特掌控的各类国际和国内伊斯兰机构亦不断右倾。两国的相关战略和政策旨在培育反苏、反伊组织和反苏、反伊分子，随着冷战的结束和中东地区政治格局的发展，众多组织和

---

① Thomas W. Lippman, “A Most Improbable Alliance: Placing Interests over Ideology,” p. 127.

个人的理念和行动越来越趋向于反美、反犹太复国主义、反各地政权。

尽管美国和沙特在1991年海湾战争前即周密部署，将数十万美国人进入海湾地区带来的宗教、文化和社会冲击尽量减轻，这场战争仍进一步将宗教问题直接置于两国关系的前沿。众多沙特人对沙特政府在与穆斯林伙伴的战争中与异教徒联盟高度不满，极端激进的瓦哈比信仰者及其组织更是对两国政府充满仇视。随着冷战结束带来的国际格局改变，宗教因素在美沙关系中的性质出现变化。

二、后冷战时期宗教与美国对沙特政策

两极格局结束后，因沙特及其他国家频发针对美军、美国公民的恐怖袭击，兼之犹太利益集团在美国发动的强大宣传攻势，宗教开始成为两国关系的障碍。“9·11”事件中19名劫机犯中有15名来自沙特、且本·拉登本人亦来自沙特颇有影响的拉登家族。美国各界在审查威胁来源时，不约而同地将矛头对准了此前在美国少有人提及的瓦哈比伊斯兰教，瓦哈比几乎成为暴行的同义词。新闻媒体、学术研究中频繁将沙特和瓦哈比紧密联系在一起。美国智库、学界、包括军界的研究者等对沙特官方大力输出伊斯兰教持高度否定态度，总体认为“他们传递其他宗教、甚至是其他派别的伊斯兰教不具备有效性的信息；穆斯林应积极传播信仰；自南亚到北非教室和讲经台都不可容忍对伊斯兰教的不同观点。即使这些材料没有宣扬暴力，他们传播了暴力有时是合理结

论的理念。”[1] 美国国内掀起反沙特浪潮，认为是沙特力倡的瓦哈比伊斯兰教义豢养了本·拉登等恐怖分子，沙特政府官员在“9·11”事件中亦有责任，对沙特的内政外交均强烈批评。

美国社会一般而言大力抨击美国政府长久以来的政策不仅支持阿拉伯地区的极权统治，而且忽略甚至支持了宗教的政治化，由此对美国政府形成强大政治压力。在此民意基础上，美国国会研究中心就沙特宗教及其衍生议题向国会提交了多份报告，认为“沙特政府资助的各类慈善组织和教育项目宣传了极端的伊斯兰理念、助长了暴力，直接或间接向恐怖组织提供了资源。”[2] 专门针对瓦哈比伊斯兰教的报告《瓦哈比与赛莱菲耶的伊斯兰传统》，确认瓦哈比、赛莱菲耶与宗教极端主义、恐怖主义之间的内在联系；沙特政府在传播思想、资助组织中所起的作用，建议美国政府对此作为。[3] 国会以安全为诉求介入相关事宜的处理。108 届国会多次召开与瓦哈比有关的听证会，批评沙特对宗教机构的资助，声称沙特为反西方的恐怖主义提供了理念支持。此后数届国会均有成员力推《沙特责任法》通过，意图“停止沙特对资助、训练、煽动、鼓励

① Thomas W. Lippman, *Saudi Arabia on the Edge: The Uncertain Future of an American Ally* (Washington, D. C.: Potomac Books, 2012), pp. 196 - 197.

② Alfred B. Prados and Christopher M. Blanchard, “Saudi Arabia: Current Issues and U. S. Relations,” CRS Report for Congress, July 11, 2006, http://fpc. state. gov/documents/organization/70301. pdf.

③ Christopher M. Blanchard, “The Islamic Tradition of Wahhabism and Salafiyya,” CRS Report for Congress, Jan 24, 2008, http://www. fas. org/sgp/crs/misc/RS21695. pdf.

或以其它任何方式援助和教唆恐怖主义的机构的支持，在调查恐怖主义事件中获得沙特的全力合作，停止给予沙特公民签证直至总统保证沙特王国在颁发签证时不因宗教归属或传统、或其它原因而有歧视。”① 由于该法对于沙特打击面过宽过严而将直接影响两国现有的联盟合作关系，此法案经多次修改后仍未获通过。

1998 年《美国国际宗教自由法》于国会通过，以美国标准而言，沙特位居世界最缺乏宗教自由的国家范畴，但因美沙特殊关系，沙特一直未列入美国国务院发布的年度国际宗教自由报告的特别关注国名单。在美国国会的压力下，沙特于 2004 年首上榜单，此后一直位列其中。

然而，总体而言美国政府重视中近期沙特在国际反恐、地区安全和石油安全方面对美国的特殊意义，注重保持与沙特的双边关系和支持沙特政权自身的稳定。2005 年 1 月利雅得召开的反恐会议上，美国国土安全顾问弗朗西斯·弗拉格斯·唐什特（Frances Fragos Townsend）表示：“若沙特不在自己的土地上击败恐怖主义，世界不可能击败恐怖主义。”美方认为“宗教是沙特和美国必须面对的战略议题。”② 2009 年美国国会研究中心报告显示，美国对沙特相关政策和动态的关注排位从前到后为美沙军事合作，反恐，阿以冲突，伊拉克、经济关

① H. R. 1288（111th）：Saudi Arabia Accountability Act of 2009，http：//www. govtrack. us/congress/bills/111/hr1288.

② Rachel Bronson，“Rethinking Religion：The Legacy of the U. S. -Saudi Relationship，” pp. 121 – 137.

系和贸易，人权、宗教自由和政治改革。[①] 历年报告中宗教均不是一个单独议题，而是置于人权、民主和其他事宜这一向来垫底的议集之中。尽管美国社会对沙特宗教状况恶评如潮，美国在"9·11"后对沙特的根本宗教战略、政策仍持总体宽容态度，行政当局的态度尤为如此。"9·11"委员会最终报告称"没有明显证据显示作为机构的沙特政府或高级沙特官员个人资助基地网络"，获得沙特政府好评。国务卿鲍威尔亦在2004 年访问沙特时表示："沙特阿拉伯一直在反恐，美国感谢沙特政府在反恐方面对美国和国际社会的支持。"[②] 自奥巴马总统上任以来，由于反恐阶段性任务的完成、伊朗核危机的凸显和阿拉伯世俗国家发生的频繁动荡，沙特于美国的战略意义有所反弹，美国国会和行政当局对沙特宗教自由、沙特宗教对外扩展的关注度呈现下降趋势。此外，基于美沙特殊关系，沙特凭借其宗教在穆斯林世界的特殊地位在一定程度上有利于协助美国和穆斯林世界的沟通。

本世纪以来美国政府高级官员多次公开表示对伊斯兰教的高度尊重和对沙特阿拉伯在穆斯林世界特殊地位的高度尊重。2005 年布什与阿卜杜拉国王签署的联合声明强调"美国尊重沙特阿拉伯，沙特阿拉伯是世界伟大宗教之一的伊斯兰教诞生地，沙特阿拉伯作为伊斯兰麦加和麦地那两圣寺的守护者，是

① Christopher M. Blanchard, "Saudi Arabia: Background and U. S. Relations", CRS Report for Congress, Nov 16, 2009, http: //www. fas. org/sgp/crs/mideast/RL33533. pdf.

② 新华网新闻："沙特对美国'9·11'报告的有关结论表示欢迎"，新华网利雅得 7 月 29 日电（记者 朱少华），http: //news. xinhuanet. com/world/2004 - 07/29/content_ 1672421. htm。

伊斯兰信仰之象征中心。沙特阿拉伯向所有教导和宣传伊斯兰信仰者重复呼召，严守和平、节制和宽容的清真言，拒绝偏离正信。”① 2009年奥巴马总统访问沙特时亦表达对阿卜杜拉国王的高度尊重。这类举措有利于巩固两国关系、助力沙特修补和巩固其在穆斯林世界、在本国国内的合法性和影响力。

目前美国主要间接通过机制建设、战略安排和系列政策实施大力向沙特施压促其政治、经济和社会文化转型。在政策实施方面，主要途径有三：

其一是稳步促进沙特社会缓和式变革以徐图其民主化转型。

在“9·11”事件之前，美国在因石油资源而高度富裕的沙特资助下开展各类社会项目并无可能。“9·11”之后，对沙特进行民主促进的呼声高企。然而，由于美国的民主输出在发展中国家广泛引发忧虑，小布什的“大中东民主计划”更是在阿拉伯世界引发不安与争议。近年来，美国在策略上将促进民主和政治变革分散进入反恐、经济与金融事务、教育交换和人类发展等表面看来对沙特而言不过于敏感的版块，并不断施压沙特从政策方面打开大门，允许相应项目进入沙特境内开展实质性操作。

沙特公立中小学教育中伊斯兰教教育为必修课，且在课程总量中占较大比例，授课内容中有对其它宗教信仰持不宽容、乃至仇视态度的成分，“9·11”事件后这引起美国社会的高

① News Release, “Joint Statement by President Bush and Saudi Crown Prince Abdullah,” April 25, 2005, http://georgewbush-whitehouse.archives.gov/news/releases/2005/04/20050425-8.html.

度警惕，多家机构跟进对沙特公立中小学各类课本进行严密检验，并对美国政府形成强大压力，促其要求沙特进行改良。[①] 美国政府表态沙特教育系统尽管不直接与恐怖主义相连，但沙特公共教育课程培养了对非穆斯林的仇恨。由此沙特公共教育成为美国朝野共同关心的议题。2002 年沙特表态要开启教科书改革项目，但进展缓慢。阿卜杜拉国王上台伊始即表示，教育改革是其施政优先要务。沙特于 2007 年启动阿卜杜拉国王公共教育发展计划，6 年内沙特投资 90 亿里亚尔增强科技教育以平衡其宗教教育。美国社会不满沙特宗教教育改革进程缓慢，继续形成强大压力要求政府采取更有效的方式解决问题；美国政府亦对项目阶段性实施效果不满意，在长期施加适度外交压力的同时，美国政府支持公民社会组织进入沙特引导和协助相应变革，逐步展开以信仰为基础的公共外交。2011 年 9 月，美国国务院与美国以信仰为基础的非政府组织国际宗教与外交中心签订为期 18 个月的合同，推动沙特公共教育课程改革，并评估这一改革对其它主要穆斯林国家的影响。[②]

沙特妇女权利亦为美国社会关注的重点问题。在沙特直接推动伊斯兰教法改革在当前形势下并非可能。除在宏观方面推动沙特进行政治和社会改革外，美国政府在微观方面采取的进路是谨慎稳妥地支持平民、妇女教育。美国国际开发总署一个投资 10 万美元的小型项目被视作这类努力的典范，美国资助

① 美国智库海湾事务研究所、哈德逊研究所在此方面所做的研究最为系统全面，可参见两机构网站资源中历年研究报告。

② 见国际宗教与外交中心国别项目网页，http：//icrd. org/saudi-arabia。

沙特吉达的女子学院（Effat College）的工程教育项目，美国杜克大学为该项目的伙伴单位，旨在通过这一项目传授学生高水平技能以助沙特妇女的高水准就业。

其二是利用国际机制进一步促进沙特民主化进程和实现宗教宽容。

尽管长久美国社会中有舆论坚称贸易惩罚是美国支持人权的重要方式，但20世纪90年代以来，美国外交在面对有其他重要政治、军事、经济关联的国家时，鲜有采纳这一进路，而是坚持“总而言之，经济开放最终会导致政治开放”。[①] 美国对沙政策亦遵循这一路线。“9·11”事件以来，美国推动沙特加入WTO，并顶住国内压力，在双边协议中就沙特继续和其它阿拉伯国家联合抵制以色列达成妥协。沙特于2005年加入WTO，成为其第149个成员国。美国亦注重借助联合国及其附属各类国际组织促进沙特的公开化和民主化。

其三是持续施压沙特打击宗教极端主义。沙特境内与恐怖主义组织的联系一直处在美国的严密监控之下。美国方面在公开场合多次首肯沙特在反恐方面付出的努力，在反恐合作中则一直严密监控、紧密督促沙特的相关工作以期斩断恐怖组织的资金来源 。[②] 维基解密泄露的情报显示，美国认定沙特难以完全斩断沙特公民私人对国外塔利班的资助。外交电报透露这些

① Condoleezza Rice, “Promoting the National Interest,” *Foreign Affairs*, vol. 79, no. 1 (January/February 2000), p. 56.

② Victor Comras, “Following Terrorists’ Money,” *Washington Post*, June 4, 2005, p. A17.

组织的代理通过年度朝觐从沙特捐赠者处获得现金并运送回国。2009 年 12 月 30 日美国国务院催促驻中东各国使馆对驻在国施压，以更强硬的行动应对这一问题，国务卿希拉里说“沙特捐赠者是资助世界逊尼恐怖组织最主要的来源。”认为沙特仍然不了解塔利班与基地联盟的程度，从海外对沙特安全构成威胁。美国财政部高官霍华德·门德尔松（Howard Mendlsohn）曾专门会见沙特秘密警察代表，讨论三名塔利班官员多次前往沙特筹资之事，沙特表示对此三人情况不清楚，须由美方提供具体情报。①

三、美国政策压力下沙特的应对与平衡

沙特自身国富而民弱，军事设备精良但总体军事力量薄弱。国家内部面临民主转型和部落竞争的压力，在中东地区面临邻国民主化进程的冲击、什叶派力量壮大的压力，不能完全脱离地区大国的侵略威胁。当前中东地区缺乏地区内部安全机制，依靠美国外力维持均衡局面。由此在当前国际和地区格局下，沙特从根本上无法摆脱对美国的军事依赖。同时，成为伊斯兰世界盟主是沙特基于历史和现实条件一直不变的战略选择，沙特历经多年经营，已组建成熟的伊斯兰国际组织和伊斯兰国际非政府组织网络并具主导能力。而海湾危机后阿拉伯人对阿拉伯主义和阿拉伯民族主义的怀疑增多，对泛伊斯兰主义

① Thomas W. Lippman, *Saudi Arabia on the Edge: The Uncertain Future of an American Ally*, pp. 199 - 200.

更具好感，这进一步夯实了沙特的战略走向。沙特石油战略地位的下降和反恐令沙特在美国战略地位中位置有所下降，但维持双方合作关系仍符合两国的安全和利益需要。为改善美国民意对沙特的主流观点，沙特在外交中必须应对美国对沙特宗教外溢的负面看法，以此修复美国政界和民众对沙美合作关系的认同，巩固沙美同盟关系。

由于美国民主输出和对以色列的长期坚定支持与沙特王室根本利益存在冲突，沙特必须发展多元外交，与穆斯林世界关系仍是其外交重点；基于沙特乃至伊斯兰世界内部强烈的反美情绪，瓦哈比伊斯兰教在一定程度上仍可充当沙特居间平衡伊斯兰世界与美国关系的重要政治杠杆。由此沙特在内政外交中均不可能放弃其瓦哈比伊斯兰根基。在美国与穆斯林世界紧张关系的夹缝中，沙特试图走中间道路，在美国和伊斯兰世界之间谨慎巧妙地维持平衡，在继续维持与美以特殊关系以获取安全保障的同时，逐步增强自身在国际和国内事务中的独立性，为此沙特在内政和外交方面均采取多种措施应对来自美国的压力。

沙特基于宗教因素，在内政方面主要通过三方面继续维持与美国之间的互信与合作。

其一，进一步巩固国家对宗教的控制。沙特一直奉行温和的瓦哈比主义，过于激进的瓦哈比主义不符合沙特的国家利益，而教权过大不仅不符合美国的利益，也同样不符合沙特王室利益。自20世纪70年代以来，沙特通过政府机构改革不断削弱和分化官方教界的权力和领域。90年代以来，由于沙特官方乌莱玛的部分成员有同情极端伊斯兰运动的表现，进一步引起沙特王室警惕。沙特进一步组建设立伊斯兰事务部，主管传教、布道事务、伊斯兰高等教育机构。[①] 1994年，又创立平台性机构最高伊斯兰事务委员会和伊斯兰传教和指导委员会，王室家族最终直接控制沙特最高宗教政治权力。

其二，多方位打击宗教恐怖主义。2001年9月15日，沙特大穆夫提毫不含糊地谴责本·拉登，认为“袭击违反了伊斯兰教义。同时，切断恐怖分子的经援渠道。沙特还警告国内的激进教长，不得在讲经中宣传极端思想，违者不得继续讲经，并须接受“再教育”项目的改造。2010年春，沙特宗教学者委员会援引古兰经，明确谴责恐怖主义和资助恐怖主义者。为切断恐怖主义组织的经援，沙特实施一系列法律和政策，令沙特公民资金的国际流转更清晰地处于有效监控之下，并关闭了哈拉曼伊斯兰基金会等一系列与基地组织和其它恐怖主义有联系的、以沙特为基地的基金会。[②] 与此同时，政府鼓励公民的慈善捐助更多投向本国社区，而非国外。小布什总统在2004年一次公开讲话中肯定：“四年前沙特是恐怖分子筹资的沃壤……现在沙特进行袭击和逮捕。”[③]

其三，国内民主化进程。在国内外的持续压力推动下，2003年6月，阿卜杜拉王储宣布创立“国家对话”机制，8

---

① Joseph Kechichian, *Succession in Saudi Arabia* (New York: Palgrave, 2001), p. 137.

② Christopher M. Blanchard, “Saudi Arabia: Terrorist Financing Issues,” CRS Report for Congress, September 14, 2007, http://www.fas.org/sgp/crs/terror/RL32499.pdf.

③ News Release, “President's Remarks at the 2004 Republican National Convention,” New York, September 2, 2004, http://www.whitehouse.gov/news/releases/2004/09/20040902-2.html.

月国王阿卜杜勒·阿齐兹国家对话中心成立，以大会和论坛的形式发动社会各界就系列覆盖广泛的高度敏感的议题，如宗教宽容、妇女权利、国家和社会面临的社会经济挑战；加强公民社会的作用，保证公正、平等和言论自由；在国内外展现真正伊斯兰的适中形象等方面进行讨论，从而以中间温和派为主体尝试对社会进行温和渐进式改良，至今已举办了八次大会。[①] 但自 2009 年后，这一会议未再更新。2004 年 3 月，沙特政府批准建立国家人权协会，接受侵害人权的投诉、包括针对政府机构的投诉，并在一定程度上配合国际人权组织的活动。沙特媒体限制亦略有所放宽，开始讨论部分高度敏感的宗教及其次生议题。自 20 世纪 90 年代以来，沙特开始撤销对什叶派穆斯林的一些限制，近年来对苏菲学派也有所放松。[②] 沙特通过加强与美国媒体的直接联络而令这类消息获得美国多类媒体的引用。2009 年奥巴马总统上台后中东政策改变，沙特所受压力减轻，且由于整个中东形势的动荡，沙特民主化进程放缓。

沙特为继续实施其宗教战略在外交中通过以下三大途径巩固和平衡美沙关系。

其一，在积极配合美国中心议题同时对美国压力进行柔性应对。在外交方面沙特积极配合美国的各项要求，2004 年，两国设立由沙特外交大臣和美国国务卿领导的联合委员会处理两国战略上利益攸关的问题，成为重要的平台机制。在美方最

---

① 参见大会官方网站介绍，http：//www. kacnd. org/eng/center_ goals. asp。

② Faiza Saleh Ambah，"In Saudi Arabia，A Resurgence of Sufism，" *Washington Post*，May 2，2006，http：//www. washingtonpost. com/wp-dyn/content/article/2006/05/01/AR2006050101380. html.

为关心的美沙军事合作、反恐、伊拉克等方面，沙特均做足姿态与美方紧密合作。在广义的宗教议题方面，当美国压力危及到影响其穆斯林世界盟主地位时，沙特采取多种方式进行柔性应对，实质上坚决捍卫沙特的传统国家战略和对国际穆斯林网络的主导地位。作为世界非政府组织最为发达、国际非政府组织总部最多的国家，美国非常注重将其对相应组织的管理规范引入沙特以进一步规范和限制沙特与恐怖组织之间的联系。沙特将世界穆斯林大会、世界穆斯林青年大会、伊斯兰国际救援组织等资金流量巨大的组织列为国际非政府组织范畴，而非慈善组织，美国认为这种分类降低了沙特相关法律对其资金流向的监控水平，国际恐怖组织可从中得益。此三大组织为沙特公共外交的核心网络，总部设在沙特，由沙特主导和资助、领导人亦由王室选定。在美国国会议员压力下沙特并未改变对这类组织的管理和资助模式。前沙特驻美大使班达尔亲王（Bandar bin Sultan）辩解说，沙特不能控制这类组织，就像美国不能控制在其土地上运转的联合国。①

其二，以联合国等国际组织为平台对美方联合其他国家形成的压力进行化解。沙特注重联合国机制的作用，参与了联合国涉及人权、文明对话的多个倡议和机制，多次联合其他国家化解对本国宗教状况形成的压力。2008 年沙特国王阿卜杜拉倡议发起联大“为推动和平促进宗教间和文化间的对话、了解与合作”高级别全会，美国总统、英国首相、沙特国王、约旦国王、巴基斯坦总统、阿富汗总统、菲律宾总统、芬兰总

① Rachel Bronson, “Rethinking Religion: The Legacy of the U. S. -Saudi Relationship,” p. 132.

统、以色列总统等70多位政府首脑和高级官员出席了会议。此次会议中国常驻联合国代表发言，反对将恐怖主义与某一特定国家、民族和宗教挂钩，并对反伊斯兰主义、新法西斯主义等极端主义思想死灰复燃表示关切。[①] 世界穆斯林联盟作为联合国非政府谘商成员，积极在联合国的相应机制中发挥作用，并在世界各地积极展开宗教间和文明之间的交流大会，以期逐渐形成以世界穆斯林联盟为平台的文化对话机制。2008年，经沙特国王提议，穆斯林世界联盟在马德里主办跨信仰对话，200余位世界各大宗教的代表参会。[②] 这一论坛还先后在麦加、日内瓦举办。

其三，在美进行跨宗教游说宣传伊斯兰教的美好形象和完善沙特国家形象。“9·11”事件后，沙特政府在美投巨资进行多方位、多渠道的整合宣传，以改善沙特的宗教形象，力证伊斯兰教为一“和平、仁慈和宽恕”的宗教，并非恐怖主义源泉，恐怖主义偏离了伊斯兰教正道，作为伊斯兰精神祖国的沙特在打击恐怖网络方面恪尽职守，说明沙特的反恐决心、行动和成效，并高度注重在宣传中塑造沙特也是“9·11”受害者的形象。前沙特驻美大使和前驻英大使图尔基·费萨尔

---

① 国际在线新闻：“中国大使在联大发言反对将恐怖主义与国家、民族和宗教挂钩”，2008年11月14日（驻联合国记者沈汀），http://gb.cri.cn/19224/2008/11/14/3785s2322817.htm；另见联合国网站新闻：“中国大使在联大发言反对将恐怖主义与国家、民族和宗教挂钩”，http://www.un.org/chinese/News/story.asp?NewsID=10750。

② AFP news, “Saudi-sponsored inter-faith conference opens in Madrid,” *The Daily Star*, July 17, 2008, http://www.dailystar.com.lb/News/Middle-East/Jul/17/Saudi-sponsored-inter-faith-conference-opens-in-Madrid.ashx#axzz2YEGevGvm.

(Turki al-Faysal)在出使期间，不仅常去驻在国各清真寺，还花费大量时间拜访多个教堂。沙特还通过王室成员大量资助美国的伊斯兰研究和伊斯兰教与基督教之间的对话和理解。2005年沙特王子阿尔瓦利德·本·塔拉尔(Alwaleed bin Talal)向哈佛大学和乔治敦大学各捐款2000万美元，加强两校伊斯兰教研究，该笔捐款为乔治敦大学有史以来第二大捐款。[①] 沙特亦注重与罗马教廷、世界基督教协进会这类与不持基督教锡安主义思想且同情巴勒斯坦人民遭遇的基督宗教世界性网络建立联系并开展游说，努力削减以色列在西方的游说成果。2007年，沙特国王阿卜杜拉与教宗本笃十六世进行了历史性会晤。

然而，沙特在巩固其宗教网络的同时维持美沙关系的长期成效并非沙特政府可以控制。尽管沙特王室对沙特宗教学者委员会的掌控日益加强，但沙特宗教现状的根本特征是三有三无，即有圣地、有资金、有世界性网络和影响，无最高宗教领袖、无世界性宗教权威、无世界性宗教学术权威。尽管政府认为当前教律混乱，宗教管理机构必须采取有力措施，基于沙特宗教传统和政教结构，沙特王室不可能完全掌控沙特伊斯兰教体系，沙特国家事实上对沙特庞大且与整个伊斯兰世界盘根错节的宗教体系掌控有限。沙特以输出瓦哈比伊斯兰教为实现其

① 在促进美国对伊斯兰教认识和理解的同时，这类项目也引起巨大争议，如接受2000万美金捐款的乔治敦大学穆斯林—基督徒理解中心被美国保守主义者斥为乔治敦大学的瓦哈比前线。Patrick Poole, "Georgetown University's Wahhabi Front," *FrontPage Magazine* (online), February 29, 2008, http://archive.frontpagemag.com/readArticle.aspx? ARTID = 29951.

国家战略的重要手段，并为此通过机制、组织建设和巨额资金资助给予支持，由于伊斯兰世界巨大而复杂，尽管沙特是一宗教大国，但在伊斯兰世界中并非人口大国，且直接对外传教传统、结构与基督宗教有较大距离，其宗教输出环节相对较复杂且见效周期较长，即令是沙特政府严密控制的朝觐亦不免成为世界多国激进和极端穆斯林组织和个人进行联动、筹集资金的最佳平台。沙特政府对其力倡的宗教输出产生的多样性后果难以控制，从外交的角度难以进行直接管控和绩效评估，如出现问题调整难度高，且调整措施难以在短期内见效。一旦沙特主导的宗教网络对美沙军事合作、反恐、伊拉克重建、阿以冲突等美国在中东的核心关切造成负面影响，美沙关系的前景就可能因此而蒙上阴影。

简短结语

冷战结束以来，宗教因素在两国关系中渐呈负面效应，沙特的国家宗教战略与美国的国际宗教自由战略存在根本冲突。然而，地区安全和石油安全仍是美国现阶段中东政策的首要考虑，宗教自由在其政策考虑中只居末席，美方对沙特宗教因素政治后果的现有温和政策建立在沙特支持和配合中近期美国在中东核心利益的基础上，且当前美国的中东政策需要沙特的大力支持，同时美国一直通过政府和社会两大层面介入沙特推动其宗教实现渐进式变革。沙特虽在安全上仰赖美国扶持，却仍坚持在内政外交上借助宗教渠道以达成其根本国家战略，宗教关乎国家根本利益。尽管宗教已成为两国关系中的摩擦因素，但两国在处理两国关系时，均以现实主义为导向维持两国的特殊关系，力争在尽量不触动对方重大关切的情况下实现己方国家利益，因此在近阶段宗教议题不会在实质上损伤两国关系，但对两国关系构成长远挑战。

自由主义与犹太复国主义之辩

——美国犹太社团面临的挑战

• 孙晓玲

[内容提要] 作为以中产阶级为主体的族群，多年来美国犹太社团却表现出独特的自由主义倾向，其中原因，学界解读颇多，但犹太人特殊的流散经历与美国主义的结合应最为根本。随着近代政治犹太复国主义的兴起与发展，犹太自由主义一直面临前者的挑战。犹太先驱们曾经巧妙地找到两者可以协调的方法，但在更多的时候，紧张则是两者关系的常态。自由主义与犹太复国主义之辩，在一定程度上造成了主流犹太组织与犹太草根大众之间互相难以代表的尴尬境地，也引发了美国犹太社团自身定位和发展方向的新思考。

2008 年，小布什总统在美国人对伊拉克战争的反思中结束任期，在对布什政策的批判者名单中，一些犹太知识分子和犹太精英赫然在目。芝加哥大学教授米尔斯海默和哈佛大学肯尼迪政府学院院长沃尔特共同将矛头对准亲以色列游说团体，声讨其将狭隘的以色列利益置于美国国家利益之上。他们认为是犹太复国主义者和新保守势力合力将美国拖入不必要的战争。① 两位学者的言论激起了素称自由主义的犹太社团的强烈反击。美国犹太人认为他们并不比普通美国人更支持伊拉克战争，他们总是坚定地站在民主党一边，在2008年和2012年大选中，犹太人对奥巴马的高票支持就是明证。

2010年，被《外交政策》（Foreign Policy）杂志列为全球顶尖思想家之一的纽约市立大学副教授、知名评论家彼得·本尼特（Peter Beinart）也加入到这场论战。他认为美国犹太人的自由主义政治倾向一直存在。犹太大众主张对社会问题进行公开讨论，他们重视人权，对军事武力充满怀疑。在以色列问题上，他们的观点亦是如此。真正的犹太复国主义者，是能有效协调自由主义和犹太复国主义的自由犹太复国主义者，他们既关注美国和以色列犹太社团的发展，也关注巴勒斯坦人的公正权益，甚至可以以一种自由主义的批判立场对待以色列的不公。而美国犹太社团的问题是犹太权势集团垄断话语权，习惯将他们理解的犹太复国主义强加于美国全体犹太人，结果在国内和国际层面造成两大问题。首先是美国国内犹太社团决策机制的僵化，对年轻自由派犹太人的吸引力下降，犹太复国主义走向衰弱，极端犹太复国主义力量吞噬了犹太自由主义。在国

① John J. Mearsheimer and Stephen M. Walt, *The Israel Lobby and U. S. Foreign Policy*（New York: Farrar, Straus and Giroux, 2007）.

外主要表现为对以色列右翼政府的纵容，造成阿以争端难以解决，中东和平成为奢望。他警告美国犹太权势集团：不要总是以自我认定的犹太复国主义检视美国的犹太自由主义。① 2012年，他出版《犹太复国主义的危机》一书，强调如果美国犹太权势集团不检视自己的以色列政策，不回归到自由主义的立场，将遭遇空前的危机。② 米尔斯海默、本尼特等人的观点固然有推敲的空间，但他们的贡献在于激发人们思考美国犹太自由主义与犹太复国主义的相互关系，从而为理解美国犹太社团、美以关系、阿以争端提供清晰的思路。本文着墨点即在于此。

一、美国犹太社团的自由主义传统

美国政治行为学者的研究表明：一般而言，社会地位、经济收入、教育程度越高的团体，政治上越倾向保守。③ 美国犹太人整体属于比较富足的中产阶层，其中不少人还跻身精英群体，但其政治立场不但未按一般逻辑表现出保守主义和共和党倾向，而且还呈现出与其他族裔相比的“不相称性和不合比

① Peter Beinart, “The Failure of the American Jewish Establishment,” *The New York Review of Books*, June 10, 2010. http://www.nybooks.com/articles/archives/2010/jun/10/failure-american-jewish-establishment/? pagination = false（上网时间2013年4月16日）。

② Peter Beinart, *The Crisis of Zionism* (New York: Henry Holt & Company, 2012).

③ Nathaniel Weyl, *The Jews in American Politics* (New Rochelle, NY: Arlington House, 1968), pp. 1-4.

例性”。美国全国舆论调查中心（NORC）1973—1994 年调查数据显示，有 48% 的犹太人自称自由派，而非犹太人也这么认为的只有 27%。[①] 20 世纪 80 年代以来，关于犹太精英与美国保守主义势力同流合污的指控不绝于耳，但总体来说，美国犹太人对自由事业和民主党的政治支持超过任何其他白人，并远超除黑人以外的任何其他族裔。[②] 美国犹太社团仍在主要公共问题和公共事件中表现出一以贯之的自由主义倾向。[③]

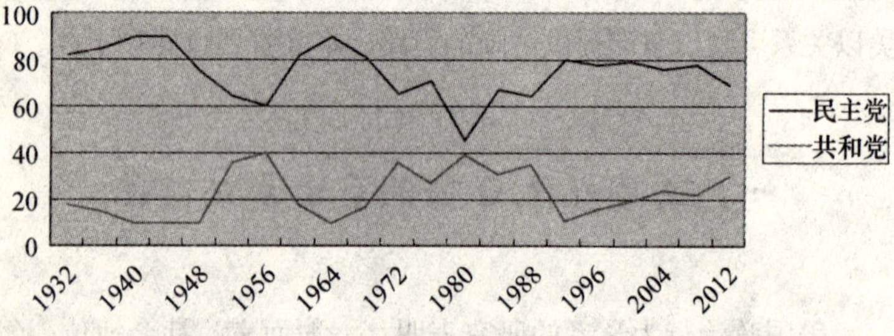

图 1　美国总统选举中犹太人投票情况表（1932—2012）

资料来源：Jewish Virtual Library，详见 http：//www. jewishvirtuallibrary. org/jsource/US-Israel/jewvote. html，图表系笔者整理制作。上网时间 2013 年 5 月 7 日。

---

① Charles S. Liebman and Steven M. Cohen，“Jewish Liberalism Revisited，” in Roberta Rosenberg Farber and Chaim I. Waxman，eds.，*Jews in America：A Contemporary Reader.*（Hanover，NJ：Brandeis University Press，1999），p. 197.

② 从 20 世纪 50 年代到本世纪最初十年，关于犹太政治研究的作品均认为犹太社团具有超一般族裔的自由主义倾向且具有一贯性，详见 Bernard Berelson，Paul Lazarsfeld，and William McPhee，Voting（Chicago：University of Chicago Press，1954），pp. 64 - 70；Steven M. Cohen，*The Dimensions of American Jewish Liberalism*（New York：American Jewish Committee，1989）。

③ 这里用倾向是为了表明大致性的趋势，并非突出犹太社团内部的完全一致性。

自由主义（Liberalism）是在伏尔泰和康德为代表的启蒙运动影响下形成的哲学思想体系，其核心是世界主义、理性主义和个人主义。在当代语境下，自由主义主要表现为：福利国家、平等民权、公民自由和国际主义。美国犹太人中历来社会活动家、慈善家、政治家辈出，他们身体力行关心社团，改造社会。犹太人是美国民主宪制的坚定维护者，民主党的铁杆支持者。从1932年罗斯福新政犹太人正式走上美国政治舞台开始，犹太人对民主党的支持从未低于40%，平均支持率达到75%（如图1）。美国犹太人还是20世纪下半叶以来诸多社会公正运动和左翼运动的领导者和支持者。人们在民权运动、争取妇女解放运动、反越战、反核运动等中均可见到犹太人活跃的身影。

关于美国犹太自由主义倾向的原因，学界和政界研究兴趣很大，解读也众说纷纭。争论主要集中于：美国犹太自由主义情结主要是基于犹太信仰、犹太价值观还是美国犹太人特殊的历史经历？"信仰决定论"以布兰戴斯大学的劳伦斯·H. 福克斯（Lawrence H Fuchs）为代表，他认为犹太文化三大方面对犹太世界主义和自由主义影响尤深。第一，学习（《托拉》）；第二，慈善（Zedakeh）；第三，现世快乐（非禁欲）。[①] 但从20世纪80年代开始，对信仰决定论的挑战日渐增多。主要质疑有三：如何解释犹太人占主体的以色列，基本上是自由派和保守派分庭抗礼？如何解释当今世界美国以外的主要发达国家，如英国、加拿大、澳大利亚等国的犹太人基本

① Lawrence H. Fuchs, *the Political Behavior of American Jews* (Glencoe, Illinois: The Free Press, 1956), pp. 171 – 191.

持中立或偏保守立场？如何解释美国最虔诚的正统派犹太人大多支持共和党？斯蒂文·科恩（Steven M. Cohen）1983 年的研究发现：最虔诚的、对犹太教义最熟悉的犹太教徒反而在政治上最保守。1999 年，他的《犹太自由主义再思考》一文，在分析 1973—1994 年全国舆论研究中心数据的基础上，进一步论证了"犹太信仰论"对犹太自由主义的产生不占决定性影响。[①] 此后，"社会历史文化决定论"地位上升，即认为：犹太人倾向自由与自身不断受迫害的历史经历有关。在长期的流散生活中，犹太人一直处于社会边缘，其祖辈在欧洲曾希望借助启蒙运动，追求公正、反抗压迫，虽未成功，却以自身的行动影响着后代的思想和行为。历史上一轮又一轮上演的反犹主义造成犹太人社会安全感缺乏[②]，到美国后，纵然社会经济地位得到很大改善，不少犹太人仍无法确信安全。他们对左派和自由主义产生了天然的亲近感，认为左派同情少数族群和弱者，自由主义则在政治上有益于自己。

即便以上诸点都成立，也不足以解释美国犹太人为什么比世界其他地区的犹太人更坚定地站在自由主义一边。由此，可以推断，美国本土因素不可忽视。事实上，犹太自由主义也是犹太人拥抱美国主义的产物。

美国主义是美国特殊的精神气质与文化沉淀物。美国是典

① Steven M. Cohen, *American Modernity and Jewish Identity* (New York: Tavistock Publications, 1983), pp. 143 - 153; Charles S. Liebman and Steven M. Cohen, "Jewish Liberalism Revisited," in *Jews in America*, pp. 197 - 200.

② Chaim I. Waxman, *American Jews in Transition* (Philadelphia: Temple University Press, 1983), pp. 98 - 102.

型的移民国家，二百多年前，来自不同国家，具有不同种族、民族背景的人，带着不同文化和宗教信仰来到美洲大陆，为实现没有宗教迫害的新生活奋斗。“美国例外论”让人们笃信自由、平等和个人奋斗。而这种强调自我奋斗和自我价值的个人主义精神发展成为美利坚民族的灵魂，这对旧大陆受迫害的犹太人来说简直是福音。犹太人希望将美国的这种例外精神保护好，并推广到社会生活各个方面。初到新大陆时，犹太人急切拥抱美国主义，和新教徒做好邻居。当“拥抱”遭遇美国新教徒主体的挑战或阻隔时，犹太人不得不担心反犹太主义在新大陆生根的可能，他们的斗志被激发出来。早在反殖时期，犹太人就为其自由能否在大陆会议制宪文件上得到保证而奔走。当时费城犹太商人经济、文化地位有了很大保障，唯独参政抱负受限于该州只有基督徒才能出任政府公职的规定而难以实现。因担心这种限制性语言会出现新国家宪法里，费城商人代表13个殖民地犹太人请愿，请求在宪法中不要出现类似限制排他性语言，理由是犹太人和基督徒邻居一样为新大陆的自由浴血奋战过。1789年宪法第一修正案禁止制定任何法律以确立国教、阻碍宗教自由实践的规定，受到犹太人广泛而热烈的欢迎。纽约的一个犹太会堂在当年的布道仪式上欢呼：我们……使宪法让我们享受了同等的政治权利。宪法在宗教上的规定是犹太人成为真正自由公民的基础。[①] 这是犹太人在任何

---

① Kenneth D. Wald, “The puzzling politics of American Jewry,” Quality Data on Religion, p. 13. 引自：the ARDA Association of Religion Data Archives，参见：http://www.thearda.com/rrh/papers/guidingpapers/Wald.pdf（上网时间2013年6月2日）。

其他国家所没有享受到的，以前犹太人只是所在国的住客，难以称得上公民，他们的权利只能依赖统治者的怜悯。这也就难怪美国犹太人坚定维护宪制，有时甚至达到顽固的程度。当美国社会整体右转时，犹太人会选择稍稍向左。作为一个重要的调节者，犹太人觉得自己有义务提醒美国回到自由主义的轨道上。在新大陆反压迫、反歧视，捍卫美国宪法，追求民主人权，所有这些行动实质上已成为美国犹太人自保的选择。

由此可见，美国犹太人的自由主义倾向是犹太人群体的精神气质与美国主义相结合的产物，是属于犹太人的美国主义。

二、犹太自由主义VS. 犹太复国主义：改造与挑战

诚然犹太自由主义在美国生根发芽，是历史必然规律和偶然因素结合的产物，但是犹太自由主义在美国的发展并非一帆风顺，对其质疑和挑战此起彼伏，特别是在政治犹太复国主义思想产生之后。犹太自由主义和犹太复国主义孰轻孰重，两者如何协调关系，一直是犹太社团内部争论不休、外部质疑之声不绝的问题。从20世纪初期到二战结束，争论焦点为犹太复国主义和拥抱美国主义的犹太自由主义是否相悖？以自由主义改造犹太复国主义是这一阶段的主要任务。而二战后期到冷战结束前后，总体来说犹太自由主义与犹太复国主义结合较好，纳粹大屠杀的影响和冷战特殊战略需求，是主要动因。可那段时期在历史上又被部分学者批判为：民族主义战胜自由主义，美国犹太社团丢掉了真民主，无论思想还是行为均受困于

"以色列主义"。特别从20世纪七八十年代到本世纪初，犹太自由主义和犹太复国主义的矛盾再度因以色列变得尖锐起来。以色列扩建定居点，巴勒斯坦人失去家园，阿以冲突遥遥无期等现实状况让犹太复国主义背负"种族主义"、"占领主义"的骂名，美国主流犹太社团因对此干预软弱乏力而被认为为其自由主义精神名存实亡。美国犹太社团如何在继续秉持自由主义精神气质的基础上，支持犹太复国主义事业，令犹太社团内部感到焦虑。上世纪90年代后，备受冷战压制的犹太自由主义得以缓慢释放，美国犹太社团对犹太自由主义和犹太复国主义关系的讨论因阿以争端、美以关系等问题，而日益公开化。自由犹太复国主义成为部分犹太人的新诉求。

（一）二战前犹太自由主义对犹太复国主义的排斥与接纳

犹太复国主义①，作为一种政治运动开启于19世纪末期，作为一种政治思想，早在18世纪犹太启蒙主义运动失败后，就已在如何解决犹太人悲惨命运的争论中渐渐诞生。犹太启蒙主义的失败标志着欧洲犹太人通过寻求融合，呼唤居住国平等对待从而获得解放的设想的落空。此后，犹太人一部分移民美洲"新大陆"寻求新生活，另一部分则继续寻求新的解决之道，犹太人复国主义由此应运而生。按照其早期创立者的设想：犹太复国主义致力于对抗世界范围的对犹太人的歧视与压迫，解决"犹太人问题"，把犹太人从"隔都"或边缘化处境

① "犹太复国主义"作为一种宗教思想已有数千年历史，本文所述的犹太复国主义是指政治犹太复国主义运动。

中解放出来，在上帝赐予犹太人的应许之地——“迦南地”[①]建立犹太人自己的国家，让全世界犹太人得到尊重，犹太文明得以复兴与传承。犹太复国主义打着“反歧视、争平等”的旗号，实质上就是19世纪受东欧民族主义进步运动影响的民族解放运动。在早期犹太复国主义者的设想里，犹太人和巴勒斯坦地区阿拉伯人可以和平相处，犹太人是开拓者（colonizers），而不是殖民者（colonialists）[②]。他们从阿拉伯人手里购买荒地，开荒拓土，建设社区。他们认为自己在那儿是因为历史上他们有此权利，他们来到那里不是为了让别人受压迫和苦难。设想和现实毕竟有较大差距，当犹太民族基金会出资在巴勒斯坦购置大量土地作为犹太共同体共有财产时，原来土地上的阿拉伯人的部分权利就被剥夺了，阿犹矛盾伴随犹太复国主义思想的实施而产生，并一直持续到今天。

作为一种政治思潮并伴有行动主义的努力，犹太复国主义诞生不久就传到美国，相关组织逐步建立，但是美国犹太人对犹太复国主义持有非常复杂甚至是完全否定的态度。一些正统派和极端正统派犹太人，从理念上不能接受犹太复国主义，在他们看来世俗民族主义运动无法解放犹太人，只有弥赛亚降临，才是犹太人真正得救之时，在巴勒斯坦建犹太之家并不是犹太人的弥赛亚。除正统派外，犹太人中的社会主义者，因笃信社会主义、普世主义而比较蔑视民族主义运动，对犹太复国主义同样没有热情。

---

① 今巴勒斯坦地区、黎巴嫩和叙利亚南部。

② Colin Shindler, “Liberals and Zionism,” http://ldfi.files.wordpress.com/2010/08/liberals-and-zionism－090905.pdf（上网时间2012年4月22日）。

犹太复国主义兴起之时，正是东欧、俄国犹太人大规模移民美国之时。新移民的首要任务是生存，在“自由之邦”实现安居乐业，并被当地社会接纳，他们对政治犹太复国主义关注不多。同时，他们还担心过多强调犹太复国主义会引发国家忠诚问题，甚至是反犹主义，从而毁坏自己正在努力构建的与当地社群之间的联系。

早期移民美国的以西欧特别是德国移民为主的犹太人，正在美国继续其先辈在德国未竟的事业，对犹太教进行改革，他们组建了美国犹太人中占主要地位的派别——改革派，并把自己看成是真正犹太教的阐释者。他们认为改革派改革的哲学基础是启蒙，美国主义信条也根植于启蒙，这样改革派自然地将美国主义自由原则融合进了犹太教的神学解释。美国改革派拉比中央会议主席（CCAR）所罗门·弗里霍夫（Solomon Freehof）曾对当时的现象有所描述，他说：“犹太教和美国主义结合得那么紧密，以至于哪怕提及任何一点点其他民族忠诚的学说都会立马激起反对……他（改革派犹太人）不喜欢‘民族’这个词和‘犹太’相连，因为这会让他感到被要求在对自己内心充满荣耀的美国忠诚之外还要更忠于某些民族。”① 可见犹太复国主义这样的舶来品最初是不被信任的，因为它既不符合美国主义，也不符合爱国主义，还会导致犹太人陷入双重忠诚的指责。以以萨克·梅耶尔·怀斯（Isaac Mayer Wise）拉比为领导的改革派在1885年通过《匹兹堡纲领》宣布犹太教与美国现代主义融合，实际上与早期犹太复国主义同时划清了

① Solomon B. Freehof, “Reform Judaism and Zionism,” *Menorah Journal*, no. 32 (April-June 1944), pp. 37–38.

界限："我们自认为我们不再是民族，而是个宗教社群，我们不再期望回归巴勒斯坦……也不再恢复任何与犹太国相关的任何立法。"① 由于这部分犹太人会说英语，他们对犹太复国主义的解释，易于被美国人接受。因此，在《贝尔福宣言》宣布之前，犹太复国主义对美国犹太人几无吸引力。

犹太复国主义者并没有因此放弃美国市场，他们建立美国犹太复国主义组织（ZOA）的前身——美国犹太复国主义者联盟（FAZ），拓展犹太复国主义，并向改革派中亲犹太复国主义的一些精英妥协，让改革派中的理查德·戈泽尔（Richard Gottheil）、斯蒂芬·怀斯（Stephen Wise）、路易斯·戴姆比茨·布兰戴斯（Louis Dembitz Brandeis）等当领导。这促使美国改革派的分裂，一些既赞成对犹太教改革，又主张要保留其特色、支持犹太复国主义的人士，成了美国现在人数占优的犹太保守派。同时犹太复国主义者也在思考如何实现和美国的融合问题，这是他们获取美国支持的重要方法。正像赫茨尔的犹太复国主义重点在解决欧洲犹太人的问题一样，犹太复国主义只有实现美国化才能在美国有出路。它应解决四方面需要：第一，美国人的需要；第二，美国政府的需要；第三，美国公众舆论的需要；第四、美国犹太人自己文化适应和被接纳的需要。顺应这四方面需要，美国犹太人只能从犹太教与美国主义的共性中寻找契合点，于是他们找到了自由主义。

支持犹太复国主义的美国犹太精英开始用美国自由主义的

① The Pittsburgh Platform（1885），引自 Jewish Virtual Library，http://www.jewishvirtuallibrary.org/jsource/Judaism/pittsburgh_program.html（上网时间2013年4月21日）。

方式解读犹太复国主义。在此过程中“熔炉论”和“多元文化论”[①] 较有代表性。这场争议表面是文化争议，实质是犹太人在努力解释自己在美国的处境问题，也是为了回应如何面对犹太复国主义。“熔炉论”的代表人物是犹太复国主义者、英国犹太人伊斯雷尔·赞格威尔（Israel Zangwill），他是位剧作家，1908 年创作戏剧《熔炉》，将美国定位为熔化各种旧大陆宗教冲突的熔炉，得到在任总统西奥多·罗斯福的赞誉。但熔炉更多是熔其他文化于英美文化，这对少数族群来说，明显不公，尤其对在是否支持犹太复国主义问题上犹豫、争执的犹太人很不公平。社会学家犹太人霍勒斯·卡伦（Horace Kallen）对此的回应是：美国根本不是什么熔炉，美国应是多元文化的乐队。卡伦是 19 世纪末东欧犹太人后裔，在美国长大并接受大学教育，他拥抱美国主义，又支持犹太复国主义理念，但是欧洲犹太复国主义主要支持犹太人回归巴勒斯坦的内向性，让很多人怀疑其对美国的忠诚。融合犹太自由主义和犹太复国主义成为美国人必须解决的问题，否则犹太人就有可能遭遇到在旧大陆一样的反犹主义命运。卡伦驳斥了当时流行的“熔炉论”，他认为“熔炉论”本质是反民主的，它与美国主义原则背道而驰，很多族群会因此而必须放弃自己固有的文化或丧失自己独特的价值观。他认为，美国各民族文化本身各具价值，

---

① 此处“多元文化论”，对应的英文词是 Cultural Pluralism 而不是 Multiculturalism，前者出现于20 世纪初的美国，与种族无关，与移民的内外融合相关。而后者是上世纪五六十年代民权运动的重要表现形式，重在对不同种族的尊重及其权力的保障，该词条出现于上世纪 80 年代。

它们一起在美国这个交响乐团中奏出“文明的交响曲”[①]。在卡伦看来，移民确实可以改变从服装、政治观点、宗教到经济状况等很多东西，但是无法改变的是他们的祖父。[②] 文化多元化保留了个体的“祖传”自我，美国文明是“一致性中的多样性，是人类协调的组合”。基于此，卡伦实际上将犹太复国主义和美国主义巧妙地融合在一起。[③] 在这场论战中，卡伦还强调了犹太复国主义与自由主义的关联性，他说民族主义不是自由主义的威胁，而是自由主义的根基，犹太复国主义实际上就是将个人的自由主义追求泛化到团体层面，[④] 多元主义更有利于个人自由权利的实现。

20 世纪上半叶，还有许多犹太名人，他们用参与公共活动的方式向美国展示犹太复国主义和美国主义的一致性。1905 年，著名犹太女诗人埃玛·拉扎勒斯[⑤]的妹妹约瑟芬认为“犹太复国主义和美国主义一样，是从旧世界的歧视和奴役下的一种解放”。任职美国联邦法院大法官的首位犹太人——布兰戴斯是 20 世纪初期美国最重要的犹太复国主义者，他支持犹太

① Horace M. Kallen, “Democracy Versus the Melting-Pot: A Study of American Nationality,” *The Nation* (Feb. 1915), p. 220.

② 卡伦的判断在 Cohen 的调查中得到证实，见 Steven M. Cohen, *the Dimensions of American Jewish liberalism*, p. 26.

③ Noam Pianko, “The True Liberalism of Zionism,” *American Jewish History*, vol. 94, no. 4 (2008), p. 307.

④ Horace M. Kallen, “Zionism: Democracy or Prussianism?”, *The New Republic*, vol. 18 (April 5, 1919), pp. 311 - 313.

⑤ 即：Emma Lazarus，美国 19 世纪著名女诗人，其诗文被镌刻在自由女神像基座上。

复国主义的美国化。在他眼里，犹太复国主义是解决欧洲和俄国反犹主义的选择，锡安是美国梦的延伸，是犹太人庇护所，追求犹太复国主义就是建设更好美国的一部分。针对双重忠诚的疑虑，他说两者并不矛盾，犹太宗教和经历的直接产品——犹太精神，实质是现代的和美国的，因为自从圣殿被毁，犹太人的精神就已经和所在国融在一起。① 他积极身体力行地为美国的公正而奔走，他的社会影响，让许多人对犹太复国主义的理解有了极大的转变，20 世纪 20 年代前后，犹太复国主义者人数上升很快。之后的斯蒂芬·怀斯拉比、西尔弗拉比（Abba Hillel Silver），均将主要精力投入到妇女权益保障、争取劳工就业机会平等、实施最低工资制等民权活动中，用实际行动向美国人证明：支持犹太复国主义与对美国自由主义的忠诚并无冲突。

《贝尔福宣言》宣布之后，犹太复国主义在美国的被动地位得到一定的缓解，改革派中的犹太复国主义者将犹太复国主义美国化的努力取得了一定的进展。东欧犹太人不满西欧犹太人长期支配犹太权势机构的情绪，也在追求民主社区的旗帜下取得了成果。犹太复国主义者开始巧妙地运用自由主义加强吸引力。虽然有些改革派拉比仍坚决反对犹太复国主义，声称要建立“百分百美国人的改革派犹太会堂”，但是他们中的很多人在此过程中完成了对自己作为自由犹太复国主义者的身份构建，即：自己首先是一个自由的美国人，然后才是一个犹太复国主义者。正如西尔弗拉比所言：建立一个犹太国家的努力是

---

① Arthur Hertzberg, *The Zionist Idea: A Historical Analysis and Reader* (Philadelphia, Pennsylvania: The Jewish Publication Society, 1997), pp. 517–523.

犹太复国主义与自由主义、犹太教精髓和美国主义相结合的必然趋势。美国犹太复国主义（American Zionism）由此萌生。

美国犹太复国主义，实际上是犹太自由主义和美国主义改造转化赫茨尔民族主义式的政治犹太复国主义的成果，其实质是“精神文化式”的犹太复国主义。虽然支持在巴勒斯坦建立一个犹太人的民族之家，但是在美国犹太复国主义者眼里，犹太教之国比犹太民族国家更为重要，其真正目标是建立生机勃勃的犹太教中心，让犹太教得以焕发更大的生机。美国犹太人有义务为这个中心的建立提供支持，但并不一定要亲身参与其建设。与赫茨尔式的犹太复国主义不同的是，美国犹太复国主义并不强调美国犹太人必须得“回归”，也不谴责美国犹太人信奉美国例外论。从这个意义上说，经过自由主义改造的美国犹太复国主义化解了犹太人内部因赫茨尔式复国主义而面临的挑战和危机，是美国犹太人的一次解放。

对犹太复国主义自由浪漫主义式的理解，促使美国犹太人在20世纪二三十年代对巴勒斯坦犹太复国主义者的热情支持。巴勒斯坦犹太复国主义者则顺应这种自由主义情绪，不再在美国突出犹太国，而是建立犹太人的精神家园，这样的犹太复国主义被认为既是支持犹太民族解放的自由主义事业，又有益于犹太人自己的事业。① 需要指出的是，虽然犹太复国主义者的处境得到改善，但并非意味着没有质疑。相反，从1917到1922年，以及1929至1930年间，因《贝尔福宣言》招致的巴勒斯坦不满和世界新一轮的反犹主义，美国犹太人曾对犹太

① Naomi Wiener Cohen, *The Americanization of Zionism* 1897 - 1948 (Waltham, MA: Brandeis University Press, 2003), p. 5.

复国主义有过两次大规模公开讨论。期间，犹太复国主义被一些坚定的自由主义者指责为有违美国精神，犹太复国主义者对巴勒斯坦的改造甚至被批判成“法西斯主义”。

改革派真正完成自由主义对犹太复国主义的妥协是在二战前后，基于纳粹迫害和犹太人的孤立无援，赫茨尔理念渐渐在美国人心中取得地位。具体体现在1937年的《哥伦布纲领》，该文件确认支持在巴勒斯坦建立犹太之家和犹太人的精神家园。1942年，美国主要犹太复国主义组织开会，通过决议支持在巴勒斯坦建立民主的犹太共同体，15个月之后，共同体决议被犹太复国主义者控制的美国犹太人会议（代表200万美国犹太人的民选机构）通过。1897年赫茨尔宣布犹太复国主义以来，美国犹太人第一次取得了一致。曾经非常反对犹太复国主义的美国犹太人委员会主席普罗斯考尔（Joseph M. Proskaucer）改变了立场，他这样解释自己的转变：“现在最为重要的是，让那些受迫害的人移民巴勒斯坦……我不关心自己如何达到这个目的。”① 实际上，以号称自由派的犹太人委员会对犹太复国主义仍有保留，这样的态度，促使以色列总理在1950年与该组织主席签订备忘录（该备忘录1952年被公布在《美国犹太人年鉴》上），规定：(1) 美国犹太人，无论作为社区还是个体，只有一个政治依附，那就是美国。(2) 以色列政府和人民尊重民主国家犹太人生活的完整，以及犹太社区根据其需要和体制发展他们固有的社会、经济和文化追求的权利。(3) 以色列接受美国犹太人不是“流散”犹太人的

① J. Proskauer to B. Crum, 14 Oct. 1946, AJC archives- Proskauer，转引自 Naomi Wiener Cohen, *The Americanization of Zionism*, 1897－1948, p. 14。

事实，美国是他们的家。[1]

自由犹太复国主义成了纳粹迫害紧急情势下美国犹太人的选择，成了美国自由派犹太人对自己的新定位，这种定位在二战期间，不会有太大问题，但是一旦特殊时期过去，质疑会重新出现。最核心问题就是：自由民族主义是否可能？在很多自由主义大师眼里，民族主义很难登上自由主义大堂，卡尔·波普尔等人就对民族主义表现出蔑视的情绪。在美国，罗尔斯的正义论对于美国自由主义的推动是显而易见的，但是他也对民族主义也很少关注。20 世纪西方最重要的自由主义者、英国哲学家以赛亚·伯林（Saiah Berlin）是研究这一难题的学者。伯林是俄国出生的犹太人，也是一位犹太复国主义者，在英国时，他的主要研究点是自由主义。20 世纪初犹太复国主义的兴起，外界对他身份和思想矛盾性的质疑，使他必须在学术上作出回应。[2] 伯林最初受古典自由主义影响，认为自由就是与生俱来的、人类的无差别的个人理性和权利。他是注重个人主义的自由主义者，对某些社群主义很排斥。后来随着他对自由主义认识的逐渐深入，思想逐渐转变，开始强调“价值多元论”，他是两种自由概念中的消极自由的倡导者，他承认并且尊重个人、民族、社群、传统和语言的归属感，他把“族群

① Irving M. Engel, “Report of the Executive Committee: Highlights of 1950,” *American Jewish Year Book*, no. 53 (1952), p. 552.

② Arie Dubnov, “Between liberalism and Jewish nationalism: young Isaiah Berlin on the road towards Diaspora,” *Zionism Modern Intellectual History*, vol. 4, no. 2 (2007), pp. 303 - 326.

归属”与个人自由视为同等重要的人类终极价值。[①] 他把自己的自由主义思想和民族主义思想统一起来，成为一个公开的犹太复国主义者。但是20世纪40年代，当犹太复国主义因纳粹屠杀而赢得普遍支持时，他的自由犹太复国主义和本·古里安以暴力手段争取犹太民族权利的努力产生了分歧，他认为那样的犹太复国主义是“狭隘民族主义”和“民族沙文主义”。这体现在伯林对魏茨曼1946年世界犹太复国主义者大会第22次大会发言稿的影响上。在这次会上，魏茨曼明确指出犹太复国主义与种族主义不相容。伯林认为民族主义有进攻型民族主义也有温和型民族主义，进攻型民族主义，主要表现为种族主义、大国或民族沙文主义、极端民族主义、各种宗教原教旨主义、排外主义、文化帝国主义等，温和型民族主义是一种要求民族自决的内在诉求，是与伯林的自由主义，即“消极自由”——个体能够不受压迫地选择相互关联的。当本·古里安和西尔弗拉比联手采用激进手段推动犹太国建立时，伯林和魏茨曼的温和民族主义处于下风。犹太建国之前的40年代初，伯林正好在美国做外交官，他看到在复国问题上犹太公众和犹太复国主义者之间的分裂，他担心犹太复国主义狂热派仅为自己的狭隘事业而盲动。以色列右翼贝京政府执政后，伯林对以色列政治很失望。他尊重巴勒斯坦人的民族解放权利，反对以色列政府的一系列扩张行动，谴责以政府对巴勒斯坦人权的侵犯，主张土地换和平解决巴以冲突。另外，他还是以色列和平主义组织“现在就要和平”（Peace Now）的成员。两次大战

① 以赛亚·柏林：《两种自由概念》，载以赛亚·伯林著，胡传胜译：《自由论》，南京：译林出版社，2003年版，第170—189页。

后，美国有不少人持自由犹太复国主义立场，但这种自由犹太复国主义受外围环境的影响，出现或左或右的转向。

（二）二战至冷战结束期间犹太自由主义与犹太复国主义的协调与冲突

如果说在战前，美国犹太人及主要犹太组织受限于自由主义价值观，对犹太复国主义态度踌躇而矛盾的话，那么从以色列建国到冷战结束，美国犹太社团对犹太复国主义持积极、坦然、甚至是情不自禁的自豪态度。在此过程中，虽然经历过犹太国建立初期，关于美国犹太人是保持独立性还是移民以色列的争议，[①] 但总体来说，犹太自由主义和犹太复国主义是协调一致的。以色列一度在“六天战争”后成为美国犹太复国主义的中心，“以色列主义”成为美国主义和美国犹太复国主义相结合的产物。以下几方面因素对这一转变发挥了较大影响。

第一，同情受压迫的弱者是美国自由主义的天性。二战期间犹太人的悲惨遭遇得到了美国犹太人与非犹太人普遍的同情。血的事实告诫犹太人：赫茨尔思想中的犹太国对全球犹太人的存继意义重大，美国犹太人不可能也不应该独善其身，绝对美国主义是一种不负责任的态度。那段惨痛历史还让犹太人感受到自身团结的重要意义，而弥合分歧，支持以色列便成为犹太社团的核心追求。为此，美国犹太组织开始走上有组织的政治参与和动员的道路。分别负责和白宫以及国会打交道的主

① Ofer Shiff, “The influence of Abba Hillel Silver's Diaspora Zionism on His Decision not to Immigrate to Israel,” *The Journal of Israeli History*, vol. 31, no. 2 (Sep. 2012), pp. 217 - 233.

要犹太组织主席会议（Conference of Presidents of Major American Jewish Organizations）和美以公共事务委员会（AIPAC）诞生，犹太三大防务组织①在抵制反犹主义和保护犹太利益方面协调工作。

第二，新生以色列被阿拉伯国家包围的状况，多次的中东战争，加强了美国犹太人对以色列的义务感。这种义务感既出自身为犹太人的角色使命，又出自美国犹太自由主义同情弱者期望和平的思想意识，它是犹太复国主义和自由主义协调一致的产物。以色列建国后，美国犹太人对于以色列的支持，与战前已不可同日而语。首先，以色列是犹太人逃离战火、冲破层层障碍后建立的国家，国家领导由选举产生，被界定和宣传为中东唯一的民主国家。它和美国犹太人的自由主义价值取向完全一致，美国犹太人乐见以色列的诞生，对此充满热情。其次，美国犹太人对受迫害的犹太人有愧疚需要补偿，战后补偿的对象就是新生的以色列。在许多美国犹太人看来，战前的犹太复国主义已逐渐向“以色列主义”演化。

第三，就大时代背景来说，随着美苏“冷战”的加剧，以色列渐渐被纳入到对抗苏联的大战略框架之中，犹太复国主义因此面临的本土压力较小，其与犹太自由主义的冲突相对和缓。1967 年爆发的“六天战争”，则更加强化了美国自由主义和犹太复国主义的一致性。在这场战争中，以色列突破阿拉伯国家的围堵，取得压倒性的胜利，这让出生在美国、从未到过以色列的很多美国犹太人倍感荣耀。在冷战背景下，这很容易

① 分别为反毁谤同盟（ADL）、美国犹太人委员会（AJC）、美国犹太人大会（AJCongress）

被解读为自由对专制的一次激动人心的胜利。如果说，之前一部分美国人还觉得以色列很遥远，犹太复国主义的宣传难以引发内心深刻的共鸣，那么这场战争改变了这一切，以色列在美国犹太社团的结构和文化中的地位由边缘向中心转变。①

支持以色列成为犹太人压倒一切的任务。1971 年出版的《犹太文物百科》中记录了以色列在当时美国犹太社区的受欢迎程度："以色列现在在会堂活动、布道和各种宗教庆祝活动中占据重要地位……以色列国旗经常在会堂和社区中心展现。在很多会堂，对以色列的祝福仅次于美国。希伯来语和以色列民间舞蹈成为美国犹太流行文化。"② 美国本土的犹太复国主义类、亲以色列类组织大量涌现，代替了世界锡安主义组织。据《犹太年鉴》所列，当时表明致力于"锡安"和"亲以"的组织就有 80 多个，还有其他很多支持以色列的活动、项目。有 50 多个大型组织与美国犹太组织主席会议相关，后者最重要的工作就是支持犹太复国主义和亲以色列活动。以色列成为美国犹太慈善活动的中心。最大的全国性募资机构——犹太联合募捐协会（United Jewish Appeal）几乎支持以色列政府的每一个决定，犹太组织的领导权集中于犹太领袖之手，他们对以色列热情很高。据斯蒂文·科恩 1989 年的调查，当时 99% 的犹太领袖去过以色列至少一次，84% 去过 3 次以上，78% 的自

① Chaim I. Waxman，"Center and Periphery：Israel in American Jewish Life，" in Roberta Rosenberg Farber and Chaim I. Waxman，eds.，*Jews in America：A Contemporary Rader*，p. 11. 关于"六天战争"对美国犹太人与以色列关系的影响，详见：Arthur Hertzberg，"Israel and American Jewry，" *Commentary*，vol. 44，no. 2（August 1967），pp. 69 – 73。

② *Center and Periphery：Israel in American Jewish Life*，p. 214.

认是犹太复国主义者，和以色列关系亲密和比较亲密的达97%。他们对犹太复国主义的理解不仅是美国式的也是以色列式的，爱国和爱以色列前所未有地协调起来。①

“六天战争”让美国坚定了支持以色列的战略，以色列成为美国重要的冷战助手，美国犹太人更是极为认同以色列的这一新角色，将它看成是对抗共产主义专制的重要力量。美国犹太复国主义者在为以色列进行有利游说时，通常会亮出以色列在美苏对抗中的重要作用。“六天战争”后，以色列从美国获得的援助大为增加，根据美国国会研究服务中心（Congressional Research Service Center）关于美国对以援助的最新报告，1948—1965年，美对以援助从未超过1亿美元，但从1968年开始，除1970年是0.93亿，其他年份均过亿，且绝大多数为20—30多亿。② 以色列成为接受美援最多的国家，它在美国帮助下渐渐成为中东强国。

这一阶段最大的特色是：美国犹太社团和美国普通犹太大众、美国犹太社团与以色列分歧很少，犹太社团的“集体动员”模式③畅通无阻。20世纪60—80年代初，美国犹太人的中坚力量——中青年犹太人，很少到过以色列，对以的理解主要源于犹太组织和机构的宣传。当时以色列被描绘成在英勇领

---

① *Center and Periphery*: *Israel in American Jewish Life*, p. 213.

② Jeremy M. Sharp, “U. S. Foreign Aid to Israel,” *Congressional Research Service Report*, April 11, 2013, pp. 27 – 28.

③ 犹太组织能充分动员犹太大众，犹太大众对犹太组织的领导认同度高。Theodore Sasson, “Mass Mobilization to Direct Engagement: American Jews' Changing Relationship to Israel,” *Israel Studies*, vol. 15, no. 2 (Summer 2010), pp. 173 – 177.

袖领导下的进步的、民主的、宽容的、世俗的，追求和平的国家[①]，即便有些人去以色列，基本也都是参与特定教派的宗教活动、或参加半官方组织安排好的团队，他们对以色列基本没有自己的立场。受犹太组织的思想引导，他们大多对“理想化”的以色列持无条件支持态度。这种建立在不完全了解基础上的以色列，一定程度代表了美国犹太人的自由主义追求。犹太组织对犹太社区具有至上而下的掌控力，美国普通大众在犹太组织的动员下，支持主要犹太组织在白宫和美国国会进行代表以色列的游说，这类游说不仅是犹太复国主义的一部分，更是美国犹太人自由主义情结的表达，它象征着对美以共同价值观和对美国反共事业的支持。需要指出的是，这一时期，犹太基层组织募集的资金，很大一部分被用于以色列，而用在国内支持犹太自由主义事业的资金被大大削弱，犹太人与传统自由主义事业的盟友——黑人群体的关系也渐渐疏远。

犹太社团的集中领导和高度团结，也招致批评之声，有些自由派人士认为这一时期美国犹太社团是最不民主的：犹太领袖自以为代表美国犹太大众，将对以批评视为禁忌，这本身就是反常理的；犹太复国主义转变成“以色列主义”，这实际上是让美国犹太人在支持犹太复国主义的道德旗帜下，唯以色列马首是瞻。[②] 彼得·本尼特则认为犹太组织背离了半世纪的自由“世界主义”，将犹太复国主义变成内向的“部落主义”。

① Yossi Shain, *Kinship and Diasporas in International Affairs* (Ann Arbor, MI: University of Michigan Press, 2007), pp. 56 - 57.

② Michael E. Staub, *Torn at the Roots: the Crisis of Jewish Liberalism in Post War America* (New York: Columbia University Press, 2002), pp. 145 - 146.

他以 AJC 为例，1967 年前该组织世界主义取向很明显，甚至一度考虑去掉组织名称中的“犹太”一词，称自己为“人类关系研究所”。但是在 1967 年之后，该组织将其所有人员都派到以色列接受一个月的犹太复国主义教育。[①]

犹太社团内部的不满情绪在七八十年代已开始零星展露。从 20 世纪 70 年代中期以来，就有一些自由派犹太人组建了若干代表自由派犹太人立场的组织，比如布雷拉（Breira）、以色列政策论坛（Israel Policy Forum，简称 IPF）、美国现在就和平组织（American for Peace Now，简称 APN）、犹太和平之声（Jewish Voice for Peace，简称 JVP）、正义与和平同盟（Brit Tzedek V'shalom）等等，他们提醒美国犹太社团不要忘却民主决策，要支持以色列，更要尊重不同民族的生存权，他们建议以色列与巴解组织谈判，寻求“两国方案”的可能性。这些组织在运转过程中要么受主流组织的排挤，要么因缺乏资金而难以让世界听到他们的声音，终难敌得过“以色列中心”的犹太复国主义，其中影响最大的“布雷拉”在 1977 年被迫关闭。

80 年代以色列利库德集团崛起，在西岸和加沙地带采取强硬立场，巴勒斯坦难民问题引起了部分犹太人的注意；1982 年黎巴嫩战争，以色列的入侵行径和以色列对萨拉布·夏蒂拉大屠杀负有责任的传闻，让部分自由主义美国犹太人不安。之后几年，美国开始出现抗议以入侵的活动。主要犹太组织能够觉察到内部的不同之声，但仍希望低调处理，内部矛盾内部处

① Peter Beinart, *The Crisis of Zionism* (New York: Henry Holt and Company, LLC), p. 40.

理，对外仍要一致支持犹太复国主义事业。部分犹太人对犹太组织拥抱以色列右派的做法很不满，却因此被批为反犹主义者或叛徒。由此美国犹太社团走向了分裂，犹太自由主义力量受到压制。

犹太组织的僵化立场，不仅造成他们与犹太大众之间的距离（后者无论在支持以色列还是在支持美国国内其他自由事业方面，始终保持开放的自由主义态度），还造成美国犹太社团中的右派保守势力与之公然决裂，他们在 80 年代末到 90 年代初，坚决站在以色列保守势力一边。比如美国犹太复国主义组织就曾经成功游说政府对巴援助附加条件。这些保守力量的上升使得犹太自由主义进一步受压，直接的影响是犹太社团对阿以问题持固守或强硬立场。或许这可以部分解释为何 1980 年到 1990 年这 10 年间阿以议和停滞不前，关系甚至不断恶化的原因。

（三）冷战后犹太自由主义的复苏和对犹太复国主义的纠偏

冷战结束后，美以关系中的苏联因素消失，与冷战时期以色列以及美国主要犹太组织要求将美国犹太复国主义放在“以色列主义”下检视相比，用美式自由主义检视美国犹太复国主义的呼声加强，以色列被摆到一个更为中东的战略位置上。犹太自由主义被冷战挤压的空间再次得以缓慢释放，美国犹太复国主义重心由“以色列”再次被引导到一个更加“美国”的坐标上考量。冷战结束以来美以信息和人员交流的增多，使得美国犹太大众开始用自己的眼睛来观察并思考美国犹太社团与以色列关系。因犹太自由主义价值观的影响，这些思考呈现出个性化和多元化的色彩，他们与主要犹太组织的分歧比以前扩大，他们对核心犹太组织的依赖日渐减少。美国主要犹太组织在这一时期不可避免地面临新兴犹太力量对其垄断地位的挑战和批判。

20 世纪 90 年代以来，伴随交通运输、通信互联网的普及，美国犹太人与以色列间的人员交往比以前大为增加。首先是信息上，在互联网时代美国犹太社团了解以色列和中东变得简单快捷。其次是到以色列旅游和访问的人越来越多，与过去主要教派组织的时长六周的“以色列体验”相比，20 世纪 90 年代开始的“访以出生权利计划”，让数十万美国年轻人对以色列有了直观了解。很多美国犹太人对以色列的理解不再浮于表面，也不再像以前一样停留于犹太组织的宣传资料的水准。2010 年 8 月，美国布兰戴斯大学科恩中心现代犹太研究所，就 2010 年 5 月以色列袭击开往加沙的人道主义救援船事件进行调查，分别给了被调查者以色列的声明和土耳其的声明，结果发现年轻犹太人并非轻易为以色列观点所左右，其中有些还认为美国政府过于偏袒以色列。[①]

越来越多的美国犹太人开始以一种“现实的”眼光来审视以色列，即不带冷战思维情绪的、尊重客观现实的态度。以色列在他们眼里仍然成就斐然，魅力四射，却伴随不少的社会问题，这让他们中一部分人产生了协助改造的使命感和欲望，同时也让一小部分人因为现实不够理想而出现疏离感。

首先是以色列在定居点问题上的立场。中东和平进程停滞

---

① Theodore Sasson，Benjamin Phillips，Charles Kadushin，Leonard Saxe，“Still Connected：American Jewish Attitudes about Israel，” Aug. 2010，Maurice and Marilyn Cohen Center for Modern Jewish Studies，Brandeis University. pp. 14 – 15.

不前，巴勒斯坦方面反恐效率低下、内部四分五裂等自然是原因，但是以色列通过历次中东战争，坚决推进犹太定居点、对巴勒斯坦阿拉伯人生存权置之不理的政策则更为根本。20 世纪 80 年代以来，以色列入侵黎巴嫩、巴勒斯坦两次大规模因提法达运动、第二次黎巴嫩战争、加沙战争，以及以色列对西岸和加沙的举措，特别是对加沙进出口货物的限制，使得当地老百姓生活雪上加霜等一系列事件让不少 70 年代出生的美国犹太人感到震惊，他们认为以色列的这些活动很难说得上正义，在本质上违反社会公正的犹太价值观，与“修补世界，帮助弱者”的犹太理念相背离。“美国犹太年轻人能够理解以色列出于安全考虑而采取抵御恐怖主义威胁的必要措施，但是希望以色列能更多表现出对被占领土上贫苦巴勒斯坦人的同情。”① 一些无法将自己自由主义思想和以色列的实际作为协调起来的美国人，对以色列的情感变得踌躇起来。犹太改革运动前主席尤夫（Eric Yoffie）拉比认为：“日益增强的美国犹太人对以色列的疏离情绪是与以色列政府扩占定居点的政策紧密相关的。”②

其次，以色列的少数民族人权未得到充分保证。以色列没

① Erica Seltzer-Schultz and Michael Goldfien, “Zionism, Liberalism, and Young American Jews: How Redefining the American Zionist Could Help Bring Peace to the Middle East,” Student Paper, Grinnell College, 2011. https://dspace.lasrworks.org/bitstream/handle/10349/924/ZionismLiberalismandYoungAmericanJews.pdf?sequence=1, p. 13（上网时间 2013 年 5 月 12 日）。

② Shmuel Rosmer, With Jews Like Us, June 28, 2012, http://latitude.blogs.nytimes.com/2012/06/28/american-jews-are-rethinking-what-it-means-to-support-israel/（上网时间 2013 年 5 月 13 日）。

有宪法，但有基本法，基本法将以色列界定为“the State of Jewish People”，任何挑战此概念的政党很难参加议会。在以色列，这个国家是不是属于在那里居住的“阿拉伯人”，规定相当含糊。1992 年、1994 年两次基本法修正案将以色列改为“a Jewish and Democratic State”，但纠正并未直指问题核心。2010 年，以色列内阁拟通过一项提议，要求想成为以色列公民的非犹太裔必须承认并宣誓效忠以色列为犹太国家和民主国家，后受到阻碍没有成行。在平等问题上，包括美国国务院官员在内的观察者都感受到以色列对阿拉伯裔的歧视，比如在征兵时，不将阿拉伯裔作为强制征兵范围，而服兵役往往是进入某些重要国家部门的前提条件。数万贝都因阿拉伯人缺少水资源供应，居住条件恶劣。5000 多名巴勒斯坦裔以色列人配偶很难获得医疗保障，伊拉克裔、叙利亚裔、黎巴嫩裔配偶的探视权无法得到满足。十几万埃塞俄比亚裔犹太人在居住和教育方面面临较严重的歧视，甚至在教育中出现过埃塞俄比亚犹太学生被人为隔离的现象。[①] 这类现象在冷战期间就已存在，但美国犹太人对之知之甚少，冷战思维亦抑制了人们的客观判断。冷战结束后，直接接触的渠道增多，这些欠缺民主和公正的做法进入美国犹太人的视野，与他们所支持的自由民主价值观发生较大碰撞，美国犹太人很难完全认同以色列的

① Israel and the Occupied Territories, Country Reports on Human Rights Pratices for 2011 (Israel), pp. 19 – 22, The U. S. Department of State, Bureau of Democracy, Human Rights and Labor, http: //www. state. gov/documents/organization/190656. pdf (上网时间 2013 年 5 月 20 日)。

“种族民主”① 的民主性。

再次是以色列政坛右倾化日渐加强。“六天战争”后，关于如何对待新占领土问题，国内分成鸽派和鹰派，近而形成工党和利库德集团的对抗。后者在20世纪90年代在宗教党的支持下，取得领导权，对领土持不退让的立场，令谈判解决中东问题变得举步维艰。“应许之地”的宗教思想使得宗教党在领土问题上与右翼一致，因此，宗教党对以色列政坛的右倾化具有推波助澜的影响。近年来，以政坛多元化成为常态，大党不大，小党不小，宗教党对打破政坛僵局起到非常关键的作用，而正统派宗教党由此可以向意图执政的政党抬高价码，后果就是犹太教实质处于国教地位，宗教对国家政治和社会生活的渗透和干预超出通常人们对现代民主国家的理解。美国犹太人是政教分离的积极支持者，以色列社会宗教与世俗之间的紧张关

① “种族民主”（Ethnic Democracy）是以色列海法大学社会学家萨姆·斯莫查（Sammy Smoocha）于1996年创造，其特征是：受某种民族主义理想或运动推动，拥有共同血统、共同语言和共同文化的人组成特定的民族，他们将特定的地域作为他们独有的家乡，并在那里建立国家，在这个国家里这个种族可以实施民族自决的全部权利，法律与政策也为这个民族服务。“种族民主”国家使是否归属于这一种族成为关键。种族民主国家中的成员可以被划分为在本国生活的本种族人和在流散的本种族人两部分。这两部分人都胜过不是本种族人的“其他的人”，那些人不能够成为这个社会和国家的完全成员。公民权不同于国籍，对于民族国家的成员它既不是一个必要条件也不是一个充分条件，这一点不同于西方。在“自由民主”理念的国家中，国家不论种族、性别、民族等平等地对待其公民，使他们成为国家平等的一员。种族特点被个人化了，种族的文化和身份被允许使用但并不被国家鼓励。Sammy Smooha，“The Model of Ethnic Democracy：Israel as a Jewish and Democratic State，” *Nations and Nationalism*，vol. 8，no. 4（2002），pp. 475－503.

系，让不少自由派美国犹太人感到以色列对非正统派犹太教徒缺乏应有的尊重，他们甚至认为以色列社会与自己理解的民主社会不太相符。

最后，以色列坚持自己对犹太复国主义的理解。在以色列看来，犹太复国主义意味着阿里雅（aliyah），即：移民回归以色列。以色列是所有犹太人的国家，以色列以外的犹太人均处于“流散”状态。多数自由主义的美国犹太人赞同犹太改革派的主张，认为虽然以色列是犹太人的祖国，但是美国犹太人并非流散者，他们和以色列犹太社团是平等关系，不回归祖国，同样可以在精神上和物质上支持犹太复国主义事业。在美国犹太社团是否有资格干预以色列事务问题上，以色列和美国犹太社团存在分歧，以色列认为美国犹太人除了支持以外，不应干预以色列的内政外交，因为美国犹太人并不生活在以色列，以色列所面临的阿拉伯世界威胁，他们没有遭遇，也不需要时刻承受。而美国犹太人不赞同以色列是犹太复国主义的中心，否认美国犹太人处于全球犹太复国主义的边缘，认为“锡安”并不一定要在以色列，作为一种思想它可以在世界各地，甚至可以在个人心里。这样自由主义的个性化理解，令不少以色列人担忧，希伯来联合大学的哈拉奇米（Rachel Sabath Beit-Halachmi）博士认为这类理解会造成美国犹太人对以色列的义务感降低。①

美以对犹太复国主义的不同理解，还造成了美以在苏联犹太人问题上的不同政策，结果则令美以龃龉不断。美国犹太人

① Rachel Sabath Beit-Halachmi，Liberal Jews and the Zionist Project（Havrute Summer，2011），p. 41，http：//www. hartman. org. il/Fck_ Uploads/file/havruta + 7LR. 41 –48. pdf（上网时间 2013 年 8 月 15 日）。

认为应该尊重苏联犹太移民的选择权利，若他们希望和美国犹太社团生活在一起，则不应该强迫他们与以色列犹太社团共处。以色列认为海外犹太人都是以色列潜在的公民，他们应该回归以色列。

近年来，以色列作为犹太政治和精神实体的地位在许多美国犹太人心目中确实有下降趋势。2010 年布兰戴斯大学的调查发现，虽然认为以色列对他们作为犹太人很重要的人仍占 75%，但是总体比较，已不如以前。非正统派犹太人的疏离感增强了。[①] 这一方面表现为美国自由派价值观与以色列现实行为之间的冲突，另一方面则是明显的代际差异。科恩从 20 世纪 80 年代开始追踪年轻人与以色列间的联系，他在研究过程中明显感觉到他们的疏离感在逐步增强。2009 年，科恩团队在调查报告"超越距离：年轻成年犹太人及其与以色列的疏离"[②] 中指出：犹太人年轻一代不再像其父母那样觉得以色列对他们作为犹太人来说很重要，甚至对以色列是否是美国的盟友不感兴趣。有数据为证：近 80% 的 65 岁以上犹太人认为若以色列被摧毁将是他个人的悲惨事件，35 岁以下的只有 50% 受访者如此认为。原因除了上文提及的犹太人异族通婚[③]之

---

① "Still Connected: American Jewish Attitudes about Israel," pp. 12 - 13.

② Steven M. Cohen and Ari Y. Kelman, "Beyond Distancing: Young Adult American Jews and Their Alienation from Israel," Hebrew Union College-Jewish Institute of Religion and Florence G. Heller-JCCA Research Center, 2007.

③ 异族通婚（Intermarriage）已成为犹太社团最为担心的问题，目前美国犹太人的异族通婚率达到一半以上，异族通婚直接的后果是后代并非犹太人或在非犹太人的环境下成长，因此对犹太族群以及犹太文化疏离，对以色列的亲近感降低是异族通婚的另外一个重要后果。

外，还不得不提及主流犹太组织和犹太大众之间的断层。

当越来越多的美国年轻犹太人感觉到以色列与自己心目中的形象存在差距时，美国犹太权势集团仍旧延续着固有的方式动员美国犹太人，不顾以色列存在的问题以及以色列社会的右倾化现象，宣传以色列的受害者形象，比如被阿拉伯国家包围、被伊朗威胁等，教育美国犹太人要配合以色列。这种宣传固然容易在犹太富豪那里得到捐款，却歪曲了现实。主流犹太组织在公开场合从来不批评、也不反对以色列的扩张和占领政策。像 ADL、AJC 这样的大型组织经常在一些重要问题上持双重标准。比如 2007 年，ADL 拒绝支持国会宣布土耳其曾对亚美尼亚人进行“种族屠杀”①，原因是担心会影响以色列和土耳其之间的关系。像 AIPAC 和主席会议这样的以保护以色列为宗旨的组织，则更不可能对以色列的行为进行批评和提出纠正意见。另外，主流犹太组织对犹太社团内的不同声音经常打压，新兴的左翼犹太青年组织“J 街”，因力推“两国方案”解决巴以问题，被主流犹太组织批为“披着亲以色列外衣”的反犹主义组织。而到 20 世纪 90 年代末已有 2/3 的美国犹太人注意到巴勒斯坦难民问题，支持建立巴勒斯坦国。这种观念与政策的差距带来两大后果，一是因为无法自由表达自己的犹太复国主义思想，年轻人选择远离。以美国格林内尔学院（Grinnell College）本科生苏尔茨（Erica Seltzer-Schultz）与戈

① 多年来，西方史学界一直流行一种说法：奥斯曼帝国在垮台前曾对反抗的亚美尼亚人实行过“种族灭绝”，先后“屠杀”了 150 万亚美尼亚人。然而，土耳其除了承认当年亚美尼亚人在争取民族独立的斗争中有 25 万至 50 万人在同土耳其人的冲突中丧生外，始终否认屠杀异族的历史。

登芬（Michael Goldfien）为例，他们是美国犹太人，他们关心犹太复国主义，为此专门用心研究，既解决自己的身份困惑，又面对犹太社团的问题。他们在法国调查学习一段时间后，联合写了一篇有关美国年轻犹太人对犹太复国主义未来构想的论文，获得学院大奖。在这篇论文中，他们提到："作为年轻的美国犹太人，我们自身的经历让我们担心诸如同情、批判性思维、健康的争论等已在以色列问题上消失了。虽然很多美国人同情以色列，这能理解，可是对巴勒斯坦被占地区的巴人的苦难，他们似乎不关心，甚至保持沉默，这样的趋势会让美国年轻犹太人远离他们的希伯来国家，后果是美国更难帮助巴以达成和平。"同时他们也感到美国犹太人作为一个团体，表现出对民主自由理念和以色列国的强烈责任感。他们认为"美国犹太社团是时候重新界定犹太人复国主义了，只有那些支持以色列国的民主存在，同时对以色列保持批评声音的人才是真正的复国主义者，同时他们才能有助于帮助以色列实现民主与和平。"①

与一部分疏离者相比，还有一部分犹太人选择直面这一问题，构造他们眼里的符合美国自由主义理性、又对以色列发展有益的犹太复国主义。新的亲以色列组织"J街"的诞生就是一个重要的标志。这个以犹太年轻人为主要成员的组织，摆脱了父辈对以色列的歉疚，对美国犹太社团和以色列的被动关系（以色列向海外朋友请求援助，美国人无条件地加次支持，如

① Erica Seltzer-Schultz and Michael Goldfien, "Zionism, Liberalism, and Young American Jews," p. 22.

捐款，访问及移民）感到不安，[①] 希望用现代自由主义重新评估以色列，找到真正解决以色列问题的出路。“J 街”从一诞生就处于新一轮自由主义和犹太复国主义之辩的中心。

2010 年本尼特也加入这轮辩论中，他认为在以色列的前国家以及早期国家时代，美国犹太人在支持犹太国方面可以自由表述他们的自由主义价值观。那是基布兹运动和社会主义倾向比较明显的年代，国家不仅寻求安全，更追求社会公正，而这与美国犹太人的自由主义倾向非常合拍，《托拉》的基本价值观——爱邻人如己在那里得到很好的实现。但是 1967 年以色列胜利后，这种情况发生了很大的变化，基布兹被更大范围的资本主义化所淹没，贫富差距日益明显，强制兵役让参军的英雄主义色彩大为褪色。以色列早期普世的人道主义价值观对日益增长的极端民族主义和极端正统主义让步。本尼特并未责怪美国犹太人，而是把矛头指向美国犹太组织，认为它们放任以色列的右倾倾向。他认为美国犹太人必须通过抵制以色列在被占领土上生产的商品、将以色列绿区以外的领土定义为“非民主以色列”，才能有效促进以色列政策的变革，也才能推动犹太复国主义的真正复兴。本尼特的文章实际是投入犹太社团的一枚炸弹，很多人对其立场进行围攻，甚至把他归入是“自己恨自己”的犹太异类。

本尼特提出的激进解决措施，并不能让所有犹太自由派满意，甚至“J 街”都不赞同，但是他提到的现象却值得美国犹太社团深思。犹太组织不是没有看到犹太复国主义和犹太自由

① Jeremy Ben-Ami, *A New Voice for Israel*, *Fighting for the Survival of the Jewish Nation* (New York: Palgrave Macmillan, 2011), pp. 60 – 62.

主义之间的紧张关系。为应对这一问题，美国犹太组织继续采取自我问题内部解决的政策。2006 年，80 多个北美犹太组织和慈善机构一起加入到“以阿问题内部事务工作组”（the Inter-Agency Task Force on Israeli Arab Issues），致力于改善以色列阿拉伯人的生存状况，推进以色列国内的种族平等与发展。参与的组织有美国犹太人联合分配委员会、犹太社区联合会、美国拉比中央会议、ADL、AJC、正统派联合会、主席会议等，[①] 他们认为犹太人和阿拉伯人关系的改进会加强以色列作为犹太国的国际合法性，也有助于让以色列成为美国年轻人引以为傲的地方，且有助于加强犹太人的身份认同。[②]

可是犹太社团的这些做法，不足以表明美国犹太主流组织的观点和管理方式的根本改变，他们把持领导地位，却无法代表犹太民意。本尼特的贡献在于找到了美国犹太复国主义衰退的根源：忽视犹太自由主义。就犹太复国主义在美国的发展历史来看，如不将犹太自由主义置于主导地位，犹太复国主义不会有积极的发展前景。只有找到犹太复国主义和美国犹太自由主义的结合点，犹太复国主义才能在美国重新焕发生机。美国犹太社团内部只有展开对以色列以及阿以问题的公开、公平、正义的讨论，才能有利于美国在中东和平进程上推动以色列采取符合和平发展方向的政策。

另一方面，无论在以色列还是在美国都有这样的新声音，即美国犹太社团应该秉持自由主义原则发展并关照自己社团的

---

① 详见该组织网站 http：//www. iataskforce. org/。

② Mike Prashker, “Teaming Up for Equality in Israel,” *The Forward*, December 5, 2008, 转引自“Mass Mobilization to Direct Engagement,” p. 179。

健康发展，这才是对犹太复国主义负责的态度。以色列前副外交部长约西·贝林（Yossi Beilin）在以色列公开主张这样思想。他在世界锡安妇女大会上称，以色列已经不再需要美国犹太人的援助，美国犹太人应将募集到的资金用于美国犹太人的教育上去。美国犹太社团中也有部分人士建议公平地考虑美国犹太社会的发展问题。他们认为以色列犹太社团已足够强大，倒是美国犹太社团的发展趋势令人担忧，比如因为异族通婚造成的犹太传承、犹太复国主义情结弱化等问题，以及年轻人对以色列的疏离等，这些因素都表明，如果不应对自身问题，美国的犹太复国主义极有可能面临危机。20 世纪 90 年代末以来，有些基层犹太组织减少了对以色列的捐助，将资金用于加强美国犹太社团的教育和福利建设，这种“内向化”的转变，可以看成是美国犹太自由主义对自身的关照，这样的关照对整个犹太复国主义事业来说，应是有益的。

简短结论

自由主义是美国犹太人族群历史和美国主义相结合而形成的较稳定的政治倾向。美国犹太人的犹太复国主义是身为犹太人难以回避的身份和时代使命。自由主义具有外向和普世性，犹太复国主义具有内向和族群性，两者看似矛盾，但是价值冲突从本质上来讲，并不表明相互对抗的价值中有一个为非法，关键看如何协调。从犹太复国主义诞生之日起，美国犹太人一直在努力用自由主义的尺度审视、改造它，期间有排斥、有协调，也有疏离。自由主义和犹太复国主义关系的紧张与协调，持续了一个多世纪，这个过程既是犹太复国主义美国化的过程，也是美国犹太人追求犹太复国主义民主化的过程。美国主流犹太组织在此过程中曾起过积极推动作用。冷战结束后，国际形势相对宽松，美国犹太自由主义得以复苏，美国犹太人尤其是新一代犹太人希望用自由民主的眼光审视以色列及阿以争端，他们希望在中东和平进程中有公开和民主的建设性讨论。而主流犹太社团仍在坚持冷战体制下的“以色列中心”，这种由下至上的模式，引发了新兴犹太力量及新一代犹太知识分子。对美国犹太复国主义进行再改造的呼声。目前他们的声音还不是很大，所幸已被美国主流社会听到，并在慢慢应对，这对美国犹太社团的民主发展将是好事情。同时，这样的反思可以带来两个可能的后果，一是美国犹太人对犹太复国主义的理解更为独立也更为成熟，这既可以增加美国犹太社团对下一代犹太人的吸引力，又可以促使以色列以一种平等的态度来对待美国犹太社团，促进世界两大犹太社团间的民主对话。二是美国对阿以争端的政策将会有更大更灵活的空间。冷战期间，美国中东政策受犹太游说的影响已有众多论述，这在很大程度上依赖由美国犹太主流组织“大众动员”而形成的基层和民意压力。冷战结束后，犹太组织的多元化和民主化已成为发展趋势，美国政府和国会也将有可能听到更为多元的犹太声音，从而能够在比较与取舍中提出对中东各方有益的建设性措施。这些对中东和平进程来说将是至关重要的趋势。

变化中的美国犹太社团*

——肯尼斯·D. 沃尔德教授访谈录

●孙晓玲

［简要说明］　《美国犹太教史》① 的作者、著名犹太学者乔纳森·D. 萨纳（Jonathan D. Sarna）曾如此评价美国这方土地之于犹太人的意义：美国给了犹太人不同于旧大陆的自由环境，与此同时，美国的宽容氛围又造就了犹太人和犹太教的多元主义特色。人类发展到今天，现代性在不断地解构着世界各

* 本文系广东省哲学社会科学“十二五”规划 2011 年度课题《犹太游说的嬗变与美国中东外交政策研究（1990—2010）》阶段性成果，课题编号 GD11YHQ01。感谢佛罗里达大学政治学系教授肯尼斯·D. 沃尔德（Kenneth D. Wald）在笔者访学期间的指导；感谢复旦大学徐以骅教授审阅文稿并提出修改建议。

① Jonathan D. Sarna, American Judaism: a history (New Heaven, Connecticut: Yale University Press, 2004).

地的传统社会和传统价值，多元化似乎已不可遏制。世界最古老的民族之一——犹太民族，其第二大分支，身处现代化最前沿的美国，更面临着前所未有的挑战。转变中的犹太人的矛盾性和独特性比任何一个时代都更让人迷惑，就其中的问题，笔者利用在佛罗里达大学政治学系担任访问学者的机会采访了笔者的导师——佛罗里达大学杰出教授、宗教与政治关系研究专家、德裔犹太学者肯尼斯·D. 沃尔德（Kenneth D. Wald）（Kenneth 习惯被人称为 Ken，文中简称“肯”），访谈时间为 2013 年 2 月到 5 月，地点分别为佛罗里达大学安德森楼 303（303 Anderson Hall）和乔治·A. 斯马瑟斯图书馆（George A. Smathers Libraries）一楼学习区。以下为访谈的部分内容。

问：学界习惯把美国犹太人分为：正统派、保守派、改革派和重建派。但是在宗教研究以及在与犹太人的交谈中，“世俗犹太人”是个经常能听到的字眼，与之相关的是，我们很少听到“世俗基督徒”、“世俗穆斯林”的说法。据美国三一学院对 4 万多人的随机调查：犹太人中称自己具有世俗面孔的超过一半，他们中很多人认为信仰宗教与拥有世俗倾向之间没有矛盾。在一般人的印象中，犹太人之所以被称为犹太人是因为犹太教，犹太人与犹太教似乎是一体的，而“世俗犹太人”若从字面理解，应该是不相信犹太教的人，它用事实提醒我们简单地把犹太人等同于信奉犹太教的人是有问题的。那么“犹太人”主要是与血缘、种族相关的，还是与宗教文化相联的一个概念呢？我们该如何认识“世俗犹太人”？

肯：“谁是犹太人”一直是世界犹太学界争论不休的话题，美国犹太社团和以色列犹太社团在此问题上长期存在分歧。原因是犹太人的历史非常长，又命运坎坷地长期处于流散状态，直到近现代才基本上找到安身之所，现又面临现代化冲击。最初犹太人和犹太教确实密不可分，但是犹太人的流散史造就了世界各地不同肤色的犹太人和特殊的犹太文化，对于浸淫在这种文化下长大的人来说，犹太文化已在他的认同上烙下了印记，类似于胎记，这与肤色血脉关系并不直接。所以“犹太人”与其说是种族、民族概念，还不如说是宗教文化概念。它与血缘有关联，但并非不可超脱，它与宗教有联系，却并不绝对；它很大程度上与更广义的宗教文化相关。现在很多的犹太人，包括改革派犹太人、保守派犹太教徒，他们平时以世俗方式示人，但是这不并影响他们的犹太身份与认同。对于犹太人的认识，在美国存在着法律规定和事实操作上的差异。一般而言，法律规定犹太母亲所生的人、皈依犹太教的人为犹太人。但在实际操作中，并不排除父亲为犹太人而母亲并非犹太人的人同样是犹太人，他们甚至比法律意义上的犹太人更虔诚。另外，还有一些犹太人并不经常参与犹太教活动，他也自认是犹太人。事实上，除正统派之外的其他派别的犹太人，大多很少参加会堂活动，他们与犹太教的联系只在内心，仍抱有对犹太教的认知和坚守。还有一些人对犹太教称不上虔诚，甚至不相信，但是自愿延续祖上的犹太风俗，过犹太宗教节日、遵守 Kosher（符合犹太教规的食品）的犹太教饮食规定，不愿意放弃，并将这一切看成是生命中顺其自然的事情，他实际上就是“世俗犹太人”。犹太文明和文化深刻地影响他，他的认同里有深厚的犹太文化印记。

点评：肯对于世俗犹太人的界定让我想起犹太教重建派创始人摩迪凯·开普兰（Mordecai M. Kaplan）对于犹太教的理解[①]，即：与其说犹太教是种宗教，不如说是一种文明。在笔者对此进行求证时，尽管肯是保守派犹太教徒，但他对此表示赞同。“世俗犹太人”实际上给了那些并不笃信犹太上帝，但仍想保持与犹太人以及犹太历史联系的人，一个重要的面向世界的面孔。

事实上美国不乏世俗犹太人的思想建构和组织。早在1963年，舍温·T. 瓦恩（Sherwin T. Wine）拉比就建立了“人文派犹太教”（Humanistic Judaism）[②]，为人文上的、世俗的和文化上的犹太人提供一个精神家园。人文犹太人将他们的犹太身份和犹太文化看成是他们当代生活方式的表达，他们会庆祝犹太节日或用犹太方式对待生命中的重大事件，如成人礼、婚礼、葬礼等等，但主要是基于传统文化而不是宗教。和其他宗教社团类似的是，它一样有拉比，也有自己的会堂。1969年在这种思想影响下，“人文犹太教协会”（Society for Humanistic Judaism）”宣告成立，如今它已成为北美人文犹太运动的核心，在各州建立了多个联络站。它们会为世俗犹太人提供各种教育、文化活动安排，也坚定地站在以色列一边，号召成员为受火箭弹袭击的以色列人捐款，已累计捐助500万美金给以色列恐怖袭击救助基金。尽管真正加入瓦恩拉比社团的

① （美）摩迪凯·开普兰著，黄福武、张立改译，《犹太教：一种文明》，山东大学出版社，2002年版。

② 参见“人文犹太教会（Society for Humanistic Judaism）”网站，http://www.shj.org/wine.htm。

人还不是很多（与其几乎同时兴起的重建派，目前已有100座会堂，6万多会众），但是他认为世俗主义已是时代精神，“今天的大多数犹太人不是转向传统，而是保持着一种非常世俗的生活，只是想在周末或在婚礼上体验宗教神圣。”另外一个有一定规模的世俗犹太组织是“世俗犹太组织大会（Congress of Secular Jewish Organizations）”，它在犹太人集中的美国东北地区、加州、佛州有近20个分支机构，在加拿大也有3个分支机构。瓦恩曾经出任国际世俗人文犹太人联合会的联席主席，这个联合会每两年召开一次世界大会。尽管目前正式入会的人数在美国是有限的，但是瓦恩认为这将是未来趋势。

问：在三一学院2009年初发表的“美国人宗教认同调查汇总报告”[①]中，巴里·科斯明（Barry Kosmin）和阿瑞拉·凯泽（Ariela Keysar）通过他们对全国大部分地区54461名受访者的电话随机采访，证明从1990到2008年，美国世俗化趋势加强了，无宗教信仰者（包括无宗教倾向、无神论者或者不可知论者）的数量呈现出缓慢增长趋势。从1992年的8.2%到2001年的14.1%，再到2008年的15%。认同犹太教的犹太人占美国人口的数量呈现比较快速下降的趋势，1990年是1.8%，2008年为1.2%。您如何看待这样的趋势？

肯：这类调查真实地反映了美国犹太社会的现状，确实犹太人面临着世俗化的风险，这里一个很重要的原因是异族通婚，目前美国犹太人异族通婚呈现较快增长，保守估计已达一半。在这种情况下，他们的孩子还是不是犹太人？这个问题就

---

① Barry Kosmin and Ariela Keysar, Summary Reports of American Religious Identification Survey, Trinity College, March 2009.

变得日益重要。按照犹太人为犹太母亲所生或皈依犹太教的人的规定，那么犹太男子与异族通婚，就有可能造成犹太人口的减少。另外，异族通婚家庭会依什么方式抚养子女是个问题。据目前调查来看，异族通婚家庭以犹太方式抚养子女的比例日益下降，这给未来美国犹太人口带来了不少变数。美国现在有这种说法，祖父是犹太人的人是犹太人，但是随着异族通婚的增多，这个问题会变得越来越复杂。当然现在又有另外一种现象，也就是复归现象。现在正统派，在大学校园里吸引了不少犹太青年的加入，这可以看成是对犹太人日益世俗化的反思和纠偏。美国正统派犹太人的人数也在逆势增长，他们估计会对犹太人人口的减少和犹太人的世俗化，有一点点抵消。通常犹太正统派家庭的婴儿出生率远高于美国人总体出生率，且正统派对异族通婚持比较抵制的态度。

问：您曾经跟我提过，与正统派犹太人数量上升一致的是，大学校园里的犹太年轻人对正统派的热情也有所上升，我在有关资料中获知，以色列正统派犹太人同样呈现上升趋势。新兴亲以犹太组织“J街”（J Street）创办人杰里米·本—阿米（Jeremy Ben-Ami）在他的书《支持以色列的一个新声音》[①] 中也提到了这一重要转变，并且他提到正统派在以色列议会中的力量不断上升，长此以往，他有些担心以色列政坛的偏右倾向更为明显，以色列会变得更为内向而缺乏民主，这将与美国犹太人的自由主义理念相悖，您怎么看待这样的现象？

肯：确实，不可否认，正统派犹太人的数量在上升。因为

---

① Jeremy Ben-Ami，*A New Voice for Israel*：*Fight for the Survival of the Jewish Nation*（New York：Palgrave Macmillan，2011）.

就整体而言犹太人的出生率低于美国平均水平，而正统派是例外，他们通常选择大家庭，一个正统派家庭有六七个、七八个孩子并不奇怪，所以他们出生率高，自然人数在上升。大学校园的年轻人有不少热衷正统派，有一个原因看起来是个原因，因为年轻人希望他们得到的是传统的真正的犹太教，由于正统派的保守性，年轻人觉得也许能在正统派那里找到真正的犹太教。需要留意的是，参加正统派活动的犹太年轻人并不都是正统派。另一个原因，可能不是原因的原因，正统派会堂里或组织里提供的免费食品更正宗更美味。①

说到以色列正统派犹太人的情况，这里需要对正统派作一区分。正统派里有 moderate-orthodox 和 ultra-orthodox 之分，前者为温和正统派，外表上，除了头戴基帕（Kipa）之外，其他衣着服饰与世俗犹太人没有任何区别，他们积极入世，参加军队，参加工作，关心国家政策，关心以色列的安全和存续。后者是极端正统派，他们比较神秘而且宗教倾向浓厚，在衣着上非常保守而严谨，男人黑袍、黑帽、蓄须，讲意第绪语。他们自认为是犹太教的真正继承者，其他人甚至不能称为犹太人，他们不太入世，也不是非常希望自己的孩子参军，或与其他派别的犹太人过多交往。他们相信自己是为上帝服务的人，在他们看来弥赛亚将是上帝带来的，而不是以色列政府能解决的问题。他们对以色列国家的存在其实关注并不多。因为在他们看来，潜心研究犹太教经典，忠于上帝，上帝就会来保护并拯救犹太人，并不需要什么军队。另外一个方面，他们也确实

① 这两点原因在笔者访问“佛罗里达大学查巴德”（Chabad at University of Florida）组织时得到印证。

担心自己的子女参军后，世俗的东西接触过多，冲击信仰。由此可见，正统派内部其实在政府政策上关注的力度并不相等。温和派犹太人确实政策上比较偏右，但是如果你去以色列，你就会发现非正统派还有世俗犹太人的数量远远超过他们的比例，其实我并不担心你说的那种趋势。需要担心的反而是近些年来以色列的阿拉伯人口数量增长很快，他们力量的上升很可能会对阿以争端的解决产生和以前不一样的影响，这在因提法达运动[①]之后，变得更加引人关注。

问：犹太人有重视教育的传统，犹太人上大学的比例远超其他族裔。犹太学者西尼·戈登斯坦（Sidney Goldstein）[②] 曾在 1981 年《犹太年鉴》上撰文对此表示担忧。他认为：接受越高教育的人越容易接受异族通婚，也越容易远离犹太社区。大学自由教育还会对宗教价值观以及犹太身份认同产生影响。也就是说犹太传统上珍视的教育以及犹太年轻人高比例的大学就读率到头来反而会削弱个人与其犹太社区的联系，这不能不是一种讽刺。有些犹太学者，比如切姆·I. 韦克斯曼（Chaim I. Waxman）等对此表现出一定程度的赞同。那么您如何评价犹太教育对犹太社区的意义。

肯：犹太人和中国人一样重视教育，当然犹太人更多基于宗教传统，学习《托拉》和《塔木德》是犹太人生活的重要

① 因提法达（Intifada），阿拉伯语“起义”一词的音译，特指巴勒斯坦人反抗以色列的大规模暴动。

② Sidney Goldstein, "Jews in the United States: Perspectives from Demography," *American Jewish Year Book* Vol. 81（1981）. 参见 AJC 电子档案库：http://www.ajcarchives.org/main.php?GroupingId=40（上网时间 2013 年 5 月 10 日）。

组成部分。就我而言，我们从小父母亲会让我们去阅读和学习各种有趣的东西，但是很少说要我们将来以上大学为目标，他们只是一直鼓励孩子学习，至于孩子将来能干什么，他们认为时机到了，孩子们自然会选择，有点船到桥头自然直的味道。事实证明他们是对的，只要你重视教育，很多结果是自然而然的，这也就是为什么犹太人上大学的比例比较高，从事专业性工作的人员较其他族裔突出的原因。我认为大学教育与犹太人和社区的关系，没有最直接的联系。因为一个人与社区之间的联系应该早已奠定。到上大学时，个体价值观和个体认同大多已经奠定，不是大学教育所能轻易改变的。如果个体在进大学前，在父母的引导下经常参与犹太社区活动，也比较经常上犹太学校的课，一般而言，即便他上了大学，他与社区的关联还会存在。当然，如果之前的社区基础不牢固，可能会带来戈登斯坦所担忧的问题，但是我认为这个比例不是很高。真正令人担忧的，可能是你说的，接受大学教育的人比较易于接受异族婚姻这一点，它确实会对美国犹太社区的存续产生比较大的影响。

问：您对犹太人总体上的自由主义倾向有所研究，我的问题是，无论从收入、受教育程度、职业还是社会地位，犹太人在美国均属于中产偏富裕阶层。政治学者关于社会阶层和政治偏好关系的研究表明，越是中产或富裕的阶层越偏向保守。为什么犹太人在这方面表现得与其阶层不一致？

肯：政治行为理论研究的一般性结果确实如你所言，但是犹太人似乎是个例外。绝大多数犹太人自称是自由派，他们关注民权、民生，经常站在弱势群体一边。从罗斯福新政以来，犹太人一直是民主党坚定的支持者。卡特到里根时期，犹太人对民主党的支持有所减弱，曾一度让观察家们认为犹太人要改变风向了。事实并不如他们所料，犹太人对民主党的支持又呈现稳健上升水平。2008 年奥巴马竞选总统时，犹太人内部关于奥巴马的怀疑之声很多，共和党借机渲染，有人预测，犹太人会阻断奥巴马的总统梦，事实上，犹太人对奥巴马的支持率达到78%。究其原因，学界有多种解释，其中有从犹太教信仰方面解释的，认为犹太教中有三个因素非常关键，即：重视教育、热心慈善（Zedakeh）与“修补世界”（Tikkun Olam）的思想。这些固然有影响，但仍然存在解释不足的问题。因为同样是犹太教徒，调查发现，宗教思想越正统的，政治思想越倾向保守，这实际上表明有更为决定性的因素。美国犹太人自我生存的历史对其自由主义倾向更有决定性作用。由于历史原因，美国犹太人将自身定位于受迫害的弱势群体。到了美国以后，即便他们在社会经济地位上有了明显的提升，美国的宗教氛围也相对宽容和宽松，但是他们的不安全感仍然存在。这种自动归附弱势群体的心态对美国犹太人的自由主义倾向有比较大的影响。另外，美国主义对犹太人的影响不可忽视。对比犹太人在加拿大、英国、法国等国的情况，就会发现，同是犹太人，美国犹太人的自由主义倾向更为明显，这从另外一个侧面反映出美国犹太人的自由主义情结也是美国主义的产物。

有人说犹太人的自由主义是与自己的阶级利益相背的，比如犹太人赞成富人多纳税，税率越高，自己承担的份额越高。再比如犹太人赞成削减国防开支，减少对外干预，但是高国防开支对支持以色列明显有好处。在我看来，从表面上看，似乎如此。但犹太人对自由主义理念的支持，实质对犹太人自身是有益的。比如犹太人强烈拥护宪法中政教分离的规定，支持不确立国教，这实质上让犹太教在基督教社会里取得了法律意义上的平等地位，这是犹太人以前在其他国家没有享受到的，这对犹太人在美国社会不受宗教影响而享受平等教育、就业等意义重大。所以在我看来，自由主义对犹太人自身是有益的。

问：无论是学界还是政界，几乎没有人否认美国犹太人对以色列的亲近感，他们通过研究调查发现，几乎所有犹太人都关心以色列作为一个国家存在对于自己犹太身份的重要性。但是关于美国犹太人对以色列的亲近程度，不同专家有不同解读。主要有两种声音：一种以斯蒂文·M. 科恩（Steven M. Cohen）与阿里·Y. 凯尔曼（Ari Y. Kelman）为代表。2007 年他们发表研究报告“超越距离：年轻成年犹太人及其与以色列的疏离”①，认为近十来年，美国犹太人，尤其是年轻犹太人和与异族通婚者对以色列的疏离感加强了。从 20 世纪 60、70 年代，到现在的 21 世纪最初 10 年，美国犹太人的亲以程度表现出比较明显的代际差异。老一代犹太人比现在的犹太人更亲近以色列，也更重视自己的犹太身份。当老的犹太人被年轻犹太人所代替，美国将出现对以疏离的趋势。

但是以布兰戴斯大学西奥多·赛森（Theodore Sasson）教授为首的研究团队，参照了美国犹太人委员会（AJC）常规性的调查数据，得出了几乎相反的结论。他们说：“无论学术作品还是调查研究结果，均不支持美国犹太人对以色列已经疏离的观点。”他们研究了从 1989 年到 2005 年的 AJC 调查数据，

① Steven M. Cohen and Ari Y. Kelman, Beyond Distancing: Young Adult American Jews and Their Alienation from Israel, Hebrew Union College-Jewish Institute of Religion and Florence G. Heller-JCCA Research Center, 2007.

发现“关心以色列”,“觉得以色列对自己很重要”的数据长期以来在 70%—80% 之间。2010 年他们发表报告《仍然联系紧密：美国犹太人对以色列的态度》[①]。他们对 1200 名拥有犹太身份的人进行了调查，问题涉及“你在多大程度上与以色列相连”,“你去过以色列吗?”等，结果显示：63% 的受访者认为非常有关联，75% 的人赞同“关心以色列对他们的犹太身份很重要”。这与过去二、三十年相比，没有什么不同。年轻犹太人看上去比老一辈犹太人疏远以色列，这是正常的表现，任何一个时代都是这样，但是随年轻人年龄日益增长，他们对以色列的情感也会趋于强烈，而且随着“发现——以色列生来就有的权利”(Taglit-Birthright)[②] 项目的推广，越来越多的年轻犹太人有去以色列免费旅游的机会，在此过程中他们亲身了解了以色列，这显然会增加他们对以色列的认同，所以总的来说，这几十年来，犹太人对以的亲近感几乎没有什么实质变化，仍像过去那样坚不可摧。该研究认为科恩的研究没有注意到人在成长过程中思想观念的变化。您如何看待这场争论，您眼中的美国年轻人对以色列的亲近感究竟什么样?

肯：不同的学者研究方法和侧重点有不同，研究结果自然

---

① Theodore Sasson, Benjamin Phillips, Charles Kadushin and Leonard Saxe, Still Connected: American Jewish Attitudes about Israel, Cohen Center for Jewish Studies, Brandeis University, August 2010.

② Taglit-Birthright Israel 始于 1999 年，属于免费资助世界各地犹太青年访问以色列的教育项目，符合条件的犹太青年可以对以色列进行 10 天的免费访问，目的是消除以色列与海外犹太社团，特别是与美国犹太社团间的隔阂，强化年轻人与以色列的历史文化联系，加强犹太认同。实行至今，该项目已经吸引了全世界 60 个国家 30 万犹太青年人访问以色列。每年 Taglit 都能收到数千万美元的捐款。

也有出入。将生命周期对人的思想影响考虑进去，有一定的道理。不可否认，随着个体年龄的增长，有一部分人的思想会发生如赛森所说的变化。现实政治也会在不特定的时候对人的思想产生影响。打个比方说，若现在伊朗攻击以色列（可能性极小），某些犹太年轻人的想法就会因此发生很大的转变，所以赛森的推断某种程度上有他的价值，现实政治的难以预测性应该包括进去。但总的来说，我还是比较倾向于科恩的观察和判断。美国犹太人对以色列的亲近感不是一成不变的。以色列建国初期，美国犹太人年轻人，特别是在美国出生的犹太人年轻人对以色列的建国虽然很高兴，但是并不狂热。1967 年“六天战争”前后，以色列力挽狂澜式的胜利，让这种情绪上升到了极点，美国犹太人愿意为以色列倾其所有。但是随着反对越战、民权运动在全国的风行，当年美国犹太年轻人对以色列的关注热情有所下降，但是总体来说，比现在年轻人对以色列的关注要强。在老一辈犹太人眼里，以色列仍然是被中东国家包围的弱小国家，它需要美国犹太人的强大后盾，否则，随时面临生存危险。但是现在的犹太年轻人，一方面，因为异族通婚，造成部分这类家庭的犹太人对以色列关注减少。另一方面，在很多美国年轻犹太人眼里，以色列已远不是父辈眼里的中东弱国，相反他们会认为以色列非常现代，拥有的高新武器足以应对敌国的攻击。再者，“出生权利项目”，方便了年轻人去以色列的旅行，他们有了更多机会近距离接触以色列，但与此同时，相对在美国的父辈，年轻人有机会用自己的眼睛观察以色列，他们看到以色列面临的危险、以色列为维护安全所作的努力、同时他们中的少部分也关注到了国际上因定居点问题对以色列的负面情绪，这些负面情绪让他们尴尬，使得他们对以色列的民主性质持怀疑立场。为掩饰这种无能为力的尴尬，少部分人会表现出漠不关心以色列的姿态。这种对以色列的疏离感确实存在，这应该引起美国犹太社团的担忧。

问：从上世纪80年代初到现在，犹太保守派和基督教福音派在以色列问题上结成了联盟。后者是美国亲以势力中的很重要的非犹太人部分，客观上对美国支持以色列起到了一定的作用。您如何评判这样的联盟？

肯：坦率地讲我对这样的实用主义联盟并不感冒，现实生活中我们会发现实用主义政策能带来短期效果，但是长期来说，短见可能贻害无穷。我的感觉也代表绝大多数美国犹太人的想法，他们对与福音派结盟感到很不舒服，因为犹太人和基督教福音派有太多的不同，比如在堕胎、同性恋、控枪等很多问题上，犹太人与福音派差异巨大。纵然在支持以色列问题上是一致的，但是内政是犹太人政治关注的首要内容，这在J街的委托调查中得到了证实。[①] 犹太人对福音派的观感可以从2007年的一份调查得到进一步佐证。在这份调查中，美国犹太人相对全国其他人来说，更愿意支持同性恋者、女性、黑人、西班牙裔、穆斯林当总统。[②] 他们最不乐意支持当总统的人就包括基督教福音派人士。由此可以看出美国犹太人对这类联盟的态度。美国犹太人对基督教福音派过多强调宗教在政治

① "J Street National Survey of American Jews," Gerstein Agne Strategic Communications, November 2, 2010，详见：https://s3.amazonaws.com/s3.jstreet.org/images/J_ Street_ NationalPoll_ Survey_ Results.pdf（上网时间2013年8月13日）。

② Kenneth D. Wald, the puzzling politics of American Jewry, Quality Data on Religion, p.21. 引自：the ARDA Association of Religion Data Archives, http://www.thearda.com/rrh/papers/guidingpapers/Wald.pdf（上网时间2013年6月2日）。

决策中的作用十分警惕，这容易使他们联想到“基督教政府”。而且基督教福音派对政府福利政策的怀疑也使它与犹太人的立场相距甚远。

问：在很多有关美国犹太政治的研究文章中，“the American Jewish Establishment”和“the American Jewish Community”两个词经常被提及。这两个词有什么区别与联系？

肯：“the American Jewish Community”主要指的是犹太人这个社会性整体，美国犹太人作为少数族裔，从踏上美国国土之日起就以会堂—社区方式存在，后来又以社区—会堂方式生存。社区在美国犹太人的生活中发挥着重要的作用，研究者或者其他群体就以这个词来代替整个犹太人群体。至于“the American Jewish Establishment”（美国犹太人权力建制），现在并没有一个约定俗成的界定。可能有些人用来指以美以公共事务委员会（AIPAC）、美国犹太组织主席会议、美国犹太人委员会为首的一些主要犹太组织。但是据我的观察，这些组织均是平等的。犹太教会里并没有像天主教那样的金字塔式的教阶结构，犹太组织也是这样，是一些群众机构，很草根化。众多的犹太人联合会，也基本以募资为主要目标，募集的资金主要用于各项犹太人相关的事业，所以我并不认同有什么“Jewish Establishment”之说。

问：在罗伯特·D. 普特南的作品《独自打保龄球：美国社区的崩溃与复兴》① 中，他指出：上世纪60年代末以来，托克维尔所描述的美国社区生活正在衰弱，美国社会出现“社会

① Robert D. Putnam, *Bowling Alone: The Collapse and Revival of American Community* (New York: Simon & Schuster, 2000).

资本”流失的现象，百姓对参与公共生活的热情日益降低，很多社会组织出现了人数减少、机构涣散的“空心化”趋势。他认为民众热心社会组织，并参与公共事务曾经是美国式民主的基础，如此下去，将对民主的发展产生不利影响。在宗教参与方面，“社会资本”流失的现象虽不是那么严重，但是同样出现了参与热情和参与人数均下降、宗教日益私人化的趋势。您如何评价他的判断？您觉得这样的判断适用于犹太社团吗？

肯： 我基本认同这样的现象，出现这类现象的原因有很多，其中最主要的是现代社会生活方式的影响。快节奏的现代生活让人们和社区的联系不再像过去那么紧密，现代社会的工作压力也让人们在时间和空间上继续传统的社区组织生活，变得日益困难。就宗教领域而言，近年来，绝大多数宗教都存在会员减少的情况，这已是不争的事实。美国犹太社团同样面临这类问题，年轻人很少参与犹太会堂的活动，这不是说一个“生命周期”可以改变的，现在的年轻人就是到他们老了，他们的宗教虔诚度也很难与老一辈相比。宗教私人化的趋势，我认为这种现象是存在的。就犹太教而言，传统上就重视自我修行，因此，这类现象表现得更为明显，人们倾向于将宗教看成是私人生活的重要内容。这也可以进一步解释美国犹太组织“内向化”的趋势，即越来越关注美国犹太社团本身的生存与发展。这与20世纪60年代对犹太复国主义运动狂热的支持有极大的区别。

问： 刚才您提到了犹太组织，我们知道美以公共事务委员会是其中久负盛名的。但是，近些年来，像J街这样的主要以犹太年轻人、特别是大学生为成员的新兴组织吸引了不少人的眼光。在奥巴马第一任期，J街和AIPAC等一起成为奥巴马咨询巴以问题政策立场的座上宾。J街所主导的“两国方案”，正是奥巴马在第一任期高调主张的解决阿以问题的方案。有人据此认为，J街得到了奥巴马的器重，以色列要面临非常大的压力。您怎么看?

肯: J街是与AIPAC性质类似的犹太组织，以影响政府决策制定、保护以色列为己任。试图影响政府政策的组织有很多，相互力量有对冲。目前J街规模还非常小，影响没有有些媒体所说的那样大，只不过它的看法与主流犹太人组织有差异，因而显得独特一些。奥巴马请J街谈看法，不代表他要完全采纳J街的立场，他请各类犹太组织参与探讨，只是表明他愿意倾听各方声音。“两国方案”、还是其他方案不是解决阿以问题的重点，重点是巴勒斯坦方面要有一个真正的富有诚意的负责任的代表来谈。目前还看不出巴勒斯坦方面的领导层有解决问题的诚意，比如打击恐怖势力，给以色列安全保证等，所以美国政府若想通过给以色列政府施加压力，让它在定居点问题上让步再让步，实际上很难行得通。

问: 很多民调显示，只有很少一部分美国犹太人在选举议员和政府官员时，是根据候选人是否亲以色列来投票。在您的《美国宗教与政治》① 中，您也提到了这一点，其实很多美国犹太人更关注国内政治。可是这少部分犹太人却产生了很大的影响，J街的创办人杰里米·本—阿米在其著作《支持以色列的一个新声音》中称之为“最大声的8%”，而正是这些声音造就了所谓的现代犹太阴谋，即美国犹太人操纵了美国的外交

① Kenneth D. Wald and Allison Calhoun-Brown, *Religion and Politics in the United States*, the Sixth Edition (Lanham, MD: Rowman & Littlefield Publishers, 2011).

政策。您怎么看待这8%？您赞同这种说法吗？

肯：我赞同美国犹太人并不像传言所说的以以色列为标杆来决定投票取向的观点。美国犹太人非常关注国内的人权、福利、同性恋等诸多社会问题，他们素称自由主义。就这一点来说，美国犹太人的投票取向与民主党的主张有很多共同之处。至于“最大声的8%”，这只是部分人的看法，有些亲以组织做得比较高调，在全国是有很大的影响，比如说美以公共事务委员会，但是能够说它们就是最大声的8%？至少我没有听到统一的权威说法。2007年约翰·米尔斯海默等人的书《以色列游说和美国外交政策》①，据说已翻译成中文，也有类似观点，但是，只要你读了那本书，你就会发现其论证存在一定的问题，写得有点不像学术论著。

问：在研读美国犹太研究的资料和作品时，我发现大多数犹太研究的作品出自犹太人和犹太机构，为什么犹太人那么热衷研究自己？您觉得犹太人身份会影响其作品的客观性吗？

肯：确实大多数犹太研究作品出自犹太人之手，原因很简单，犹太人想弄清自己是谁，这是很多少数族裔的共性。犹太身份是否影响犹太作品的客观性，我只能说存在这样的可能性。比如我在给学生讲宗教与政治类的课时，我会提醒学生，我是一个保守派犹太人，我的观点仅供参考，具体判断在个人。多数犹太研究作品出自犹太人之手的说法不错，但是并不可怕，因为不同的人有不同的观点，我们在阅读不同的作品时，会有自己的审视和研判。

---

① John Mearsheimer and Stephen Walt, *The Israel Lobby and U. S. Foreign Policy* (New York: Farrar, Straus and Giroux, 2007).

保守力量的合流*

——茶党运动中的宗教保守派

• 章志萍

［内容提要］ 当前美国政坛中令人瞩目的茶党运动得到了宗教保守派的大力支持，体现了道德保守力量和经济保守力量合流的趋势。不仅茶党运动领军人物支持两种保守理念，二者的政治组织之间也存在相互协作的关系，而宗教保守派特有的政治单元——教会——也成为茶党运动的草根动员基地。究其合流原因，一些政策议题的复杂性往往涵盖了道德和经济两个方面，促使“全盘保守立场”的出现。并且，茶党运动所秉持的理念和宗教保守运动不乏交集，前者年轻而强劲的政治势头也为宗教保守运动提

* 本文为 2013 年度国家社会科学基金青年项目“美国宗教保守派政治参与的‘刺激—反应’模式解读及其对中美关系的影响”（项目批准号：13CZJ026）的中期成果。感谢我的导师徐以骅教授的审阅修改。

供了转型的探索机遇。但是对于茶党运动来说，如何平衡自由意志主义和社会保守主义是其未来发展需要应对的问题和挑战。

美国的茶党运动（Tea Party Movement）是在金融危机的背景之下兴起，因反对民主党总统奥巴马实施的经济刺激计划及医疗改革而走向美国政坛的前台。21世纪的茶党运动在名称上呼应了1773年著名的“波士顿茶党”，而他们对此的解释是“Taxed Enough Already”（税收已够多了）。茶党主要倡导回归宪法原则、有限政府、削减赋税、减少监管、平衡预算等经济保守立场。在2010年的中期选举中，茶党成功地帮助共和党夺回众议院的多数席位，彰显了其政治实力。可以说，茶党运动是目前美国政坛中最值得关注的保守主义新形态。

然而，茶党运动也吸引了数量众多的以福音派为主的宗教保守派的支持，呈现出两大保守主义运动—茶党运动和宗教右翼运动—合流的趋势。美国的宗教右翼运动（也称基督教新右翼运动）始于20世纪70年代末。该运动以共和党为载体，致力于恢复美国建国之初的道德和价值标准体系，主要关注美国社会议题。具有宗教背景、认同经济和社会保守立场的茶党支持者引起了广泛关注。基督教广播网（Christian Broadcasting Network）首席政治记者大卫·布罗迪（David Brody）将支持茶党的基督教保守派定义为“茶福音派”（teavangelical）[①]。

① 大卫·布罗迪对“茶福音派”的定义为：支持茶党议程或积极参与茶党运动的基督教保守派（通常为福音派），参见 David Brody，*The Teavangelicals：The Inside Story of How the Evangelicals and the Tea Party Are Taking Back America*（Great Rapids：Zondervan Publishing House，2012），p. 15。

这个称谓得到茶党政客的认可，共和党众议员、众议院茶党党团会议（tea party caucus）的创立者米歇尔·巴克曼（Michele Bachmann）公开承认自己是“茶福音派”的一员。茶党运动和宗教右翼运动如何合流？为何合流？未来前景如何？这是本文致力探讨的几个问题。

一、茶党中的宗教保守派

要讨论茶党运动和宗教右翼运动的合流，首先要清楚关注宗教保守派在茶党中占有何种比例，占据何种地位。

在茶党运动初显成效之时，一些调查和研究机构就茶党支持者的成分进行了分析。一个名为 MyType 的民意研究公司在 2010 年的调查显示宗教保守派是茶党中增长最快的一支力量：在 2010 年 8 月到 10 月间，宗教保守派对茶党的支持率从 47.4% 攀升到 58.5%。MyType 的调查结论是茶党正在遭遇“身份危机”，关注社会议题的宗教保守派将会排挤茶党的重要根基——关注经济议题的自由意志论者。①

然而，皮尤研究中心（Pew Research Center）的调查认同宗教保守派是支持茶党的重要力量，但是这并不意味着宗教保守派将会“接管”茶党。皮尤研究中心的宗教和公共生活专题从 2010 年 9 月到 2011 年 2 月就茶党、社会和经济议题、以

---

① Tim Koelkebeck, “Is the Religious Right Taking Over the Tea Party?”, http://www.huffingtonpost.com/tim-koelkebeck/post_1153_b_774964.html（查阅时间为 2013 年 8 月 2 日，以下网站资料查阅或复查时间同）。

及宗教对以上议题的民意塑造等方面进行了调研，其主要结果列举如下：

> 茶党的支持者不仅持有经济保守立场，对待社会议题也趋于保守。譬如在同性恋和堕胎问题上，64%的茶党支持者反对同性恋婚姻，登记选民中的反对率为42%；59%的茶党支持者认为任何情况下或者绝大多数情况下的堕胎非法，登记选民中持相同观点的为42%。
>
> 针对以上提到的社会议题，几乎一半的茶党支持者承认宗教信仰是影响他们观点的最重要的因素，这个比例远高于登记选民中的比例：同性恋婚姻问题（53% vs. 37%）；堕胎问题（46% vs. 28%）。
>
> 茶党主要吸引了白种福音新教徒（44%表示认同茶党）、天主教徒（33%）、和白种主流新教徒（30%）。
>
> 绝大部分宗教右翼的支持者也支持茶党（69%），但是这并不意味这茶党的支持者也是宗教右翼的支持者：46%的茶党支持者并未听说过宗教右翼运动，或者对其并无看法。[①]

从数据上来看，茶党运动确实吸引了数量众多的宗教保守派的支持，势必会对运动的轨迹和方向产生一定的影响。然而，若下结论说宗教保守派将会“接管”茶党运动尚为时过早。考虑到茶党运动是在美国经济危机的大背景下兴起，经济

① “The Tea Party and Religion,” http：//www. pewforum. org/Politics-and-Elections/Tea-Party-and-Religion. aspx.

议题仍将是茶党运动立足的根本。

从目前来看，宗教保守派的加盟丰盈了茶党的羽翼，有利于其推动经济议题，正如大卫·布罗迪评论道："没有福音派的并肩作战，茶党自由意志者不可能节节胜利。"①

二、宗教保守派如何在茶党运动中发挥作用

宗教保守派是茶党运动重要推动力量，其作用体现在三个维度：领军人物、政治组织和以教会为中心的草根动员。

（一）领军人物

在茶党运动中具有宗教背景的领军人物有很多，譬如共和党众议员米歇尔·巴克曼（Michele Bachmann），得克萨斯州州长瑞克·佩里（Rick Perry），前阿拉斯加州州长莎拉·佩林（Sarah Palin），印第安纳州州长迈克·彭斯（Mike Pence）等。这些领袖人物的共同特点是具有鲜明的财政保守和道德保守观点，同时又是美国政坛中的明星，具有不小的政治潜力和政治影响力。他们为茶党运动树立形象，传递讯息，他们的观点和行动体现了茶党运动既推动经济议题又重视社会议题的特点。

共和党众议员米歇尔·巴克曼被称作是"茶党女皇"，是

① David Brody, *The Teavangelicals: The Inside Story of How the Evangelicals and the Tea Party Are Taking Back America*, p. 16.

众议院茶党党团会议（tea party caucus）的创立者，曾参与角逐2012共和党总统候选人初选。这位来自米尼苏达州的共和党参议员曾经在基督教广播网的采访中“骄傲地”宣称自己是“茶福音派”。巴克曼反对奥巴马医改，一直致力于推翻患者保护与平价医疗法案。同时，巴克曼强烈反对女性堕胎权，反对同性恋婚姻。在2013年6月联邦最高法院推翻了《婚姻保护法案》时，巴克曼首当其冲发出反对之声，称任何人—包括最高法院—都不能废除上帝建立的制度（即婚姻是异性之间的制度）。但是最近巴克曼宣布不寻求2014年众议员的连任，这对茶党来说是个不小的震撼。

和米歇尔·巴克曼一样，得克萨斯州州长瑞克·佩里也是茶党的宠儿。作为政治人物，佩里的言行和茶党保持高度一致，在茶党运动的初期就积极参与了他们的集会活动，可以说是茶党的坚定支持者。他在参加2012共和党总统候选人初选中，尽管他的移民等政策观点招致了茶党支持者的异议，但是他的竞选还是得到了茶党的大力支持。在2013年初，佩里还公开表示要继续支持茶党所提倡的价值观——“抓住任何机会降低政府开支，同时不遗余力地反对堕胎问题”，并“保证得州成为保守理念的指明灯”①。

阿拉斯加州前州长莎拉·佩林因在2008年作为共和党副总统候选人一跃成为备受关注的政治明星。佩林被认为是最能

① “Perry Promises To Embrace Tea Party Values,” http://dfw.cbslocal.com/2013/01/09/perry-promises-to-embrace-tea-party-values/.

代表茶党的政治领军人物①。作为备受媒体关注“茶福音派”领导人，佩林在很大程度上塑造了共和党的政治。在2010年中期选举中，佩林所支持的候选人受到媒体和民众更多的关注，从而帮助他们中的大多数赢得了竞选。而佩林支持的政客往往和她一样具有“茶福音派”的特征，是拥护茶党理念的“亲生命”派。目前，茶党希望佩林参与参议员的竞选。

（二）政治组织

除了“茶福音派”领袖之外，宗教保守派政治组织是两股保守力量合流的另一个重要维度。和茶党运动联系密切的宗教组织包括“信仰与自由联盟”（Faith and Freedom Coalition），“美国家庭协会”（American Family Association），及“家庭研究委员会”（Family Research Council）等。

“信仰与自由联盟”是最具代表性的“茶福音派”组织。该组织的执行总裁拉尔夫·里德（Ralph Reed）曾是20世纪90年代宗教右翼运动的核心组织“基督教联盟”（Christian Coalition）的执行董事，是他将“基督教联盟”发展成为具有广泛民众支持的政治组织，并成功地协助小布什赢得总统竞选。因为卷入杰克·阿布拉莫夫（Jack Abramoff）的政治丑闻，拉尔夫·里德的政治道路遭受挫折，沉寂了数年。2009年，拉尔夫·里德借助茶党运动重回美国政坛，在乔治亚州的

---

① 2010年《华盛顿邮报》针对647名茶党组织者提问“谁是最能代表你们观点的领袖”，佩林得票率为14%，超过其他的被提名者。参见Amy Gardner, “Gauging the scope of the tea party movement in America,” http://www.washingtonpost.com/wp-dyn/content/article/2010/10/23/AR2010102304000.html。

亚特兰大设立"信仰与自由联盟"总部。对于"信仰与自由联盟"的定位，拉尔夫·里德表示这是一个"面向社会保守派的茶党活动者的组织媒介"[1]。在其官方网站上，组织原则中明确列出"有限政府、低税收、财政责任"，呼应了茶党的经济保守立场。

"信仰与自由联盟"和茶党组织之间并不存在正式的协作，它们的互动体现在非正式的联系中，譬如相互邀请对方的重要人物出席公共活动或集会。"信仰与自由联盟"每年在首都华盛顿举行"走向多数派之路"大会（Road to Majority）。2013年的"走向多数派之路"集会吸引了超过1800名参与者。除了政界商界和宗教界名流外，几乎所有的"茶福音派"领袖都悉数出席，如莎拉·佩林，米歇尔·巴克曼，瑞克·佩里，迈克·赫克比（Mike Huckabee），2012共和党总统初选候选人，参议员瑞克·桑托姆（Rick Santorum），和2012共和党副总统候选人保罗·莱恩（Paul Ryan）等。同样，拉尔夫·里德也多次受邀出席茶党组织活动，譬如2011年的佛罗里达州茶党大会和亚特兰大茶党集会。拉尔夫·里德认为，通过会议协作等非正式的合作为宗教保守派和茶党成员提供了相互熟悉的机会，发展了信任的关系。[2] 正是借助了这些"关系"，"信仰与自由联盟"得以在竞选的关键州内组织了譬如"公民行动座谈"（Citizen Action Seminars）等一系列的培训活动，将"信仰与自由联盟"打造成"具有社会保守立场的茶

---

① David Brody, *The Teavangelicals: The Inside Story of How the Evangelicals and the Tea Party Are Taking Back America*, p. 64.

② Ibid.

党活动者的培训基地和部署中心”。①

拉尔夫·里德的“信仰与自由联盟”大有延续“基督教联盟”之势。在2010年中期选举中，“信仰与自由联盟”发送了812.5万封选民教育邮件，拜访了50.5万个家庭，在17个州推出2900个电台政治广告，拨通了1530万个投票提醒电话，总共进行了5880万次选民接触，帮助63位众议员和6名参议员赢得竞选。据统计，2010年福音派投票率达到历史最高，“信仰与自由联盟”自然功不可没。而2012年总统大选中，除了传统的选民动员活动之外，“信仰与自由联盟”还在南卡罗来纳、佛罗里达等州举行了总统论坛，为共和党候选人举办系列的总统视讯议事厅活动，为共和党增加了两百万保守派选民投票。②

可以说，借茶党运动的东风，拉尔夫·里德多年积累的政治经验以及人脉在“信仰与自由联盟”中得以再次施展。拉尔夫·里德和他的“信仰与自由联盟”必定会在两股保守力量的合流中发挥“桥头堡”的作用。

（三）教会动员

教会是宗教保守派进行草根动员和选民教育的重要场所，在茶党运动中也发挥了重要的政治功能：一方面，茶党运动的领导者充分认识到教会对于运动的重要性，积极主动地争取牧

---

① David Brody, *The Teavangelicals: The Inside Story of How the Evangelicals and the Tea Party Are Taking Back America*, p. 167.

② 以上数据来自“信仰与自由联盟”官方网站 http://www.ffcoalition.com/about。

师的支持；另一方面，茶党运动所秉持的保守理念吸引了个人和组织投入到教会动员的工作。

茶党运动发起人格伦·贝克（Glenn Beck）在 2010 年 8 月举行了一个名为“恢复荣誉”集会（Restoring Honor），召集了全国 240 名宗教领袖参加。格伦·贝克在演讲中多次提及“黑色战袍军团”①，号召在场牧师加入新的“黑色战袍军团”。作为茶党运动的发起人，格伦·贝克释放出的信号引起了广泛关注，这次集会被认为是贝克为促进茶党运动和宗教保守派运动的合流而做出的努力。②

茶党释放出的信号获得了多方响应。宗教保守派活动家大卫·莱恩（David Lane）曾被《纽约时报》称为“右翼的秘密武器”③。大卫·莱恩早在 20 世纪 90 年代就开始组织“牧师政策简报”（Pastor Policy Briefings），这些活动基本上由美国家庭协会资助，其目的是鼓励牧师涉入政治。大卫·莱恩与茶党领导人渊源很深，曾经协助茶党领导人瑞克·佩里的德州州长连任竞选。在 2011 年总统竞选初选过程中，大卫·莱恩在几个比较重要的摇摆州，譬如爱荷华州，弗吉尼亚州，和佛罗里达州都举行了“牧师政策简报”活动。其中在爱荷华州，

---

① 18 世纪 70 年代，弗吉尼亚州牧师 Peter Muhlenberg 在神坛上公开反对英国统治，支持殖民地革命，被英国人称为“黑色军团”（Black Regiment）。

② Daniel Schultz，“Glenn Beck's Black-Robed Regiment,” http：//www. religiondispatches. org/dispatches/danielschultz/3237/glenn_ beck's_ black-robed_ regiment/.

③ Erick Eckolm，“An Iowa Stop in a Broad Effort to Revitalize the Religious Right,” http：//www. nytimes. com/2011/04/03/us/politics/03pastor. html? pagewanted = all&_ r = 0（Aug. 2，2013）.

约 400 名牧师参加了为期两天的活动，茶党支持的共和党候选人如米歇尔·巴克曼和纽特·金里奇参会并演讲。组织者大卫·莱恩坦言“我们在牧师大会所做的一切是精神层面的，但是最终的结果是政治层面的。”①

瑞克·斯卡伯勒（Dr. Rick Scarborough）和他创立的宗教保守组织“展望美国”（Vision America）希望借由牧师来恢复美国的犹太教——基督教传统。茶党运动所宣扬的回归宪法，重立犹太教——基督教价值观与斯卡伯勒的理念不谋而合，因此斯卡伯勒积极地参与了茶党运动，致力于打造宗教保守派和茶党的联盟。2010 年 2 月，斯卡伯勒为第一届茶党全国大会上做了开场演讲“为什么牧师和教会必须参与政治”。之后，斯卡伯勒参与组织华盛顿“保守派/茶党危机领导峰会”。在茶党受到舆论攻击时，斯卡伯勒和“展望美国”组织福音派领袖签署支持茶党的请愿书，与茶党结成统一战线。②

上述例子表明，茶党有意借助保守派教会增加政治力量，而宗教保守派出于保守理念的统一也乐于与茶党结盟。当教会成为茶党草根动员的重要场所，茶党就掌控更多的政治筹码来实现其政治目标。

---

① Erick Eckolm, “An Iowa Stop in a Broad Effort to Revitalize the Religious Right,” http://www.nytimes.com/2011/04/03/us/politics/03pastor.html?pagewanted=all&_r=0（Aug. 2, 2013）.

② 参见“Success Stories,” Vision America: http://www.visionamerica.us/success-stories/.

三、宗教保守运动缘何与茶党运动合流

（一）社会保守立场和经济保守立场的趋融性

社会保守立场和经济保守立场并非对方的充分必要条件，但是近年来二者出现了融合的趋势。根据皮尤研究中心 2011 年发布的研究结果表明，2005 年来美国政治蓝图上最显而易见的变化是“全盘保守派”（across-the-board conservatives）的出现。经济保守派和社会保守派的界限变得渐渐模糊，坚定的保守派在几乎所有的议题上均持极端保守立场，譬如政府的规模和作用、经济议题、外交、社会议题和道德标准等等。绝大部分的坚定保守派认同茶党，反对奥巴马政府的政策。①

社会保守立场如何与经济保守立场发生交集？这里采用坚定的“亲生命”社会保守派、2012 年共和党总统候选人、前宾夕法尼亚州参议员瑞克·桑托姆的观点为例。在 2011 年一个电台节目采访中，桑托姆将美国公共福利制度的困境归罪于堕胎文化：“我们没有足够多工作的人来供养退休人士。因为堕胎，美国社会缺少了 1/3 的青年，1/3 的妊娠因为堕胎而终止。”② 桑托姆点出了社会保守立场和经济保守立场相溶的逻辑。根据全国生命权委员会（national Right to Life Committee

---

① “Beyond Red vs. Blue: The Political Typology,” http://www.people-press.org/2011/05/04/beyond-red-vs-blue-the-political-typology/.

② “Rick Santorum blames abortion for Social Security problems,” http://feministing.com/2011/03/30/quick-hit-rick-santorum-blames-abortion-for-social-security-problems/.

NRLC）的研究显示，自罗诉韦德案（Roe vs. Wade）以来，美国共实施堕胎5400多万例。社会保守派认为巨大的堕胎数量对美国经济有重大影响，由堕胎导致的税收人群的丧失直接影响到美国的社会保障和医疗保障制度；除了堕胎问题之外，同性恋婚姻的合法化也会对美国的医疗和社会福利等经济议题产生直接影响；奥巴马总统上任之初实施的医疗保险体制改革是融合了堕胎、税收、政府财政预算等社会和经济议题的复杂工程，是“茶福音派”密切关注并致力阻挠的政策之一。在所谓的“奥巴马医改”（Obamacare）这个医疗福利政策的推进和实施过程中，最大的障碍却是来自堕胎这个社会问题的处理。可见，政策议题往往涵盖多个层面，具有复杂性。涉及道德和经济因素的议题为两股保守力量的合流提供了践行的机会。

（二）宗教保守运动与茶党运动理念的共通

宗教保守派之所以能够认同茶党，在很大程度上是因为与茶党的理念和诉求有交集。茶党所倡导的回归宪法、小政府、自由贸易等理念是宗教保守派一直以来所支持，甚至所追求的。

宗教右翼运动始于20世纪70年代末，先驱人物杰里·法维尔创建的“道德多数派”（Moral Majority）将运动推向第一波高潮。在运动的初期20世纪80年代，宗教保守派主要关注的是堕胎、同性恋等社会议题，这是因为他们认为美国所面临问题的根源在于道德，唯一的解决方法是回归建国时期的宗教道德标准。虽然道德问题是当时的宗教保守派所关注的重点，他们也认识到美国在军事、政治和经济上的问题。法维尔在

《听着，美国》（Listen America）一书中明确指出美国政府患有的经济恶疾：庞大政府，财政赤字，政府从教堂和私立机构手中接管福利、教育、医保事务。法维尔认为，解决这些问题的“唯一确定的”途径是回归建国的宪法原则。[①] 根据法维尔的解释，自由企业制度、财产所有权和自由竞争都可追溯到圣经内容，也是美国建国之父们所倡导和推崇的。背弃这些原则只能导致国家的衰退直至灭亡。

如果说法维尔的经济保守立场只是流于语言和文字的支持，另一位基督教保守派领袖帕特·罗伯逊（Pat Robertson）和他的“基督教联盟”（Christian Coalition）则是在行动上践行了对保守经济理念的支持。帕特·罗伯逊和他的“基督教联盟”是继杰里·法维尔和“道德多数派”之后的宗教右翼核心人物及组织。出于政治策略上的渐进主义和实用主义的考虑，帕特·罗伯逊和“基督教联盟”的执行董事拉尔夫·里德将经济议题纳入了目标。帕特·罗伯逊早在 1988 年参加总统竞选时就试图讨论宗教信仰和道德之外的议题。在他创建了“基督教联盟”之后更是明确提出了就业、税收等领域的经济目标。譬如，“基督教联盟”在 1994 年制定的“与美国家庭的契约”中，“有益于家庭的税收政策”是列出的十项目标之一。罗伯特和里德认为局限在狭隘的社会议题范畴是宗教右翼前期运动未能发挥出应有潜能的问题所在，而议题范围的扩大

① Jerry Falwell, *Listen America* (Garden City, N. Y: Doubleday & Company Inc, 1980), p. 8.

对于"赢得选票和民意"大有帮助。[1]

由此可见，虽然宗教保守派主要关注的是社会议题，但是茶党所倡导的回归宪法标准以及保守经济立场符合宗教保守派的神学理念和政治理念，并且在实践中也积极推动过经济议题。二者的经济观点可谓是一脉相承。纵观宗教右翼运动的历程，就不难理解为什么宗教保守派会成为茶党支持者。

（三）宗教右翼运动前行的一次探索

宗教保守派对茶党运动的参与是新基督教保守派运动在经历了30年运动之后对未来运动方向进行的一次探索。自从20世纪七八十年代以来，宗教保守派始终坚定地占据共和党的阵营，在草根动员、选民扩大、媒体宣传等方面做出了巨大的努力，在国会选举以及总统选举中为共和党立下汗马功劳。今天，福音派白人已经成为共和党中不容忽视的一支选民力量。皮尤研究中心调查显示到2012年福音派白人对共和党的支持率已经达到70%。[2]"信仰与自由联盟"在2012年总统选举结束后发布的调查结果显示福音派选民占总选民的27%，这其中78%的福音派选民投票给共和党候选人罗姆尼，只有21%投给民主党奥巴马。[3]"信仰与自由联盟"执行总裁拉尔夫·

---

① Ralph Reed, *Politically Incorrect: The Emerging Faith Factor in American Politics* (Dallas: World Publishing, 1994), p. 225.

② "Trends in Party Identification of Religious Groups," http://www.pewforum.org/2012/02/02/trends-in-party-identification-of-religious-groups/.

③ Steve Ertelt, "Poll: Evangelical Turnout Increase in 2012 Over 2008," http://www.lifenews.com/2012/11/07/poll-evangelical-turnout-increased-in-2012-over-2008/.

里德说“自从20世纪70年代末保守派信徒走出教堂进入政治以来，保守派信徒在塑造和影响共和党总统选举方面发挥了比任何时候都重要的作用。”①

然而遗憾的是，成功的选民动员并未佐助宗教保守运动核心目标的完成，备受争议的保守主义立场引发的外压以及运动30年来产生的内耗已经将其推向何去何从的选择路口，具体表现在：

核心目标未达成：宗教右翼运动的兴起从本源上是宗教保守派对自由化世俗化泛滥作出的反应，运动的基本目标是将美国社会恢复到建国之初的道德和价值观体系之内。因此，宗教右翼运动最核心的政策要求体现在堕胎、同性恋婚姻等社会议题上。在运动的30年中，宗教保守派协力将三位共和党总统送入白宫，帮助了大量共和党人赢得国会、州长、地方官员等公职，却未能借助政治扭转美国社会的“左倾”思潮。“罗诉韦德案”所确立的堕胎合法化原则依然不可动摇，堕胎问题甚至一度沉寂，不再是政治讨论中的重要议题，直到“奥巴马医改”再次引发堕胎问题的讨论。而同性恋婚姻的合法化在奥巴马第二任总统任期内得到实质进展，最高法院于2013年6月判定“婚姻保护法案”（Defense of Marriage Act，DOMA）违宪，这意味着合法的同性恋婚姻可以享受到一般婚姻中的权利。种种现象显示：美国社会仍朝着价值观的自由化趋势发展，而且越发难以阻挡。

民意反对：自从宗教右翼运动兴起以来，运动的保守主义

① “White Evangelicals are half of GOP primary voters,” http：//www.cbsnews.com/8301 - 503544_ 162 - 57398385 - 503544/white-evangelicals-are-half-of-gop-primary-voters./.

立场和核心人物的极端言论令其始终处于自由派乃至温和派的攻击之下。在美国社会多文化的大熔炉里，保守的福音派的数量远不能达到杰里·法维尔所宣称的“道德多数派”。即使是在福音派内部，对宗教右翼有所了解的福音派白人占到66%，而支持该运动的福音派白人只有29%。① 民众对宗教右翼运动的认同度不高的一个重要原因在于代表运动的核心人物发表的一些极端言论以及“对抗式”的行为方式。譬如“9·11”之后法维尔在罗伯逊的“700 club”节目中所提出的“上帝惩罚美国”论引起公众一片哗然，给运动造成了负面影响。放眼未来，宗教保守派将遭遇更大阻力，因为美国青年一代的政治态度出现更为明显的自由主义倾向。2012 年的总统选举中，18—29 年龄段的注册选民中有 64% 投民主党的票，这个比例明显高于其他年龄段的注册选民。②

保守派领导层的断裂：一直以来，宗教右翼运动是由一些核心人物以及他们所建立的核心集团所领导，譬如杰里·法维尔和他的“道德多数派”，帕特·罗伯逊和“基督教联盟”，詹姆士·杜布森（James Dobson）和“爱家”（Focus on the Family）。这些核心人物具有一些共同特征：他们善于借助现代媒体传播影响力，具有强大的草根动员能力；政治人脉广，资源多；政治理念保守，政治参与的积极性强。对于任何政治

① “Growing Number of Americans Say Obama is a Muslim-Religion, Politics and the President Section 2,” *Religion and Politics*, http://www.people-press.org/2010/08/19/section-2-religion-and-politics/.

② Frank Newport, “Young Voters Back Obama, but Many Aren't Poised to Vote,” http://www.gallup.com/poll/154151/Young-Voters-Back-Obama-Aren-Poised-Vote.aspx.

运动来说，具有草根号召力和政治影响力的领导人的存在至关重要，他们确立运动的方向，决定运动的强度。然而随着时间的流逝，这批领导人渐渐退出政治舞台。“道德多数派”在1989年解体，法维尔于2007年去世。而杜布森和罗伯逊都已是古稀耄耋之年，早已脱离具体的政治事务，他们创立的政治组织也已易主，影响力不可同日而语。

综上所述，宗教右翼运动已经步入到前行的十字路口，面临着目标、策略、领袖等各个方面的调整压力。而此刻出现的茶党运动无疑为宗教运动对未来的探索提供了一次机会。借助茶党运动，宗教保守派又进行了一次保守能量上的释放。

四、宗教右翼运动和茶党运动合流的前景探讨

虽然宗教右翼运动和茶党运动在政治理念和运动目标上的共同之处使二者交集成为可能，然而它们毕竟是两场根基和侧重点不同的运动。对于茶党运动来说，与宗教右翼运动的合流遇到的最大问题是如何平衡自由意志主义和社会保守主义。茶党运动的一个重要根基是自由意志主义，运动也是围绕着财政议题而兴起。从茶党成员的组成来看，大约41%是自由意志主义者，59%是社会保守派。自由意志主义者和社会保守派在经济问题上能够统一立场，而在社会议题上则产生分裂。①

① Emily Ekins, “Is Half the Tea Party Libertarian?”, http://reason.com/poll/2011/09/26/is-half-the-tea-part-libertart.

以“婚姻保护法案”（DOMA）为例，社会保守派支持DOMA，因为它作为一个联邦法案确定了婚姻的概念——一位男性和一位女性的结合。而自由意志者反对DOMA是因为他们认为不应该由联邦政府来定义婚姻的概念。事实上，71%的纯粹自由意志者认为同性恋应该被社会所接纳，43%支持同性恋婚姻。[①] 由此可见，自由意志者和社会保守派在社会议题上会产生两个分歧：一是议题立场分歧（自由意志主义 vs. 保守主义）；二是对政府要求不同（不希望政府越权管理 vs. 借助政府达成目标）。

这是否意味着自由意志者和社会保守派在社会议题上难以合作？也不尽然。自由意志者和社会保守派共同的一个政治理念是回归宪法原则。如果将社会议题置于宪法原则的框架下处理，就能够为二者提供合作的基础。还是以DOMA为例，如果以推动宪法修正案来定义婚姻的概念，这是二者都可以接受的方向。事实上，天主教派也在进行这个方面的努力；或者，既然宪法没有明示联邦政府有定义婚姻的权限，那么在州及地方层面上推进传统婚姻的保护也是二者都能够接受的行动方向。

对于茶党运动来讲，为了迎合社会保守派的支持者，将社会议题纳入运动目标似乎是必然的选择。然而，纳入过多的社会议题难免会模糊运动的定位。对于年轻的茶党运动来说，选择介入哪些社会议题？以何种立场介入特定的社会议题的讨论？对这些问题的处理将影响到茶党未来的运动方向，也将决定茶党运动和宗教右翼运动合流的方式和程度。

---

① “Most Say Homosexuality Should Be Accepted By Society,” http://www.people-press.org/2011/05/13/most-say-homosexuality-should-be-accepted-by-society/.

基督教新右翼运动的先驱帕特·罗伯逊访谈录*

●章志萍

［简要说明］　帕特·罗伯逊（Pat Robertson）是美国基督教新右翼运动的先驱人物之一。罗伯逊于1988年参加共和党总统候选人角逐失利后，创建了“基督教联盟”（Christian Coalition）以推动自己的目标。“基督教联盟”是20世纪90年代美国政坛中最具影响力的政治性的宗教组织，在草根动员、政治游说、影响竞选等方面取得很大的成功。同时，帕特·罗伯逊还是美国知名的电视布道家、媒体大亨和慈善家。他创立的基督教广播网（Christian Broadcasting

* 本访谈为2013年度国家社会科学基金青年项目“美国宗教保守派政治参与的‘刺激—反应’模式解读及其对中美关系的影响”（项目批准号：13CZJ026）的中期成果。感谢我的导师复旦大学徐以骅教授的审阅修改。

Network, CBN）面向全世界 200 多个国家和地区播送节目，其核心节目“700 Club”由帕特·罗伯逊亲自主持。帕特·罗伯逊于 1978 年建立基督教广播网大学，后更名为“瑞金大学”（Regent University），这是一所传播基督教思想的私立教会大学。笔者在弗吉尼亚大学（University of Virginia）宗教研究系访学期间，于2013 年4 月17 日在弗吉尼亚比奇（Virginia Beach）的瑞金大学的校长办公室对已届耄耋的帕特·罗伯逊进行了 30 分钟的访谈。和其他基督教新右翼领袖不同，帕特·罗伯逊多次访问中国，并多次会见中国高层领导人。帕特·罗伯逊不仅在中国投资、从事慈善事业，还将他的孙女送到北京学习汉语，对中国有着特殊的感情。作为基督教新右翼运动的核心人物，帕特·罗伯逊评价运动的“内部视角”以及对中国的独特看法给笔者留下了深刻的印象。

问：作为基督教右翼的领军人物之一，是什么促使你决定用政治这种手段实现目标?

罗伯逊：我认为宗教人士代表了人群中的很大部分，但是他们的观点并未在政治议题上得到应有的重视。我们希望和其他的社会群体一样，表达出自己的观点，并受到重视，我认为这就需要我们的人进入政党，竞选公职。这就是我进入（政治）的原因。

问：是什么让您选择在 20 世纪七八十年代开始涉入政治?

罗伯逊：当时的总统吉米·卡特，他自称是“重生派基督徒”（born-again Christian），但我们对他有点失望。他之后是罗纳德·里根总统，他所表达的（政治观点）恰恰是我们认为对美国至关重要的。当里根卸任后，我认为我与他有共同的政治理念，因此我想成为总统候选人，实现那些观点。他坚信自由企业制度、个人自由、小政府、平衡预算、减税，以及强大的国防能力。我赞成这些观点，因此我后来在（1988 年总统竞选）初选中成为了一名候选人。

问：在 90 年代，您创建的基督教联盟（Christian Coalition）政治影响力很大，现在似乎你已经完全脱离这个组织了。

罗伯逊：现在是没有什么关系了。但是在当时，我在全美培训了成百上千的人如何参与政治—如何才能当选，如何成为政党的一部分。当我个人的选举结束之后，和我一起工作的一些人强烈要求我留在福音派政治中，因为我们已经投入了大量的时间和金钱。因此我创建了基督教联盟这个组织，它就像燎原之火一样席卷全国，当时非常受欢迎，很快就变得很强大，这令我们都很吃惊。结果就是，我们把福音派带入了共和党，我们的人也当选了各种公职。在美国有很多公共职位，我们有人进入国会、州议会、市议会，担任市长、州长等。这些人第一次在我们国家的政治决策中发出声音。

问：运动的几十年来，一些关键的议题（譬如堕胎，校园祈祷等）并未达到目标，你认为得到了什么教训呢？

罗伯逊：主要的教训就是，人们的精神生活不是由政治决定的，而是由对上帝的信念决定的。这是很重要的。还有一个更重要的就是，政府不能限制宗教自由，不能改变人们的思想，这会对经济造成巨大伤害。譬如现在的政府就对经济造成了极大伤害。政府在负债运行，从中国政府那里借钱，美国政府从未还过钱。这些都极大地削弱了我们的国家，这不是我们想要的结果。（政府）这样花钱的方式很鲁莽。我主要的想法是让美国回归《圣经》标准，回归《圣经》的道德。我们有一种说法，“管的最少的政府是最好的政府”，我想要有限政府。那些和我有一样想法的人主张更少的管制，人们有更多的自由去发展事业，而不是政府命令他们去做什么事。因此有两种相互冲突的模式：一是自由企业主义模式，里根总统所追求的，也是我所追求的；另一种是现任总统奥巴马的，他认为大政府是有益的，政府可以做个人做不了的事，他需要更大的政府，更多的政府支出。而我们要小政府，更少的政府支出。

问：你个人的看法，认为政治是达到你们目标的有效方法吗？

罗伯逊：我们的目标是自由、繁荣和国家的福祉。我们想为我们的国家祈福，想我们的子孙拥有自由和繁荣的生活。我们希望我们的政策和官员能让我们的子孙享有和我们一样的自由和繁荣。这不是什么带有特定目的的运动，我们希望我们的国家繁荣，上帝福佑。我们所担心的是，作为一个道德国家，我们不要犯罪，不要恐怖行为，不要监狱里关满了人，不要骚乱，不要毒品，酗酒等这些社会恶习。我认为要达到这些目标主要是靠个人和宗教团体，不是靠政府。

问：您现在的精力主要是放在大学（Regent University）和媒体（CBN）上。而我也注意到其他的基督教保守派，譬如杰里·法维尔（Jerry Falwell）的最大遗产也是一所大学（自由大学，Liberty University），以及一个大教堂。您是否认为教育人们比直接参与政治更为有效？

罗伯逊：长期来讲这将产生更大的影响。这是长期的教育，人们所追求的人生哲学。

问：您是否考虑过再度直接参与政治，譬如游说政府之类的？

罗伯逊：我已经83岁了，是时候让下一代接手了。我不会再积极涉入具体的事。但是我们的瑞金大学培养出一名州长[①]，两位国会议员[②]，23名法官，每年培养超过500名的教师，我们的影响体现在人们的思想和心里。我们通过媒体传播和教育施加影响。但是，现在有很多基督教徒，福音派基督徒，占据着权力位置。很多州长，很多市长，很多州议员，联邦议员是福音派。因此，辩论的原则已经大大改变了。福音派民众的热切要求得到了当选代表的回应，他们做了应该做的事。

问：你如何看待福音派和茶党的合作？

罗伯逊：我认为多数的茶党成员是福音派基督徒。茶党要推进的是小政府，少管制，减轻人们生活负担，这就是自由的意义。上帝在每个人心目中注入了对自由的渴望，上帝给每个人一个生活规划。政府要做的就是提供一个框架，让人们履行上帝所赋予的命运。当我第一次去中国的时候，所有的东西都是政府拥有的，唯一不是政府拥有的是一小片菜地……。

插问：是哪一年？

罗伯逊：是60年代末。自从那之后中国发生了巨大的变化，出现了很多个人企业和地方企业。就宗教来说，中国现在

---

① 指鲍勃·麦克唐纳（Bob McDonnell），弗吉尼亚州现任州长。

② 指共和党众议员米歇尔·巴克曼（Michele Bachmann）和斯柯特·瑞吉尔（Scott Rigell）。

的基督徒为数众多，这是一个巨大的宗教复兴。我们都想要自由，想要按照上帝给我们规划的轨迹生活。我们称之为自由。

问：在读到您和其他的一些宗教保守派人物的出版物时，发现你们都提到了社会主义。可以说，对社会主义的恐惧是当时触动你们参与政治的一大动力。而当今，中国是最大的社会主义国家，您如何看待中国？

罗伯逊：在那个时候，所谓社会主义的威胁来自苏联。苏联是一个主要的拥核国家，他们咄咄逼人地扩张到我们的半球。而中国和当初的苏联完全不一样。

提问者插语：我认为您对中国的了解很深入，这是否因为你去过中国。如果您没有去过中国，可能就不会了解得这么透彻。美国的媒体往往扭曲中国。

罗伯逊：它们（指媒体）不了解。我曾会见过你们前总理朱镕基，会见过很多领导，宗教事务负责人，脱贫事务负责人。我们和中国的关系很密切，我们建孤儿院，老人院，挖水井，在各地建立卫生所，以及各种各样的人道主义事业。中国还有很多的贫困地区有待脱贫。中国社会在生机勃勃地成长，但是中国政府不可能打仗，他们没有闲钱去打仗，倘若不去照顾自己的人民反而去打仗，这么做肯定是疯了。我在中国发现的只是友谊。

问：你认为其他福音派领袖对中国的看法和您一致吗？

罗伯逊：不。除非他们像我一样在中国有事业。我们在北京、香港都设有办事处，我们在中国有电视节目，我自己在中国有事业。除非他们能像我一样有丰富的中国经验，如果你只是受到媒体的影响，戴着有色眼镜，这些人会把中国当成怪物和威胁，而我并不这么认为。

问：从你个人角度，您认为中国应该如何针对基督教福音派改善形象，从而建设积极的中美关系？

罗伯逊：毫无疑问是宗教问题。美国有人认为中国有宗教自由这方面的问题。现在，从政府的角度，我认为迫害已经消除了。我上次去中国的时候，我在三自教会祈祷，我在那些地方享有完全的自由，教堂里也挤满了人。我认为中国人要理解的是，基督教徒都是好公民，他们不是要推翻政府的革命者。如果没有道德，政府会垮掉，我认为他们认识到了这一点，他们宣称要回归儒教。他们必须给国家注入精神价值观，不能一味崇尚物质主义，繁华喧闹，买进卖出，这样的话国家会垮掉。我认为我们经历了这样的教训，美国社会有精神的维度、家庭价值观、信仰价值观，对上帝的信仰。其实中国的语言体现了《旧约》精神。我曾给你们的领导人写过中国字。你试着写一下“西”，象征了一个在园子里的人，你们从哪里得到的这个想法，一个在园子里的人？这是《圣经》里的创世纪，伊甸园，中国的西边，人们从那里到达中国。中国现在的基督徒人数庞大，这点毫无疑问。我曾在大街上祈祷，问过往的路人：“我来自美国，你愿意和我一起祈祷，得到上帝的福佑吗？”这些人都面带微笑，和我一起祈祷。

问：最后一个问题，您认为福音派会对中美关系产生何种影响？

罗伯逊：如果只谈到我，我会发挥重要的作用和影响力，因为我了解中国，我去过很多地方，见过很多中国人。我把前总理朱镕基当做老朋友，我们见过几面，他很睿智。我也见过脱贫事务负责人，他跟我说，你想帮助我们的话，我们有2.5

万个贫困村，你可以去那里进行人道主义援助。我和中国之间存在着深厚的友谊。我认为福音派在中国应有作为，基督教徒要团结在一起，没有美国人中国人之分，我们是弟兄姊妹，我们不是敌人。

宗教与美国人权外交政策

——以《朝鲜人权法案》的制定和实施为例

• 赵姗姗

[内容提要] 自《1998 年国际宗教自由法》通过以来，宗教在美国外交政策中的作用愈发凸显。2004 年由美国第 108 届国会通过的《朝鲜人权法案》就是宗教影响美国人权外交政策的又一个典型案例。宗教团体通过发动社会运动引起公众对于人权倡议的关注和支持，并通过对政治精英网络的渗透来推动其人权倡议成为国会立法以及美国的对朝人权外交政策。宗教的特征决定了它具有发动社会运动的能量，并且在与美国政治的长期互动中对美国政治精英网络有着广泛的影响。然而，尽管宗教在推动美国人权外交政策形成方面独具优势，在政策执行方面其作用和影响却受到诸多现实政治的限制。

美朝之间因朝核问题在过去的20年间一直关系紧张。克林顿政府时期签署的《美朝核框架协议》虽然暂时缓解了美朝关系，但此框架协议自签订以来在美国朝野一直备受争议，鹰派人士认为克林顿政府的对朝政策过于软弱。在小布什竞选总统期间，他的外交政策顾问赖斯就曾撰文指出，克林顿政府的对朝政策是失败的，美国应对朝鲜获取大规模杀伤性武器的行为进行威慑。[①] “9·11”事件后，布什政府把恐怖主义、“无赖国家”与大规模杀伤性武器扩散的结合作为美国所面临的最大的现实威胁，在保守派的推动下，实施了更为强硬的对朝政策。2002年1月，小布什在国情咨文中将朝鲜归类为“邪恶轴心”国家。2002年11月14日，布什总统决定停止向朝鲜继续运送作为燃料用的重油。作为反击，朝鲜于12月22日宣布解除核冻结，立即重新启动核建设，造成第二次朝核危机。此次危机爆发后，布什政府虽然没有放弃与朝接触与对话，但政策口径日趋强硬，新保守主义对朝政策逐渐成型。[②]

在第二次朝核危机爆发之际，所谓“朝鲜人权问题”也逐步出现在美国对朝政策的讨论中。所谓“朝鲜人权问题”背后最初的推手是里根政府时期的防务论坛基金会（Defense Forum Foundation）。该组织成立之初的主要目的是通过在国会举办听证会来警示议员重建美国防务力量的重要性。[③] 冷战结

① 高弟，杨光：“论小布什政府以来的朝核问题与美韩关系”，《东岳论丛》（2010年2月），第159页。

② 张亚亮：“布什政府对朝政策与朝核危机”，《美国研究》，2004年第1期，第39—45页。

③ 参见防务论坛基金官方网站：http：//www. defenseforum. org/about-dff. html。

束后该组织得以保留，所关注的议题便包括“朝鲜人权问题”。1999 年防务论坛基金会首次在美国国会举办关于“朝鲜人权问题”的听证会。① 此后，在美国国会所谓人权问题便不断与朝鲜挂钩，2002 年第二次朝核危机爆发后更是频频被提及。②

“朝鲜人权问题”在国会被提及激起了一些政治右翼团体的议员的兴趣，而政治右翼与宗教右翼有着密切的联系。在一些关键议员的作用下，美国宗教团体很快就开始关注“朝鲜人权问题”，并成为此后美国国内自 2003 年开始的“关注朝鲜人权问题运动”的主要力量。从 2003 年起，以基督教福音派和韩裔基督教徒为核心力量的宗教团体在美国国内多次举办关注所谓“朝鲜人权问题”的集会活动，这些活动在 2004 年国会讨论并通过《朝鲜人权法案》时期达到高峰。一些核心组织的集会活动一直延续至今，持续地要求美国政府关注“朝鲜人权问题”，就此问题对朝鲜政府施压。在整个过程中，美国宗教团体充分地利用社会运动机制和对政治精英网络的影响成功推动自己对“朝鲜人权问题”的人权倡议成为美国的对朝人权外交政策。

一、关注“朝鲜人权问题”的社会运动

所谓社会运动是一种不间断和有组织地向政府公开提出群

① 参见防务论坛基金官方网站：http：//www. defenseforum. org/about-dff. html。

② 参见美国政府印刷局网站：http：//www. gpo. gov/fdsys/browse/collection. action? collectionCode = CDOC。

体性诉求的活动，为此特定目标其运用如公开会议、依法集会游行，示威等“常备剧目”，来展示其规模和力量。① 美国宗教团体作为一种特殊利益团体非常善于利用社会运动的方式来向政府提出自己的诉求，并通过影响公众舆论来对政府施压。事实上，宗教本身的特色决定了它是发动社会运动的极好组织力量。除被广泛讨论的美国独特的政治环境为宗教团体提供的政治机遇外②，美国宗教团体在社会动员的组织结构、运动话语、运动手段和跨国网络方面都有自己独特的优势。宗教团体为关注“朝鲜人权问题”所发起的一系列社会运动就说明了宗教团体的上述优势。

（一）成立动员组织联盟

社会运动研究者都必须回答的问题是：运动参与者是如何被动员起来参加社会运动的。最有效的组织形式往往植根于自发的地方性团体，这些团体一般通过网络连接在一起，并由正式组织来协调。③

对美国宗教来说，地方教会是根植于社区并能够凝聚和动员基层信徒的有力组织，构成美国社会宗教网络的重要组成部分。这些地方教会之间往往由重要的宗教人物和全国性的宗教组织来形成相互之间的联结关系。重要的宗教人物通过全国规

---

① ［美］蒂利：《社会运动：1768—2004》，上海世纪出版集团，2009 年版，第 4—6 页。

② 徐以骅：“宗教与冷战后美国外交政策——以美国宗教团体的‘苏丹运动’为例”，《中国社会科学》，2011 年第 5 期，第 200—201 页。

③ ［美］塔罗：《运动中的力量——社会运动与斗争政治》，译林出版社，2005 年版，第 166 页。

模的大型巡回布道会，加强对地方教会网络的深度嵌入，促进地方教会之间的协作，并且也促进宗教网络与社会网络之间的深度嵌入。[①] 重要的全国性宗教组织也同样起到联结地方教会的作用。在地方教会、重要宗教人物以及全国性宗教组织的联合作用下，美国宗教具备了发动社会运动的良好组织结构，在推动宗教人权议题时，宗教信徒往往能够迅速聚集起来，声势浩大，影响深远。

为推动关注“朝鲜人权问题”的社会运动，包括基督教福音派团体、天主教团体、犹太教团体在内的全国性宗教组织与人权组织结成联盟，并且协助所谓“脱北者”和韩裔基督教徒成立专门关注“朝鲜人权问题”的组织，这些团体在核心组织的联结作用下相互支持，形成范围广泛的网络来进行社会动员。

基督教福音派是冷战后美国宗教团体参与国际人权运动最为活跃的团体。重要的福音派非政府组织世界救济会（World Relief）在美国国内开始广泛关注所谓“朝鲜人权问题”之前曾对朝鲜进行了多年的粮食救济。[②] 在所谓关注“朝鲜人权问题”的运动中福音派团体起了先锋作用。天主教和犹太团体为该运动提供了重要的领导力量和广泛的信徒基础。一些全国性教会组织如全国福音派协会（National Association of Evangelicals），西蒙·威森塔尔中心（The Simon Wiesenthal Center）

---

① 涂怡超：《美国基督教福音派及其对国际关系的影响》，上海人民出版社，2010 年版，第 110—111 页。

② Scott Snyder, “American Religious NGOs in North Korea: A Paradoxical Relationship,” *Ethics & International Affairs*, vol. 21, no. 4 (Winter 2007), p. 424.

等则成为该运动的组织中心和联结点。宗教团体还与人权组织和政策研究中心如防御论坛基金会，霍德森学会（Hudson Institute），布鲁金斯学会（Brookings Institute）等结成联盟，相互借力，最大规模地形成动员网络。

为了更具有针对性地在国内组织所谓关注“朝鲜人权运动”，防务论坛基金和全国福音派协会联合筹建了朝鲜自由联合会（North Korea Freedom Coalition），这是一个聚集身居美国的“脱北者”的组织，而防务论坛基金会和全国福音派协会的领导成员则参与该组织的董事会，其成员还包括美国宗教人士和人权活动分子。朝鲜自由联合会在2003年国会讨论《朝鲜自由法案》期间举办大型集会活动，企图影响国会决策。是不断推进关注所谓“朝鲜人权问题”运动的前线组织。①

通过强调“同根同源”的血源性和“对弟兄姊妹的责任感”，关注“朝鲜人权问题”运动激发了美国韩裔基督教徒的参与。韩国是仅次于美国的每年向海外派遣基督教传教士最多的国家。② 朝鲜战争之后，因美国实行对韩国移民的特殊政策，在美国的韩裔基督教会和教徒大幅增加。③ 美国和韩国社会“无处不在”的基督教团体也是冷战以后联结美韩关系的重要力量。④ 在对待所谓“朝鲜人权问题”上，韩裔基督教徒

① 参见朝鲜自由联盟官方网站：http：//www. nkfreedom. org/。

② 同上。

③ Chul Tim Chang，“Korean Ethnic Church Growth Phenomenon in the United States，” paper presented at the American Academy of Religion in Claremont，March 12，2006.

④ David Scofield，“Christian Ties May Bind US Troops to South Korea，” *Asian Times*，April 8，2005.

更是与美国基督教福音派等宗教团体密切合作。2004 年，2000 名来自美国和加拿大的韩裔牧师——代表上百万韩裔基督徒——成立了韩裔教会联合会（Korean Church Coalition）。①该组织充分利用在美国的韩裔基督徒来进行社会动员，并利用其民族背景联合韩国基督教会形成跨国倡议网络。

从以下对运动的核心组织的简介可以看出，宗教团体、人权组织和政策研究机构在组织资源上相互借力，在组织人事上相互交错，扩大了动员范围，从而形成该运动强大的组织动员力量。

表 1　关注“朝鲜人权问题”运动中的核心组织②

组织名称	成立时间	主要组成属性	主要相关活动
防务论坛基金	1987 年	非政府人权组织	在国会山组织关于”朝鲜人权问题”的听证会；2004 年组织北朝鲜自由日，2005 年至 2011 年每年举办朝鲜自由周。
全国福音派协会	1942 年	宗教组织	影响国会议员；举办如“震撼沙漠音乐会”（Rock the Desert Concert）等集会活动。
朝鲜自由联盟	2003 年	非政府人权组织（由防御论坛基金和全国福音派联合会共同筹划而成）	2004 年组织北朝鲜自由日，2005 至 2011 年每年举办朝鲜自由周。

① 参见韩裔教会联盟官方网站：http：//kccnk. org/。

② 根据各组织官方网站资料所制。

续表

组织名称	成立时间	主要组成属性	主要相关活动
韩裔教会联合会	2005年	宗教组织（由全国福音派联合会协助创立）	在美国，加拿大和世界各地举办大型祷告活动。2007年，组织“在2008年北京奥运会之前让我的子民离开”和“50州决议运动”等活动。
美国朝鲜人权委员会	2001年	非政府研究机构（由明尼苏达人权律师协会、大赦国际等组织成员联合创办，创始人之一卡尔·格什曼（Carl Gershman）是美国国家民主基金会主席）	发表有影响力的关于所谓“朝鲜人权问题”的报告，如2003年《隐蔽的集中营：揭秘朝鲜监狱犯人的证词和卫星图像》等报告。
美国国际宗教自由委员会	1998年	准政府机构（由《1998年国际宗教自由法》创立）	发表关于所谓“朝鲜宗教自由问题”的报告，在国会举办听证会，组织对国会议员的演说，并不断对国会议员提出政策意见。
霍德森学会	1961年	非政府研究机构（很多关键成员为美国政府或重要国际组织的退休官员）	发表关于“朝鲜人权问题”的报告，游说精英。

（二）宗教式的运动话语

社会运动中的符号和话语是一种能帮助人们认知，理解和标记周围所发生事务的解读范式。在运动过程中这些符号和话语往往被不断调整沿用以适应动态的运动过程。[①] 社会运动的

① 赵鼎新，《社会与政治运动讲义》，社会科学文献出版社，2006年版，第212—214页。

符号和话语不仅仅蕴含着运动所需表达的价值和目标，也往往是动员和激发群众情感的关键因素。

在美国这样一个公民社会发达的国家，社会运动的发展自然需要有策略的塑造象征性符号和话语来推动。① 宗教的本质决定了它是一个非常可靠的情感源泉。宗教本身就是由一些源远流长的象征性符号和故事构成的，它为运动领导者提供了一套现成的符号和语言，宗教认同往往是最为广泛的身份认同。美国的宗教团体就非常善于利用宗教话语的优势来塑造社会运动的话语。在关注“朝鲜人权问题”运动过程中，宗教团体依据并不可靠的关于朝鲜内部状况的调查，用激烈的宗教式话语动员信徒，塑造公众想象力，引发公众对运动的关注和同情。该运动常用的宗教性话语和符号有“宗教迫害”、“大屠杀”、“受苦受难的弟兄姊妹”以及“让我的子民离开”② 等，把朝鲜说成是“世界上最严重的宗教迫害国”和“敌基督之国”③，以激发美韩两国基督徒和社会公众对所谓“朝鲜宗教人权问题”的关注。

（三）表演型的运动方式

运动手段是社会运动中的关键部分，是社会运动的表现形

---

① 赵鼎新，《社会与政治运动讲义》，第226—233页。

② 参见 Michelle A. Vu, “North Korea Freedom Lies in Hands of Korean-Americans,” *Christian Post*, July 14, 2010; Choi, Yong-Jin, “Human Rights Infringement on North Korean Refugees, Migration Networks and Policy Implication in Asia,” http://tongil.snu.ac.kr/pdf/110929/10.pdf（2012年3月3日查阅）。

③ Ruth Moon, “World's Worst Persecutor,” *Christianity Today*, Nov. 18, 2008.

式和“常备剧目”，为了更加激发人们加入社会运动的热情，运动往往在某种程度上带有公开表演的性质。① 一种成功的运动方式往往能够通过参与者协同一致的活动来表现出价值、统一、规模和参与者所作的贡献。②

对宗教组织来说，宗教仪式几乎天然就是这种能够激发公众情感的表演方式。这也是为何在西方早期的社会运动中，教会活动和社会运动往往“相互交织”③ 的原因。在带有宗教仪式色彩的集会活动中，宗教人物的出现使得集会场面显得极为庄重；特定的宗教符号和歌曲能够成为集会人群统一的标志和符号；宗教产生的认同感可以号召更大规模的参与者；同时，宗教本身就意味着某种奉献，神职人员往往号召参与者进行捐助，为拯救其他“上帝的子民”而做出奉献。宗教团体举办的集会活动天然具备激发公众情感的优势。随着新型媒体和科技的发展，美国的宗教团体往往采用音乐会、网络运动等加强视觉冲击的新型社会运动方式。

关注“朝鲜人权问题”运动的集会活动以组织之规模，仪式之神圣和情感之丰富，极力向公众展示愤怒的情感和心情之迫切。各种集会活动相继举办，以游行、演说、图片等具有表现力的方式冲击公众的神经。④

---

① ［美］塔罗：《运动中的力量——社会运动与斗争政治》，第126页。

② 而这些因素对于一个社会运动的成功具有关键性的作用，参见：查尔斯·蒂利：《社会运动，1768—2004》，第5页。

③ 同上书，第63页。

④ 参见 David D. Kirkpatrick，“Christian Groups Press Bush about North Korea,” *The New York Times* August 9，2005； “Human Rights Group Launches North Korea: 50000 for 50000,” *R. E. A. L Organization*，April 11，2010.

（四）构建跨国倡议网络

全球化使各个权力中心之间产生联系：金融网点间的商业联系，军事力量间的武力联系，宗教与族群间的文化联系。[①]成熟的社会运动模式有了明显的国际化趋势。诉求者和诉求对象都有可能从区域层面上升到国际层面，行动网络也在国际性议题和信息技术的推动下覆盖面更加广泛。[②] 依靠国际宗教非政府组织和国际传教运动，美国宗教在海外建立起宗教动员的影响力。例如美国强势的福音派群体在跨国参与的过程中建立了福音派国际网络，主要由洛桑世界福音化委员会、世界福音派联盟（The World Evangelical Alliance），和全球圆桌会议（Global Round Table）三大主体组成。[③] 面对一项国际人权倡议时，宗教的跨国网络可以使国家之间的宗教动员网络相互沟通融合，各国信徒可为同一诉求跨越海洋和大陆的界限而相互合作。

在关注“朝鲜人权问题”的社会运动中，除了影响美国的民众，参与活动的主要宗教团体认为韩国民众才是解决“朝鲜人权问题”更重要的参与者，号召美韩政府继续保持良好的关系，共同推进朝鲜半岛的“民主和安全”。[④] 朝鲜自由联盟和韩裔教会联盟在美国组织的活动往往也在韩国同步进

① ［美］查尔斯·蒂利：《社会运动，1768—2004》，第139页。

② 同上书，第155—166页。

③ 涂怡超：“全球化处境下的基督教福音派跨国公民参与”，《世界宗教研究》，2009年第2期，第134页。

④ 参见韩裔教会联盟官方网站：http：//kccnk.org/。

行。2004 年当美国的宗教团体举行集会游行活动支持国会通过《朝鲜人权法案》时，同样规模浩大的集会活动也在韩国举行，有 10 万名保守派韩国基督徒聚集在首尔市政厅广场进行游行[①]。2005 年由宗教人权组织全球正义祷告网络（Global Justice Prayer Network）和“门户开放”在首尔举办“为朝鲜的国际祈祷日”活动（International Prayer Day for North Korea）。数千人聚集在首尔广场，参加由韩国基督教会举办的音乐会，韩国基督教协会（Christian Council of Korea）则组织烛光祈祷会。韩国基督教教会后来还决定将活动闭幕的 12 月 11 日定为“朝鲜人权日”，日期恰好为世界人权日后一天。[②] 2011 年圣诞节期间，韩国福音派团体在 38 线附近点亮了三个巨型铁制圣诞树，圣诞树顶部用十字架装饰，该活动共持续 15 天，意图通过此举引起对所谓“朝鲜人权问题”的关注。[③]

美韩基督教会还把转向国际机构如国际法庭和联合国对朝施压。世界基督教团结互助会（Christian Solidarity Worldwide）在 2009 年 11 月组织活动分子和“脱北者”在国际法庭集会，要求该庭对朝鲜“违反人权的情况”进行调查。[④] 2011 年 9 月 8 日该组织还将近 40 个宗教和人权组织在东京成立阻止朝鲜

① Pauline J. Chang, “100, 000 Rally for National Security and North Korean Human Rights,” *Christian Post*, October 5, 2004.

② Lillian Kwon, “International Prayer Week for North Korea Ends; Efforts Continue,” *Christian Today*, December 12, 2005.

③ Morgan Feddes, “North Korea Protests South Korean Christmas Trees,” *Christianity Today*, December 14, 2011.

④ CSW, “North Korean Defectors Tell of Executions and Beatings,” *Christian Today*, December 7, 2009.

政府侵犯人权的国际联盟（International Coalition to Stop Crimes Against Humanity in North Korea，ICNK），要求联合国就朝鲜境内“人权情况”成立专门调查机构，并在世界各地开展签名抗议和游行示威等活动。①

利用宗教人权团体的同盟，带有宗教意味的运动话语，表演型的运动方式以及强大的跨国倡议网络，美国宗教人权团体发起了关注“朝鲜人权问题”的社会运动。而被动员起来的公众也将有助于宗教团体进一步对政治精英施压，通过他们对制定政策的直接影响将自身的人权倡议转变为美国的外交政策。

二、《朝鲜人权法案》的立法过程

2003年末，防御论坛组织以及一些基督教福音派的领袖人物支持与基督教福音派有密切关系的国会堪萨斯州共和党参议员萨姆·布朗巴克以及印第安州民主党众议员伊万·巴赫向众议院提出《朝鲜自由法案》，这是宗教人权团体所支持的关于“朝鲜人权问题”的第一份法案。《朝鲜自由法案》要求国务院公布朝鲜人权状况，将美国对朝鲜人道主义援助与“人权问题”挂钩，将朝鲜核谈判与“人权问题”挂钩，为“脱北者”提供政治庇护和难民身份，传播自由信息，推动朝鲜境内民主发展等等。由于该法案措辞非常激烈，甚至提出

① Christian Solidarity Worldwide：North Korea，http：//www.cswusa.com/North_ Korea.ihtml？id=631305.

"为了解朝鲜核武器项目进展的叛逃者给予优先的难民身份考虑"①，因此在被提交众议院之后未得到国会的进一步讨论。

2004 年，众议院东亚与太平洋委员会主席、爱荷华州的共和党议员詹姆斯·利奇（James. Leach）向众议院提交《朝鲜人权法案》。与《朝鲜自由法案》相比，该法案的内容和措辞虽较温和，但整体改动并不大，依然要求美国政府通过传播民主，改变美国对朝移民政策，增加对朝信息传播等方式来解决"朝鲜人权问题"。考虑到这些措施仍可能在国会受阻，宗教人权团体进行了充分的游说活动。早在法案的起草阶段，朝鲜自由联盟主席（即防御论坛基金主席）苏珊·斯科尔特就安排人权法案的起草者道格·安德森（Doug Anderson）与"朝鲜人权问题"在国会的关键人物萨姆·布朗巴克、詹姆斯·利奇、伊万·巴赫以及美国朝鲜人权委员会的领导人见面。② 在会见中，议员们和朝鲜自由联盟的活动分子一起讨论法案的设计和措辞，并采纳了人权活动分子的很多意见。

2004 年 3 月《朝鲜人权法案》被提交至国会，并由众议院在 6 月 21 日对法案进行投票。此时，朝鲜自由联盟、韩裔教会联盟，西蒙·威森塔尔中心等宗教人权组织对议员发起"邮件攻势"，要求他们支持《朝鲜人权法案》。安德森等关键议员也鼓动其他议员相互转发这些来自不同宗教团体的邮件，

① HR 3573，Section 203（3），Section 204（1）.

② Suzanne Scholte，"Advancing North Korean Human Rights at the Capitol，" p. 23 lrc. cornell. edu/asian/. . . /2009_ 04_ 23_ 19_ 46_ 35 – doc. doc（2012 年 3 月 3 日查阅）。

在整个众议院为法案造势。[1] 在投票日，规模宏大的“朝鲜自由日”运动在国会山举行，议员布朗巴克、利奇以及美国国际宗教自由委员会成员妮娜·谢纷纷发表鼓动性演讲。在关键议员和宗教人权团体里应外合的情况下，众议院一致通过《朝鲜人权法案》，并将其提交参议院。

法案进入参议院以后，在有深厚基督教信仰的参议院外交事务委员会主席理查德·卢格的支持下，法案直接通过外交事务委员会而进入参议员表决程序。此时不少民主党议员对法案的一些条款提出了反对意见。[2] 全国福音派协会以及其他基督教福音派宗教团体迅速行动起来，它们起草了一封给参议院对外事务委员会民主党资深议员约瑟夫·拜登（Joseph Biden）、参议院多数党领袖汤姆·达施勒（Tom Daschle），以及民主党总统候选人约翰·克里（John Kerry）的信件，要求他们支持该法案。[3] 此时正值美国总统选举进入白炽化阶段，民主党希望争取基督教福音派的选票。朝鲜自由联盟领导人苏珊·斯科尔特和全国福音派协会政府事务主席理查德·西兹克与参议员拜登办公室的弗兰克·贾纳斯通过协商，把“赫尔辛基模式”[4]

---

① Suzanne Scholte, “Advancing North Korean Human Rights at the Capitol,” p. 27.

② Stan Guthrie, “North Korea Human Rights Act a Miracle,” *Christianity Today*, October 1, 2004.

③ 同上。

④ 所谓“赫尔辛基模式”是1975年美国、苏联以及欧洲国家为解决国家之间面临的领土、经济交流、军事竞赛等一系列问题而于1975年签订《赫尔辛基协议》。协议囊括了对安全问题、经济问题和人权问题的讨论，并且要求三种问题必须一起被考虑和解决而不是仅仅考虑安全问题。

作为基本理念写入《朝鲜人权法案》。[①] 贾纳斯在此后关于法案的辩论中成为民主党议员之间主要的协调者，大力推动民主党议员支持该法案。1998 年国际宗教自由法的主要推动者迈克尔·霍洛维茨也在通过《朝鲜人权法案》中起了重要作用。

2004 年 9 月 28 日在对法案的一些条款进行协商和修订后，《朝鲜人权法案》在参议院获得通过，同年 10 月 18 日，布什签署该法案，并宣称“该法案为我们提供了有益的工具，让我们去努力帮助那些正在逃离朝鲜和身陷朝鲜的人们”[②]。宗教团体的对朝人权倡议通过国会立法而成为美国外交政策。

三、《朝鲜人权法案》的实施效果及影响

（一）《朝鲜人权法案》的实施效果

《朝鲜人权法案》自 2004 年制定实施，并分别于 2008 年和 2012 年得到总统重新授权，至今已经实施八年。该法案虽由国会通过，但法案的大部分内容必须经过政府部门实施。而出于各自利益的“府会之争”决定了该法案的实施效果会大大低于宗教人权组织的预期。《朝鲜人权法案》以立法的形式束缚了美国政府利用对朝援助政策来促进朝核六方谈判，从而

---

① Suzanne Scholte, “Advancing North Korean Human Rights at the Capitol,” p. 29.

② 参见白宫网站：“President's Statement on the North Korean Human Rights Act,” http://georgewbush-whitehouse.archives.gov/news/releases/2004/10/20041021-22.html。

很大程度上限制了美国对朝外交的大战略。

1.“促进朝鲜民主和自由”拨款

法案要求从2005年—2008年每年拨款200万美元支持非政府机构促进朝鲜的人权、自由、法制和市场经济发展。① 由国务院民主、人权和劳工局（Bureau of Democracy, Human Rights and Labour）授权下属的国家民主基金会（National Endowment of Democracy, NED）向宣称旨在“促进朝鲜民主和自由”的非政府组织拨款。

表2　　国家民主基金会年度拨款（2006—2010）②

年份	2006	2007	2008	2009	2010
受款团体总数	7	11	10	13	15
受款团体名称及国别（按接受资助额度从高到低排列）	自由朝鲜电台（韩国）、朝鲜开放电台（韩国）、朝鲜民主人权网络（韩国）、朝鲜人权公民联盟（“脱北者”）、国际共和学会（美国）、	国际共和学会、朝鲜开放电台、朝鲜民主人权网络、自由朝鲜电台、朝鲜人权公民联盟、每日朝鲜、朝鲜人权数据库中心、朝	朝鲜民主人权网络、自由朝鲜之声电台、自由朝鲜电台、开放朝鲜电台、朝鲜人权公民联盟、每日朝鲜、朝鲜人权数据库中心、	朝鲜通讯、朝鲜人权公民联盟、每日朝鲜、自由朝鲜电台、开放朝鲜电台、自由朝鲜之声电台、朝鲜民主人权网络、朝鲜人权青年	朝鲜人权公民联盟、朝鲜通讯、朝鲜知识分子团结会、开放朝鲜电台、自由朝鲜之声电台、每日朝鲜、朝鲜民主人权网络、

① H. R. 4011, Section 1 (2).

② 根据美国国家民主基金会年报（2006—2010）数据所制。

续表

年份	2006	2007	2008	2009	2010
	每日朝鲜（韩国）、朝鲜人权数据库中心（韩国）	鲜教育福利研究机构（韩国）、朝鲜妇女权利联盟（“脱北者”）、反对朝鲜集中营民主联盟（韩国）	朝鲜通讯、朝鲜民主人权网络、媒体间调查机构（美国）、朝鲜战略中心（“脱北者”）	“脱北者”联盟（“脱北者”）、朝鲜知识分子团结会（韩国）、媒体间调查机构、Imjingang 出版公司、朝鲜人权数据库中心、Baekdu-Halla 协会（韩国）	Imjingang 出版公司、朝鲜人权数据库中心、国际私企中心（美国）、Ewha 联合学习机构（韩国）、远东研究中心（韩国）、朝鲜战略中心、朝鲜人权青年“脱北者”联盟
拨款总额（美元）	1，571，450	1，518，788	1，352，643	1，350，000	1，455，000

从国家主权基金会历年来对宣称旨在“促进朝鲜民主和自由”的非政府组织的拨款可以看出，每年拨款的额度远远少于法案所设计的“每年 200 万美元”，并且拨款额度并没有上升的趋势。虽然授予的项目有小幅增长，但大额项目明显减少，最高额度也从原先的 30 万元以上降至 15 万美元左右。由此可见，国家主权基金会并没有充分利用法案对所谓“朝鲜人权问题”的拨款。从接受资助的团体可以看出，几乎大部分团体都是韩国的非政府组织，并且从原先的信息传播，帮助

“脱北者”逐渐扩展到对朝鲜民主发展，朝韩统一的学习和研究。这些机构具体活动的实施效果不得而知，但这些得到资助的韩国机构和组织有发展壮大的趋势，并且可与美国的“关注朝鲜人权运动”网络有更好的结合，从而有可能改变韩国国内保守与进步社会团体的力量对比，[①] 这反而有可能成为美国国家民主基金会“促进朝鲜民主和自由”拨款所产生的主要效果。

2. 美国对朝鲜的援助

美国对朝鲜的援助分为人道主义援助和一般援助（包括经济援助和能源援助等）。早在克林顿政府时期，美国就到朝鲜展开人道主义援助和一般援助，这些援助政策在一定程度上缓解了当时的美朝局势。《朝鲜人权法案》要求美国对朝鲜的人道主义援助和一般援助都要与朝鲜“切实的人权进步”相挂钩，禁止美国对朝鲜政府的直接人道主义援助；除非朝鲜政府在保护人权方面有实质性进步，否则禁止美国对朝鲜政府的直接人道主义援助；允许总统出于国家安全的原因而放弃这些前提条件。[②] 这些条款在美国国内引起很多批评的声音。2005年美国国际发展署在所作的对朝鲜人道主义援助所做的报告中便唱起反调：美国对朝鲜的人道主义援助仅仅基于人道主义的考虑，不与对朝鲜的政治和安全政策挂钩。[③]

---

① Patricia Goedde, “Legal Mobilization for Human Rights Protection in North Korea: Furthering Discourse or Discord?”, *Human Rights Quarterly*, vol. 32, no. 3 (August 2010), p. 563.

② H. R. 4011, Section 2 (2).

③ USAID, “Report on U. S. Humanitarian Assistance to North Koreans,” April 15, 2005.

表 3　　美国对朝鲜的援助数据（2001—2010）①

	粮食援助		KEDO 援助	燃油援助
	吨数	金额（万美元）	金额（万美元）	金额（万美元）
2001	350000	102.8	74.9	——
2002	207000	82.4	90.5	——
2003	40200	25.5	2.3	——
2004	110000	52.8	0	——
2005	22800	7.5	——	——
2006	0	0	——	——
2007	0	0	——	25
2008	148270	93.7	——	106
2009	21000	5.6	——	15
2010	——	2.9	——	——

至 2005 年末朝核六方谈判陷入困境，美国切断对朝鲜的粮食援助，加之当时朝鲜方面对国际组织在朝鲜境内粮食分发活动的限制增多，导致国际组织的粮食援助大幅下降。2008 年 3 月，在朝鲜同意关闭宁边的反应器并提交关于宁边反应器运作情况的报告之后，美国向朝提供了 50 万吨的粮食援助。加之当时国际粮食组织警告“朝鲜可能会面临上世纪 90 年代

① Mark E. Manyin and Mary Beth Nikitin, “U. S. Assistance to North Korea,” CRS Report for Congress, July 31, 2008, Order Code RS21834; USAID Annual Report 2010, p. 2.

以来最为严重的饥荒”，美国自此才继续对朝鲜的粮食援助。[①]可见，美国对朝鲜的人道主义援助既不可能像国际开发署宣称的那样完全依据于人道主义标准，也不可能像《朝鲜人权法案》设想的那样依据于朝鲜的“人权情况”。2003 年底，美国通过半岛能源开发组织（KEDO）向朝鲜的能源援助终止，取而代之的是 2007 年六方谈判重新开始以后，美朝之间达成的为朝鲜停止核计划而提供的燃料援助。美国对朝鲜的援助实施情况证明，《朝鲜人权法案》所要求的援助以“切实的人权进步”为前提并不实际。因此在 2008 年法案再续时，美国对朝鲜实施援助的人权前提被去除，仅保留国际开发署每年向国会提交关于援助的实施和透明度的报告。[②]

3. 接收“脱北者”

毫无疑问，《朝鲜人权法案》对接收“脱北者”十分重视。法案规定，从 2005 至 2008 年每年拨款 2000 万美元为“脱北者”提供人道主义和法律援助，“脱北者”有权申请美国难民身份和政治庇护，并允许他们在没有联合国难民高级委员会（United Nations High Commissioner for Refugees）的推荐下申请难民身份。[③]

法案的强力措辞并没有能够说服对接收“脱北者”条款心存疑虑的政府官员，从接收“脱北者”的实施情况来看，

---

① Mark E. Manyin and Mary Beth Nikitin, “U. S. Assistance to North Korea,” CRS Report for Congress, July 31, 2008, Order Code RS21834; USAID Annual Report 2010, p. 3.

② “Reauthorization of North Korean Human Rights Act,” Public Law 110 - 346 - OCT. 7, 2008, Section. 9.

③ H. R. 4011, Section 3 (2), Section 3 (3).

政府对这一条款的执行并不积极。直到 2006 年 5 月才有第一批难民——4 位女性和 2 名男性——被接受为美国公民。2006 年 2 月萨姆·布朗巴克、詹姆斯·利奇等 10 名法案的主要推动者联名致函国务卿赖斯，督促国务院为《朝鲜人权法案》的实施给与更多的资金支持和帮助。他们从一些机构的证词中了解到，在过去一年中国务院不仅没有帮助朝鲜难民提交他们的难民申请，甚至拒绝帮助那些处在危难中的朝鲜难民。① “9·11”事件后，美国的移民政策总体来说更加强调本土安全，即使对于“脱北者”有所谓优先待遇的移民政策，“脱北者”申请移民美国仍需要将近一年的审查时间，相对于韩国只需几周的审查时间，美国政府无论在意愿还是在实际操作方面都没有达到宗教人权团体支持《朝鲜人权法案》的初衷。

保守派议员和宗教人权活动分子一直对美国政府接受“脱北者”政策的执行力度加以质疑和批评。他们认为美国对“脱北者”所提供的帮助远远比不上其他发达国家。美国至今仍然拥有世界上最大的难民收留国记录，但从 2004 至 2007 年间，美国只收留了 37 位“脱北者”。而在同时期内韩国收留了 5961 名“脱北者”。2000 至 2006 年间，美国向 27 名“脱北者”提供政治庇护，而同一时期内，英国和德国分别向 60 名和 135 名提供了政治庇护。② 2008 年《朝鲜人权法案》再续时国会要求美国政府继续简化接收“脱北者”的手续，为

① “Congress of the United States, Washington, 20515,” http://democrats.foreignaffairs.house.gov/archives/109/Rice2－06.pdf.

② Robert Cohen, “Admitting North Korean Refugees to the United States: Obstacles and Opportunities,” *Brookings Institute*, Sept. 20, 2011.

“脱北者”提供更多的帮助，使更多的“脱北者”居住在美国。从那时起到2011年9月，美国一共接受了122位“脱北者”居住，为25名“脱北者”提供了政治庇护①。但这一数字远低于宗教人权人士的期待。

4. 朝鲜人权问题特使

2004年法案设立的所谓“朝鲜人权问题特使”的职责是“协调并推动各方努力发展朝鲜基本人权”，是一个兼职的职位。② 总统和国务院对这一职位并不重视，法案规定特使向国会做第一次汇报应该在2005年4月16日之前，但直到2005年8月19日“朝鲜人权问题特使”都没有得到任命。第一任“朝鲜人权特使”由民主、人权和劳动局的拉夫考维兹兼任。上任以后，由于美朝之间没有正常的外交关系，所以特使无法对朝鲜进行访问，他所能做的只是与欧洲和亚洲国家商讨朝鲜人权问题，或者在参加国际会议时与朝鲜官员会谈。而当他提出与朝鲜的核谈判应该遵循赫尔辛基模式加入人权问题的考虑，并且试图参加美国对朝核谈判时，国务院立刻拒绝了他的要求。

第一任特使没有能够尽到法案规定的职责同样引起宗教人权团体的不满，在他们的要求下，2008年法案再续时，朝鲜人权问题特使成为国务院下属的全职职位，并且直接隶属于国务院朝鲜政策办公室，“推动并且与其他国家协调制定关于朝鲜人权和人道主义问题的政策，并且参与美国对朝外交政策的

① Robert Cohen, “Admitting North Korean Refugees to the United States: Obstacles and Opportunities,” *Brookings Institute*, Sept. 20, 2011.

② H. R. 4011, Section 1 (7).

制定”[①]。罗伯特·金（Robert King）成为第二任特使，他首次实现了作为特使访问朝鲜，并与朝鲜外事官员直接对话讨论朝鲜的人权记录，但除此以外，特使的实质性作用依然乏善可陈。

（二）《朝鲜人权法案》对朝核谈判的影响

《朝鲜人权法案》最重要的一项隐形目标就是要求在朝核六方谈判中加入对人权问题的考虑，这也是法案最受争议的部分。

法案对朝鲜内政的攻击自然遭到朝鲜的谴责。2004 年 10 月在《朝鲜人权法案》获小布什签署后，朝鲜外交部发言人称，这一法案证明美国政府既无意愿改变它对朝鲜的敌对政策，也无意愿与朝鲜共存。朝鲜别无选择，只能加速对美国和布什政府的威慑，朝鲜也没有任何理由选择参加六方谈判。[②]随即朝鲜就在 2005 年 2 月宣布朝鲜拥有核武器，并在此后将近 6 个月内拒绝重启六方谈判。2005 年 3 月，美国国务院民主、人权和劳工局助理秘书米歇尔·科扎克表示无核化和人权并不是一个非此即彼的问题，两者应同时解决。当朝鲜强烈要求美国就此道歉时，国务卿赖斯采取不知可否的态度。[③] 这向朝鲜传达出了不友好的信号，进一步激化美朝关系。因此，即

---

① “Reauthorization of North Korean Human Rights Act,” Public Law 110 – 346 – OCT. 7，2008，Section. 3（3）.

② Nicole Hallett，“Politicizing U. S. Refugee Policy toward North Korea,” *Yale Journal of International Affairs*（Winter-Spring 2006），p. 80.

③ Brendan M. Howe，“Strategic Implications of the 2004 U. S. North Korea Human Rights Act,” *Asian Perspective*，vol. 30，no. 1（2006），p. 215.

使2005年7月朝核第四次六方谈判开始，美朝之间谈判的氛围也相当紧张，最终谈判于2005年11月破裂。此后美国切断所有对朝鲜的援助，美朝关系陷入僵局，朝核六方谈判开始了谈判机制开创以来最长时间的停滞。

在此期间，美国对朝鲜的政策，包括美国对朝的人权外交政策，受到了很多批评，尤其是受到来自韩国的批评。[①] 六方谈判最想避免的结果，就是朝鲜宣称进行核试验而这却在美国对朝利用“人权问题”施压后发生。因此，美国开始反思自己的政策，并且在2006年底六方谈判重启时，更加关注朝鲜核问题而不再纠缠于“人权问题”。2007年2月，朝鲜宣布同意在60天内关闭在宁边的反应堆。有观察家认为，在此之后美国朝核六方谈判首席代表克里斯多夫·希尔完全关注于核问题的合理解决，而朝鲜人权问题特使莱夫科维兹的话语权则大为下降。[②]

当然，朝核六方谈判此次取得的重大成果后又因美韩军事演习以及此后的一系列冲突而再次陷入僵局，至今仍前途未卜。对此，支持朝核谈判的政府人员和专家坚持呼吁将朝核问题作为美国对朝政策的首要目标，批评人权政策带来的困境；

---

① Brendan M. Howe, “Strategic Implications of the 2004 U. S. North Korea Human Rights Act,” *Asian Perspective*, vol. 30, no. 1 (2006), p. 215；韩国对待朝核谈判与“朝鲜人权问题”之间的关系态度并不总是否定的，随着李明博政府对朝强硬的外交政策，韩国也出现在六方会谈时涉及“人权问题”的声音，参见 Jason Strother, “As North Korean Nuclear Talks Continue, South Korea Takes a Tougher Line on Human Rights,” *World Politics Review* (March 20, 2008)。

② Emma Chanlett-Avery, “Congress and U. S. Policy on North Korean Human Rights and Refugees: Recent Legislation and Implementation,” CRS Report for Congress, Order Code RS22973.

而支持人权政策的专家却坚称因为美国未完全对朝实施人权政策，才导致目前朝核问题谈判的停滞和朝鲜半岛的安全危机。① 虽然很难给美国对朝人权政策对解决朝核问题有何影响下具体结论，但从以往六方谈判的历史和实际效果来看，美国对朝人权外交政策对解决朝核问题有弊无利。

简短结语

从对2004年《朝鲜人权法案》的制定和实施的分析中，我们可以得出以下几点结论：

首先，宗教影响美国外交政策的实践还将继续下去。从上述案例可以看出，宗教组织、人权组织和国会保守派议员为推动人权倡议和人权法案而形成相互支持的联盟。而在其他一些案例——如《苏丹和平法》、《人口贩运受害者保护法》等——中，同样可以发现该联盟的身影。该联盟在最初可能是因为倡导某个议题而形成，但一旦形成以后，该联盟就具有自己的生命力，它需要不断地去寻求新的议题来延续和壮大其组织的生命力。当今世界非传统安全问题逐渐增多，其中一些问题不能仅仅依靠国家行为体去解决，甚至很难得到国家行为体的关注。在此种国际大环境下宗教团体可以源源不断地寻找到如环境保护等新议题来保持其自身及其政治联盟在美国政治生活中的活力。

---

① Roberta Cohen, "Raising Human Rights with North Korea," *Brookings*, July 23, 2009.

其次，宗教推动的美国外交政策将遭遇“行政机构的惰性”。所谓“行政机构的惰性”是指当政治家期望将更多的宗教因素引入一些包含多元文化的公共机构时，他们往往会遇到来自行政机构的阻力。[①] 这从《朝鲜人权法案》大打折扣的实施效果中也可以看出，行政部门往往更加警惕本质上作为一种意识形态的宗教对公共政治生活的入侵。这也说明，即使越来越多的证据表明宗教对美国政治生活包括外交政策日益产生重要的影响并具有一定的导向性，但宗教难以成为美国政策制定和实行的基础性因素。

再次，美国外交政策坚定的现实主义导向。与“行政机构的惰性”相关的是，从《朝鲜人权法案》的实施以及对朝核六方谈判的影响可以看出，无论美国如何为自己的外交政策披上“民主”、“人权”和“道德”的外衣，其外交政策最终的目的都不可能脱离维护美国的国家安全利益轨道。所谓“软实力”的塑造更多地是用于修补和影响和平年代而非已然严重威胁到本国战略和安全利益的国家间关系。《朝鲜人权法案》是宗教团体推动的一系列外交政策议题中最为关乎美国国家安全利益的法案，从该法案实施中来自美国国务院的阻力就可看到美国外交政策考虑的优先顺序。

① D. Michael Lindsay, “Evangelicals in the Power Elite: Elite Cohesion Advancing a Movement,” *American Sociological Review*, vol. 73 (2008), p. 7.

基督教福音派与美国总统艾滋病紧急援助计划

• 史美林

[内容提要] “9·11”事件之后，成为美国国家安全问题之一的艾滋病防治问题在宗教团体的呼吁下，得到了来自政府的鼎力支持。通过2003年出台的“总统艾滋病紧急援助计划”，非洲各国获得了150亿美元的资金支持，用以本国的艾滋病防治计划。本文以该计划在乌干达的实施为案例，分析了宗教因素对计划的出台以及实施所造成的积极和消极影响，并在此基础上进一步探讨宗教因素与美国对非洲政策的关系。

作为威胁全人类生命健康的“世纪杀手”，艾滋病在短短的30年间，便已超出传统意义上的医学领域，成为威胁全球安全的紧急问题，其威胁堪比恐怖主义甚至核威胁。“9·11”

事件后，美国更是将艾滋病从国际安全问题转列为国家安全问题。为了阻止艾滋病在全球的进一步漫延，2003 年布什总统签署了“总统艾滋病紧急援助计划”（President's Emergency Plan For Aids Relief，以下简称 PEPFAR 计划），承诺在 5 年内向非洲 15 个国家捐助 150 亿美元用于抗击艾滋病的各种项目。而这一计划出台的背后是美国宗教保守派、自由派、天主教以及其他宗教的首次大联合。在过去的数十年间，福音派的政治触角从国内政治延伸至美国外交政策，俨然成为研究美国政治不可忽视的重要因素。

然而，一向是非洲乃至世界范围内抗击艾滋病最有成效的国家——乌干达，自 2004 年接受 PEPFAR 计划援助以来，其艾滋病流行率反而回升，这让人们开始重新思考以信仰为基础的援助计划以及受宗教团体影响的美国对非政策的成效。

本文主要关注三个问题：第一，美国基督教福音派的关注焦点为何以及如何从保守派议题转向传统自由派议题？在艾滋病防治问题上，基督教福音派与美国政府有何共同利益？第二，基督教福音派的介入如何帮助这一计划的出台，以及通过传教士模式与乌干达模式的分析，探索福音派对计划的实施有何影响？第三，该计划对美国的对非政策造成了什么影响？

一、福音派与 PEPFAR 计划

过去的 30 多年间，宗教以及宗教团体借全球宗教复兴的潮流又戏剧性地回到阔别已久的国际政治舞台。世界基督教徒的分布也发生了巨大的变化。目前，绝大多数的基督教徒生活在非洲、中东及亚洲的发展中国家，第三世界成为了基督教的人口重心所在。而发达国家的基督教会在宗教全球复兴的时代，也与世界其余地区的基督教徒维系着紧密联系，美国基督教福音派在某种程度上就因此而成为美国对外关系中的“国际主义新锐”。

虽然乔治·W. 布什成功当选总统给基督教福音派带来了更大的影响力，不过在此前他们就已经成功介入美国外交政策，例如1998年的《国际宗教自由法》、2000年的《人口贩卖受害者保护法》以及2002年的《苏丹和平法》的颁布。2003年的“总统艾滋病紧急援助计划”则是美国基督教福音派在国际事务领域的又一大动作。

（一）福音派对艾滋病议题的关注

长期以来，艾滋病都是自由派的议题。福音派基于自己的保守宗教文化，将艾滋病与纵欲和同性恋相联系，认为艾滋病感染者是一群没有道德底线的有罪之人，同时也反对美国政府拨款资助艾滋病感染者群体。如参议员杰西·赫尔姆斯（Jesse Helms）不仅坚决反对政府拨款援救艾滋病感染者，更是以“在对外援助项目上从未投过赞成票”为荣①。

然而形势的变化使基督教福音派的态度发生了转变，该派在艾滋病议题上的“变脸”充分展示了其“在任何时间讨论

① Steven Radelet, “Bush and Foreign Aid,” *Foreign Affairs*, vol. 82, no. 5 (2003), p. 105.

任何敏感问题时的灵活性”[①]。福音派开始转向支持艾滋病援助行动源于两个动因：首先，在20世纪80年代，美国基督教福音派领袖兴奋地看到撒哈拉以南非洲地区已成为一个“基督教新大陆”，然而从90年代开始，他们又沮丧而惊慌地发现这片大地已被疾病与死亡的阴影所笼罩。时任非洲福音派协会负责人的罗伯特·温宁杰（Robert Wenninger）就指出：“艾滋病可能是非洲大陆在历史上所遭受的最严重的社会混乱”，而这场混乱几乎毁灭了整整一代人，也对基督教在非洲的传教提出严峻挑战。[②] 赫尔姆斯甚至公开为他过去为非洲那些无辜母亲和孩子“做得太少”而感到羞愧[③]。其次，福音派关注艾滋病问题，也是为与政府议题保持一致性而提升其政治参与度。对于美国政府来说，艾滋病并不是一个新话题。自1999年以来，美国政府对全球艾滋病问题的态度发生了转变，并将其纳入“安全”议程，提升了它在美国对外政策中的地位，这被称为艾滋病问题的“安全化”[④]。在美国政府看来，艾滋病尤其是在国家精英、中产阶级和军队中的蔓延，已经严重威胁到一些发展中国家的民主进程。据悉，非洲维和力量的重要

① Robert Booth Fowler, et al., *Religion and Politics in America: Faith, Culture, and Strategic Choices*, third edition (Colorado: Westview Press, 2004), p. 189.

② Ken Sidney, "AIDS Reshapes Africa's Future," *Christianity Today*, October 22, 1990, p. 47.

③ "Jesse Helms to Tackle AIDS: Says He Regrets Not Getting into Fight against AIDS Earlier," 参见 http://www.cbsnews.com/stories/2002/02/26/politics/main502106.shtml（2013年3月1日）。

④ 潘亚玲：“国际规范的生命周期与安全化理论：以艾滋病被安全化为国际安全威胁为例”，《欧洲研究》，2007年第4期，第76页。

贡献国家，如南非、安哥拉、刚果民主共和国，其军队中艾滋病毒感染率高达40%到60%[①]。美国国家安全顾问伯格(Samuel Berger)认为，如果不将艾滋病流行看成一个紧急问题，美国将面临“许多发展中国家的内部爆裂”[②]。美国副总统戈尔（Albert Gore）和国务卿鲍威尔亦称艾滋病“是国际社会迄今面对的最具毁灭性的威胁之一”，而抗击艾滋病是“一项共同事业”[③]。“9·11”事件以后，美国政府更是将艾滋病与国际反恐相联系，布什总统甚至将艾滋病称为“疾病轴心”(axis of illness)，与其反恐重点目标“邪恶轴心”相呼应[④]。艾滋病流行造就了一种绝望的精神状态，与恐怖主义背后那种“阴晦的世界观”刚好吻合[⑤]。

虽然在如何抗击艾滋病的问题上，福音派内部发生了分歧(温和派与全球基金及其他国际组织一致认为，光靠节欲与忠贞是不现实的，避孕套的作用必须被强调；而强硬派则以布什总统为靠山，强调以忠贞教育为导向的救助方式，批评温和派与全球基金向性工作者派发避孕套以及向吸毒者派发无菌针头

① 汤蓓：“安全化与国际合作形式之选择——以美国在艾滋病问题上的对外政策为例（1999—2008）”，《国际政治研究》，2011年第4期，第136—153页。

② PBS Newshour，“National Security Threat,” 参见 http：//www. pbs. org/newshour/bb/health/jan-june00/aids_ threat_ 5 -2. html（2013年1月15日）。

③ 参阅汤蓓：“安全化与国际合作形式之选择——以美国在艾滋病问题上的对外政策为例（1999—2008）”，第139页。

④ David P. Fidler，“Fight the Axis of Illness：HIV/AIDS，Human Rights and U. S. Foreign Policy,” *Harvard Human Rights Journal*, vol. 17（2004），p. 102.

⑤ 汤蓓：“安全化与国际合作形式之选择——以美国在艾滋病问题上的对外政策为例（1999—2008）”，第140页。

是将这些不法行为"合法化"），然而在艾滋病援助这一大议题上，无论是福音派内部还是其他宗教派别都达成了空前的一致。美国著名电视布道家帕特·罗伯逊（Pat Robertson）首先表示福音派"在很多问题上意见都不一致，但在（艾滋病援助）这件事上，我们超越了神学的光谱而走到了一起"。[①]

以福音派著名领袖葛培理等在21世纪初逐渐加大对防治艾滋病问题的宣传，呼吁得到国民及政府的关注。此时布什政府因其之前在全球艾滋病大会上受挫而大为烦恼，福音派被视为帮助其将艾滋病援助由多边战略转变为双边战略的最佳拍档，并因此成为美国宗教界争夺艾滋病议题主动权的赢家。在PEPFAR计划中，布什总统承诺将所提供资金的1/3用于福音派的节欲教育。[②] 这一举措恰好回应了福音派对里根总统时期美国政府资助联合国人口行动基金的不满。[③]

如果说，基督教福音派关注同性恋或堕胎法案等是为了扩大其国内影响力，那么该派在艾滋病议题上的努力则提升了其与美国政府的合作关系和在美国政治中的话语权。对艾滋病这一"国际安全"问题的关注加强了基督教福音派对非洲乃至全球的影响力辐射。

---

① Religion News Service, "Evangelical Leaders Split Over U. S. Funding to Combat AIDS," *Church and State* (July/August 2006), p. 18.

② Carl Hulse, "House Adopts Global Plan of $15 Billion against AIDS," *New York Times*, May 2, 2003, p. A9.

③ Chris Hickey, "ABC's and AIDS: Condom Nation," *Brandywine Review of Faith & International Affairs*, vol. 2, no. 2 (2004), pp. 47-49.

（二）PEPFAR 计划的提出

1. PEPFAR 计划提出的背景

艾滋病自从出现以来，就不仅仅是医学意义上的疾病，它还牵涉到许多人权问题，如种族、性别歧视、拐卖妇女儿童、吸毒、同性恋以及法律歧视等等。虽然在过去的几十年间，国际社会对于抗击艾滋病做出了持续不懈的努力，但每年仍有约 10 万人新感染艾滋病毒，而其中 1/4 是青少年。[①] 世界卫生组织的高级官员、世界顶级艾滋病专家、现任世界银行行长的金墉（Jim Yong Kim）曾指出，让人们可以获得治疗将切实帮助预防艾滋病。他考察了乌干达，发现仅使用预防方式无法使感染率下降到 8% 以下。然而防治艾滋病的药物价格十分高，因此国外援助对于非洲国家的抗艾成效至关重要[②]。根据联合国艾滋病署在 2011 年公布的数据，2009 年可用于艾滋病防治的资金达 159 亿美元，然而在 2010 年仍然有近 100 亿美元的资金缺口。

作为世界上艾滋病基金的最大国际捐赠者，在最初阶段美国在防治艾滋病政策上寻求与国际社会的合作。在美国的努力下，艾滋病作为影响国际安全的紧急问题逐渐被国际社会所接受和认可，同时美国政府还通过立法降低抗逆转录病毒药物的价格，并积极与联合国艾滋病署和世界卫生组织等国际组织合

① Esther Nakkazi, "Standing in the (AIDS) Gap," *Christianity Today*, December 1, 2010, p. 18.

② Holly Burkbalter, "The Politics of AIDS-Engaging Conservative Activists," *Foreign Affairs*, vol. 83, no. 1 (2004), pp. 8 – 14.

作。2001 年联合国建立了对抗艾滋病和其他传染疾病的全球基金，当年 7 月，美国总统布什向该基金捐赠了 2 亿美元，并开始实施多边援助计划。然而，美国的努力与投入不但没有得到赞扬，反而引来骂声一片。捐款数一直徘徊于全球捐献总数 1/5 的美国受到许多非议，被认为远低于其应负担的份额。2002 年在西班牙举行的第 14 届全球艾滋病大会上，由于被责备投入比例与美国国力不符以及所资助项目效率低下，美国代表遭到了 100 多名抗议者的质疑和否定。与会的卫生与公共服务部部长汤米·汤姆森（Tommy Thompson）对于抗议行为感到颇为委屈，“我理解他们对此抱有的热情，我也理解他们想责备美国。但是美国在布什总统的领导下，在过去 18 个月中已经将贡献给全球基金的资金翻了倍。”① 在国际组织中的多边行动的受挫，促使美国政府考虑加大援助力度，并开展双边援助计划。联合国艾滋病署的数据显示，2010 年美国针对艾滋病防治项目的捐献款额达到 44 亿美元，占全球捐助额的一半以上，其中 12% 捐给了全球基金或 UNITAID（国际药品采购机制），其余 88% 的资金则用于双边捐助。PEPFAR 计划进入酝酿期。

美国的艾滋病捐助在全球捐献总额中所占比例超过了其占全球 GDP 的份额。“9·11”事件后美国政府更倾向于将资金投入到双边项目而非国际组织中，这也与其对艾滋病的国际合作政策的转变有很大关联。此后，支持帮助贫穷国家防治艾滋

① Sanjay Gupta, “Bush's Thompson Booed at AIDS Conference,” July 9, 2002, 参见，http://edition.cnn.com/2002/ALLPOLITICS/07/09/thompson.aids.conference/index.html（2012 年 12 月 15 日）。

病的声音在国会和非政府组织中增大了。然而美国艾滋病政策真正拐点的来临还是在宗教保守派将此列入自己的议程之后①。

2. 福音派与 PEPFAR 计划的提出过程

出于自身发展需要以及对美国国内政治的敏感，21 世纪伊始，基督教福音派便开始竭力动员社会关注艾滋病问题。福音派的加入无疑使以双边合作为基础的更大规模的艾滋病计划成为可能。前任总统克林顿就将“总统艾滋病紧急救助计划”得以在国会通过归功于福音派：“我离任后，基督教福音派真正加入了抗击艾滋病，这改变了共和党在国会中的投票。他们加入了民主党阵营，而民主党本来就想做得更多。”②

与此同时，福音派还联合天主教、犹太教等其他宗教，将防治艾滋病塑造成为一场所有人为了所有人的宗教慈善运动，而这正符合福音派所宣称的对“大使命（Great Commission）”的坚定信念，即“使万民作我的门徒（Make Disciples of All Nations）”③。

首先，福音派利用包括杂志及网络等各种传媒进行社会动员。美国的权威媒体如《纽约时报》、《华盛顿邮报》、《新闻周刊》等都会雇用一定数量的来自宗教撰稿人联盟（Religion Newswriters Association）的专业宗教新闻记者，虽然他们的数

① Holly Burkbalter, “The Politics of AIDS-Engaging Conservative Activists,” pp. 8 – 10.

② PBS, “The Age of AIDS,” 参见，http: //www. pbs. org/wgbh/pages/frontline/aids/,（2012 年 11 月 20 日）。

③ Robert Booth Fowler, et al. , *Religion and Politics in America: Faith, Culture, and Strategic Choices*, p. 181.

量和其他记者相比为数不多，但其撰写的文章数量却在逐年增加[①]。此外，基督教团体也有自己的杂志专刊。以福音派主流杂志《今日基督教》为例，其中涉及国际事务的文章比例从2001 年的 3.6% 攀升至 2005 年的 22.2%，且几乎每一期都有一篇关于艾滋病的文章。[②]

除了纸媒外，电视、电影、音乐等大众文化方式也成为福音派宣传的重要舞台。以基督教为主题的著名电视连续剧包括 20 世纪 80 年代的“公路天堂”（Highways to Heaven），90 年代的“天使有约”（Touched By An Angel）以及 2003 年的“天国的女儿”（7th Heaven and Joan of Arcadia）。2003 年底，一部名为“天使在美国”（Angels in America）的短剧因其中所涉及的宗教、种族、艾滋病和同性恋问题，在美国掀起收视热潮。这部剧让更多的美国人开始关注这些社会敏感问题和弱势群体的生活状态。

网络作为信息时代最重要的通信手段受到美国宗教团体的重视。宗教团体利用其官方网站发布组织信息，与世界各地的教徒进行联系，也对某些特定活动发起倡议。例如天主教救济服务会在其网站上发布的“行动起来”系列倡议书，从 2003 年持续至今，一直在呼吁美国国会尽快通过艾滋病救助法案。2008 年，因奥巴马政府对是否要继续实施 PEPFAR 计划踌躇

---

① Robert Booth Fowler, et al., *Religion and Politics in America: Faith, Culture, and Strategic Choices*, p. 164.

② Kevin R. den Dulk, "Evangelical 'Internationalists' and U. S. Foreign Policy during the Bush Administration," in Mark J. Rozell and Gleaves Whitney, eds., *Religion and the Bush Presidency* (New York: Palgrave Macmillan, 2007), p. 217.

不定时，天主教救济服务会在3个月内连发两封题为“百万生命危如累卵”的倡议书。

其次，不少政界人士本身也是公开的福音派教徒。长久以来，助选是福音派政治参与的重要方式。通过数十年的苦心经营，福音派信徒在美国政府中逐渐取得了自己的位置，而一些福音派牧师则屡屡以白宫牧师的身份出现，在小布什政府内担任要职有国家安全顾问及国务卿康多莉扎·赖斯（Condoleezza Rice）、白宫顾问哈丽雅特·迈尔斯（Harriet Miers）、商务部长唐纳德·埃文斯（Donald Evans）、总统顾问卡伦·休斯（Karen Hughes）等在内的十几位福音派教徒。

再次，福音派还有着众多的游说和动员团体，例如90年代兴起的家庭研究会（Family Research Council）从基督教联盟在1996年衰落后，就已成为福音派最有影响力的游说团体。2002年1月，一群来自欧洲各国的外交大使、宗教自由专家、国会议员和媒体人士在德国柏林召开了跨国集会，决定建立“第一步论坛”（First Step Forum）。论坛名字取自中国谚语——不积跬步，无以至千里。该论坛于当年4月1日正式成立，主要应对所谓世界范围内的宗教和人权问题[①]。

2002年2月，葛培理之子、与布什私交甚好的福音派领袖葛福临（Franklin Graham）在华盛顿举办了空前盛大的“全球基督教艾滋病大会”，超过800名福音派新教和天主教领袖以及来自受艾滋病严重打击国家的海外传教士参加了此次大会。大会的主题是“希望的处方”（Prescription for Hope），要

① “First Step Forum，”参见 http：//worldea. org/news/130/FIRST-STEP-FORUM（2013年8月30日）。

求为那些感染艾滋病并濒临死亡的人们提供治疗①。

在基督教福音派的支持和动员之下，2003 年，小布什在国情咨文中公布了为期五年、耗资 150 亿美元的“总统艾滋病紧急救助计划”（PEPFAR）。以此计划为开端，美国防治艾滋病对外合作政策由多边转向双边。

3. 计划的内容

2003 年 1 月 28 日，布什政府签署了“总统艾滋病紧急救助计划”，并于 2004 年 4 月正式执行。该计划承诺在 5 年内向非洲 15 个国家捐助 150 亿美元用于救助艾滋病患者，堪称人道主义援助中的“马歇尔计划”。2008 年美国国会又批准了布什总统有关将该计划延续 5 年的法案，法案规定在未来的 5 年中将追加 480 亿美元用于支持全球抗击艾滋病、结核和疟疾的工作。目前，PEPFAR 的合作国家和地区已多达 35 个，包括安哥拉、博茨瓦纳、喀麦隆、科特迪瓦、刚果民主共和国、多米尼加共和国、埃塞俄比亚、加纳、圭亚那、肯尼亚、莱索托、马拉维、莫桑比克、纳米比亚、尼日利亚、卢旺达、南非、苏丹南部、斯威士兰、坦桑尼亚、乌干达、赞比亚、津巴布韦、海地、印度、印尼、柬埔寨、加勒比区域、中美洲区域、中亚区域、俄国、中国、泰国、乌克兰和越南等。

PEPFAR 是有史以来由单一国家针对一种疾病制定的规模最大的国际健康计划，它基于当时最好的艾滋病防治实践而提出，即在最大范围内为艾滋病患者提供可持续性的综合性服务，包括预防、治疗和保健。其中，预防项目包括针对艾滋病知识和意识的教育、行为习惯的改变和病症检测；治疗指使用

① Holly Burkbalter, “The Politics of AIDS-Engaging Conservative Activists.”

抗逆转录病毒药物疗法、控制症状；保健则包括终身护理和家庭支持，例如照顾艾滋病孤儿等。此三种方式是相互支持的，其综合效果超出以往单项项目的简单相加。布什总统宣称："面对可预防的疾病与死亡，美国有能力也有道德责任为此行动起来。"①

PEPFAR 计划作为美国卫生外交的基石，具有可持续发展的特点。2012 年 7 月 31 日至 8 月 10 日，获得连任的美国国务卿希拉里·克林顿访问非洲，并专程走访 PEPFAR 所覆盖的 15 个国家，与各国政府讨论共同抗击艾滋病。她在大力肯定 PEPFAR 成功的同时，也承诺将在 2013 年即 PEPFAR 的第 2 个五年计划到期时继续签署下一个 PEPFAR 五年计划，并向 PEPFAR 追加 2500 万美元捐款。除了继续接受政府资金外，PEPFAR 的另一发展趋势则为逐步实现"国有化"②，即国家及政府在组织和实施艾滋病防治计划中发挥主要作用。

4. PEPFAR 计划在非洲的实施概况

根据联合国艾滋病规划署 2010 年的数据显示，目前有超过 80 个国家的法律明令禁止同性恋；有 51 个国家和地区限制艾滋病毒携带者自由移居。甚至有些地方的医院拒绝为艾滋病人提供治疗。这些规定不仅是歧视性和不公正的，也将艾滋病人从地上推入了地下，使其自生自灭，最终将助长艾滋病毒的

---

① "The President's Emergency Plan for AIDS Relief-U. S. Commitment to Fighting the Disease," *Congressional Digest*, September, 2007.

② Chris Collins, et al., "Four Principles For Expanding PEPFAR's Role as a Vital Force in US Health Diplomacy Abroad," *Health Affairs*, vol. 31, no. 7 (2012), pp. 1578 – 1584.

传播，并阻碍艾滋病防治行动的扩大和普及。因此，人权问题日渐成为各个国家抗艾战略的重要议题。

联合国的“千年发展目标 6”（Millennium Development Goal 6 —MDG6）致力于逆转艾滋病、疟疾和其他疾病的传播，以及让大多数需要的人接受治疗。在对抗全球瘟疫的所有项目中，美国的 PEPFAR 是投入资金最多的。据统计，从 2004 到 2010 年，PEPFAR 一共向其实施机构提供了 324 亿美元，这些机构主要分布在 15 个国家，其中 12 个在非洲①。其中用于抗逆转录病毒治疗的配套站点从 2005 年的 184 个增加到 2009 年的 1469 个；政府站点由 54 个增加至 546 个，足足翻了 10 倍；与此同时，包括基本医疗工作者在内的非政府组织站点也增加了 6 倍多，由 114 个增至 708 个。2009 年，PEPFAR 支持的非政府组织站点所接待治疗的患者达 32577 人，所支持的政府站点治疗的患者则达 501089 人②。2008 年 11 月 26 日，小布什总统就把每年的 12 月 1 日定为世界艾滋病日发出公告，声称：“PEPFAR 是历史上单个国家为对抗某一种疾病推出的最大的国际援助计划。到目前为止，这项计划已经取得显著成效。PEPFAR 为世界各地数百万人的护理提供了资助。PEPFAR 推广了一系列被证明是有效的预防干预措施……避免婚前性行为，对配偶保持忠诚，正确和坚持使用安

① PEPFAR，Celebrating Life：The U. S. President's Emergency Plan for AIDS Relief，2009 Annual Report to Congress，参见 http：//www. pepfar. gov/documents/organization/113827. pdf（2012 年 2 月 16 日）。

② Elysia Larson，et al.，“Supporting the Massive Scale-up of Antiretroviral Therapy：The Evolution of PEPFAR-Supported Treatment Facilities in South Africa，2005－2009，” *BMC Public Health*，vol. 12，no. 1（2012），p. 173.

全套，使我们对抗艾滋病毒的工作取得了很大进展。PEPFAR挽救了生命，向全世界展示了美国人民的善意，给世界各地带去了希望。”①

二、法案的实施——以乌干达为案例

(一) PEPFAR计划在乌干达的实施

然而，当美国政府言之凿凿欲通过PEPFAR给非洲乃至世界带来科学的解决方法和希望的同时，批评和反对的声音也未曾消减。在大多数受援助国家频传捷报的同时，也出现了个别“反熵”现象——投入巨大，但产出却不尽人意。其中尤以乌干达最为突出。由下图可以看出，乌干达自从2004年开始艾滋病感染人数重新攀升，而最新感染艾滋病人数也有所上升。

PEPFAR援助进入乌干达已经9年了，然而自从2004年接受PEPFAR援助以来，乌干达的艾滋病感染率呈上升趋势。乌干达政府在与艾滋病抗争的过程中所表现出的决心以及取得的成功使其获得了世界各国尤其是美国的肯定与信任，乌干达也自然成为美国PEPFAR的最大受益者之一。然而巨额的投入并没有带来预期的效果，防艾形势开始有恶化的趋势。那么，是什么挤压了乌干达的资金优势，阻碍其继续抗击艾滋的进程?

① 柳新华、纪德臻主编：《外国公文选读》，经济科学出版社，2010年版。

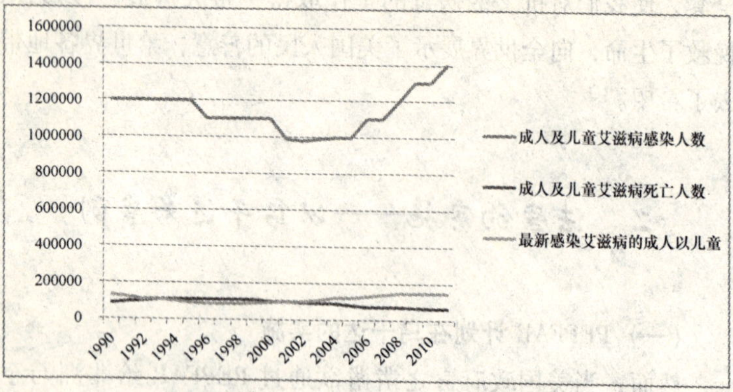

乌干达艾滋病感染及死亡人数 1990—2011

数据来源：http：//www. unaids. org/en/media/unaids/contentassets/documents/epidemiology/2012/gr2012/HIV2011Estimates_ AnnexTable_ 1990 - 2011_ Nov2012. xlsx（2013 年 8 月 31 日）。

（二）艾滋病防治的乌干达模式

在接受 PEPFAR 援助之前，乌干达政府就已十分重视防治艾滋病工作，并推行 ABC（节欲，忠诚，使用避孕套，即 abstinence，being faithful，using condom）模式，从而取得瞩目的成效。其所采取的预防治疗两不误、政府和社区共同发挥作用的模式被外界称为“乌干达模式”。

乌干达是非洲最早被卷入艾滋病灾难的国家之一，病毒给乌干达带来了空前和深重的灾难。为此，在政府的领导下，乌干达人民展开了一场针对艾滋病的持久而艰苦的战争。据乌干达艾滋病委员会（Uganda AIDS Commission，简称 UAC）资料统计，该国艾滋病毒感染率从 1992 年的 30% 持续下降到 2006

年底的6.0%[①]。乌干达的成功经验主要有三条：第一，政府强有力的领导；第二，社区支持模式的应用；第三，ABC三种手段的综合运用。

首先，从政府层面来看，乌干达政府对艾滋病问题高度重视，其战胜艾滋病的决心十分坚强。乌干达政府对于艾滋病防治的国内投资优先指数高达0.72，远高于世界平均水平。[②]

总统穆塞韦尼（Yoweri Kaguta Museveni）在促使乌干达国民的性观念和性行为发生广泛改变的过程中起着重要作用。1986年，作为乌干达内战英雄而当选为总统的穆塞韦尼宣布，整个国家仍然处于战争状态，而其敌人就是艾滋病。他亲自担纲负责国民艾滋病教育，并为之录制不间断电台节目。他特别强调要求男性改变思想，并鼓励夫妻间的“相互尊重”和“相互忠贞”。穆塞韦尼还在政府中增设了“妇女事务部”，以进一步提高妇女地位。

政府的有效干预还体现在法律制定上。在防治艾滋病的国家立法方面，乌干达一直走在非洲各国乃至所有发展中国家的前列，《公共卫生法》、《艾滋病防治法》等法律对预防艾滋病的基本法律关系和法律问题进行了规范，成为预防艾滋病的基本法[③]。乌干达政府还颁布新法令，将国民性行为法定年龄提

---

① UNAIDS, 2006 Report on the Global AIDS Epidemic，参见 http://www.unaids.org/en/media/unaids/contentassets/dataimport/pub/report/2006/2006_gr_en.pdf（2013年8月30日）。

② UNAIDS, Global Report: UNAIDS Report on the Global AIDS Epidemic 2010, p.148.

③ 夏新华：“口头法与非洲传统法律文化”，《湘潭大学学报（哲学社会科学版）》，2006年第3期，第90—94页。

高至14—18岁，而违法者将被判入狱监禁，而强奸14岁以下公民将被判处死刑①。此外，政府还专门成立“乌干达艾滋病委员会”，由穆塞韦尼亲自担任委员长，以便对全国抗艾事业实行更直接有效的管理。

其次，从社区层面来看。在政府的支持下，乌干达社会和全体国民对抗艾滋病的积极性高涨。在联合国艾滋病规划署关于人权和性别平等所做的涉及七项内容的调查中，乌干达的政府和民众都不约而同地选择了积极性倾向的答案。这七项内容包括：制定法律和规定来保护艾滋病毒携带者以抵制歧视；制定法律规章和政策以保护特殊的亚人群；关于有碍于脆弱亚人群的艾滋病预防、治疗、保健和支持的法律规章和政策；完善记录、录档和发表有关艾滋病毒携带者和其他易感染艾滋的亚人群被歧视情况的机制；将女性问题列为国家抗击艾滋病战略计划的特殊组成部分；为国家抗击艾滋战略计划中的女性问题安排预算；开展IEC（信息教育交流——主要针对女性和青少年的艾滋病预防项目）项目反对针对女性的暴力行为②。

社会支持的体系建设也很重要。2010年全球抗击艾滋病、结核与疟疾基金发布了首个关于加强社区系统建设的指南。此指南旨在鼓励新的提供资金的途径以提高社区对防艾事业的积极性。而乌干达特有的社区支持模式独树一帜，对抗艾行动起了很大的积极作用。

---

① 黄明儒：“论绝对确定的死刑及其替代措施”，《湘潭大学学报（哲学社会科学版）》，2006年第3期，第147—151页。

② UNAIDS，Global Report：UNAIDS Report on the Global AIDS Epidemic 2010，p. 138.

乌干达的社区支持活动始于 1987 年，由坎旺卡（Kamwokya）一名受过“社区服务”专门训练的牧师发起。随着时间的推移，各街区均建立了自己的社区服务小组。各服务小组采取轮流在成员家中聚会的方式，一起做祷告，共同研读《圣经》，讨论和制定帮助社区居民的计划[①]。

再次，ABC 模式的综合运用大大促进了乌干达的抗艾进程。节欲忠贞教育的实施提高了国民的艾滋病预防意识以及道德准则，而避孕套则有效阻止了艾滋病的传播。在乌干达，ABC 模式的成功主要归功于大范围的社会各阶层运动、以总统为首的强大政治领导、三种防治手段的综合运用。这种标本兼治的方法涉及到全国的几乎所有公民。

（三）传教士模式的冲击

由于福音派的积极作用，PEPFAR 从一开始便被打上宗教的印记，而其实施过程，更是受到宗教团体尤其是福音派组织的影响。从 2004 年开始，乌干达开始接受 PEPFAR 的援助，包括资金、人员、设施建设以及改进国家卫生体系。而随美国基督教福音派的介入而来的抗击艾滋病的“传教士模式”与之前的“乌干达模式”发生了冲突。

本文的“传教士模式”，是指相对于防治艾滋病的“乌干达模式”的、以美国基督教福音派非政府组织为行为主体、在乌干达以及非洲其他国家所实施的以节欲为主导、以传教为辅助手段的艾滋病防治模式。由于本文首次使用将这一概念，

---

① Bill Black, “HIV/ AIDS and the Church: Kenyan Religious Leaders Become Partners in Prevention,” *AIDS Captions*, vol. 4, no. 1 (1997), p. 23.

而目前这一项目还在实施过程中，因此对该模式的研究存在着变数。但目前基本可以确定，这一模式对之前乌干达国内的艾滋病防治工作带来了冲击，消弱和稀释了原有的防治成果。“传教士模式”主要具有以下几个特点：

1. 受宗教文化的制约

作为宗教保守派，当代福音派一直坚持反对同性恋，反对堕胎，宣扬禁欲和忠贞。在2004年美国总统大选期间所做的政策倾向调查中，80%的福音派教徒、60%的主流新教徒和75%的非洲裔美国新教徒反对同性婚姻[①]。因此，即便出于传教的目的要求他们必须去救助非洲的艾滋病患者，但在很多保守福音派传教士心中，艾滋病患者仍然是“有罪的”。他们在提倡节欲和忠贞的同时也给艾滋病打上了不道德的烙印，而这种歧视在某种程度上加快了艾滋病的传播，阻碍了对艾滋病的预防和治疗。

1999年，南部非洲为无家可归者服务的教堂举办了一年一度的地区性集会，此次集会包括了来自该地区14个国家的新教和天主教以及各教会联合组织的代表，宣称教会要成为对抗那些会助长艾滋病传播的愚昧、冷漠和不道德行为的中心。与此同时，与会者也敏锐地觉察到教会的负面作用，即出于宗教文化与道德准则的考虑，教会极易成为歧视与拒绝艾滋病感染者的罪魁祸首[②]。宗教文化也在数百年间潜移默化地影响了

---

① Laura R. Olson and Adam L. Warber, “The Mainline Protestant Vote,” Mark J. Rozell and Gleaves Whitney, eds., *Religion and the Bush Presidency*, p. 82.

② Odhiambo Okite, “Fidelity Urged to Fight AIDS,” *Christianity Today*, July 12, 1999, p. 22.

人们的思想和行为模式，如人们会将避孕套与不正当性关系联系在一起，许多已婚男女也都因此而拒绝使用。宗教文化作为一种根深蒂固的价值观，其影响程度深、范围广，要改变实属不易。同样只要观念转变，教会在防艾斗争中也可起重要作用。

2. 对边缘人群的忽视

PEPFAR 是以忠贞教育为导向的艾滋病救助项目，其忠贞教育主要面向普通民众，尤其是青年女子，而物理和药物手段则主要应用于高危人群，儿童以及感染艾滋病的孕妇则被相对忽视。

母婴传染是艾滋病传播的一大途径，而且将带来艾滋病新生儿以及艾滋病孤儿的双重社会问题。但乌干达怀孕妇女接受抗逆转录药物治疗的比例很低，目前也只有 30% 的孕妇接受治疗，而事实证明，这种治疗对于预防母婴传染也是非常有效的。① 事实上，很多国家在预防母婴传染上取得了良好的效果，例如博茨瓦纳，南非和新威士兰预防母婴传染的抗逆转录病毒预防药物使用的覆盖率都已超过 80%。撒哈拉以南非洲的另外 7 个国家的覆盖率也达到了 50%—80%。但产前健康护理的服务却相比较落后。在一些国家，超过 1/4 携带病毒的女性不愿怀孕。加强家庭计划方面的服务、母爱的传递以及新生儿护理将对母亲和孩子产生更好的效果。而医学实践也证明，使用药物可以十分有效地防止艾滋病由母亲传给新生儿，这既可大大降低艾滋病的扩散速度，又可有力地缓解艾滋病孤儿带来的社会问题。

① Esther Nakkazi, "Standing in the (AIDS) Gap," p. 18.

2012年的数据显示，在南撒哈拉非洲有92%的孕妇感染艾滋病毒，但仅有约59%的孕妇能够得到药物治疗，但即使是这一部分人，半数以上也只能获得单剂量的奈韦拉平，真正能够得到多种药物综合治疗的人数更少①。此外，艾滋病孤儿也是相对被忽视的群体之一。据联合国艾滋病规划署数据，2011年，抗逆转录病毒药物使用的覆盖率，儿童只有28%，而成人则有约60%②。面对几千万艾滋病孤儿，且其中很多人也感染了艾滋病，非洲的教堂、政府和非政府组织都感到束手无策。③

3. 传教高于治疗

理论上，宗教非政府组织并非以传教为主要职责的机构，但事实上，它确实在跨国传教中具有重要作用。这种传教方式相比于传统传教，具有两面性：一方面，它可以有效帮助弱势群体、维护当地社会稳定、促进跨国文化交流；但另一方面，它也可能由于文化和宗教差异而导致与当地民众的冲突，更有甚者会被政治家所利用，从而引发更为激烈的政治冲突。

在20世纪90年代，基督教福音派便发现其在非洲的势力还远不发达。1998年，教皇约翰·保罗二世访问尼日利亚，当时尼日利亚国内的天主教徒所表现出的狂热行为让该国福音

---

① UNAIDS, Global Report: UNAIDS Report on the Global AIDS Epidemic 2012, p. 45.

② Ibid., p. 51.

③ Philip Yancey, "Postcard from Africa-Where Hope and Despair Live Side by Side," *Christianity Today*, September 1, 2006, p. 136.

派领袖感到吃惊与失望[①]，借着 PEPFAR，福音派又重新强势出现在非洲大陆。21 世纪初，福音派在非洲的传教士已达约 5 万人[②]。ECWA（Evangelical Church of West Africa，西非福音派教会）自 1945 年建立以来，发展速度惊人。在尼日利亚北部传统的伊斯兰地区，其发展依旧很快。时至今日，ECWA 已拥有 500 多万信徒，是非洲最具实力的基督教会[③]。

而在布什的 PEPFAR 中，有 20% 的资金流向了宗教组织。美国《基督教科学箴言报》曾刊登评论，肯定宗教组织在缓解艾滋病危机中拥有独特的精神和世俗资源优势，同时提醒各种宗教组织在接受防艾资助时应该特别注意，其使命是治病救人，而不是传教。美国某资深记者和作家曾前往乌干达实地调查，她发现基督教团体的禁欲防艾教育项目中容纳了很多祷告和讨论基督教的内容。人权观察组织也指出，有时实在无法分清这些组织的目的是预防艾滋病，还是拯救灵魂？[④]

4. “节制教育”的迷思

福音派组织在 PEPFAR 的实施过程中起着举足轻重的作用，其行事风格与态度在某种程度上决定着该计划的成败。例如各类五旬节灵恩教堂（Pentecostal-Charismatic churches，简

---

① Obed Minchakpu，“Pope's Visit Blindsides Evangelicals，” *Christianity Today*，May 18，1998，p. 27.

② Julie Hearn，“The ‘Invisible’ NGO-US Evangelical Missions in Kenya，” *Journal of Religion in Africa*，vol. 32，fasc. 1（2002），p. 55.

③ Phillip Jenkins，“The Mainstream in Africa，” *Christian Century*，October 31，2012，p. 45.

④ 朱焱：“艾滋病—行动之时的观念困扰”，《中国新闻周刊》，2006 年第 32 期，第 53 页。

称 PPCs）自 1986 年进入乌干达后，它不仅扩大了基督教的传教范围，也影响了当地社会和政治议程。如今，许多这类教堂已经转变成为以信仰为基础的组织（Faith-based Organizations），其领导人在民众中有很大号召力。这些组织与其他非政府组织唱反调，强调节欲和守贞，用 AB 模式代替 ABC 模式[①]。PEPFAR 所提供的资金大部分流向了这些以信仰为基础的组织，使其在乌干达抗击艾滋病行动中具有很大的发言权和执行力。

鉴于此前乌干达成功抗击艾滋病的经验，ABC 三种方式缺一不可，需三管齐下。然而基督教福音派基于自身的信仰，在乌干达大力倡导以禁欲为主的防艾措施，只支持 AB 甚至只采纳 A 方式来防治艾滋病，提出要在乌干达发起“道德革命”，建立一个全新的基督教国家。这样的行为不但引起当地民众及其他国家和组织的质疑，也导致乌干达抗艾行动的受挫。

那么，福音派组织过度关注 AB 会导致什么样的结果呢？首先，这只会将妇女置于更加危险的境地，并剥夺了她们学习如何使用工具而获得健康性行为的权利。更重要的是，追求节制教育必然会忽视社会边缘群体，包括性工作者、被拐卖妇女、怀孕妇女和儿童。其中性工作者是艾滋病的重要传播源及最需要帮助的受害者。而被拐卖妇女又区别于自愿进行性交易的女性，她们的地位往往更低，生活状况也更悲惨。对于她们来说，要求采取保护措施几乎是不可能的。她们不是性工作

① Alessandro Gusman, “HIV/AIDS, Pentecostal Churches, and the ‘Joseph Generation’ in Uganda,” *Africa Today*, vol. 56, no. 1 (2009), p. 73.

者，而是犯罪行为的受害者。因此她们比其他自愿的性工作者染上艾滋病的风险更大。此外，“婚姻”已经成为撒哈拉以南非洲地区艾滋病蔓延的新因素。那些一夫一妻制内的已婚妇女极易感染病毒，因为她们在婚姻中处于被支配的地位。目前，非洲及世界其他地区的最新病毒感染女性中大多数都是被丈夫传染的已婚妇女①。

其次，避孕套依然是未来很长一段时间内预防艾滋病的最重要和有效的方式。联合国艾滋病规划署所做的一项荟萃分析（meta-analysis）显示，使用避孕套对于预防艾滋病传播的有效性达90%②，尤其是针对高危人群。

第三，福音派组织忽视了乌干达国内的性别不平等现象，因而其所开展的节制忠贞教育大部分面向妇女，殊不知最需要接受节制教育的是男人。

长期以来，乌干达等国的两性关系议题通常只是与人口过剩、同性恋或家庭暴力等消极因素相联系而受到间接关注。直到艾滋病的爆发，两性关系才得到政府、专家以及民众的直接关注。理解性关系的种类和方式对有效实施艾滋病预防项目十分必要，而性别不平等则是助长艾滋病通过性途径进行传播的间接却至关重要的因素。据世界卫生组织的数据，乌干达有超

① Karen A. Stanecki, *The AIDS Pandemic in the 21st Century* (Washington, DC: U. S. Census Bureau, 2004).

② Norman Hearst and Sanny Chen, "Condom Promotion for AIDS Prevention in the Developing World: Is It Working?", *Studies in Family Planning*, vol. 35, no. 1 (2004), pp. 39 – 47.

过50%有过婚姻经验的妇女曾遭受丈夫或同居伴侣的性暴力。①

因此，那些在乌干达被推广的预防措施——节欲与忠贞，是脱离实际甚至是适得其反的，尤其是当夫妻双方只有一人忠贞时，而一些结构性因素如社会和经济不平等、人口流动、男性特权等等都会造成婚姻外的不贞关系②。因此，预防项目应考虑夫妻双方的作用，并关注改变现有社会习俗，尤其是那些会给社会、经济和人体健康带来负面效果的习俗。

由于上述原因，PEPFAR在乌干达未获成功。传教士模式并不适合乌干达，也不适合非洲其他一些国家，在该计划的政府和民间倡导者的期待与非洲现实之间存在着较大的差距。

三、PEPFAR与美国对非政策

美国冷战结束后对非洲战略的转型，主要表现在政策重心由经济转为安全；对非援助政策由经济援助转为人道主义援助。因此PEPFAR之所以能够顺利出台，不仅是因为艾滋病涉及人道主义议题，更是因为艾滋病被安全化了，即艾滋病被美国政府认为是威胁国际安全（“9·11”事件之前）和国家安

① Elaine M. Murphy, et al., “Was the ‘ABC’ Approach (Abstinence, Being Faithful, Using Condoms) Responsible for Uganda’s Decline in HIV?”, *PLoS Medicine*, vol. 3, no. 9 (2006), p. 1444.

② Shanti A. Parikh, “The Political Economy of Marriage and HIV: The ABC Approach, ‘Safe’ Infidelity, and Managing Moral Risk in Uganda,” *American Journal of Public Health*, vol. 97, no. 7 (2007), pp. 1198 – 1208.

全（“9·11”事件之后）的人类公敌。

作为有着悠久宗教传统的国家，美国政治中的宗教性一直是学界关注的研究对象。宗教影响美国外交政策的若干趋势[①]几乎都印证在基督教福音派推动PEPFAR的整个过程之中。他们通过宗教联盟、新媒体的运用、布道宣传等方式将艾滋病这一议题安全化、国际化，并努力将其立法化。

若是追溯历史，那么自从“福音年”——1976年、重生派浸会教徒卡特当选总统以及当年《时代周刊》宣称美国有5000万福音派教徒以来，福音派在美国政治中的作用便日渐增长。1998年国际宗教自由法、苏丹和平法、朝鲜和平法等等，无一不是他们的努力成果。在整个PEPFAR的提出与实施过程中，福音派非政府组织也起了关键作用，具体来说，PEPFAR对美国对非洲政策的影响主要体现在以下三个方面。

首先，福音派的政治参与以及艾滋病议题的提出，提高了非洲在美国的对外战略利益中的地位。2000年美国大选期间，小布什在接受美国公共广播电台采访时曾指出，“非洲并不在美国的战略利益考虑范围之内”[②]。因此，学界很自然地认为小布什上台后可能会冷落非洲问题。然而事实却恰好相反，小布什政府对非洲的关注甚至超越了克林顿政府，而这与福音派

① 徐以骅：“宗教在当前美国政治与外交中的影响”，《国际问题研究》，2009年第2期，第33—35页。

② Jim Lehrer, “Bush Interview,” The News Hour with Jim Lehrer, February 16, 2000. 参见 http://www.pbs.org/newshour/bb/politics/jan-june00/bush_02-16.html（2013年8月30日）。

的影响有很大关系。[①]

其次，PEPFAR 推动美国对非政策由单边主义的军事干预和多边主义的全球合作援助转向双边主义的人道主义救助与发展。在过去的几十年间，美国基督教的全球传教活动已发生转变，宗教非政府组织所从事的救助和发展项目已成为其主要的海外活动，而基督教福音派则更坚持救助与传教一体化。与此同时，美国政府也在传统的外交方式之外，逐渐倾向于通过非政府组织来发展其公共外交或非传统外交。美国宗教团体在乌干达及其他非洲国家所倡导的抗艾行动显示了美国对外援助的"有条件性"，即所谓民主和道德革命成为受援国接受美援的条件，而 PEPFAR 因此也成了美国对外"民主扩张"政策的重要载体。有学者将 PEPFAR 称为"艾滋病政治学"。这些学者认为，美国的艾滋病援助计划实质上是"新殖民主义"的表现，通过人道主义援助扩大其在非洲的政治影响力。在 PEPFAR 合作国家名单中的非洲国家无一不是获得美国政治支持的国家，而同样是艾滋病重灾区的利比亚和苏丹，却未获得 PEPFAR 的援助。基督教福音派通过政治运作和立法途径来实现其"人道主义"抱负，作为其政策成果的 PEPFAR 具有与生俱来的政治性，因此其在实施过程中被政治化难以避免。

第三，作为新世纪慈善领域的"马歇尔计划"，美国 PEPFAR 在实施过程中也存在着不少弊病，在一些地区毁誉参半、陷于困境。抗逆转录病毒治疗的应用有效地减少了艾滋病的死亡人数，目前艾滋病病毒感染率下降最快的大多为

---

① 参见纪文宇："福音派与小布什政府的外交政策"，《国际论坛》，2007 年第 7 期，第 76 页。

非洲国家，然而非洲依然是世界艾滋病防治形势最为严峻的地区之一。就某些国家如乌干达而言，在 2004 年之后艾滋病感染率不降反升。由于 PEPFAR 是一个双边计划，美国政府过多受制于国内利益集团及依赖宗教非政府组织，缺少国际机制的约束，这反映在 PEPFAR 从药物采购、预防重点到资金分配等整个实施过程中。[①] 对外援助政策无论成败，无论参与者为政府抑或非政府组织，最终负责的依然是援助团体所在国的政府。

在"9·11"事件以及伊拉克战争之后，美国的国际声誉严重受损，而 PEPFAR 的适时出台客观上为美国政府止损，重塑了美国的国际形象，成为美国公共外交的大手笔制作，极大促进了美国在非洲乃至全球范围的软实力建设。美国对非洲这一人道主义援助也完全符合其打击恐怖主义，维护本国国家安全利益的目的。就基督教福音派而言，随着非洲成为基督教增长最快的大陆，其在这片传教新大陆上的利益陡升，而防治艾滋病这一传统的自由派议题正好成为它以更大规模介入非洲各国的最佳通道。于是政府与宗教团体在 PEPFAR 上找到了共同点，实现了"双赢"，共同促成这一美国对非援助的里程碑式的项目。

① 汤蓓："安全化与国际合作形式之选择——以美国在艾滋病问题上的对外政策为例（1999—2008）"，第 152—153 页。

国际关系理论的“宗教转向”与中东国际关系研究*

●钮　松

[内容提要]　本文首先梳理了国际关系理论“宗教转向”的历史背景和发展阶段，是继国际关系理论“经济学转向”和“社会学转向”之后的新阶段，并极有可能区别于前两者而建立新的理论范式。本文随后分析了中东国际关系研究因中东地区宗教及其地位的独特性，而对于国际关系理论的“宗教转向”提供了研究经验和方法的支持，并提出了其可

* 本文受国家社科基金项目（13CZJ017）、中国博士后基金特别资助（2013T60402）和面上资助项目（2012M520795）、教育部人文社科重点基地项目（KA159225）、上海外国语大学青年教师科研创新团队（冷战后大国中东安全战略比较研究 & 新时期中阿新型战略伙伴关系研究）、上海外国语大学“211 工程”和上海市一流学科政治学的资助。

能的三个步骤，即最终建立国际关系的宗教理论范式。本文最后提出了中东国际关系研究的“美索不达米亚转向”，即将国际关系学（IR）与中东研究（MES）两大不同领域的科学进行链接，国际关系理论的“宗教转向”与中东研究的传统方法在宗教问题上找到的契合点，中东国际关系研究的“美索不达米亚转向”显得水到渠成。国际关系理论的“宗教转向”和中东国际关系研究的“美索不达米亚转向”分别处在各自的进程之中，其发展未有定式，彼此之间也处在一个相互磨合与塑造的地位之上，双方对于超越威斯特伐利亚的国际体系，走向真正的全球社会具有促进意义。

现代国际关系肇始于 1648 年的威斯特伐利亚和会及陆续签署的系列条约。从历史和全球的视野来看，发轫于欧洲的现代国际关系准则在 19 世纪下半叶乃至 20 世纪中叶之前，主要的通行地区是在欧洲。欧洲国家自此之后开始的全球扩张并未将欧洲通过数百年战争所总结出的国际关系应有之原则推行至全世界，不仅如此，欧洲把威斯特伐利亚和约所确立的民族国家和主权不可侵犯原则在殖民地和半殖民地国家和地区反其道而行之，奴役其他民族和国家。即便如此，许多欧洲以外的国家把建立欧洲式的独立主权民族国家当作奋斗的目标。欧洲现代国际关系准则在世界范围内的传播远远早于其在世界范围内的实现。当今世界，虽然对于民族国家有所超越，但国际关系基本准则仍然是威斯特伐利亚和约所确立的。

一、国际关系理论的“宗教转向”

严格意义上的理论是对实践的分析性解释，必须建立在经验主义和逻辑推理的基础之上，国际关系理论也是如此①。从威斯特伐利亚和约确立现代国际关系直至第一次世界大战的结束，人类（主要是西方学者）对于国际关系的研究终于有了初步的积累，国际关系学科获得了独立的发展地位，自由主义、现实主义和马克思主义构成了国际关系理论②的三大研究范式。从国际关系学科独立发展直至1979年伊朗伊斯兰革命，尤其是冷战结束之前，国际关系理论三大研究范式尽管遭遇到现实挑战和学术质疑，但其都进行了自我改进，对于国际关系，尤其是国际政治关系仍然具有较强的解释力。由于政治经济全球化的加深，国际关系不仅仅局限于政治军事领域，而是向全方位拓展，国际关系研究便在此大背景下开始了领域的延展，首先是对于经济学的重视，即国际关系理论的“经济学转向”，国际政治经济学（IPE）应运而生；其次是对于社会学的重视，即国际关系理论的“社会学转

① 肯尼斯·华尔兹和达里奥·巴蒂斯特拉（Dario Battistella）对于科学的理论作了严格的界定，参见［美］肯尼斯·华尔兹著，信强译：《国际政治理论》，上海人民出版社，2004年版；［法］达里奥·巴蒂斯特拉著，潘革平译：《国际关系理论》，社会科学文献出版社，2010年版。

② 笔者认为，国际关系理论不具有国家性，不存在诸如美国国际关系理论或中国国际关系理论，国际关系理论的国家性与理论的国际性本身就是矛盾的；只存在着国家风格，如语言风格、案例的偏重等。

向”，主要代表是国际社会理论的英国学派，以及基于全球社会视角的全球治理理论。需要明确的是，无论是国际政治经济学，还是国际社会理论与全球治理理论，都不是国际关系研究新的理论范式，而是国际关系理论具体的分领域探讨。

1979 年的伊斯兰革命具有划时代的历史意义，它反映了伊斯兰原教旨主义（或曰伊斯兰主义）不仅在伊斯兰世界，而且因其与美国直接对抗而在全世界造成了巨大的冲击力，如何解释霍梅尼主义对于世俗化、现代化的伊朗的影响对于三大理论范式提出了挑战，长期被东西方意识形态冷战所掩盖的宗教问题和中东问题中的宗教因素开始浮出水面。西方学者开始认识到中东伊斯兰国家虽然引入了现代国际关系的基本架构，但并未将伊斯兰教从政治中“放逐”出去，伊斯兰教自诞生迄今便与政治有着高度的融合性。西方学者以现有国际关系理论来解读伊斯兰原教旨主义对国际关系的影响，并将伊斯兰原教旨主义命名为“政治伊斯兰”①，即政治化伊斯兰教。有西方学者指出，伊斯兰主义“在其历史的框架内，它涵盖了从穆罕默德一生到伍麦叶王朝、阿拔斯王朝，再到在殖民的非洲的吉哈德，直至今日军事伊斯兰涌现的诸多事件，强调了政治伊斯兰通常被理解为对中东现代性之创伤的反应的事实。”②

① 伊斯兰学者反对这个称呼，尤其是伊斯兰中间主义大家格尔达威（Yusuf Al-Qaradawi）的极力反对。

② Joseph Morrison Skelly，“Political Islam from Muhammad to Ahmadinejad，” in Joseph Morrison Skelly，ed.，*Political Islam from Muhammad to Ahmadinejad：Defenders，Dictators，and Definitions*（Santa Barbara，CA：Greenwood Publishing Group，2010），p. 3.

事实上，伊斯兰教在现代国际关系中的政治化并不是独特的现象，国际关系的发展一直处在宗教政治化与政治宗教化的博弈之中，而政治宗教化数百年来一直占据主流地位。欧洲王权否定了中世纪教会的政治统治而建立了现代民族国家并获得不可侵犯的主权地位，由神圣罗马帝国内战而演化为欧洲大战的三十年战争集中于天主教与新教的冲突，宗教在欧洲人眼中的国内政治和国际关系领域都被视作冲突的根源，这是现代国际关系建立的逻辑基础。一旦政治而非宗教成为了世俗生活的权威，那么人类关注的对象便由宗教转向了政治。在缺乏了宗教的有效监督甚至宗教被妖魔化的背景下，欧洲人开始了新的偶像崇拜：首先是代表世袭王权的君主，和奇里斯玛式的权威领袖，这两者都是对于政治领袖的崇拜；其次是民主化之后对于民主制的崇拜，宪法、三权分立等制度以及民主、自由、人权等观念都是崇拜的具体内容。新的偶像崇拜涉及绝对权力及其源头，“根据宗教人类学，绝对权力是对神圣的一个基本的贡献，而政治人类学则解释了神圣光环通常从那些掌握权力的人身上散发出来”，“在当今时代，国家已从传统宗教所赋予的神圣地位中解脱出来，以超自然的现实和能激发绝对依赖之感的迷人且威风的力量呈现出来。”① 面对政治宗教化过程中所产生的发展阵痛和人性的缺陷所导致的腐败和失误，宗教便开始迈向政治化的道路：首先，伊斯兰教在伊斯兰世界中长期连续发挥了政治守护者的作用；其次，基督新教在历经数百年“放逐”的蛰伏之后，在 20 世纪下半叶开始回归，美

① Emilio Gentile, *Politics as Religion* (Princeton, NJ: Princeton University Press, 2006), p. x.

国基督教右翼和拉美解放神学就是突出代表。西方国家和部分世俗化伊斯兰国家将与其争夺神圣性的宗教再次视作问题和威胁，主流学者仍旧用传统国际关系理论或宗教学理论来解释宗教对现代国际关系的参与，事实上，他们在将宗教的介入拒之国际关系理论门外的同时，也回避了三大理论范式的宗教根源。

国际关系三大理论范式主要由西方学者所提出，这与现代国际关系准则发源于西方以及西方社会科学的成熟密切相关。事实上，无论是自由主义还是现实主义，其对于国家行为的动机分析的逻辑起点是一样的，即基督教对于人性堕落的判定，现实主义认为国家行为便是人性恶的放大，国家唯利是图，难以产生合作；自由主义认为尽管国家有着逐利的一面，但也有着合作的一面，自由制度主义便认为制度是对于合作的重要保障，也是对于堕落人性的疏导和压制；马克思主义与基督教的思想渊源也是不言而喻的。面对着西方和伊斯兰世界的宗教复兴及其对国际关系的影响，西方学者意识到现有国际关系理论的局限性，提出了诸如“历史终结论”、“文明冲突论”等信仰性“理论”①，这些观念不仅仅是美国在冷战后谋求其主导的世界新秩序的思想工具②，更是西方学者对于宗教与国际关系研究的理论探索。这一阶段的学者对于国际关系中的“宗教”一词多有回避，弗朗西斯·

① 这些基于价值判断的所谓“理论”并不是严格的科学意义上的理论，更多表现出作者的内心信仰。

② 参见汪波：《美国冷战后世界新秩序的理论与实践》，时事出版社，2005年版。

福山首先在《历史的终结?》一文中用大量的篇幅阐述了“市场经济”与“民主政治”等历史终结的标志性公共产品，但也在文章中隐含了对伊斯兰主义的忧虑；威尔弗莱德·史密斯紧接着在《宗教的意义与终结》一书中明确提出放弃招致误解的“宗教”一词，将其分为“积累的传统”与“个人的信仰”两个部分；亨廷顿最后在论文《文明的冲突?》及专著《文明的冲突与世界秩序的重建》中指出文明、文化差异已经取代意识形态成为世界冲突的根源。三位尽管在实质上对于宗教与国际关系进行了理论构建，但其逻辑基础依旧停留在威斯特伐利亚的根基上，即不敢正视国际关系中的宗教，而是将其弱化为传统、个人信仰、文明、文化等领域；仍将宗教在国际关系中的作用视为负面，国际冲突的根源历经从宗教（三十年战争之前）到意识形态（冷战），再到文明、文化（后冷战）的路线图。人类总是对于自身命运有着敏锐的反省，新旧世纪交替之际，一批学者认真思考了宗教在21世纪的国际关系中可能的重要地位，他们对于“历史终结论”、“宗教终结论”和“文明冲突论”的超越，首先在于正视宗教的中性作用，而非用有色眼镜来观察，其次在于试图构建科学理论，即真正实现国际关系理论的“宗教转向”。徐以骅教授指出：“对宗教的研究方法一般被归纳为人文、神学和科学（或实证）三种进路，作为社会科学的国际关系学可以胜任科学（或实证）的宗教研究，但却较难包容人文和神学的宗教研究。因此国际关系学的前两次转向，即‘政治经济学转向’和‘社会学转向’作为‘同类项合并’相对较易；而国际关系学的‘宗教转向’虽已被提出，但两者互为‘异类项’，合并相当困难。”[①] 这与斯奈德（Jack Snyder）的认识互为佐证，他认为国际关系理论对于宗教的忽视原因在于“主流国际关系学者发现很难将宗教主题的事务融入他们规范的概念框架内”，“主要的国际关系理论典籍持续塑造实证性的学术工作，难以提及宗教。”[②]

尽管面临相当大的困难，达克（Ken R. Dark）于 2000 年主编了《宗教与国际关系》一书，并亲自撰文《大规模宗教变迁与世界政治》来进行理论的探索，除此文之外，该书虽主要为案例研究，但却是宗教与国际关系理论较早的探索。[③] 哈兹波罗（Pavlos Hatzopoulos）和佩蒂多（Fabio Petito）带着敏锐的观察力和巨大的理论勇气来探索宗教与国际关系的研究，经历了 1999 年格林纳达屋的讨论、2000 年伦敦经济学院的会议、2000 年 12 月出版的《千禧年：国际研究杂志》特刊以及 2001 年芝加哥国际研究协会会议等多次探索，他们在 2001 年开始了汇编《国际关系中的宗教：流放归来》一书的工作。[④] 司各特·托马斯、塞西莉亚·林奇

---

① 徐以骅：“国际关系研究的‘宗教转向’”，《中国社会科学报》，2010 年 7 月 8 日。

② Jack Snyder, “Religion and International Relations,” July 27, 2009, http://www.princeton.edu/politics/events/repository/public/faculty/Snyder_Religion_and_IR_Theory.pdf.

③ 参见 Ken R. Dark, ed., *Religion and International Relations* (New York: Palgrave MacMillan, 2000)。

④ 参阅该书“编者前言”，Pavlos Hatzopoulos and Fabio Petito, eds., *Religion in International Relations: the Return from Exile* (New York: Palgrave MacMillan, 2003)。

和库芭科娃对于国际关系理论与宗教进行了链接，尤其是库芭科娃提出了构建“国际政治神学”（IPT），她指出：“国际政治神学也试图纠正国际关系学科中另一个体系性的疏忽：在对世界事务进行‘社会科学式”的阐述时，忽略了宗教、文化、思想或意识形态等因素的作用”，“国际政治神学现在的整个情形与创建初期的国际政治经济学十分类似。”①“9·11”事件的爆发以及小布什总统的反应佐证了宗教在21世纪国际关系中越来越显著的地位，并进一步推进了学者对这一议题的理论思考。2001年后各种相关专著层出不穷。② 中国学者对此也较早展开了研究，建立了相关研究中心并出版了学术出版物，复旦大学徐以骅教授、上海外国语大学中东研究所刘中民教授和浙江大学张新樟副教授等便是

---

① ［美］库芭科娃：“走向一种国际政治神学”，载［意］F. 佩蒂多、［英］P. 哈兹波罗主编，张新樟译：《国际关系中的宗教》，浙江大学出版社，2009年版，第108页。

② 诸如Scott M. Thomas，*The Global Resurgence of Religion and the Transformation of International Relations：the Struggle for the Soul of Twenty-first Century*（New York：Palgrave MacMillan，2005）；Jonathan Fox and Shmuel Sandler，*Bring Religion into International Relations*（New York：Palgrave MacMillan，2006）；Ludwig Gelot，*Religion Confronts Westphalian International Relations Theory*，Master's Dissertation of University of Wales Aberystwyth，2006；M. S. Michael and Fabio Petito，*Civilizational Dialogue and World Order：the Other Politics of Cultures，Religions，and Civilizations in International Relations*（New York：Palgrave，2009）；Amitav Acharya and Barry Buzan，*Non-western International Relations Theories：Perspectives on and beyond Asia*（London：Routledge，2010）。

主要代表。[①] 总而言之，宗教在国际关系中不可忽视的地位与作用得到了公认，国际关系理论的“宗教转向”也正在进行之中，全世界学者都在为之进行着巨大的努力。

二、中东国际关系研究对国际关系理论“宗教转向”的推进

中东国际关系研究，既包括中东地区国家间的关系研究（International Relations within Middle East），又包括中东因素对区域外大国关系的影响以及区域外国家与中东国家关系研究（International Relations related with Middle East）。发源于西方的

① 徐以骅教授率先于2004年在中国复旦大学成立“宗教与国际关系研究中心”，并开始招收国际政治专业“宗教与国际关系”方向的博士生和博士后研究人员，出版了多辑《宗教与美国社会》和《基督教学术》并组织出版了“宗教与当代国际关系论丛”系列专著；不仅如此，徐以骅教授引导的宗教与国际关系的研究水准得到了中国最顶尖学术刊物的认可，如徐以骅：“宗教与冷战后美国外交政策——以美国宗教团体的‘苏丹运动’为例”，《中国社会科学》，2011年第5期；张新樟副教授在浙江大学招收了国际政治专业“宗教与国际关系”方向的硕士生，并翻译出版了《国际关系中的宗教》一书；上海外国语大学中东研究所朱威烈、汪波、刘中民和马丽蓉等诸位教授从事中东国际关系研究时极其重视宗教在国际关系中的作用，尤其是刘中民教授在国际关系中的宗教与民族互动理论研究方面成绩斐然，如刘中民：《民族与宗教的互动：阿拉伯民族主义与伊斯兰教关系研究》，时事出版社，2010年版；刘中民：“深化宗教与国际关系研究——三个分析视角”，《中国社会科学报》，2011年9月1日；刘中民：“将宗教带回国际关系理论”，《中国社会科学报》，2012年3月14日。这种从中东国际关系研究而进一步思考宗教与国际关系的学术现象恰好对于本文主题是一种验证。

国际关系理论在进行涉及非西方国家的国际关系研究时，尽管招致许多质疑，但这些质疑多针对西方信仰型的“理论”而非科学性的理论，这些科学理论依旧有着较强的解释力。现有国际关系理论在面对中东国际关系研究时，则陷入了较大的困境局面，正如巴里·鲁宾（Barry Rubin）所言：“为什么中东与众不同？最诚实的答案是无人确切知晓。”但他也进一步指出：“在中东，困难来自于如目的、方向及认同等仍未解决的问题。”① 换言之，这与中东地区与国际体系的复杂关系有着巨大关联。现行国际体系依旧是威斯特伐利亚体系的延伸，其权力结构、制度框架和价值观念等内涵与将基督教从政治与国际关系中放逐的逻辑起点有着巨大关联。与威斯特伐利亚体系建立之初并行的另外两大体系是伊斯兰教主导的伊斯兰世界体系和中华帝国王权主导的东亚朝贡体系，后两大体系在抵御西方强权的挑战中处于劣势之后，逐步向威斯特伐利亚体系靠拢。历史证明，东亚国家较好地融入了现代国际体系之中，这和宗教在朝贡体系与威斯特伐利亚体系中类似的地位有关，东亚国家从未有过强势的宗教力量存在。伊斯兰体系则完全不同，作为该体系主要载体的中东地区由于伊斯兰教的强大地位而与威斯特伐利亚体系有着根本的不同，虽然中东伊斯兰国家在形式上普遍融入了西方所主导的国际体系，但由于威斯特伐利亚国际体系对于宗教的排斥，这导致西方乃至许多非西方国家对于伊斯兰教的恐惧和忧虑，它们将伊斯兰教看作现代国际关系中的问题，而问题实际上在于宗教在国际关系中合法地位

① Barry M. Rubin, *The Tragedy of the Middle East* (Cambridge, UK: Cambridge University Press, 2002), pp. 57 – 58.

的缺失，宗教问题在西方国家也是政治敏感话题。

正是由于宗教在国际关系中缺乏合法地位以及伊斯兰教在中东地区占据主导政治地位，因此中东国家要完全融入现行国际关系就必须在实质上走向西方化的道路。两种主要的伊斯兰世界亲西方思潮体现了这种倾向：第一种是凯末尔主义，即通过权威政治的地位采取强权手段将伊斯兰教从政治中彻底剥离，随着民主化进程的加快和权威政治的式微，伊斯兰教开始出现反弹；第二种是弥补凯末尔主义对于伊斯兰教的彻底否定，而是期望建立一种与西方融合的“新伊斯兰文明”，在丹麦执教的伊朗学者莫扎法瑞（Mehdi Mozaffari）就指出：“我们不应忘记伊斯兰教，从其一神教的属性而言，几乎是犹太教的翻版。既然犹太教成为了西方文明的一个组成部分，那么，至少在神学上，没有确实的原因为什么伊斯兰教不应同样如此。”“所需要的是将伊斯兰教与时俱进。”“大门看起来向‘文明的’（civilised）伊斯兰教敞开；作为客人的同时也是主人。”① 这两种思潮建立的逻辑基础在于将伊斯兰教引入一种西方化的道路，这必然在理论与实践上都引起伊斯兰世界的激烈反对，也难以从根本上消除西方对于伊斯兰教的戒备。

长期以来，伊斯兰教在中东国家异于基督教在西方国家中的地位导致学者在从事中东国际关系研究时，较早采取跨学科的方法来开展研究。西方国际关系学者主要运用国际关系理论三大范式来解读中东国际关系，由于威斯特伐利亚国际体系建

① Mehdi Mozaffari, “Islamic ‘Civilisation’ or ‘Civilised’ Islam?” in Stephen Chan, Peter Mandaville and Roland Bleiker, eds., *The Zen of International Relations: IR Theory from East to West* (New York: Palgrave, 2001), p. 151.

立在去宗教化的基础之上，因此他们顺理成章地将伊斯兰教视为安全威胁，如同17世纪将基督教视为战争与冲突的根源一样，在国际关系理论的安全研究领域引入了对于伊斯兰教的重视。中东伊斯兰国家由于国际关系学科的滞后，学者主要从宗教学和历史学的角度来看待中东国际关系，面对“文明冲突论”等西方信仰型“理论”的挑战以及国际关系理论三大范式对于伊斯兰教过度安全化的认知，他们主要从伊斯兰教义本身或伊斯兰世界与西方世界文明交往史的角度来予以反驳，由于双方不在同一个理论体系和话语体系之中，因此很难形成交锋和共鸣。然而基督教世界和伊斯兰世界的全球性宗教复兴使得超越威斯特伐利亚的国际关系理论显得十分有必要。二战结束后的国际关系格局的变迁以及对于中东国际关系的影响促进了国际关系理论的反思，其挑战性的事件有：第一，美国取代欧洲引导了世界的霸权，并在冷战后一枝独大。由于美国并未参与构建威斯特伐利亚体系，其立国恰是建立在基督新教的“上帝之国”基础之上，美国式的神权政治从20世纪下半叶开始发挥了巨大作用，福音派对于美国的中东政策产生了巨大的影响[①]，“9·11”事件以及布什总统明确无误的宗教使命感将基督教与美国政治、外交的关系进一步透明化。第二，亚非拉国家教会的传教活动，尤其是非洲和韩国的教会海外传教，既包括向西方国家的逆向传教活动，也包括向中东伊斯兰世界的传教活动，这些活动导致了西方国家和传教的非西方国家与中东国家之间的紧张关系，韩国的传教活动便遭致了伊斯兰世

① 参见涂怡超：《美国基督教福音派及其对国际关系的影响：以葛培理为中心的考察》，上海人民出版社，2010年版。

界的激烈抵抗。第三，基督教的复兴影响了伊斯兰教，中东国家的现代化不再以世俗化为目标。以彻底西化为目标的现代化逐渐在中东遭遇困境，伊朗伊斯兰革命率先实现了世俗化的逆转，什叶派神权体制第一次得到了建立；土耳其也开始反思凯末尔对于宗教的压制，具有伊斯兰背景的政党首次赢得政权。原先在伊斯兰世界内部恪守伊斯兰准则，与外部国家之间遵循威斯特伐利亚准则的中东国家在对外交往时越来越多地提出伊斯兰价值观的问题，在国际经济贸易、全球环境和国际伦理等领域输出伊斯兰规范，如伊斯兰银行、伊斯兰环境伦理等。第四，全球治理时代非国家行为体国际网络的构建发挥重要作用，伊斯兰极端组织通过伊斯兰教的全球传播，建立起一个包括中东国家乃至西方国家在内的全球性极端组织网络，如基地组织就对于中东国际关系产生颠覆性影响。总而言之，“没有仅仅建立在欧洲历史经验的狭窄范围内可信的国际关系理论”，“国际关系理论所需要强调的实证领域必须果断地扩展至非欧洲世界并超越威斯特伐利亚。”①

宗教在国际关系中的作用因为中东因素而越发凸显，从而引起了学界对于中东国际关系研究的理论重视。欧盟的超主权国家模式及一体化对于威斯特伐利亚确立的主权国家是一个关键性突破，而中东乃至世界范围内的宗教复兴对于威斯特伐利亚对于宗教的否定也是一个事实的跨越，欧盟所引起的只是国

① Yongjin Zhang, “System, Empire and State in Chinese International Relations,” in Michael Cox, Tim Dunne and Ken Booth, eds., *Empires, Systems, and States: Great Transformations in International Politics* (Cambridge, UK: Cambridge University Press, 2002), p. 63.

际关系具体领域的理论思想创新而非基本范式创新，而中东/伊斯兰教所引起的是国际关系理论的震荡，宗教不能仅仅退缩于安全领域，也不能仅仅弱化为文明、文化，应建立起国际关系的宗教理论范式。国际关系宗教理论不同于国际政治神学，康德指出："宗教并非是被视为神圣启示的某些教义的总合（那被称作神学），而是被视为神圣命令的我们所有职责的总合。"① 关于教义的知识是信仰性知识，这与逻辑性、实证性的科学知识难有交集，神学本身就难以衍生出科学理论，中东伊斯兰国家有着大量的伊斯兰神学著作，但社会科学发展仍然相当滞后。宗教涉及人对于神的职责，宗教信徒的行为既有作为信徒处理自己与神的关系的一面，也有作为普通人处理与他人关系的一面，构建国际关系的宗教理论不存在知识性的障碍。因此，国际关系理论的"宗教转向"可以通过几个步骤表现出来：首先是与国际关系理论的"社会学转向"，尤其是社会建构主义进行结合，因为"社会建构主义者声称，宗教是一个反映不同社会团体需求的有力建构"②；其次是宗教参与国际关系的具体领域，或曰影响路径，这主要体现在六个方面③；最后是建立独立的国际关系的宗教理论范式，这种范式要么成为国际关系理论的第四大范式，或者成为与三大物质主义范式并列的精神主义范式。

---

① Immanuel Kant, *Religion and Rational Theology* (Cambridge, UK: Cambridge University Press, 1996), p. 262.

② Zina O'Leary, *The Social Science Jargon Buster: the Key Terms You Need to Know* (Philadelphia, PA: Sage Publications Ltd., 2007), p. 250.

③ 参见徐以骅教授为其主编的由上海人民出版社出版的"宗教与当代国际关系论丛"系列专著所作的序。

三、国际关系理论的“宗教转向”与中东国际关系研究的“美索不达米亚转向”

中东国际关系研究是推进国际关系理论“宗教转向”的关键性研究区域，中东地区的强宗教属性以及因为中东的映衬而让世界范围内的宗教勃兴愈发凸显，这为宗教在国际关系中改善形象大有裨益，宗教兼具冲突根源与和平使者的双重身份，这就为国际关系理论的“宗教转向”奠定了逻辑基础。不仅国际关系理论需要理论的革新，中东国际关系的研究方法也需要进一步完善。瓦卜琼（Morten Valbjørn）和泰蒂（Andrea Teti）提出了链接国际关系学（IR）与中东研究（MES）以促进中东国际关系研究的任务。瓦卜琼用美索不达米亚与幼发拉底河、底格里斯河的关系[①]进行类比，将中东国际关系视为处在“国际关系学之河”与“中东研究之河”之间的“学术的美索不达米亚”，他指出：“思考‘学术的美索不达米亚’是否具有以同样方式利用其地位，将中东国际关系研究转变成一个被国际关系学与中东研究共同滋养的繁荣区域是十分诱人的。”[②] 泰蒂在瓦卜琼的基础上也指出：“为了实现如此一片‘富饶的学术美索不达米亚’的繁荣而所需之知识的（episte-

① 美索不达米亚在两河流域之间，两河滋养了美索不达米亚文明的生长。

② Morten Valbjørn，“The ‘Mesopotamian Turn’ and Its Various Irrigation-Strategies-Bring IR and MES Together，” October 8 – 10，2004，http://www.diis.dk/graphics/Events/2004/Middle_ East/MortenValbjoern.pdf.

mic）转移只有在知识（knowledge）被组织、制造和验证的方式实现转移之后才能到来。”①

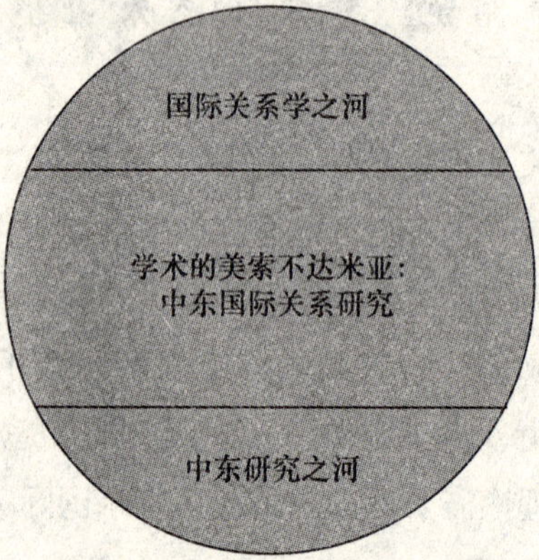

前文已经指出，中东国际关系研究长期以来主要吸收了中东研究的知识，而中东研究作为区域研究之一过多地侧重于对中东宗教、历史、政治和文化的研究，尤其是伊斯兰教及其地位的双重的独特性造成了中东地区的与众不同。中东国际关系研究较少融合了国际关系学的知识，因为现有的国际关系理论三大范式与中东研究的知识体系和研究方法显得格格不入，“国际关系学之河”与“中东研究之河”之间存在着较大的鸿沟，中东国家学者难以从自身经验发展出国际关系理论的中东学派②，西方学者也难以接受宗教对于威斯特伐利亚国际关系

① Andrea Teti, “Bridging the Gap: IR, Middle East Studies and the Disciplinary Politics of the Area Studies Controversy,” *European Journal of International Relations*, vol. 13, no. 1 (March 2007), p. 139.

② 参见钮松：《欧盟的中东民主治理研究》，时事出版社，2011 年版。

理论的侵入。进入21世纪以来的国际关系理论“宗教转向”为中东国际关系研究的“美索不达米亚转向”提供了一种可能。面对这种双重转向，要明确三个问题。

首先，中东国际关系研究并非要否定现有国际关系理论三大范式，而是要将其与构建中的国际关系的宗教理论进行结合。随着国际规范长期以来在中东地区的传播和内化，中东国家与外部世界的交往较多采取了西方的交往模式，许多中东国家甚至参与全球议程的设置，早期如沙特的前身纳季德王国参加巴黎和会，埃及成为反法西斯大国领袖的舞台，中东国家逐渐加入联合国等；近期如海合会（GCC）的建章立制及其与经济大国及国际和地区组织的深入交往、沙特与土耳其参与G20机制，土耳其加入经济合作与发展组织（OECD）等。中东国家内部除了伊斯兰的国际关系准则之外，也在通过现代国际关系准则来协调彼此关系，主权、领土等成为中东国家基本单元的构成，如库尔德独立运动对相关国家的主权诉求、中东国家之间的领土争端等；地方民族主义也极大弱化了伊斯兰国际体系，如波斯民族主义、阿拉伯民族主义、泛突厥主义以及巴勒斯坦民族主义等具体国家的民族主义等。因此，中东国际关系之中有着大量与其他地区国际关系相同或者类似的动力、动机和方式，并不全然与伊斯兰教有关。国际关系理论在分析性解释中东国际关系中较少直接涉及宗教的案例时，其适用性比较明显。而影响中东国际关系的超越权力、利益等层面的因素时，就必须引入国际关系的宗教理论范式，如分析美以关系、韩以关系中的基督教锡安主义，但即便如此，在美以关系、韩以关系之中，宗教也并非唯一的影响因素，宗教很少单独发挥影响作用。国际关系的宗教理论并非要进行纯粹的宗教学研究，过分强调国际关系理论的“宗教转向”且忽视现有理论范式反而会导致宗教与国际关系的脱钩，卡莱特就指出：“对宗教的精神分析的学科战略也包括了以自身占据优势的双向通话为基础，使政治学和经济学保持沉默的霸权诠释学。”①

其次，要严格区分国际关系的“宗教转向”中西方宗教转向与中东宗教转向的不同，尤其是要区分基督教与伊斯兰教在国际关系中的不同地位与发展阶段。西方主导的国际关系中出现的基督教从威斯特伐利亚的“放逐”到“回归”的过程，欧洲历经宗教改革以及在此基础上文艺复兴的洗礼，虽然基督教在欧洲与美国的发展路径有所不同，但美国是宗教改革与文艺复兴成果的集大成者。欧洲长期宗教战争的经验教训随着威斯特伐利亚的原则传入美洲大陆，美国式的神权王国也将宗教的政治化视为冲突的根源，因此欧洲与美国都坚持了政权与教权分离的原则。面对着 20 世纪共产主义、法西斯主义这两种宗教化的政治思潮对于西方世界的交替挑战，无论是天主教还是基督新教都因意识形态的直接碰撞而开始以新的形式介入政治，如面临共产主义威胁，美国政府 20 世纪 60 年代开始公开将捍卫自由世界与上帝的信仰结合在一起，波兰教会在促进该国转型中也发挥了中流砥柱的作用。面对伊斯兰极端主义的挑战，虽然发生过小布什“伊斯兰法西斯主义”等“口误”行为，但基督教总体而言仍然在理性与克制的范围内实践其政治理念，并未陷入宗教冲突的陷阱。伊斯兰教的发展历程则完全不同，穆罕默德设计的宗教政治共同体“乌玛”在四大哈里

① Jeremy R. Carrette, *Religion and Critical Psychology*: *Religious Experience in the Knowledge Economy* (London: Routledge, 2007), p. 103.

发时代结束后实际上走向了崩溃，逊尼派王权与教权职位的分设就是明证。面对着已发展至如中世纪天主教般僵化的伊斯兰教，伊斯兰世界宗教学者也掀起了宗教改革的运动，即“赛莱菲耶思潮”的兴起，该思潮要求回归纯洁的伊斯兰教，只信赖《古兰经》和逊奈。阿兹拉（Azyumardi Azra）区分了“古典赛莱菲耶”（“和平的赛莱菲耶”）和“新赛莱菲耶”（“激进的赛莱菲耶”），沙特的瓦哈比运动便是兼具“古典和激进的赛莱菲耶”；激进赛莱菲耶思潮的兴起又与西方殖民主义的入侵有着极大关联，“新赛莱菲耶思想运动已导致全世界许多穆斯林发展出一种对西方的对抗心态，因为它企图征服伊斯兰世界。”① 不难看出，古典赛莱菲耶主要是对于伊斯兰教的托古革新，而新赛莱菲耶则将西方殖民主义与西方现代文明混为一谈，此种赛莱菲耶走向了另一种僵化模式。通过翻译运动保存古希腊罗马文明并催生欧洲文艺复兴的中东伊斯兰社会因而缺乏欧洲式的文艺复兴及其对于整个社会而非局限于宗教领域的革命性影响力，伊斯兰教也从未从中东伊斯兰社会政治中“放逐”出去。从事中东国际关系研究时，必须清醒认识到伊斯兰教与基督教的不同发展路径，国际关系研究的伊斯兰教转向与基督教转向是国际关系理论宗教转向的两个重要组成部分。

最后，中东国际关系研究还要从中东研究中汲取历史的研究方法，中东的独特性以及国际关系的宗教转向导致伊斯兰教得到特殊观照，但也要从历史考察中发掘宗教与部落的复杂关

---

① Kumar Ramakrishna and See Seng Tan, *After Bali: the Threat of Terrorism in Southeast Asia* (Singapore: World Scientific Publishing Company, 2004), p. 5.

系，不能将宗教的影响力无限扩大化。如同政治的宗教化不能纳入宗教范围来考察一样，宗教的政治化也是如此。由于中东国际关系中大量以宗教冲突为外壳的事件层出不穷，伊斯兰极端主义采取了大量的暴力和恐怖主义手段来对抗政府、西方国家和国内外平民，不能简单以宗教与国际关系的视角来看待。从历史的角度来看，伊斯兰教在中东的传播过程是伊斯兰教与部落社会生活方式斗争的过程，宗教是率先突破部族和国家的藩篱，并最早实现全球治理的领域。伊斯兰教斗争的矛头直指前伊斯兰教时代的阿拉伯半岛的偶像崇拜和许多不为伊斯兰教许可的部落陋习，出于反对多神论的需要，偶像崇拜得到了强烈的否定，但也有妥协，保留并朝拜天房陨石便是穆罕默德对多神教的妥协；而阿拉伯部落在皈依伊斯兰教以后仍旧保留了大量的部落陋习，这些陋习甚至成为穆斯林形象的一部分。那些展开对西方“圣战”的虔诚的伊斯兰极端主义者所采取的恐怖主义行动“实际上是沙漠部落旧传统的陈陈相因。甲部落杀了乙部落一个人，乙部落必取以血还血的手段，要杀死甲部落的一个成员，至于这个抵命者是否凶手，则无关紧要。这种陋习沿袭至当代，常常殃及无辜。”① 因此，在理解沙特籍恐怖分子实施“9·11”恐怖行动、基地组织在全球针对平民的暴力行动以及塔利班袭击与阿富汗新政府以及北约合作的军民目标时，应该更多从沙特阿拉伯的部落和阿富汗普什图部落的文化与习俗来理解其行为深层的原因。伊斯兰教难以克服部落制陋习的原因实际上在于其诞生的环境，“伊斯兰教诞生在

① 朱威烈：《站在远东看中东》，上海外语教育出版社，2000年版，第312页。

一个个体对部落和部族产生认同的部落文化之中”①，时至今日，中东伊斯兰世界基本的构成单元仍旧是部落，国家不过是部落的联合或者放大。

四、结语

宗教在现代国际关系中越来越公开、积极发挥影响作用的事实进入21世纪以来得到了世界学者的广泛关注。国际关系学者在试图通过现有的国际关系理论范式观察、分析国际关系中的宗教的过程中，其研究的逻辑基础以及所涉领域有了较大变化：宗教不再仅仅被视作冲突根源，宗教也不再过度安全化，国际关系理论出现了较大幅度的“宗教转向”。中东国际关系研究涉及了大量的宗教因素，既包括独特的伊斯兰教，也牵涉基督教等宗教，不仅如此，随着穆斯林移民的激增以及伊斯兰教全球网络的逐步建立，伊斯兰教的影响力遍及世界。中东国际关系研究有力推进了国际关系理论的“宗教转向”，为其提供了大量的研究经验和方法，为国际关系理论的发展指出了新的任务和可能的道路。正是因为国际关系理论的“宗教转向”与中东研究的传统方法在宗教问题上找到的契合点，中东国际关系研究的“美索不达米亚转向”便显得水到渠成。在此过程中也要明确的是，国际关系理论的“宗教转向”绝

① Joseph C. Codsi, *Quran 5: the Meal (Descended from Heaven) -A Secular Reading of the Quran Text. The Two Sources of Islam, Mecca Paganism and Judeo-Christian Monotheism* (Seattle, WA: Create Space, 2010), p. 286.

非国际关系理论的宗教化，是宗教介入国际关系，而非宗教统治国际关系，因此，中东国际关系研究的“美索不达米亚转向”过程中也要兼顾国际关系理论的其他研究范式和研究方法，在社会科学研究和人文科学研究之中架设链接的桥梁。国际关系理论的“宗教转向”和中东国际关系研究的“美索不达米亚转向”分别处在各自的进程之中，其发展未有定式，彼此之间也处在一个相互磨合与塑造的地位之上，双方对于超越威斯特伐利亚的国际体系，走向真正的全球社会具有促进意义。

简论宗教与威斯特伐利亚体系的生成

• 王首贞

［内容提要］　随着全球宗教复兴对国际政治影响的日渐加深，传统的以“放逐宗教”为特征的国际关系理论在解释日趋复杂的国际冲突时开始显得力不从心。本文通过对威斯特伐利亚体系进行追根溯源的探究旨在表明，对于以威斯特伐利亚和平为标志的近代欧洲国际体系的形塑，宗教力量通过在民族国家的演变、主权概念的建构以及主权国家体系的确立三个层面施加影响，有力地推动了以国家为中心的现代国际体系的形成。宗教影响威斯特伐利亚国际体系的生成，为反思以国家为中心的各种世俗化的国际关系理论提供了新的视角，并为重构全球宗教复兴时代的国际关系理论提供新的思考维度。

一、全球宗教复兴与国际关系的理论思考

作为20世纪社会科学领域新兴学科之一，国际关系学自成立以来其理论发展一直呈现出蓬勃生机。经历过第一次世界大战创伤的政治家们抱着对世界和平与国际正义的期许，首先创立了以美国前总统伍德罗·威尔逊的“十四点原则”为内核的理想主义国际关系理论流派，由此开启国际政治领域对国家间关系尤其是大国关系进行理论探索与建构的尝试。但是，随着一战后世界历史进程的急剧变化和国际政治形势的风云变幻、特别是面对法西斯左翼集权扩张主义政策日益迫近的威胁，国际政治理论建构的理想主义努力急剧遭遇现实瓶颈。于是，以美国学者汉斯·摩根索的《国家间政治》为旗帜、强调“权力政治”概念的现实主义国际关系理论应运而生。随后在社会科学其它领域新兴理论的影响下——通过借鉴心理学、社会学、人类学、经济学等领域的概念和研究方法——现实主义国际关系理论在20世纪60年代前后经历了科学化的变迁过程，并发展出国际关系的行为主义流派。回顾20世纪纷繁复杂的国际关系诸理论流派[①]——从理想主义到现实主义，从行为主义到建构主义、新自由主义等——之演变可以看到，

① 关于20世纪以来西方国际关系理论的历史流变，可参阅倪世雄等著：《当代西方国际关系理论》，复旦大学出版社，2001年版；王逸舟：《西方国际政治学：历史与理论》，上海人民出版社，2007年版；秦亚青：《国际关系理论：反思与重构》，北京大学出版社，2012年版。

以主权国家/民族国家作为现代国际体系根基和各理论流派基本分析单位的状况似乎是不争的事实。这一方面与现实主义流派长期在二战后的国际政治理论话语中独占鳌头不无关联，它往往赋予国家及与之密切相关的军事力量以特殊重要性，并因此被贴上"权力政治"的标签。另一方面国际政治理论中主权国家地位的巩固也离不开二战后世界范围内民族解放运动波澜壮阔的发展，这一潮流为国际体系理论中强化主权的概念提供了现实依据。

然而，国际关系或国际政治中把主权国家奉为圭臬的情形，随着上世纪80年代末冷战的结束亦悄然生变。世界范围内的政治冲突正愈加频繁地以文明冲突的形式得以呈现，这成为当前国际政治的重要特征。于是，以美国学者塞缪尔·亨廷顿的"文明冲突论"为代表，国际政治学者开始给予国际关系中的文化或文明要素以更多关注，试图以此为切入点建构世纪之交的国际关系理论。有学者剖析了20世纪末以来国际关系学科这一新理论转向的动因，指出"国际关系旧有的理论话语主要经由两分式的对抗——即自助或无政府对阵世界政府与秩序——而得以推进。这种话语通过两分法的声音——新现实主义对阵新自由主义——得以推进。尽管存有差异，但它们都通过如下的相同信念得以联合，即国家是全球环境（global environment）中唯一有意义的行动单位。然而，这些范畴在囊括1990年代的实践时却变得贫乏"①。特别是新千禧年伊始享有超级霸权地位的美国遭遇宗教极端主义的当头棒喝，更令国

① Susanne Hoeber Rudolph and James Piscatori, eds., *Transnational Religion and Fading States* (Colorado: Westview Press, 1997), p. 9.

际政治学者对作为文明核心要素之一的宗教问题之关注蔚然成风。研究者认为，“自冷战结束以来，世界上几乎所有重大事件如巴以冲突、“9·11”事件、国际反恐、科索沃冲突等，或多或少均有宗教的背景和动因”[①]。特别值得注意的是，宗教问题通常并不是以单一的构成要素得以释放，“它以爆炸性的方式与领土争端、不稳定的和压迫性的体制、经济和社会的不平等以及种族的、文化的和语言的差异交汇在一起[②]”。换言之，全球化的现实已经“使宗教问题更加引人注目，具有‘牵一发而动全身’的敏感性和扩散性”[③]。因此，下面这一论断绝非夸大其词，即在后冷战时期的国际政治中，“国际竞争、政治较量已越来越多地以宗教冲突、宗教纠纷或宗教自由、宗教人权问题之争的形式来表现……宗教问题在当代世界已涉及到国际政治、世界和平、国家安全、社会稳定、经济发展、民族关系、法律秩序等重要方面”[④]。

由此可见，现实主义理论鼎盛之时国际政治领域对宗教要素的长期忽视，由于“9·11”事件后国际政治冲突新表现形式的推动而有所改观，与宗教相关的议题正在成为国际关系学

---

① 徐以骅等著:《宗教与当代国际关系》，上海人民出版社，2011 年版，导论。

② Thomas Banchoff, ed., *Religious Pluralism, Globalization, and World Politics* (New York: Oxford University Press, 2008), introduction, p. 3.

③ 卓新平:“全球化与当代宗教”，《世界宗教研究》，2002 年第 3 期，第 1 页。

④ “全球化与当代宗教”，第 3 页。

领域关注的焦点①。正如徐以骅教授指出的，"在当今国际政治和国际关系中，宗教的作用越来越从隐性转为显性……宗教与国际关系研究俨然已成为国际关系/政治学科的'新边疆'"②。国内学者卓新平同样敏锐地观察到全球化时代宗教对国际政治的深刻影响，他认为"在全球化过程中，许多宗教问题往往会形成局部地区的难点、焦点和全球性的热点、重点，对整个世界的格局和发展走向产生深远影响，甚至有可能改变历史进程和人类命运"③。然而，与宗教在国际政治和社会中日益显著的影响相比，学术界对于这一现象的研究似乎略显滞后。正如学者指出的，"很少有问题比宗教在世界事务中的作用显得愈加重要但却极少被人理解。宗教差异长期以来都是国家政治和国际政治生活的一个事实。宗教争议（issues）和宗教行为体向公共领域的迸发——在 2001 年"9·11"事件的后果中得以加剧——让许多观察家包括学者们深感震撼。宗教多元主义（已经超越了差异以便囊括社会和政治中的宗教共同体的互动）正在加深全球化的背景，它正在宗教和世俗的交汇点上激发新形式的冲突与合作，它正

① 面对 21 世纪国际政治中宗教冲突此起彼伏的现状，在中国的国际关系学界将宗教向度引入国际关系学研究视域的开创工作是由徐以骅教授完成的。参见徐以骅："宗教与当代国际关系"，载《国际问题研究》，2010 年第 2 期；"全球化时代的宗教与国际关系"，载《世界经济与政治》，2011 年第 9 期；"宗教与冷战后美国外交政策：以美国宗教团体的'苏丹运动'为例"，载《中国社会科学》，2011 年第 5 期。

② 《宗教与当代国际关系》，导论；有关宗教与地区冲突和国际安全的系统研究，详见该书第 122—153 页、第 188—218 页。

③ "全球化与当代宗教"，第 3 页。

在重构关于宗教对和平与暴力、民主与人权以及经济与社会发展之影响这些老问题——它们在未来数十年将会依然停留在全球议程中"[①]。一言以蔽之，"宗教共同体正在形塑着世界政治"[②]。

当然，全球宗教复兴不只是表现为宗教的负面影响，尽管世纪之交宗教恐怖主义事件的频发的确是令世人瞩目的现象。正如徐以骅教授指出的，"在国际关系领域，宗教既是'动乱根源'又是'和平使者'，人们通常所说的宗教所具有的正反两面性或互相抵触的多面性的'变脸'特征，表现得十分抢眼"[③]。正是由于"宗教在社会交往层面上有内生的和平属性"[④]，决定了"宗教也是国际和平主义主要的思想和实践来源"[⑤]。其实，宗教力量参与和平的议题在历史上由来已久，甚至可以追溯至中世纪西欧天主教会发起的上帝和平（Pax Dei）运动。当代研究者认为，这一运动不仅奠定了现代欧洲和平运动的基础，而且有助于散播需要救助贫穷和防御无力（defenseless）的认识，并因此为现代人道主义的国际援助提供历史经验与道德层面的支持[⑥]。晚近以来，美国国际政治学者阿莫斯·赫尔希（Amos S. Hershey）也对宗教的和平功能给予肯定。他认为，"尽管主要意图在于自身权力的强化以及从

---

① *Religious Pluralism*, *Globalization*, *and World Politics*, introduction.

② *Transnational Religion and Fading States*, p. 1.

③《宗教与当代国际关系》，第10页。

④ 同上书，第218页。

⑤ 徐以骅等主编：《宗教与美国社会》（第七辑），时事出版社，2012年版，第442页。

⑥ Encyclopedia Britannica Online，*Peace of God* 词条。

另一个世界的灾难中拯救个体灵魂，但是中世纪的教会在一定程度上唤醒了人道主义和国际使命，并借助11世纪的上帝休战与上帝和平倡议努力确立和平”[①]。宗教对于现代和平事业的贡献同样体现在20世纪20年代以来基督教内部的普世教会运动。1993年全球宗教议会上发布的《全球伦理宣言》，其基本原则是“每一个人都应该受到人道的对待”[②]。这一认识无疑为霸权时代尊重宗教少数群体或个人的理念提供了伦理支持。

综上所述，当前全球政治中宗教复兴的现状以及这一态势对国际政治的日益强大影响，正在成为捍卫传统的以主权国家为主导行为体的世俗主义国际关系理论的一大阻碍[③]。面对全球宗教冲突——或由宗教因素导致的地区冲突——此起彼伏的严峻现实，以及全球化时代宗教在国际政治、地区冲突和安全、民族建设、国家对外政策乃至世界和平与进步等方面全方位的社会渗透功能[④]，宗教因素重又走入国际关系学者的视

① Amos S. Hershey, “History of International Relations During Antiquity and the Middle Ages,” *The American Journal of International Law*, vol. 5, no. 4 (Oct., 1911), p. 924.

② 《宗教与当代国际关系》，第二章《宗教与全球化》，第65页。

③ 威斯特伐利亚式主权国家遭遇的挑战，早已引起国际政治学者的关注。参考［美］约瑟夫·拉彼德、［德］弗里德里希·克拉托赫维尔编，金烨译：《文化和认同：国际关系回归理论》，浙江人民出版社，2003年版，第54页相关讨论。

④ 以后冷战时期的美国为例，宗教通过国际人权、宗教自由等话语影响外交决策的重要案例是美国宗教团体对“苏丹运动”的干预。详见：前引文“宗教与冷战后美国外交政策”。此外，关于全球化时代跨国宗教对国际政治和主权国家影响的研究，可参阅前引 *Transnational Religion and Fading States*。

野，成为建构全球化时代国际关系理论的新维度。本文从宗教向度对威斯特伐利亚体系生成过程的研究正是这样一种尝试。笔者主张作为现代国际关系基石的民族国家实体的出现，以及与之伴随的主权国家概念的建构都与宗教密切相关。在以民族国家为主导的近代国际体系的奠基阶段，宗教力量同时积极和消极地形塑着欧洲的国际秩序。具体而言，宗教对于威斯特伐利亚体系生成过程的影响可以从三个方面得以论证。第一，近代民族国家的兴起直接源于中世纪后期世俗王权与宗教教权之间的长期博弈，但两者亦非完全对抗。第二，近代国家主权概念的提出是天主教传统中的政治思想家反思专制教权的必然结果，但主权的建构仍停留在信仰的话语系统中。第三，近代民族国家体系的确立实则是欧洲范围内宗教认同危机和由此触发的全面社会危机的直接后果；而在威斯特伐利亚和平后的欧洲政治中，宗教仍占有一席之地。

二、宗教形塑威斯特伐利亚体系的三重维度

（一）宗教与近代民族国家的兴起

当代国际政治学者王逸舟指出，“国际关系主要是民族国家（nation-state）间的关系”①。事实上，民族国家或主权国家不仅是国际关系理论的核心概念，更是近代国际体系建构的基本单位。标志近代国际关系起源的威斯特伐利亚体系正是以奉

① 王逸舟：《西方国际政治学：历史与理论》，上海人民出版社，2007年版，第21页。

行主权原则至上的民族国家为其根本特征的①。从世界范围来看，民族国家是欧洲历史演变的产物并随着经济全球化的发展而实现全球扩张。作为 1648 年威斯特伐利亚和平的重要成果之一，欧洲近代民族国家体系的确立实则是中世纪晚期以来世俗王权与罗马教廷教权及其主导下的帝国体系之间力量消长的产物。纵览 13—16 世纪的西欧历史不难发现，近代民族国家的崛起正是西欧王权与罗马教廷教权、世俗国家主权与天主教会政治神权之间长期博弈的结果。换言之，宗教因素是影响近代欧洲民族国家形成的重要力量。

中世纪的西欧是天主教会神权政治治下的社会，这深刻地影响着近代以来的世界历史进程。自 13 世纪后半叶起，罗马教廷的神权政治因遭遇内部天主教异议群体挑战和外部世俗王权施压的双重打击正在走向解体，在中世纪西欧大陆最强大的法兰西国家其表现最为显著。作为欧洲社会迈向世俗化进程的一支重要推动力量，法兰西民族国家的建设与西欧天主教会之间有着千丝万缕的联系。首先，法兰西主权国家的形成是以法国王权对罗马教权的胜利为前提的，这一进程在 14 世纪基本得以完成。中世纪西欧的天主教会自 11 世纪起始终面对宗教异议群体的强大威胁。尽管罗马教廷曾尝试通过发起布道运动以重振教会昔日声威，但这项努力终因教会本身名誉扫地而收效甚微。随着罗马教廷近半个世纪之久的布道运动以失败告

① 将威斯特伐利亚体系作为现代国际秩序起源提出来的是二次大战后的国际法学者列奥·格罗斯，其主张很快得到国际政治古典现实主义大师汉斯·摩根索等学者的回应。详见：Leo Gross，“The Peace of Westphalia，1648 – 1948，” *The American Journal of International Law*，vol. 42，no. 1（Jan.，1948）。

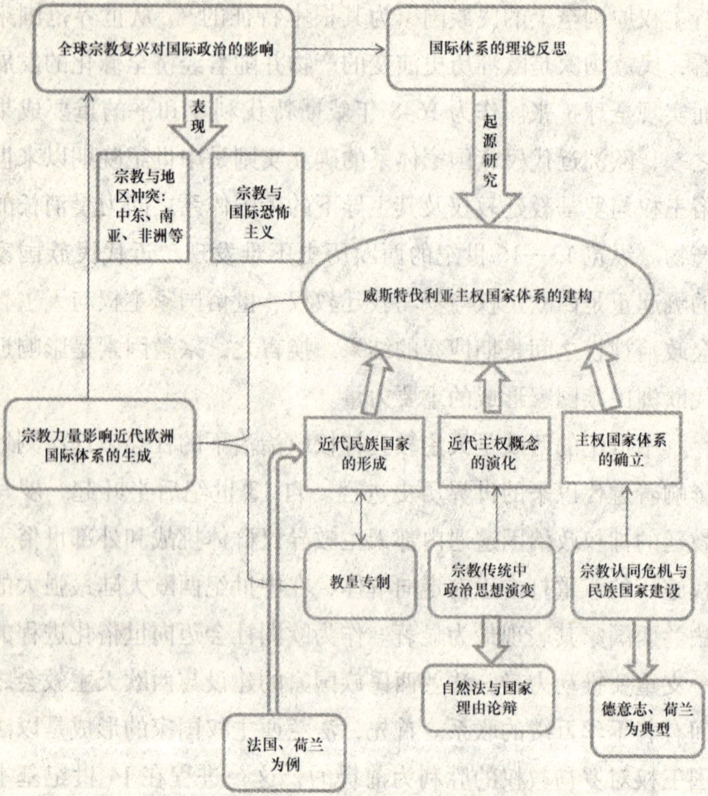

图　宗教与威斯特伐利亚国际体系之关联

终，13 世纪上半叶教廷向当时异议思想最为活跃的南部法国地区发起阿尔比战争，试图通过武力征讨根除天主教会的敌对力量。但由于天主教异议群体广为传播的地区恰恰是南部法国经济发达、文化昌明、地域辽阔和物产富饶的地中海西岸城市，在这里天主教异议群体“清教徒”式的信仰实践得到了包括图卢兹在内的自治城市伯爵的庇护。于是，刚刚经历过授职权之争（Investiture Controversy）的罗马教廷在这场基督教世界内部的屠戮中只能依靠法兰西王室的支持。在臭名昭著的“阿尔比圣战”中，法国王室凭借其与时任教皇英诺森三世之间的密切往来，以及罗马教廷在“道义上”对这场所谓圣战的支持，成功取得对战后事务安排的主导权①。阿尔比战争结束后，南部法国位于比利牛斯山脉以北幅员辽阔和经济文化发达的广袤地区成为法兰西王室的囊中之物，由此奠定了现代法兰西民族国家的基本版图。然而，发生于13世纪上半叶的这场基督教内部的宗教战争对于罗马教廷来说却是一把双刃剑。在法兰西王室的强势干预下，正统天主教会一方取得对宗教异议群体的胜利。但罗马教廷在解决宗教纷争时对法国王室的依赖，从根本上削弱了教廷教权。罗马教皇与法国王室之间在14世纪经过三番五次的较量，最终难逃劫数上演了“阿维农之囚”的闹剧。教权屈从于法国王权的局面一直延续至1378年的教会大分裂。尽管12世纪以来已处于风雨飘摇境地的天主教会在教会议会运动的冲击下依然苟延残喘，但这种不堪一击的局面注定了天主教会将在三十年战争后的国际事务安排中退居欧洲国际政治舞台的幕后。伴随着法国王权在与罗马教皇之间的权力斗争中取胜，法兰西王室可以有更多精力应付与英格兰王室之间正在进行的战争。综上所论，对于法兰西王室来说，不仅通过13世纪上半叶的阿尔比战争奠定了国家统一的基本版图，而且凭借在14世纪取得对教廷的绝对胜利，扫除了国家统一道路上的一大障碍，并最终通过百年战争中对金雀花王朝英国的胜利而于15世纪顺利实现了民族国家的统一。

① 关于13世纪上半叶阿尔比战争对于法兰西民族国家形成的影响，可见王首贞：“中世纪卡塔尔教派研究”，复旦大学博士学位论文，2013年1月。

15世纪法兰西民族国家统一的完成在近代欧洲国际体系形成中的作用不可小觑。它有力推动了三十年战争中新教联盟国家的胜利和帝国体系的解体。可以说，三十年战争恰恰是西欧天主教世界内部潜存已久的宗教纷争和政治演变的阶段性后果，这种错综复杂的局面无论在帝国体系的德意志还是新教力量相对强大的荷兰、瑞士等国家都有不同程度的体现。

与法兰西国家依靠强大的王权通过向外扩张完成民族国家建设的进路不同，作为三十年战争中重要的新教国家，荷兰在欧洲大规模宗教战争爆发前已经凭借其独特的滨海贸易优势和先进的商业舰队，于16世纪晚期迅速崛起为欧洲强国[①]。有研究者指出，"在历史上，或许没有任何其他例子作为一种完整的和原初的文明，在如此狭小的土地上如此迅速兴盛"[②]。对于荷兰的快速崛起，新兴宗教思想之影响同样功不可没。据研究，当时"成千上万的南部尼德兰加尔文教徒——他们在北部寻求庇护——为荷兰经济和文明的发展贡献了财富、技能、知识和活力"[③]。如果回顾两次世界大战、特别是二战为美国经济和社会发展注入的活力，这点是不难理解的。与此同时，荷兰经济和社会领域生机勃勃的景象与伊比利亚半岛上暮气沉沉的帝国形成强烈反差。囿于内部政府机构膨胀和由此导

---

① 有关16世纪荷兰的欧洲外交对国家建设的影响，参阅 H. G. Koenigsberger, Prince and States General: Charles V and the Netherlands（1506 - 1555），Transactions of the Royal Historical Society, sixth series, vol. 4（1994）。

② J. P. Cooper ed., *The Decline of Spain and the Thirty Years War*, *The New Cambridge Modern History*, vol. IV（Britain: Cambridge University Press, 1971），p. 365.

③ Ibid.

致的低效率的管理，加之绵延不绝的战争，西班牙在16世纪末、17世纪初遭遇严重的经济困境。迫于经济压力，1609年它被迫与荷兰签署“12年休战协定”，由此结束在弗兰德尔的争夺。凭借这一短暂的和平契机，17世纪经济和商业发展方兴未艾的荷兰与固守传统秩序的西班牙注定走向背道而驰的发展道路，并由此注定三十年战争中两个国家截然不同的命运。

（二）天主教传统中主权概念的演化

在先前的主权国家与国际关系（国际政治）学术话语中，学者们往往容易忽视潜存于威斯特伐利亚式国际体系中的一个至关重要问题即主权国家概念的历史演变。现代主权国家脱胎于中世纪西欧的神权政治，这是一个不容忽视的历史事实。前文已经考察过近代民族国家如何逐步摆脱中世纪天主教会神权政治传统而走向强盛。此处将要探讨近代国际体系话语中的主权概念同样不是无源之水、无本之木的创造。尽管政治学领域研究者通常会把近代主权观追溯至16世纪的法国思想家让·博丹及其论主权的著作①。但是，主权概念的历史演变同样是在中世纪西欧天主教会的专制教权传统中完成的。

作为发端于欧洲的政治分析单位，主权国家是一个近代概念。主权国家的明晰化是欧洲三十年战争的后果之一，这场欧洲范围内的“世界大战”与宗教力量之间有着千丝万缕的联系。欧洲三十年战争是基督教世界内部宗教纷争和宗教矛盾激化的结果，至16世纪宗教改革时代这一纷争在西欧社会已经

---

① ［法］让·博丹著、［美］朱利安·H·富兰克林编、李卫海等译：《主权论》，北京大学出版社，2008年版。

延续数世纪之久并与近代民族国家的兴起交织在一起。正是在这一意义上，当代国际关系学者丹尼尔·菲利普特（Daniel Philpott）认为，“威斯特伐利亚象征着现代体系的强化，而非无中生有（ex nihilo）的创造”①。

事实上，在三十年战争前西欧政治思想领域早已出现有关国家主权（sovereignty）和与之密切相关的国家理由（Raison d'état）② 的争论。需要指出的是，在欧洲政治理念的冲突并不与欧洲文明的整体相抵牾，这个整体正是基督教文明。正如研究者指出的，“欧洲正是作为一个基督教王国（Christendom）开始的，所有的理论家都源自于基督教”③。象征精神领袖的教皇拥有的教权与世俗王国中国王秉持的王权应当是彼此独立和自治的，这是中世纪政治思想领域不言而喻的法则，其合理性在《圣经》中有关“双剑论”的隐语中得以体现④。中世纪西欧有关国家与教会关系的阐释可以溯源至早期教皇格拉西乌斯（Gelasius）。据这位生活于5世纪的教皇理解，基督教世界具有内在的两元论特征，即呈现为精神性的或世俗性的两重

---

① Daniel Philpott, “The Religious Roots of Modern International Relations,” *World Politics*, vol. 52, issue 2 (January 2000), p. 209.

② 关于 Raison d'état 的翻译有不同版本，大英百科中译为 national interest，即国家利益，新法汉词典释为“以国家利益为名的理由”。结合这一语汇的渊源、其出现时法国的内外政策趋向与欧洲国际关系现状，笔者认为此处译为“国家理由”更为妥当，它因此区别于主权国家出现前宗教价值主导国际事务走向的状况。可参阅 David Onnekink, *War and Religion after Westphalia*, 1648 - 1713 (Ashgate: Burlington, 2009), p. 82。

③ *The Decline of Spain and the Thirty Years War*, p. 104.

④ ［英］J. H. 伯恩斯 主编：《剑桥中世纪政治思想史》(下册)，北京三联，2009年版，第514页。

性，两者都至高无上且同源于上帝。由此衍生出教皇在宗教事务上的最高权力和国王对于世俗事务的最高权力，两者彼此独立且相辅相成[①]。上帝同时向人类授予“精神与世俗之剑”，这一论断为捍卫中世纪教权进而实现教皇权力扩张提供了依据。这种神权政治理论在 11 世纪格雷戈里七世（St. Gregory Ⅶ）改革期间臻于完善，并于教皇英诺森三世在位期间达到登峰造极的程度。

然而，教权与王权的平行和平衡发展由于中世纪晚期以来民族国家的崛起和王权的强大得以打破。在中世纪盛期的政治思想语境中，主权通常与王权相联系，有时甚至合二为一。13 世纪以来教会内部危机重重的局面在一定程度上削弱了教权的合理性基础；而民族国家力量的增长更强化了政治思想领域关于世俗国家王权或主权的辩护。随着 11 世纪以来欧洲社会生活领域的深刻变化，包括经济复兴、商业繁荣、自治城市兴起[②]，以及思想领域中亚里士多德研究的复兴，特别是世俗的民族国家崛起，有学者尝试在天主教传统中对上升阶段的世俗君权之合理性进行辩护。在这项努力中英格兰政治思想家威廉·奥卡姆功不可没。正如当代研究者指出的，“在中世纪晚期政治纷争背景下奥卡姆的杰出之处，在于他对我们可以看作是脱离宗教控制的政治的坚持程度。精神的和世俗的机构通常是彼此独立运作的。教皇权力的完整性并不包括命令与神圣的

① Sister Agnes Bernard Cavanagh, *Pope Gregory VII and the Theocratic State* (Washington, DC: The Catholic University of America, 1934), p. 92.

② 关于中世纪西欧商业复兴及其对社会转型的影响，参阅赵立行著：《商人阶层的形成与西欧社会转型》，中国社会科学出版社，2004 年版。

或自然的法则相一致的任何事物的权力。他应当特别尊重世俗统治者的权利，在使市民政府具有合法性时并不要求他的同意"[①]。自然法概念的提出为近代政治理念摆脱教会神权政治的羁绊开拓了空间，而它本身却是与天主教传统中的上帝创世理念相吻合的。奥卡姆关于自然法概念的阐释成为探寻中世纪晚期世俗政治合法性的基础。如当代研究者所言，"正如我们可能从奥卡姆学术作品对于正当理由（right reason）的忠诚中期待的那样，奥卡姆式的世俗政治是在一种加以理性阐释的自然法和自然权利框架内运作的。可以说在那个框架内，多种多样的政府和经济安排之间存在着理性选择的空间，这取决于历史情形——包括在特定时空中人们愿意同意什么。然而，没有比绝对统治权或盲目决定的政治更违背奥卡姆的精神。对于现代理论而言像这样的中世纪模式甚至可以在奥卡姆如此强烈反对的教廷制（curialism）中找到"[②]。奥卡姆的政治著作更体现出对专制教权的反对和对主权在民思想的捍卫。他认为"神圣罗马帝国皇帝的权力来自于上帝……不是由教皇而是由人民授予。无论皇帝的权力或教皇的权力都要受到自由臣民权利之约束"[③]。需要强调的是，这些中世纪政治思想家在不遗余力为世俗王权之合法性进行辩护时，却始终坚守着信仰的原则。因此，正如国际政治学者王逸舟指出的，"探寻西方国际

---

① A. S. McGrade, *Natural Law and Moral Omnipotence*, in Paul V. Spade, ed., *The Cambridge Companion to Ockham* (Britain: Cambridge University Press, 1999), p. 292.

② *Natural Law and Moral Omnipotence*, p. 291.

③ John Kilcullen, *The Political Writings*, in Paul V. Spade, ed., *The Cambridge Companion to Ockham*, pp. 317－319.

政治的源头，不能忽略其特有的宗教文化和法律背景。欧美政治学说，尤其是进入中世纪之后，始终受到基督教的强烈影响，后者实质上奠定了欧美思想的政治原则和底线"①。正是伴随民族国家实体出现过程中政治思想家在反对教廷专制权力方面的不懈努力，法国思想家让·博丹提出"主权是共同体所有的绝对且永久的权力"之著名论断，在16世纪才成为顺理成章之事并因此更具现实性②。

此外，新教思想中关于信仰自由的理念同样成为摆脱中世纪天主教会神权政治束缚的推动力量。当代国际关系学者丹尼尔·菲利普特曾指出，新教理念与政治思想是形塑威斯特伐利亚国际安排的核心因素③。在丹尼尔·菲利普特看来，研究国家起源的学者通常赋予物质因素以更多重要性，但却少有人注意到观念、特别是宗教理念也是一个关键源头④。正是认识到宗教思想或理念对于时代变迁的巨大推动力，丹尼尔·菲利普特作出一个大胆假设，"倘若没有宗教改革，那么历史将会是截然不同的。事实上，对于主权国家体系的中世纪障碍将不会在实际发生的时间消失，而只可能是更晚时候"⑤。不过，这并非意味着新教或具有新教思想的中世纪政治思想家为近代主权国家的建设提出了具体的制度安排——这无疑是一项长期而艰巨的任务，即便在当代国家建设中其具体操作层面仍存有广

① 王逸舟：《西方国际政治学：历史与理论》，第55页。

② 《主权论》，第25页。

③ "The Religious Roots of Modern International Relations," p. 217.

④ Ibid., p. 208.

⑤ Ibid., p. 215.

泛争议——而是指中世纪晚期政治思想家诸如威廉·奥卡姆、约翰·邓斯·司各脱等人以自然法理念为基础的关于国家理由概念的论辩，为世俗王权或君权摆脱专制教权的束缚提供了合法性支撑，并以此为捍卫主权至上理念这一近代主权观奠定了基础。正如法国学者菲利普·内莫指出的，“为了证明14—15世纪出现于欧洲的王国和城市这些新政治实体主张之合理性”，主权概念的建构是政治思想领域亟待解决的问题①。综上所论，有了实践层面王权的胜利和理论层面对专制教权的解构，以主权国家/民族国家为主导的欧洲近代国际体系的建构已是“万事俱备，只欠东风”。而16世纪的西欧恰恰又是宗教改革和由此衍生出严重社会危机的时代，于是这个“骚动不安和激动人心的世纪”注定将在世界历史画卷上抹上浓重一笔。

（三）宗教认同危机与主权国家体系的确立

“三十年战争和结束这场战争的《威斯特伐利亚和约》通常被认为是中世纪结束的终点和现代国际体系形成的起点。”②正是1648年《威斯特伐利亚和约》的签订，宣告了以法国、荷兰等新兴国家为代表的主权国家对于罗马天主教会神权政治主导下的帝国体系的胜利，由此奠定现代国际体系的基础。历史地来考察，威斯特伐利亚式国际体系的形成是与近代早期西欧范围内广泛存在的宗教认同危机和由此触发的民族认同意识

① ［法］菲利普·内莫：《教会法与神圣帝国的兴衰》，华东师范大学出版社，2011年版，第358页。

② ［加］罗伯特·杰克逊、［丹］乔格·索伦森著：《国际关系学理论与方法》，中国人民大学出版社，2012年版，第12页。

强化密切相关。这在很大程度上是与中世纪欧洲文明作为基督教文明的特征分不开的。研究者指出，“民族认同是民族国家作为独立主体而存在的象征，它不仅指涉民族成员的政治忠诚，而且也涵盖他们的文化归依”①。在近代早期民族国家体系的形成中，作为文化核心要素之一的宗教与宗教认同危机曾起到推波助澜作用。尽管在政治学家的视域中，近代欧洲主权国家体系的起源通常与三十年战争相互关联，向前可追溯至发端于德国的宗教改革浪潮。这种研究路径无疑也符合历史学家的旨趣，历史学者往往更倾向于探究历史现象背后的深层根源。不过，这种既符合历史事实又具有历时性特征的研究却在中世纪学者那里遭受一定程度的质疑。这不仅因为1517年马丁·路德发表其划时代的《九十五条论纲》并非完全是一种偶然，更是由于代表新兴力量的欧洲自治城市在宗教改革时代实则已历经长期发展。换言之，在基督教王国的庞大帝国体系内，具有离心倾向的思想和政治态势恰恰是中世纪盛期西欧社会的内在特征。至宗教改革前夕，西欧天主教会内部严重的世俗化现象和由此导致的异议宗教群体之反抗已经持续五个世纪之久，并且具有与地方王权联合的特征。只不过在天主教会势力仍较为强大的时期，这种联合却不幸遭遇胎死腹中的厄运。尽管教会在13世纪起设立宗教审判机构试图根除天主教内部异议群体的威胁，但是后来的历史发展表明教会的这项努力是徒劳的。

事实上，在推动近代欧洲国际体系形成的三十年战争爆发前数世纪，欧洲历史上的宗教冲突就已是此起彼伏。一个显见

---

① 何佩群、俞沂暄主编：《国际关系与认同政治》，时事出版社，2006年版，第4页。

的悖论是，正是在罗马教廷教权达到登峰造极发展之时，天主教会内部异议宗教思想的兴起和传播呈现出一种波澜壮阔的局面。中世纪盛期的罗马天主教会已经深深卷入到欧洲的世俗政治领域，因此，这种宗教的纷争也深刻影响中世纪欧洲的世俗政治发展，这点最明显地体现在12世纪末南部法国城市寻求自治的尝试中。这种政治与宗教交汇融合的情形在一定程度上影响着中世纪欧洲的国际政治，例如阿尔比战争之于法兰西民族国家形成、进而对于中世纪英法之间的关系都产生过重要影响。尽管这种影响更多是一种间接的。就此而论，当1517年马丁·路德因不堪忍受罗马教廷的盘剥揭竿而起以捍卫普通信徒的信仰自由时，他只是在继承中世纪盛期的历史遗产。因为相似的情形早已出现在13世纪早期以图卢兹为代表的地中海沿岸这片辽阔的土地上。所不同的是，13世纪的法国处于民族国家发展的起步阶段，因此，联合教廷力量以对抗具有离心倾向的南部势力是一种必然选择。

与宗教认同危机伴随的是西欧各地自治城市的出现对现有帝国秩序构成的威胁。前文已经指出，即使在早期反天主教会的异议群体中，也存在着世俗领主或世俗王权庇护宗教异议者的情形，不过早期的联合在成立于1234年并迅速扩展至西欧各地的宗教审判机构的严酷镇压下曾毁于一旦。正如学者指出的，“在整个中世纪时期，城市共同体始终在争取包括地方主权（local sovereignty）的要求和功用在内的权利和特权——从调控当下经济、控制税收以及管理低级司法权到监护教区宗教”①。

① C. Scott Dixon, “Urban Order and Religious Coexistence in the German Imperial City,” *Central European History*, vol. 40, no. 1 (Mar., 2007), p. 1.

贯穿14世纪始末的法国王权与罗马教廷教权之间的冲突，一个根本原因就是双方在征税问题上的分歧[①]。尽管至宗教改革前夕，西欧的城市自治与宗教自由相较于几个世纪之前已大为改观。但是，既受制于力量的分散、又受限于天主教诸侯势力的强大，当1555年在奥格斯堡召开新的帝国议会（Diet）时，以威腾堡公爵克里斯托弗为首的福音派诸侯，实际上还是很难与帝国皇帝查理五世所代表的天主教势力分庭抗礼。即使如此，以萨克森公爵莫里斯为首的新教诸侯联盟的反抗业已令天主教的帝国皇帝惊恐不安。为了保持相对持久的和平，双方在1555年2月召集的帝国议会上达成宗教问题上的和平，从法律上确立“教随国定”（*Cuius regio*，*eius religio*）原则[②]。这项规定只是在1648年的威斯特伐利亚和平中得以重申，并因此成为解决当时广泛存在于西欧各地、特别是帝国境内激烈爆发的宗教冲突和由此导致的政治纷争的重要尝试[③]。

---

① 详见王首贞：“刍议中世纪教权与法国王权之关系”，《法国研究》，2013年第3期。

② Lewis W. Spitz，“Particularism and Peace Augsburg：1555，” *Church History*，vol. 25，no. 2（June 1956），p. 120.

③ 实际上，至16世纪德意志帝国境内爆发宗教战争，基督教世界的宗教纷争已广泛存在于西欧各地。早期案例有12世纪法国境内的卡塔尔教派问题和由此引发的“圣战”；在英国主要是牛津大学学者约翰·威克里夫倡导的非正统教派罗拉德派。这些中世纪的宗教异议群体大体反对已陷于信任危机的罗马天主教会的神权政治，提倡以《圣经》作为宗教权威的来源，成为近代福音派教会的精神源泉。详见 Ian Forrest，*The Detection of Heresy in Late Medieval England*（Britain：Oxford University Press，2005）；Joel F. Harrington and Helmut Walser Smith，“Confessionalization，Community，and State Building in Germany，1555 - 1870，” *The Journal of Modern History*，vol. 69，no. 1（Mar.，1997），p. 77。

作为宗教改革的发源地，德意志的民族国家建设更是与宗教认同和由此触发的社会危机密不可分。1555 年《奥格斯堡和约》“教随国定”原则的提出成为处理帝国境内宗教的、政治的关系，以及广泛渗透于帝国社会各个角落的宗教共存、宗教多元性、宗教冲突问题的准则，“这些问题反过来有力地影响着德意志的国家和民族建设”①。德国学者弗雷德里希·席勒在对三十年战争的描绘中直言不讳地指出，“教会分裂导致了德意志兰长期的政治分裂，使它经历了 100 多年的混乱，但同时也堆积起一道反对政治压迫的永久性堤坝。北部的一些强国，如丹麦、瑞典，能首先纳入欧洲国家体系多半由宗教改革所致”②。其实在三十年战争前，欧洲的政治形势与宗教版图已经发生急剧变化。崛起中的奥地利国家成为教皇在欧洲大陆的坚定支持者。导致这一局面的原因部分地出现在 14 世纪法兰西王室与教皇之间的紧张关系中，但更早地出现于中世纪德意志皇帝与教皇之间在有关主教授职权（Investiture Controversy）的争议中。正如席勒指出的，“也许由于天主教的整个命运依赖于奥地利王室的决定，因此全欧洲把奥地利亲王们视为教皇统治的柱石。新教徒对教皇统治的愤怒很自然地一致发泄到奥地利身上，并渐渐地把保护者和受他保护的东西掺杂在一起”③。美国学者丹尼尔·菲利普特的研究亦表明，“支持威斯

① “Confessionalization, Community, and State Building in Germany, 1555 - 1870,” p. 78.

② ［德］弗里德里希·席勒著：《三十年战争史》，商务印书馆，2009 年版，第1页。

③ 《三十年战争史》，第5页。

特伐利亚的政治实体在其威斯特伐利亚利益之前并没有获得更为强大的国家制度、军队和财富，与此同时，有相对强大且富有的反对威斯特伐利亚的政治实体”①。

总之，在宗教改革时代的西欧，表面的宗教纷争背后潜藏着大一统的帝国体系与自治的世俗王权之间的深刻矛盾。换言之，宗教改革危机暴露出的只是不同社会群体之间各异的社会认同问题②。“到中世纪晚期，欧洲的民族区划已经十分明显，欧洲的不同民族保持着自己的语言、法律和习俗。许多人对在自己的国王统治下并受制于本民族传统规范的政治联合体有一种清晰的意识，他们大多有着一种民族的认同感，并把这种认同感当作一种与自己休戚相关的、有意义的社会事实。”③ 就此而论，对于近代威斯特伐利亚式国际体系的形成，“宗教改革不是唯一的、但却是关键的原因”④。

三、余论

美国国际关系学者丹尼尔·菲利普特曾指出，“当一种政治秩序四分五裂之时，生活在该秩序之中彼此竞争的人们将会探寻其起源——保守派，强化这种体系的系谱；革新派，揭示

① “The Religious Roots of Modern International Relations,” p. 207.

② Ibid. , p. 217.

③ 丛日云主编：《西方政治思想史：中世纪》，天津人民出版社，2005 年版，第 370 页。

④ “The Religious Roots of Modern International Relations,” p. 214.

这种体系并非完美无瑕的基础；学者，探究促成这一秩序或者令其解体的各种趋势”①。本文对宗教影响威斯特伐利亚体系生成过程的研究正是这最后一项尝试。

笔者着眼于当下国际政治现实中宗教复兴和宗教回归的现状对以国家为中心的威斯特伐利亚式主权国家体系带来的挑战，通过探究宗教力量在近代欧洲民族国家实体形成、主权国家概念建构以及近代欧洲主权国家体系确立三重历史进程中施加的影响，旨在表明 1648 年以欧洲三十年战争结束为标志所确立的威斯特伐利亚国际体系，是欧洲内部宗教势力与世俗王权长期博弈的产物，是欧洲近代主权国家形成与强化、欧洲社会自中世纪向近代过渡进程中宗教、政治、思想领域长期演变的结果，因此从本质上讲是基于欧洲历史发展的建构。正如国际关系的批判理论学派主张的，“社会的世界（social world）是一种时间和空间的构造，国际体系则是最强大的国家的一种特殊构造。凡是社会的事物（包括国际关系），都是可变的，因而也就都是历史的”②。就此而论，诸如宗教问题和文明冲突等国际关系新议题的出现正是该学科发展的必然趋势。因为随着世界范围内民族独立运动的发展与后起民族国家的逐渐强大，以各自不同文明与文化传统为基础而成长起来的新兴主权国家正以更加独立的姿态参与国际事务。特别是近年来政教合一的伊斯兰世界对于国际和平不断发起挑战并更加复杂地卷入地区冲突，这一切都令传统的无论自由主义抑或现实主义的主权国家主导的国际关系理论经受着前所未有的挑战。学者们甚

① “The Religious Roots of Modern International Relations,” pp. 206 - 245.

② 前引《国际关系学理论与方法》，第 252 页。

至认为，“宗教全球复兴对国际关系理论的挑战堪比冷战结束或全球化初现所引起的理论挑战”①。与此同时，该研究亦在阐明，主权国家主导的现代国际关系安排是一个长期的历史演变过程，其中包含中世纪晚期以来欧洲社会内部宗教的纷争、思想的酝酿、政治的转型多重要素。换言之，作为现代国际政治文明象征的威斯特伐利亚体系，它本身也只是人类文明（或者更为确切地讲是基督教文明）特定历史阶段的产物。“现代国家与民族国家是晚近的发明，而不是独立于时空和情景的永恒不变的和普适性的实体，它也不是目的论的历史过程的终点”②。在这种意义上讲，美国学者弗朗西斯·福山的著名论断“历史的终结”仍待未来历史的检验③。因此，正如邓正来先生指出的，“这种以民族国家为核心的世界秩序，虽说延续了数个世纪，却依旧不是一种终极性的制度安排，因为它还存在着许多我们必须反思并考虑变革的问题”④。

概言之，威斯特伐利亚国际体系的生成过程表明，这一在打破中世纪天主教会神权政治理念和与之伴随的帝国体系基础上建立起来的、以主权国家为主导的国际秩序，是西欧历史经验的产物。在全球化纵深发展和文明间频繁交往的 21 世纪，这一体系本身的局限性是不言而喻的。前文所述后冷战时期、特别是“9·11”事件后宗教相关的国际冲突愈演愈烈之呈现

① 《宗教与美国社会》（第七辑），第 436 页。

② *Transnational Religion and Fading States*，p. 9.

③ ［美］福山著：《历史的终结及最后之人》，中国社会科学出版社，2003 年版。

④ 邓正来著：《谁之全球化？何种法哲学?》，商务印书馆，2009 年版，第 43 页。

就是最好的佐证[①]。如何立基于当前国际政治发展的现实以反思传统的国际体系，并在结合全球化的社会现实与多元文化传统基础上，汲取民族文化的养分进而构建既符合长远国家利益又具有相对普遍适用性的国际秩序理论，成为当下国际关系和国际政治学界当务之急的使命[②]。笔者从宗教向度对国际体系起源进行的考察，既为这种反思和重构提供了理论前提和历史基础，其本身亦是从多元文明视角理解国际关系理论的探索之举，希望能起到抛砖引玉的效果。

① 关于后冷战时期宗教对国际政治和国际关系的影响，见徐以骅前引文："宗教与当代国际关系"，《国际问题研究》，2010 年第 2 期。

② 随着中国国际地位的提升与更加独立地参与国际事务，建构符合国家利益的新型国际关系理论成为中国国际政治学者日渐关注的问题。可参阅秦亚青："中国国际关系理论的进步与问题"，载《国际关系理论：反思与重构》，第 157—195 页；袁明："'全球化'与中国国际关系研究"，载袁明主编：《跨世纪的挑战：中国国际关系学科的发展》，北京大学出版社，2007 年版，第 341—353 页。

"后世俗社会"理论视域下的伊斯兰研究*

•李 意

[内容提要] 当代社会中，传统的和新出现的许多非世俗化现象，往往是长期世俗化过程的结果。这一现象要求我们对正在全球范围内加速展开的世俗化过程进行全新的思考。从美国宗教社会学家贝格尔的"去世俗化"理论，到以色列社会学家艾森斯塔德的"多元现代性"理论，再到德国哲学家哈贝马斯的相关学说，"后世俗社会"理论引发了国际学术界的高度重视。本文以中东伊斯兰国家的教俗关

* 本文为2011年度教育部人文社会科学研究一般项目"中东国家政治合法性中的伊斯兰因素"（11YJC810024）、2011年度上海外国语大学规划基金项目"中东国家的政治变革与转型研究"（2011114038）的阶段性成果，并得到上海外国语大学青年教师科研创新团队和第51批中国博士后科学基金面上的资助。

系为案例，对中东国家政治变迁的重大实践活动进行理论上的反思与总结，认为在中东伊斯兰世界，不是某种普遍的世俗化法则决定了伊斯兰教的现代命运，而是伊斯兰教的文化积淀本身决定了世俗化的形式与方向。同时，通过分析这一现象的理论根源、文化根源及实践根源，旨在揭示中东伊斯兰国家中宗教问题的复杂性及其对社会稳定的重要性。

早在20世纪50年代，马克斯·韦伯就对现代社会有过这样的总结："我们的时代，是一个理性化、理智化，总之是世界祛除巫魅的时代；这个时代的命运，是一切终极而最崇高的价值从公众生活中隐退……"① 西方社会学家把这个时代的这种理性化、理智化现象称为世俗化。然而，随着全球化的推进，当代社会逐渐呈现出一些新的特点：一方面是世俗化的持续进行；另一方面是宗教团体和宗教力量的继续存在，特别是在中东伊斯兰国家，宗教势力的影响甚至还在进一步扩大。从世界各地的情况来看，这两种现象之间存在着密切关联：恰恰是世俗化、现代化过程对传统生活世界的大规模、高速度破坏，使人们不得不从宗教中寻找精神家园。这个世界变成完全是人造的世界，一个不是"自然的"、而是"被建构的"世界。你的意义不是我的意义，我的"好"也不是你的"好"，甚至各有各的民意。价值失去了超越世界的基础，失去了客观性和普世性。针对这一现象，贝格尔（P. L. Berger）指出，世

① Max Weber, *Essays in Sociology* (New York: Oxford University Press, 1958), p. 155.

俗化理论在本质上是错误的。他认为，除西欧国家外，当今世界与其说是处在世俗化过程中，不如说是处在宗教复兴之中，或者说，现在的趋势是"去世俗化"（desecularization）的。[①]因此，我们既不能简单地把当代社会看作一个世俗社会，也不能简单地把它看作非世俗社会。在这个社会中，传统的和新出现的许多非世俗化现象，往往是长期世俗化过程的结果；而这些非世俗化现象又要求我们对正在全球范围内加速展开的世俗化过程进行全新的思考。这个问题如今已成为伦理学、宗教学、政治哲学和思想史中非常核心的问题。本文以"后世俗社会"理论为基础，以中东伊斯兰国家中的教俗关系为案例，对中东国家政治变迁的重大实践活动进行理论上的反思与总结，旨在揭示其政治转型的内在规律及特殊性。

一、问题的提出

当前，中东国家正经历着历史性的重大变革。自 2010 年年底以来，多数阿拉伯国家相继发生群众抗议事件，纷纷示威反对独裁统治。抗议群众呼吁总统或国王下台，提出政府改组公平选举、实行民众参政、保障民权与改善民生等要求。从全球范围看，这无异于新世纪全球化进程加速、国际政治经济格局大调整、国际新秩序建立过程中发生在该地区的一次"板块地震"。阿拉伯剧变呈现出难以把握的外溢效应，它使贫

---

① Peter L. Berger, "The Desecularization of the World: A Global Overview," *The National Interest*, no. 46 (Winter 1996/97), pp. 78 – 91.

困、社会不公和独裁等问题暴露无遗，并与美国在该地区的政治存在日渐衰弱结合在一起，对中东地区及国际政治格局产生深远的影响。相比较阿拉伯共和制的世俗权威主义政权，沙特等海湾君主制国家在这场政治风暴中相对平稳。其根本原因在于前者的政权丧失了政治合法性，而后者的政治合法性基础相对牢固。在君主制阿拉伯国家中，政治合法性属于传统型，即传统的神圣不可侵犯性，其中源于宗教的合法性最为重要。

一直以来，在深受伊斯兰教影响的中东地区，如何确立世俗政权的政治合法性，始终是困扰中东各国发展的一大政治难题。尤其是在民族解放运动取得胜利，致力于政权建设和经济发展阶段，这一问题显得尤为突出。中东世俗权威国家的统治者倡导的主流政治文化代表着其政治发展方向，在固守传统政治文化的民众眼中或多或少有“西化”之嫌，故其社会基础相当薄弱。伊斯兰世界剧烈的世俗化过程导致神圣信仰的日渐衰落、以及传统社群保护机制的深层解体，许多穆斯林（甚至不少是精英与上层人士）不断感受到意义与认同的双重危机。当处于转型期的中东社会面临着诸多社会矛盾时，陷入失望与迷茫的民众往往习惯于从传统宗教中寻求解决社会矛盾、实现美好理想的答案，由此形成的认同感在一定条件下，催生了中东国家民众的抗争行为。有学者指出，埃及是一个具有深厚的宗教传统的国家，宗教是各个时代埃及民族性的核心因素，在他们的社会和政治生活中，宗教是根深蒂固的。[①] 与埃及的情况相似，其他中东伊斯兰国家亦是如此。《古兰经》不

① Nazih Ayubi, “Islam and Democracy,” in David Potter, ed., *Democratization* (Cambridge: Polity Press in association with the Open University, 1997), p. 345.

仅规定了认主独一、笃信安拉等六大宗教信条，规定了五大功课和有关的宗教礼仪，而且它本身也是确立宗教、政治、经济、军事和法律的根据。正是由于伊斯兰教与"世俗化"在本质上并不相容，那么以世俗化为标志之一的民主政治转型必然受到一定程度的制约。

因此，对中东国家来讲，在政治转型和民主化制度变迁中，不可能脱离其独特的政治现实，即伊斯兰教在政治中的重要作用。伊斯兰教是一种涉世性极强的宗教，它具有政教合一、族教混同、两世兼重等特点。从本质上讲，伊斯兰教作为文化因素，在民主化进程中起到干预变量的作用，并一定程度地推动或阻碍了现代化和民主化的进程。从社会文化的角度来看，伊斯兰是一种"防御性文化"。历史上，伊斯兰的复兴和传播不仅是因为它满足了时代的需要，也因为伊斯兰的缔造者是宗教理想主义者、审慎的政治家和精明的军事战略家的综合体。一旦出现社会矛盾，各国政治反对派往往利用宗教推波助澜，使更多的民众"回归宗教"。[①] 宗教的动员及变革性质，不但使之成为权力维持的武器，也成为对现存秩序挑战的武器。从20世纪70年代末伊朗伊斯兰革命、90年代阿尔及利亚伊斯兰救国阵线险些颠覆民族主义政权和2002年以来极具宗教色彩的土耳其正发党执政，到近年来埃及、约旦穆斯林兄弟会在议会广泛参政和2006年哈马斯在巴勒斯坦立法委选举中获胜并执政等一系列事件，都表明非世俗化在中东国家有重

① Bassam Tibi, *The Crisis of Modern Islam: A Preindustrial Culture in the Scientific-Technological Age* (Salt Lake City, Utah: University of Utah Press, 1988), pp. 53－60.

新泛起的势头。一般而言，中东国家的教俗关系可以从以下三大根源来解析。

二、理论根源——“后世俗社会”理论的形成与发展

马克斯·韦伯的经典世俗化理论将现代社会理解为一个全面趋向理性化、合理化、理智化的过程，现代社会就是一个“解魅”的时代，是一个理性化解除宗教魔咒的时代。所谓“解魅”就是整个社会走出宗教的控制，生活在一个理性主义的世界，在生活世界实现世俗化。理性对现代社会的意义首先表现为理性的觉醒和伸张，导致了一个世界“解除魔咒”的历史性转折，即社会开始摆脱传统的控制，转向运用理性的方法来理解和征服世界。20世纪60年代末，美国宗教社会学家彼特·贝格尔在《神圣的帷幕》、《天使的传言》等著作中完整地提出了世俗化理论，他继承了韦伯式的研究，在“祛魅的世界”之基础上再次讨论宗教世俗化问题。他改变了以“教会—宗派”为旨趣的“教会的宗教社会学”发展方向，构建了世俗化—多元化—私人化的理论模式。然而，在事隔30年之后，曾经作为宗教世俗化提倡者的贝格尔，却公然放弃了他早年论述过的世俗化理论，并在全球化的问题意识前提下提出了“去世俗化”理论，重新解释这30年来美国宗教以及世界宗教的最新发展。彼特·贝格尔的理论变化，实际上反映了欧美宗教社会学从经典世俗化理论转向“后世俗社会”理论的过程。

无独有偶，以色列社会学家艾森斯塔德（S. N. Eisenstadt）经过考察与分析后指出，"现代化需要社会所有主要领域产生持续变迁这一事实，意味着它必然因接踵而至的社会问题，各种群体间的分裂和冲突，以及抗拒、抵制变迁的运动，而包含诸种解体和脱节的过程。"[①] 为此，艾森斯塔德提出"多元现代性"（Multiple Modernities）理论。该理论认为，现代性是依据各自社会不同的政治、经济和文化脉络实现的。因此，并不存在一个单一的现代性，而是有多个现代性，或者说，现代性具有多种模式。受此启发，法国社会学家爱尔维优—雷杰（Danièle Hervieu-Léger）建议直接使用"多元宗教现代性"的概念，将其作为超越经典世俗化理论单一线性进化史观的工具。其研究目标就是要通过脉络化（contextualisation）的工作避免把世俗化当作一种普遍的历史法则，转而考察、比较在现代化过程中，不同社会是如何以不同的方式区分宗教意义和社会秩序的。[②] 这样一来，学者们对世俗化的解读就呈现出这一局面：考察的重点不再是合理化或个体主义对宗教虔信与实践的影响，而是宗教在历史、文化层面上以潜移默化的方式对现代性的建构作用。

真正将"后世俗社会"（Post-secular Societies）提升为理论的是德国哲学家于尔根·哈贝马斯（Juergen Habermas）。哈贝马斯对世俗化问题的看法可分为两个阶段，两者的分水岭是

---

① Shmuel Noah Eisenstadt, *Comparative Civilizations and Multiple Modernities* (*Leiden, The Nether/ands*: Brill, 2003), p. 61.

② 汲喆："如何超越经典世俗化理论?"，载《社会学研究》，2008 年第 4 期，第 97 页。

2001年的“9·11”事件。在那之前，他虽然对宗教功能做有限的肯定，但主要是把它作为世俗化过程的残余看待，并认为宗教具有心灵抚慰功能，具有解释神秘现象的认知功能。“9·11”事件后，哈贝马斯对于完全依靠世俗资源解决我们时代面临问题的情形，已经开始产生怀疑。[①] 他认为，宗教具有了政治功能，后世俗化已经成为与世俗化相竞争的社会趋势。在一次演讲中，哈贝马斯指出，“2001年9月11日，世俗社会与宗教之间的紧张以一种前所未有的方式暴露出来，它触动了世俗社会深处一根宗教的神经”。[②] 民族分裂、战争、恐怖主义这些问题都与宗教有关，它似乎暴露了世俗社会的限度。西方国家不得不重新面对这样的问题：宗教信仰和宗教实践与民主国家是相容的吗？宗教的多元化会导致国家的解体和文明冲突吗？对于这些问题，哈贝马斯在《世俗化辩证法》中指明，把世俗化作为现代社会的特征很可能是以偏概全的，严格来说，全世界真正意义上的世俗化国家是少数，只有欧洲福利国家、加拿大、澳大利亚及新西兰等国是世俗化社会，包括美国在内的许多国家都处在后世俗状态。“若将目光拓展到世界其他文化和世界性宗教，倒不如说今天的美国是一种常态。”[③] 在这种情况下，与其讨论宗教的终结，不如讨论世俗化的终结。哈贝马斯与拉辛格主教（教宗本笃十六世）的对话里，

① Martin Beck Matustik, “Singular Existence and Critical Theory,” *Radical Philosophy*, vol. 8, no. 2 (2005), p. 221.

② 于尔根·哈贝马斯：《后民族结构》，曹卫东译，上海人民出版社，2002年版，第162页。

③ Jürgen Habermas, “Notes on A Post-secular Society”, http://www.signandsight.com/features/1714.html (2008-06-18).

首次提出“后世俗社会”的新概念，批判僵化的和排斥宗教的世俗主义。他相信，在后世俗社会里，宗教会持续存在，而我们也要对宗教的真理持开放性态度。

20 世纪下半叶以来，大规模的宗教复兴不断出现，新兴宗教、老的宗教、各种各样的宗教，包括公共讨论当中频繁使用宗教语言等现象。一方面，这个世俗社会意味着全球化和现代化发展到了任何一个角落，与很多地区原有的宗教、生活方式发生了极大的冲突。现代化的拥护者原本以为现代化可以解决一切问题，但现代化无法解决一个很重要的问题——人生的意义在哪里？而这一问题的答案，本来是宗教所提供的；另一方面，现代性也无法回应人们的一个集体认同的问题。人的信仰、认同显然无法从这样一种普世化的世俗意识形态中寻找答案，而是要回到原来自身的文化传统或者宗教传统里寻找。在世俗化社会里，宗教问题不仅没有被消解，而且越来越尖锐化。面对这一困境，哈贝马斯在讲演和论著中频繁涉及宗教话题，多方面讨论在所谓“后世俗社会”中宗教信仰的思想意义和社会作用，其主要观点如下：首先，宗教是生活世界的重要组成部分。要理解现代性的过程、代价、后果等，就一定要和宗教联系起来；其次，世界性宗教的产生标志着生活世界合理化的一个最重要成就。生活世界真正彻底的合理化就是现代性，而雅斯贝尔斯（IKarl Theodor Jaspers）所说的世界的两重化（雅斯贝尔斯认为，由于意识到自我的局限性，人为自己确立了一个至高无上的目标，人在自我的深处和在超越的明朗处体验到绝对性，他将这种超越意识归结为轴心文明。轴心文明的特点就是做出了理想世界和现实世界之间的区分，有哲学家称之为世界的两重化，即意识到了理想世界和现实世界的超越性，超越性可以说是精神生活，或者说，精神生活的特点就是具有超越性。）就是现实世界和理想世界的分化，是这种合理化的一个重要步骤，它是在世界宗教的背景下建立起来的；再次，即使现代社会形成后，宗教仍是对世界解释的重要内容；最后，宗教的有效性模式或模态是对于超越特定语境的强调，宗教要求超越所有特定的语境。① 他的一系列观点进一步表明：如果早期的现代性要克服的是“传统”，那么晚近的现代性则以否定早期现代性为主要特征。换言之，不是某种普遍的世俗化法则决定了宗教的现代命运，而是宗教的文化积淀本身决定了世俗化的形式与方向。②

哈贝马斯的“后世俗社会”理论为我们理解中东伊斯兰国家的教俗关系提供了理论指导。该理论在中东地区的实践表明，在中东伊斯兰世界，不是某种普遍的世俗化法则决定了伊斯兰教的现代命运，而是伊斯兰教的文化积淀本身决定了世俗化的形式与方向。中东伊斯兰国家的主体文化源于伊斯兰教，自产生之日起，这根“宗教的神经”就与政治有着密切的关系。在之后的发展历史上，也从未经历过类似基督教中的那种宗教与政治分离的转变。相反，在传统文化遭遇冲击与社会变革矛盾最为突出的时期，它往往会被激活，从一种潜在的价值判断或生命哲学转变成为一种显在的传统保卫战的武器。20世纪70年代以来，中东伊斯兰世界掀起了宗教复兴的浪潮，宗教的意识形态化不断增强，伊斯兰教与社会政治生活的关系

---

① 童世骏：“‘后世俗社会’的批判理论——哈贝马斯与宗教”，载《社会科学》，2008年第1期，第8页。

② 童世骏：“‘后世俗社会’的批判理论——哈贝马斯与宗教”。

呈现增强之势。在社会矛盾最为突出的时期，源于主体性文化的意识形态既会表现出一种融合的态势，向现代性趋同的取向，又会在强制外力不断地打压和控制下表现得异常强硬和不妥协，从而出现传统复兴的现象。

三、文化根源——伊斯兰思想、信仰及意识形态

一般以为，世俗化是现代化的重要内容，是人类从传统社会向现代社会过渡时出现的一个普遍现象。然而，作为伊斯兰文明核心的中东地区，无论从其过程还是结果来看，与其他地区相比都独具特色。事实上，对于“世俗主义”这个词，在阿拉伯语、土耳其语和波斯语中并没有对等的翻译。在阿拉伯语中，常见的术语是 ilmaniyyah（来自 ilm，科学加上世界）或者 almaniyyah（入世的）；在波斯语中，英语词组“世俗主义”的音译是常用的；在土耳其语中，常用术语是“laiklik”则来自法语 laicité。世俗主义在伊斯兰教的主要语言中缺乏与其语义等价的词汇，并不是因为伊斯兰教与世俗主义是不相容的，而是因为从历史上来看，穆斯林没有必要去思考世俗主义。① 英美传统对政治世俗主义起源的分析在很大程度上也阐明了这个主题，即世俗化法则并没有决定伊斯兰教的现代命运。

---

① Nader Hashemi, “The Multiple Histories of Secularism: Muslim Societies in Comparison,” *Philosophy Social Criticism*, no. 36 (2010), pp. 325 – 339.

（一）伊斯兰思想的二元论

中东是犹太教、基督教和伊斯兰教三大宗教的诞生地，长久以来，伊斯兰教主导着这个地区。政治性在伊斯兰教传统的文化思想体系中地位突出，是其他宗教文化无法与之相比的。“伊斯兰从先知时代和四大哈里发时代开始，就与权力联系在一起。这种宗教与权力，社团与政治的联系，在《古兰经》和其他早期宗教文献中显而易见。”① 可以说，伊斯兰教首要的特点不是宗教的文化性，而是宗教的政治性，这种宗教政治文化体系形成了伊斯兰社会独特的历史传统与社会心理，赋予伊斯兰社会以独特的发展轨道，即“伊斯兰历史的连续性从来都是在宗教意识形态和政治主张的共生现象中表现出来的，伊斯兰教从来不承认政治和宗教的两分模式”。② 恩斯特·格尔讷用钟摆理论生动地描述了这一情形。他指出，伊斯兰始终是一个不变的神性灵魂与两个历史躯体的奇怪组合，惟一永恒不变的是乌玛时代的“理想”情结，它贯穿整个穆斯林历史，超越任何有关伊斯兰思想的二元论，这就是伊斯兰抵抗世俗化的秘密所在。③ 因此，伊斯兰意识形态与世俗化的关系是独一无二的，世俗主义并没有在穆斯林社会中发展壮大。

从历史上看，伊斯兰过去是，现在是，将来还是中东地区

---

① Robert D. Lee, *Religion and Politics in the Middle East* (Colorado: Westview Press, 1981), p. 12.

② 刘靖华：“伊斯兰复兴的政治文化与意识形态研究”，载《西亚非洲》，1988 年第 4 期，第 57 页。

③ Ernest Gellner, *Conditions of Liberty: Civil Society & It's Rivals* (London: Allen Lane/Penguin Press, 1994), p. 22.

政治中非常关键的动力。第一个伊斯兰社会是先知穆罕默德在麦地那建立的"乌玛"，它完全是易卜拉欣一神教社会架构的创造与实现。通过先知不断获得的启示，在公平、正义和兄弟情谊的基础上，"把个人、部落、城市甚至是不同的民族整合到了一个更大的社团，在这个社团中至上的宗教忠诚包容了其他所有的忠诚，而不是摧毁它们，同时建立了一个规范全体人民各项事务的新的公民法和政治权威"。[①] 乌玛的建立不但是对伊斯兰教前阿拉伯贝都因人部落分野、相互仇杀的社会呼吁统一和秩序的回应，也成为后来穆斯林在社会变迁中不断向往的社会原型。从乌玛的建立到奥斯曼帝国的解体，伊斯兰得到了大力的推行，逐渐使国家在政治、经济、文化等层面具有了伊斯兰的规定性。同时，随着社会的发展，民族文化、制度、经济等成份也融入到伊斯兰之中，以至于很多伊斯兰学者认为，"伊斯兰是一种极其多样的宗教传统，甚至可以把它当成复数形式来看。"[②] 此后，伊斯兰不但没有被削弱，反而适应着不断的发展。尽管每个社会都是独特的，但它们在（伊斯兰的）形式上是相似的，即在政治和宗教上相互联系，并享有共同的（伊斯兰）文化价值观。

当然，没有起支撑作用的社会体制架构，作为意识形态的伊斯兰就不可能出现。伊斯兰意识形态的存续完全是依靠一种

① M. E. Ahrali, "Change and Continuity in the Middle East", in M. E. Ahrari, ed., *Change and Continuity in the Middle East: Conflict Resolution and Prospects for Peace* (London: Macmillan Press Ltd., 1996), pp. 97 - 110.

② Bryan Turner ed., *Islam: Critical Concepts in Sociology* (London: Routledge, 2003), p. 21.

传统的社会体制，只要这种体制没有完全坍塌，它就会不断地发挥作用。伊斯兰社会是在历朝伊斯兰意识形态的指导下建立并延续下来的，虽然其中也出现过一些变化与波折，但伊斯兰社会的基本结构还是维持在对这一信仰的坚持上。而且，这种伊斯兰的社会结构反过来又加强了伊斯兰作为一种意识形态的存在。伊斯兰社会与伊斯兰观念稳定的结构形式直接导致了其他思想观念在相互斗争中的不利环境和脆弱地位。因此，不管是世俗民族主义、资本主义还是社会主义思想，都未能取得与伊斯兰传统斗争的彻底胜利。

（二）伊斯兰教信仰自由及其后果

有学者指出，穆斯林社会事实上比基督教更加包容宗教多元化，如巴格达市人口的1/3都是犹太人；逊尼派和什叶派的关系及其对待宗教少数群体的态度比欧洲更为包容。① 在这些国家里，宗教是关键性的、压倒一切的政治争论的焦点，不会出现像西方国家那样的宗教与世俗的争论。中东伊斯兰国家面临的主要政治问题是社会政治秩序不但受到腐败和皇家裙带关系的威胁，而且受到外国势力的干预和侵略，如11至13世纪的十字军东征，1258年的蒙古人入侵，现代以来俄、法、英、美的逐步渗透与侵略以及殖民主义、帝国主义等。一方面，强烈的外部危机可以促进内部的统一性，也可以延缓内部矛盾的爆发时间。很长时间以来阿拉伯国家面临的外部压力很大，内部问题自然就成了次要问题。另一方面，相对宽容的伊斯兰教

① Bertrand Russell, *A History of Western Philosophy* (London: Routledge, 2004), pp. 390 - 397.

不会激起知识阶层的反对，自然不会发生类似于基督教的宗教改革运动，世俗化的确立也就无从谈起了。

伊斯兰问题专家诺亚·费尔德曼（Noah Feldman）在《伊斯兰国家的兴衰》中指出，宗教和国家的关系在伊斯兰国家中比在西方世界中更加稳定和友好。在过去的一千年中，宗教在稳定性和可预见性中发挥了建设性作用。[①] 在中东伊斯兰国家，宗教和解释宗教的学者设法限制伊斯兰哈里发和苏丹的野心，通过迫使他们承认伊斯兰教对他们统治的限制，来换取统治者的合法性。于是，哈里发就是宗教领袖，苏丹也是宗教领袖，国家总是由宗教领袖直接领导，统治者未能凌驾于伊斯兰法之上，从而限制了独裁和专制统治。近代以来，中东世俗化国家尽管以西方民法为蓝本，移植了传统伊斯兰法所缺乏的公法，但“这种模式的法律移植使这些伊斯兰国家的传统法律文化以一种创造性的方式变迁着：它并不抛弃传统，而是在传统依然能够允许的限度内，将外来法律作为一种可以利用的资源，寻求一种适当的方式实现二者之间的妥协与融合。”[②] 就这样，伊斯兰教被视为更积极的一面，它是一种可以对政治专制进行约束并促进社会稳定的来源，而不是政治暴政的天然盟友或冲突的起源。

（三）世俗主义是外部强加的外来意识形态

欧洲世俗主义在很大程度上是自下而上的过程，与民间社

---

① Noah Feldman, *The Fall and Rise of the Islamic State* (Princeton, NJ: Princeton University Press, 2008), pp. 163 - 172.

② 黄金兰：“法律移植与法律文化变化——以伊斯兰法文化变迁为例”，载《比较法研究》，2007 年第 6 期，第 18 页。

会的辩论密切相连，而在中东伊斯兰社会，世俗主义则是自上而下的过程，是一种由外部强加的外来意识形态。开始是由殖民主义者和帝国侵略者推动，在后殖民时期，由掌握政权的地方精英维持和延续。因此，穆斯林世界的世俗主义根源薄弱，除少数外，世俗主义从未渗透到穆斯林社会的主流。直至20世纪末，中东伊斯兰国家大多有着失败的发展经历。后殖民时代国家与社会关系的模式，使人们对世俗主义进一步产生了怀疑。一个专制的现代化国家，往往有着强大的外部支持，窒息的民间社会从而强行将反抗活动推进至清真寺，并促进了政治伊斯兰的崛起。在很短的时间内，由国家执行的自上而下，被迫现代化、世俗化、西化等政策，产生广泛的社会和心理的异化和错位。这些国家后殖民政权执政党的意识形态是公开的世俗化，进而导致民众对世俗主义产生更为消极的情绪。由于中东世俗主义与其效仿的西方世俗主义之间存在极大差别，突尼斯学者理查德·噶努齐把前者称为“伪世俗主义”。①

在哈贝马斯看来，西方其实是幸运的，得以在几个世纪的漫长时间内逐渐舒缓世俗化对人们一神信仰所带来的剧烈阵痛与精神创伤。而同样的幸运则没有降临于其他一些信仰世界。特别是在中东伊斯兰国家中，传统生活方式的解体给人们带来了极大痛楚，而且还没有找到补偿的途径。改善物质生活条件固然是途径之一，但关键还在于因情感屈辱而导致的精神变化。对于成长在后殖民时代的穆斯林而言，专制、独裁和侵犯人权的行为与世俗主义有关。受到世俗主义国家政府压迫的穆

① Azzam Tamimi & John L. Esposito, *Islam and Secularism in the Middle East* (London: Hurst & Company, 2000), p. 98.

斯林政治活动家一致认为：世俗主义是一种意识形态的压制。这种看法不仅适用于伊朗国王巴列维执政时的伊朗，而且还适用于突尼斯、阿尔及利亚、埃及、叙利亚、萨达姆执政时的伊拉克、也门，甚至一定程度上也适用于土耳其。中东问题专家瓦利·纳斯尔（Vali Nasr）在总结这一趋势时指出：穆斯林世界的世俗主义从来没有取得过胜利，伊斯兰在后殖民时期与社会主要斗争密切相关。它的命运和这样的国家联系在一起：越是这个国家的思想体系遭到了质疑，世俗主义越容易被摒弃以有利于本土的世界观构建，即诉诸伊斯兰教并从中寻找解决方式。就其本身而言，世俗主义的衰落是对后殖民状态在穆斯林世界中衰落的一种折射。①

无疑，伊斯兰在与政治高度结合后，得到了政治自上而下的大力推动，不但实现了其政治功能，而且发展成为广大穆斯林的一种生活模式和主要认同。这一过程被称为文化涵化的过程，伊斯兰通过与民族的语言、习俗等高度的结合之后，融汇为一种主导性的地区文化，成为伊斯兰意识形态的力量源泉。正是在社会化或文化涵化的过程中，伊斯兰成为一种“集体无意识”，一种本质的、决定性的文化要素，它规定了人们的思想、决定着人们的行为方式以及中东历史的发生逻辑。而且，每当遇到内部问题或外部挑战的时候，这种主导性和重要性就使得伊斯兰成为国家、组织或个人最直接和便捷的观念化工具，并以此发起对传统的保卫战，即从一种“潜在”的工具转变成为一种“显在”的革命性工具。这种作用和功能表

① Vali Nasr, “Secularism: Lessons from the Muslim World,” *Daedalus*, no. 132 (Summer 2003), pp. 67 - 72.

现最为突出的是国家与社会处于转型的时期，此时的新兴意识形态与作为文化主导的旧意识形态之间发生了激烈的矛盾与斗争。双方的成败直接关系到国家与社会最终的发展方向，从而带来长久的失序。可见，任何发展与变革的过程都是一种新旧之间的矛盾斗争过程，他们之间需要有一种承接、互动的关系，也需要当权者具有对传统进行创新与扬弃的艺术和能力，而不是一种简单的革命或抛弃。由于世俗主义与西化和现代化联系在一起，阿拉伯国家在推行不同程度的世俗化时，导致社会文化出现二元结构，从而培育了与世俗主义和西化激烈对立的现代伊斯兰主义发展的土壤。

四、实践根源——教俗关系在不同政体国家的稳定作用

二战后，埃及、伊拉克等国家先后独立，中东民族国家体系形成，中东从此进入了新一轮剧变时期。随着城市化和现代教育的发展，世俗思想迅速扩散。从政体形式上看，无论是君主制国家还是共和制国家，世俗化都在进一步推进。不过，与中东共和制国家相比，君主制国家的宗教政策具有明显的保守性，宗教在这些国家的政治和社会生活中发挥着更大的作用。有研究显示，在 2010 年底以来发生的中东剧变中，君主制阿拉伯国家（主要指海合会六国、摩洛哥和约旦）比共和制国家显得更加平稳，甚至能够在这场政治风暴中独善其身。究其原因，主要是与双方政治合法性的基础有关。

马克斯·韦伯将合法性基础类型划分为三种：传统基础合

法性，即建立在"遗传下来的制度和统治权力的神圣性"这一基础之上；魅力基础合法性（奇里斯玛式），即相信领袖具有"超自然的或者超人的，或者特别非凡、任何其他人无法企及的力量和素质"；法理基础合法性建立在"相信统治者所规定的制度和指令权利的合法性"基础上。[①] 受韦伯启发，政治学家戴维·伊斯顿把意识形态看作是构成合法性的三大基础源泉（意识形态、结构、个人）的首要方面。他认为，意识形态能够用来为政治体系的合法性提供道义诠释和说明，并以其特有的心理感召力，增强人们对政治体系的合法性情感和支持。[②] 伊斯兰意识形态其实是源于中东主流文化——伊斯兰的一种观念力量或者是一种思想体系。它是在伊斯兰主体文化发展的历史过程中出现的，是源于伊斯兰宗教思想核心内涵，并具有各种现代取向的宗教思想复合体。

从以上划分角度来看，中东共和制国家属于魅力基础合法性，而君主制阿拉伯国家的政治合法性则倾向于以意识形态为主的传统型。传统型的君主制阿拉伯国家的政治合法性意味着，伊斯兰文化传统的神圣不可侵犯性，各国政府竞相利用伊斯兰教来增强政治合法性。自倭马亚王朝以来，宗教一直是伊斯兰国家政权利用的工具。"统治者是安拉在大地上的影子"等忠君思想成为伊斯兰政治思想的主流。可见，伊斯兰国家的威权统治建立在一种宗教心理结构之上，在这个结构中，统治

---

① ［德］马克斯·韦伯：《经济与社会（下卷）》，林荣远译，商务印书馆，1997 年版，第 265 页。

② ［美］伊斯顿：《政治生活的系统分析》，王浦劬译，华夏出版社，1999 年版，第 317—318 页。

者体现安拉的意志，安拉和统治者之间没有区分。为了给统治赋予宗教合法性，摩洛哥阿拉维王朝的国王将家谱追溯到伊斯兰教先知穆罕默德，以凸显其圣裔的身份。国王被视为伊斯兰教的监护者、捍卫者和弘扬者，王权与教权是统一的、一致的。这些精神在1962年、1970年、1972年的摩洛哥宪法中都有充分的体现，如“国王是穆民的长官，民族的最高代表，统一的象征，国家延续的保证，宗教信仰的监护者，王国的轴心。”① 在沙特阿拉伯，宗教政治在国家政治领域和社会领域的地位极其重要。沙特国王集国家领袖和最高宗教首领“伊玛目”于一身，瓦哈比主义是国家的主体意识形态。沙特王国长期以《古兰经》和圣训作为王国的宪法，伊斯兰教法“沙里亚”是政府和国家事务的唯一章程和最终的仲裁标准。② 约旦的最高权力掌握在以国王为代表的圣裔哈希姆家族王室手中。约旦哈希姆家族是伊斯兰教创始人穆罕默德嫡系后裔，是从先知穆罕默德的女儿法蒂玛及其丈夫阿里的后代那里传宗而来的。这条族脉至今已延续了近14个世纪。哈希姆家族一直统治着圣城麦加，担当着圣城保护者和管理者的角色。在其他君主制国家，国王或埃米尔被认为是“主事人”，说明“敬主—忠君—秩序”的政治文化至今仍是阿拉伯君主国的主流价值。在这些中东国家，政治合法性的基础来源于深厚的伊斯兰传统，不易动摇，因此稳定性也比较强。

① ［摩洛哥］穆罕默德·塔立夫：《政治伊斯兰》（阿拉伯文），摩洛哥新知出版社，1992年版，第37页。

② Tom Pierre Najem & Martin Hetherington, *Good Governance in the Middle East Oil Monarchies* (New York: Routledge Curzon, 2003), p. 40.

在20世纪五六十年代的民族解放运动浪潮中，埃及、也门、利比亚等国的王室被推翻，共和制世俗民族主义政权取而代之，世俗主义成为其立国的思想基础和国家建设的主要指导方向。埃及的纳赛尔主义以及伊拉克和叙利亚的复兴社会主义尽管不排除伊斯兰教，但都以世俗主义为突出特征。共和制国家对内政策具有鲜明的世俗性，其改革的世俗化水平远远高于君主制国家。宗教机构被纳入国家行政体系，大批领取薪水、为政府服务的官方乌里玛产生了。司法体系得到彻底改造，埃及等国废除了宗教法庭，建立了单一的世俗法庭。各国均颁布了以西方法律为主要渊源，同时不同程度吸收了伊斯兰法内容的世俗法律，包括民法、刑法、婚姻法和家庭法等。妇女地位大幅度提高，就业领域空前广泛，宗教教育向现代化的方向转变。与君主国采取的温和措施不同，共和制国家的世俗化改革相当激进，伊拉克等国甚至以暴力强制推行，从而激化了社会矛盾，成为这些国家政局不稳定的重要因素。中东现代化潮流的先锋土耳其，在凯末尔执政（1923—1938年）十五年中，世俗化改革取得了举世瞩目的成就，政府完成了对传统伊斯兰神权制度的改造，并按照现代政治文明重塑并巩固了新生政权的合法性。此后，土耳其结束了宗教与世俗机构并存的局面，世俗机构从此一统天下。然而，凯末尔改革虽然在制度层面上解决了世俗化问题，但要想解决作为一种国民思想观念、价值观念和生活方式的伊斯兰教信仰，却绝非短期就能完成。由于对伊斯兰传统的态度不同，城市与乡村、知识界与广大农民之间存在巨大的思想裂痕，为伊斯兰复兴运动的兴起埋下了伏笔。此后，随着多党制的实行和经济现代化的发展，土耳其出现了伊斯兰教复兴，这种复兴在很大程度上是凯末尔时期潜在的宗教与世俗化的矛盾在现代化浪潮的冲击下显现出来的结果。在伊朗，军人出身的礼萨汗漠视穆斯林的宗教情感，粗暴推行世俗化，流放反政府的乌里玛。在伊拉克，复兴党控制什叶派宗教界，打击不与政府合作的乌里玛，处死或逮捕多名宗教学者。在同样是复兴党执政的叙利亚，政府的强硬措施引发穆斯林兄弟会的暴力反抗，大批伊斯兰主义者罹难。①

正像土耳其一样，中东共和制国家推行的世俗化政策不仅没有解决自身的发展问题，反而使穆斯林陷入了认同危机，导致越来越多的人转向宗教，寻求发展和复兴之道。早在20世纪上半叶，穆斯林兄弟会等伊斯兰组织便已诞生；1967年“六五”战争失利后，中东伊斯兰国家加快了向伊斯兰教回归的步伐；1979年伊朗伊斯兰革命的胜利，更使中东世俗化进程出现大逆转。作为一场历史性的事件，伊朗革命在中东国家掀起了伊斯兰复兴的序幕。无论民间还是官方，程度不一的伊斯兰化成为中东的普遍现象。许多国家在宪法和法律中加入尊重伊斯兰教的条款，并强化社会生活各领域的伊斯兰色彩。民众的宗教意识大幅度强化，各国伊斯兰运动蓬勃发展，有些极端的伊斯兰组织甚至试图通过暴力推翻世俗政府，建立伊斯兰政权。1979年的麦加禁寺事件和1981年萨达特遇刺便是此方面的典型表现。就这样，伊斯兰教转守为攻，世俗主义处于全面防御的态势。

在总结伊斯兰世界历史经验的基础上，学者们对现代化必

① 吴云贵，周燮藩：《近现代伊斯兰复兴运动》，社会科学文献出版社，2000年版，第368页。

须进行西方式世俗化的传统观点提出质疑和批评,[①] 因为任何民族的发展道路只能在其特有的文化发展过程中去寻找，否则只会是一些替代性、权宜性方案的早产。近 200 年的世俗化经历充分说明，西方世俗主义思想的简单引入并没有根本解决中东国家的发展问题。对于有 1300 多年历史的伊斯兰文明，也无法简单地用“无世俗化”即“无现代化”这样的西方经验去要求。在西方，宗教与政治和平共处，互不干涉。但在中东，以西方为榜样的世俗化导致的政教关系呈现出截然不同的景象。世俗化的结果不是政治与宗教的互不干涉，而是宗教机构被置于国家的控制之下。接受世俗思想的政治人物通过革命或政变上台后，以政府命令的形式大举进行世俗化改革，限制宗教力量的影响，反对者往往被国家机器所镇压。世俗化实际上意味着国家权力的扩张和执政者个人权力的集中，其世俗主义不是分离宗教与政治，而是使宗教服从于政治。[②] 因此，世俗化的变革使中东地区的国家、宗教和社会三者的关系处于严重失衡的状态。

简短结语

传统与发展、历史与变革是一个渐变的不断向前发展的过

① Azzam Tamimi & John L. Esposito, *Islam and Secularism in the Middle East*, p. 12.

② M. Hakan Yavuz, “Political Islam and the Welfare (Refah) Party in Turkey,” *Comparative Politics*, no. 1 (1997).

程，而不是一个一蹴而就、超越历史传承的过程。如何看待伊斯兰这种神性前提下的“多元性”开放特征，不在于观念上的思辨或考据，而在于它在历史及未来最终究竟倾向于保守抑或改革。对于政教合一、两世兼重的伊斯兰而言，实际上更多的是保守的延续性力量与理性变革力量之间的冲突。2010 年底以来发生在中东国家的动荡进一步表明，快速的城市化改变着文化和社会的经济关系，加之腐败现象日益严重，经济管理不善，贫困加剧以及收入不平等现象，这一系列现实损害了统治者政权的合法性。可见，发展与变革的思想如果没有在传统文化思想的框架内得以内化与阐述，并完成二者之间的无缝连接，必将带来传统与变革之间的矛盾和对立，也会因此激活社会其他方面的被掩盖的深层次冲突，最终形成一个矛盾的综合体，不但增加了问题解决的难度，也造成了特定时期严重的社会问题。

近年来，人们逐渐发现，不止一条路径通向现代化，正如艾森斯塔德的“多元现代性”那样，在穆斯林社会中，从历史上讲，国家与社会的关系没有出现过类似欧洲的源于宗教信仰和政治自由的危机，因此，简单将西方世俗主义运用到穆斯林社会是根本性的误导。[①] 此外，由于世俗化社会本身的内在限制，超越世界不是被完全消解了，而是正在以某种方式在复活，“后世俗社会”中宗教的复兴、道德的政治化、伦理秩序的重建，乃至人文价值的重提，都是这一问题的体现。任何一种有价值意义的生活，它都具有某些超越的性质。加拿大哲学

---

① Nader Hashemi, “The Multiple Histories of Secularism: Muslim Societies in Comparison,” *Philosophy Social Criticism*, no. 36 (2010), p. 325.

家查尔斯·泰勒在《现代性社会想象》中指出："在当今世界的世俗性里，宗教并非真的在公共空间里缺席，而是成为个体或群体的个人认同的核心成分……它意味着宗教占据一种不同的位置，与所有的社会行动都发生于凡俗时间里的意识并行不悖。"① 这足以表明，我们所说的世俗化，实际上从来就没有彻底过，超越性从来都是世俗事业的一个重要组成部分。如此看来，世俗社会中的宗教、超越与神圣的问题，已经是全人类所面临的共同问题。

① Charles Taylor, *Modern Social Imaginaries* (Durham, NC: Duke University Press, 2004), p. 206.

后反恐时代宗教与法治关系的理论路径和研究进展

• 章　远

［内容提要］　2011 年开始，世界政治交往中缓解债务危机、提升国内经济实力、创造就业等经济性问题的重要性超越了“9·11”以来的全球反恐。国际政治进入后反恐时代。现有宗教与法治研究依据主体地位关系差异的研究为：普世性道德形态的宗教，信仰自由，宗教平等，政教关系，宗教法典等五种。依法律基本结构要素，宗教与法的关系研究涵盖了法理学、法律观念、法律原则三个层面。从法律的位阶角度，宗教与法的关系径路经过了由宪法、一般法再到行政法规层面。后反恐时代，宗教与法治关系主要研究议题集中在：宗教自由原则的遵守，法人登记，学校教育，慈善，税收，伦理正义，宗教表达等。宗教与法治关系的新研究不仅仅继续深入探讨宪

法意义上的宗教信仰自由原则的遵守与实践，还进一步细化为剖析和评估关于移民政策、社会保障制度、教育制度、选举制度等等多种国内法律制度。

“9·11”恐怖袭击之后，美国军方和美国政界始终把“基地”组织的头目本·拉登（Osama Bin Laden）列为反恐战争的头号罪犯，悬赏2500万美元。然而这一切结束于2011年5月2日的一场海上葬礼。2011年5月1日，躲藏在巴基斯坦阿巴塔巴德市（Abbottabad）的本·拉登被空降的美国海豹陆战队和中央情报局人员击毙于私人寓所内。时任美国总统的奥巴马（Barack Hussein Obama II）欢呼这一刻“正义”得以伸张。[①] 围绕突袭本·拉登事件的回顾和讨论仍然没有停歇。[②] 2007年以来多国遭遇全球金融危机重创，其影响力至今仍然存在。随着2011年本·拉丹被击毙，以反恐怖为主线的世界政治交往逐渐转向提升各国缓解债务危机、恢复国内经济实力、创造就业等经济性问题，应该说国际政治已进入后反恐时代。

2012年美国、法国、俄罗斯、墨西哥、西班牙、韩国、蒙古、委内瑞拉、多米尼加、东帝汶、冰岛、加纳、肯尼亚等国纷纷进入大选年。[③] 选举使得这些国家的现行政府可能面临更迭，相应政治立场会出现一定的变化。为在大选年中胜出，

---

① Massimo Calabrese, “Osama Bin Laden Killed, Obama Hails Moment of ‘Justice’,” *Time*, May 1, 2011.

② Peter Bergen, “The Last Days of Osama bin Laden,” *Time*, May 7, 2012.

③ 杨子岩：“2012，地球的大选之年”，载《人民日报海外版》，2011年12月8日，第6版。

各国竞选团队纷纷发表迎合选民的相关举措，这包括候选人对宗教性问题的评价与政治承诺。宗教信仰问题通常具有新闻价值。候选人意识到宗教潜在的政治推动力，因此在相关议题的应对上竭力传达自身的政策偏好，以吸引对应的选民群体。特别是在基督教文化国家，与《圣经》相联系的宗教性话语早已成为公共论坛上的常见言论。比如奥巴马总统在美国国家祈祷早餐会（National Prayer Breakfast）援引耶稣的话语为其全民医疗保健计划辩护。美国《新闻周刊》（Newsweek）感慨托马斯·杰斐逊（Thomas Jefferson）《独立宣言》留下的，希望基督教教会是“纯净的”这一遗嘱已经被现实打破。讨论在政治之中宗教是否存在，或者政治是否彻底绝缘于宗教都已成为“后反恐时代”的伪命题。

后反恐时代是相对于乔治·W. 布什（George W. Bush）总统任期内提出的反恐战争而言新的政治发展时期。整个反恐战争从布什两任政府持续到奥巴马总统执政时期，历时 10 年左右。“9·11”恐怖主义袭击开启了美国、英国以及北约主导下的对恐怖主义宣战时代。激进伊斯兰武装组织成了反恐战争打击的主要对象。“9·11”之后，美国以恐怖主义威胁美国国家安全为由，以“先发制人”的单边主义作战方式，先后发动了阿富汗战争和伊拉克战争。是否支持反恐一度成为布什政府判断国际上美国敌友的标准。[①] 美国通过反恐战争扩展

① Neal Allen, “The Fight Against Terrorism in Historical Context: George W. Bush and the Development of Presidential Foreign Policy Regimes,” in Tom Lansford, Robert P. Watson and Jack Convarrubias, eds., *America's War on Terror: Second Edition* (Surrey: Ashgate, 2009), pp. 37 – 38.

了本国军事力量版图，将美国的军事干预能力在伊斯兰教传统覆盖区域继续延伸。美国在当今世界单极独霸地位因反恐战争而得以彰显。然而反恐战争在初期迅速取得胜利之后，一系列的国内反战、虐囚丑闻、海外驻军持续伤亡等负面事件的频发消耗了美国国内的大量财力、物力和人力。美国及其反恐战略盟友均相继在国际反恐议题上陷入困境。

反恐时代的打击对象集中于伊斯兰文化圈国家。不少人士将这个打击单一宗教文化的战争形容为新的十字军东征。“十字军东征”话语在当代国际政治现实语境中并不鲜见，但其使用在受基督教和伊斯兰教文化影响的国家，往往比较敏感。比如小布什总统在伊拉克战争期间曾把反恐战争比作十字军东征，但之后作出修正。[①] 比如多国联军空袭利比亚期间，普京（Vladimir Putin）为了表示反对立场而将对利比亚采取军事行动比作“欧洲中世纪十字军东征的号令”。但时任俄罗斯总统的梅德韦杰夫（Dmitry Medvedev）在接下来的场合迅速站出来否定普京使用“十字军东征”的提法，称这样的形容“无法接受”[②]。政治家避免使用“十字军东征”的提法很大程度上是不希望挑起宗教仇视和对立。然而在地缘政治上，反恐的确触及到了中东国家和伊斯兰教文化国家，乃至反恐国家内部穆斯林群体的利益。反恐过程中对某些宗教的特别关注也引发美国等干预国的内部忧虑。

① Peter Pord, “Europe Cringes at Bush's ‘Crusade’ against Terrorists,” *The Christians Science Monitor*, September 19, 2001.

② Clifford J. Levy and Thom Shanker, “In Rare Split, Two Leaders in Russia Differ on Libya,” *The New York Times*, March 21, 2011.

反恐时代结束后阿拉伯国家发生了一场后续效果还在继续的重大系列政治变革——“阿拉伯之春”（Arab Spring）。阿拉伯世界国家在这场政治运动中纷纷经历了来自基层民众的抗议示威浪潮。埃及、利比亚等一些长期执政的世俗威权国家政府在此次政治浪潮中被推翻。随之而来的是满足西方和本国民运期待的新一轮民主选举。因为选举，原本在世俗独裁政体下无缘进入政府的伊斯兰教力量，以伊斯兰教政党的形式参与竞选并且有的获得了组建联合政府的机会，比如埃及的“穆斯林兄弟会”和突尼斯的“伊斯兰复兴运动”。面对因合法民主选举获得合法性的参与执政的伊斯兰教力量，西方政府不能仅因为担忧而破坏民主选举结果，而这些伊斯兰教政党也大多对外承诺会秉持温和的伊斯兰教立场。

宗教反恐一度是国际大环境。随着反恐热潮的退却，宗教并未退出私人领域。宗教人士、宗教群体、宗教组织始终在塑造着各种行为体的形态，仍然在积极地将影响力辐射到更广阔的领域。以安全研究的视角看，宗教既具有“软实力”的特点，又因为极易引起政治乃至军事冲突而兼具的“硬实力”的安全特质。民主化处于不同阶段的现代性国家，其宗教安全观存在巨大的差异。许多西方国家将宗教安全归入软实力的范畴，但包括中国在内的不少国家则严格看待宗教安全问题，将之归入传统硬实力关注的安全管理和控制范畴。软实力宗教如果没有法制的规范，会转化为需要硬实力介入才能消解的危机。

宗教是与人类社会交往、认知水平以及文明发展程度均有关联的历史现象。宗教信仰关注超验的终极存在，很难予以精确定义。许多学者希望在研究中能够规范宗教定义，因为概念的边界决定了研究的疆域。在宗教与法治建设问题上，给定宗教确切的定义有利于法律操作。现有的宗教概念大多是边界模糊的描述型概念。从可操作的层面看，用法律处理宗教问题时，没有明确的宗教概念未必是坏事。如果以法律的形式，严格框限宗教的概念领域，那么遇到具体案例，很可能出现“过度包容”和“包容不足”两种倾向。“过度包容”放宽法律保护的宗教对象，一些准宗教现象、危害社会的邪教都可能因为过度包容的宗教概念而取得本不应有的生存空间，最终有失公平正义。“包容不足”因为没有给予一部分宗教以法律上的宗教身份，而使一些原本可以获得法律保护的宗教对象被排除在法律保护之外。用法律的角度看待宗教问题，最合适的方式是具体问题具体分析，也就是根据各个不同宗教个案选取相应的法律解决方案。

正因为法律视野下的宗教问题应该以具体事实为导向，继而在宗教与法治二者相互关系的既有研究中也呈现出依据多元标准来划分研究主题和论点的现象。宗教与法治问题的复杂性依据主客体的不同，进一步体现在国别差异、文化传承差异、政教关系传统差异、宗教社会性议题侧重差异等等诸多方面。同时也因为上述这些具体差异，最终得出的研究结论会有过于偏重经验主导的实用主义的情况，最明显的体现就是把宗教内在的排他性外化为不够公允地评价其他宗教文化下的法治现象。

从数量上看，无论中外学界，宗教与法治相关议题的研究文献汗牛充栋。既有研究成果从纵向的时间跨度上看，涵盖从古代巫术中的规制绵延到现代化条件下对传统宗教的重新认识和对新兴宗教的管理。横向上宗教与法治研究命题结构也一直处于修正性扩展中，包含从微观层面私人思想领域的信仰问题延展到宏观层面国际间对宗教信仰的尊重。早在古代，就有流传至今的宗教与法的研究论述。但是鉴于本文研究的时间节点在“9·11”恐怖袭击事件发生之后，尤其是后反恐时代，因此研究综述的对象主要是 2001 年以后的中外宗教与法研究论著。需要补充说明的有两点：其一，苏东剧变改变了以政治意识形态划分阵营的世界两极格局。宗教填补了政治意识形态体系瓦解后产生的信仰真空。宗教的全球复兴与冷战结束有至关重要的联系。也正是在这个意义上，本文会介绍上世纪 80 年代到本世纪初的部分论著。其二，宗教与法的研究涉及到了许多现实法庭案件记录文书，单纯法律性资料并不在本研究综述的范围之内。纳入本文研究综述的既有研究，其挑选标准最主要判断是看其是否探讨宗教、法律和政治方面学术理论，另一标准是梳理的优先次序是专著、编著、单篇论文，以及评论性文章。

一、基于宗教主体差异的宗教与法研究

对宗教与法的研究首先需要辨析的是宗教思想、宗教信仰和法律制度、政治制度何者为交互关系中的主导力量，也就是回答谁是主体的问题。换言之，研究中心是支持法律、制度应该管理宗教；还是宗教教规、宗教教法完全取代其他社会仪规管理社会以及政治现实；抑或政治与宗教彼此分离互不干涉。基于宗教对于法而言主动地位关系由弱到强，现有宗教与法治研究径路可以分为：以普世性道德形态存在于法律中的宗教，

宗教信仰自由，避免宗教歧视的宗教平等，政教关系，宗教法典等五个主要类型。

（一）关乎道德规范的宗教信仰与法律

对法律与道德的探讨多属于法律哲学、法伦理学、法社会学范畴。伦理道德与宗教同为社会上层建筑，彼此间不存在何者完全包含对方的问题：某个时代认可的伦理道德可能正是长期宗教规范社会言行形成的结果，而宗教规范则也有可能是最广泛人群遵循的道德伦理。这种交织关系映射到法律场阈，身处西方文明的研究者往往追溯到自然法法律传统的神学之维。比如罗斯科·庞德（Roscoe Pound）《法律与道德》一书中将法与道德的关系总结为19世纪法学著作的三大主题之一，关注者集中于分析法学家和历史法学家。[①] 庞德评价法律的发展历程时认为：因为神学主宰道德标准的地方性法律和习俗不再能满足社会发展所需要的稳定、普遍的权威典籍，法律逐渐替代神成为新的权威文献和权威。[②] 换言之，宗教至上的时代，上帝一度被用于作为自然法的神圣理性最终来源。但是适用于无信仰者和异教徒的法律规范越来越多地被创建出来，法律制度走出了宗教道德的桎梏。另一方面，宗教道德情感、大众行为偏好等等习惯仍然在自发、或者无意识地影响法律规范和司法。

正是因为西方法律基础中有太深厚的宗教渊源，而这个宗

---

① ［美］罗斯科·庞德著，陈林林译：《法律与道德》，中国政法大学出版社，2003年版，前言部分

② ［美］罗斯科·庞德著，陈林林译：《法律与道德》，第11—24页。

教主要是基督教，因此当西方人热衷于把西方文明的一切传达给非西方世界的时候，他们的“律法主义”遇到了阻力。哈罗德·伯尔曼（Harold J. Berman）在他的《信仰与秩序》中就表达了对东西方法律宗教渊源差异的忧虑。[①] 中国学者对中外古代法律中宗教道德比较研究之后，同样得出不同宗教背景法律规范差异明显的结论。比如华东政法大学王立民曾以中国古代刑法为例，阐述我国唐宋明清律典专门针对佛教和道教的法律规范。[②] 中国古代的这些保护佛教、道教敬拜对象、神职人员、以及惩戒神职人员犯罪行为的法律规范与伊斯兰教文化、印度教国家的宗教法不同，与基督教文化的东方国家俄罗斯也不同。这些不同包括中国古代法律对宗教群体适用范围仅涉及佛道两教，用刑范围和惩戒力度都不大等等。而造成这些不同是本土化后的外来宗教佛教和本土道教教义都比较温和，社会认可度高但政治领域作用力小等多重原因。

（二）宗教信仰自由与法律

对宗教而言，其主体性相对独立于法律中神之维度的道德和伦理之后，宗教作为一种社会的客观存在，其对法律秩序、法律规范提出的首要要求是保护宗教信仰自由。宗教信仰自由本质上是现代性和世俗化进程中，宗教自保的努力，是试图用

① ［美］伯尔曼著，姚剑波译：《信仰与秩序：法律与宗教的复合》，中央编译出版社，2011年版，第32页。

② 王立民：“中国古代刑法与佛道教：以唐宋明清律典为例”，载《法学研究》，2002年第3期，第151—160页；王立民：《法律思想与法律制度》，中国政法大学出版社，2002年版，第5—7页。

世俗的权威文本保护超验权威的制度性诉求，潜在的涵义是不希望法律的权限过大。17 世纪英国哲学家约翰·洛克（John Locke）在《论宗教宽容》中就提出法律不能用以规定教会仪礼形式，因为只有宗教自由才能实现取悦上帝的目的，否则就是人的判断僭越了神。[①] 19 世纪宗教自由的内涵获得更为细化的划分。法国政治思想家托克维尔（Alexis de Tocqueville）《论美国的民主》将宗教信仰自由的内涵具体化，集中于宗教有自由结社的权力。托克维尔观察美国社会民主获得成功源自于基督教根植于美国文化，基督教教会能够自主地保持稳定，从而在动荡的政治环境中构建稳定的社会文化。[②] 宗教信仰自由既包括思想上可以不受外力影响地自主选择宗教，也意味着宗教群体可以自由地结成有效运转的组织、举行不受外力控制的相关活动。

对宗教信仰自由研究更多的集中在宪政研究领域。今天世界各国宪法基本都规定了宗教信仰自由原则，目前如何解释和实现宪法中的宗教信仰自由是研究者热衷讨论的核心问题。具体而言，依照西方立足于本国国内法律的视角研究，2000 年以后出版的宗教自由与法的论著主要解决三个命题。命题一：如何处理私人宗教信仰自由与宗教团体信仰的关系。这一命题关涉到众多社会细节，比如公共场所使用宗教符号，公立学校是否可以教授宗教课程等等。此类命题的研究数量众多，并且

---

① ［英］洛克著，吴云贵译：《论宗教宽容——致友人的一封信》，商务印书馆，1996 年版，第 24 页。

② ［法］托克维尔著，董果良译：《论美国的民主·上卷》，商务印书馆，1995 年版，第 384—391 页。

大多论述非常细致，且往往需要将情境设定到具体事例所在具体国家的具体法律。仅以美国学者 R. 默里·托马斯（R. Murray Thomas）的《上帝在课堂》为例，书中把学校教育称为引发宗教信仰自由方面法律诉讼的“源泉”，包括读《圣经》、在学校过宗教节日、性教育、税收被用以扶助纳税人不喜欢的宗教私立学校等等许多事件都会引发争议。作者的结论是这些分歧和争论永远不可能彻底化解。① 命题二：宗教自由与平等、宗教宽容间的关系。以美国学者温妮弗雷德·F. 沙利文（Winnifred Fallers Sullivan）著作《不可能实现的宗教自由》为例，沙利文反思美国宪法肯定下来的宗教自由这一政治理念，认为宗教自由原本是为了促进宗教宽容，但在现实法律操作中，因为定义宗教非常困难，最后反而陷入对宗教事实上不宽容的境地。② 命题三：非基督宗教信仰者如何理解和实现宗教信仰自由。全球化时代文化交汇频繁，越来越多其他宗教信仰参与到西方社会中来，同时也带来基督教文化中孕育产生的法律如何保护非基督教文化人群宗教信仰自由的问题。比如达娜·D. 埃勒斯（Dana D. Eilers）的《异教与法律》就尝试为生活在美国的非主流信仰的人群提供法理上的帮助。③

冷战后，国际上以解决前南斯拉夫问题为高潮，形成新干预主义模式。为迎合新的国际政治变化，不少学者开始论证法

① R. Murray Thomas, *God in the Classroom: Religion and America's Public Schools* (London: Praeger, 2007), pp. 250 - 251.

② Winnifred Fallers Sullivan, *The Impossibility of Religious Freedom* (New Jersey: Princeton University Press, 2005), pp. 89 - 138.

③ Dana D. Eilers, *Pagans and the Law: Understanding Your Rights* (New Jersey: Career Press, 2009), pp. 13 - 16.

理上新干涉主义的合理性。其中就包括论证以违反宗教信仰自由原则为藉口，判定某个国家法律与政府都没有保护好公民的宗教信仰自由，由此而产生介入该国事务，实施政治和经济上的制裁，乃至发动军事干预这一系列超越主权的行为符合保护宗教信仰自由这一人类基本权利的要求。比如布莱恩·莱帕德(Brian Lepard)[①] 的《反思人道主义干预：基于国际法和世界宗教中基本道德准则的新法律途径》就试图给出宗教自由原则重于安理会授权的系统学理解释。[②] 西方学者的宗教信仰与国际法研究具有很强的基督教思维，有神职身份的学者最为典型。美国罗马天主教耶稣会神父、律师、人权活动家、法学教授罗伯特·德里南（Robert Frederick Drinan）在其2005年出版的《上帝与凯撒能否共存？宗教自由与国际法的平衡》中认为越是多元社会就越是要保护宗教自由，而国际法和法律机构在保护宗教自由方面做的还不够，因为国际上既没有系统的保护宗教自由国际机制，也没有监督机制。德里南神父断言如果国际法对某些宗教不宽容的宗教国家和无神论国家不予干涉，最后只会破坏宗教自由。

我国国内近年来专门探讨我国宗教自由的论著仅有曾任国家宗教事务局宗教研究中心主任的赵匡为于1999年出版《我国的宗教信仰自由》一部，此书为纪念新中国成立50周年介

---

① 本文中没有约定俗成中译名的国外人名翻译均依照新华通讯社译名室编：《英语姓名译名手册（第四版)》，商务印书馆，2009年版。

② Brian D. Lepard, *Rethinking Humanitarian Intervention: A Fresh Legal Approach Based on Fundamental Ethical Principles in International Law and World Religions* (Pennsylvania: Pennsylvania State Univ. Press, 2002).

绍中国统一战线的专题著作。① 国内从理论上探讨宗教自由的公开发表论文在2000年之后数量激增。国内学者，尤其是宪法学学者，在总结其他国家宗教自由表现的基础上，试图厘清符合我国宗教法治发展的宗教自由意义。对宗教自由做了比较系统全面的论述。比如中国青年政治学院马岭2009年发表的“宗教自由内涵探析”将宗教自由分为“宗教信仰自由”和“宗教行为自由”两大类，前者包括“信仰”自由和“择教”自由，后者包括宗教仪式自由、宗教集会自由、宗教结社宗教、传教自由、宗教捐赠和接受捐赠自由以及宗教营销自由等，诸方面均不可偏废。② 台湾地区的学者对宗教自由问题的探讨也集中于信仰自由和信仰行为自由两个方面。台湾法律学者、前法官林纪东承袭民国诸次宪法的解释，认为作为宗教自由的核心，信仰自由包括“有信仰任何宗教，与不信仰任何宗教之自由”。宗教行为上的自由包括参加与不参加宗教仪式的自由，宗教机会接受自由，传教自由等内容。③ 诸位宗教自由方面的研究学者对宗教自由本质性内涵的分析并不存在根本性分歧，都肯定内心上的自由也认可要有外在表达上的自由。

---

① 赵匡为：《我国的宗教信仰自由》，华文出版社，1999年。除了专著以外，尚有一些博士论文专注于宗教自由与法律问题，比如中国人民大学2003年比较法学方向周静著《论宗教自由》；苏州大学2008年宪法学与行政法学方向杨合理著《论宗教自由的法律保障》；山东大学2009年赵莹著《宗教自由研究》；中央民族大学2010年闫莉著《宗教信仰：自由与限制》等。

② 马岭：“宗教自由内涵探析”，载《法治论丛》，2009年第2期，第1—7页。

③ 林纪东：《中华民国宪法逐条解义》，台北：三民书局，1981年版，第147—148页。

（三）宗教平等理念与法律

宗教平等是现代人权观念重要组成部分。体现宗教平等原则的法律一方面意指外部非宗教力量要平等对待不同宗教群体，平等对待宗教群体和非宗教群体；另一方面，也要求宗教平等对待其他非本宗教的群体，避免排他性的宗教歧视。宗教平等旨在尊重和保护宗教多样性。与“宗教信仰自由”一样，“宗教平等”也是当前各个国家宪法中关于宗教的基本原则。无论是宗教自由还是宗教平等都不应该违背法律、道德以及公共秩序的要求。然而相较而言，与宗教信仰自由相比，宗教平等理念对宗教群体提出了更多更细的外在限制。离开宗教平等理念的绝对宗教信仰自由原则会使得法律走向保护某一特殊群体的极端。宗教平等理念将宗教主体规范到确保不造成破坏性竞争的情境中来。

2000 年以后出版的西方对宗教平等理念与法的研究著作多集中于法律对平等权的保障，比如工作场所是否存在宗教歧视、学校是否对宗教性强的学生与世俗学生一视同仁等等具体事务性问题。某种程度上，正是因为长期的自由民主思想在西方的成熟发展，因此“人生而平等”这些本质上的平等思想并不是冷战后学界研究的重点。后反恐时代的宗教平等研究类似于种族平等研究，是在一般平等主义框架下，提出既要有保护弱者的优惠待遇，又要避免获得优惠待遇方事实上的“反向歧视”。最近几年综合研究盎格鲁·萨克逊法律文化下对宗教平等理念的保证、反思难以避免的优待基督教新教的典型著作有美国芝加哥大学玛莎·努斯鲍姆（Martha Craven Nussbaum）的《良心自由：美国宗教平等传统》。[①] 努斯鲍姆指出：尽管宗教平等曾经塑造了美国式的民主，但是今天的非基督教宗教信徒和无宗教信仰者付出的社会成本比基督徒更高昂，宗教平等原则面临严重挑战。牛津大学的罗杰·特里格（Roger Trigg）2012 年新著《平等、自由和宗教》以欧洲尤其是英国宗教平等为研究对象。特里格认为平等是正义中最关键的要素，而平等必须是法律保障下的平等，但是世俗国家的法官却很难做到真正中立。特里格的结论是基督教土壤培育了西方社会的人性尊严思想，然而进入21 世纪之后，多元化的宗教现实冲击了基督教的传统地位，平等自由的宗教观念由此很可能受到侵蚀。[②]

国内单独针对宗教平等思想的研究著作仅有安徽省社科院王利耀、余秉颐主编的《宗教平等思想及其社会功能研究》[③]一部。著者分别探讨佛教、基督教、伊斯兰教、道教、新兴宗教等等不同宗教对平等的解释以及社会历史价值。研究目的在于将宗教对平等的彼岸世界理想用于塑造现世人类幸福。该书集中分析宗教信仰内含的平等观念，外界社会公共力量，比如法律对不同宗教平等地位的保护并不在这部著作的讨论范围内。以宗教平等与法律为主题的国内论文多以比较的视野关注

---

① Martha Craven Nussbaum, *Liberty of Conscience: In Defense of America's Tradition of Religious Equality* (New York: Basic Books, 2008), pp. 354 - 364.

② Roger Trigg, *Equality, Freedom, and Religion* (Oxford: Oxford University Press, 2012), pp. 27 - 41, 127 - 139, 158.

③ 王利耀、余秉颐主编：《宗教平等思想及其社会功能研究》，安徽大学出版社，2006 年版。

其他国家宗教平等权利，成果数量上也远远少于宗教自由研究。[①] 应该说国内对宗教平等的研究多被宗教自由原则和政教关系研究覆盖，当前研究忽略了宗教平等原则的相对独立性。

（四）政教关系与法律

政教关系一直是社会科学研究主要对象，政教关系更是宗教研究的传统议题。政教关系牵涉到国家与宗教、世俗政府与宗教群体等诸多关系变量。按照参与者地位的主体性程度，政教关系已经把政治力量和宗教力量放在同一个交流层面加以比较和考察。政教关系一般由宪法予以规定。与宗教自由和宗教平等相比，宪法条款中明确规定政教分离的国家要少得多。国外基督教文化圈的政教关系（Church & State; Politics & Religion）文献在“9·11”恐怖袭击事件后经历了国内是否要增加政治力量介入，国际上是否要干预他国宗教问题，同时抑制非基督教文化渗入的讨论。比如 R. 玛丽·格里菲思（R. Marie Griffith）和梅拉妮·麦卡利斯特（Melani McAlister）主编的《当前美国的政治与宗教》专辑就试图全方位地解答上述这些“9·11”事件后的新疑问。

国家宗教局局长王作安 2009 年刊登在《中国宗教》上的“从国家宗教局职能看中国政教关系”通过与美国政界与宗教界的对话、回应西方政教关系思想模式，给出官方维度的我国

① 近年来宗教平等的国内论文类研究成果有罗同兵：“略谈英国法律对宗教平等权利的保护及其特点与问题”，载《宗教学研究》，1998 年第 10 期；刘作翔：“从‘头巾法案’等看政教分离原则与宗教平等权的意义”，载《学习与探讨》，2006 年第 9 期等。

政教关系解读。具体而言，中国的新型政教关系体现在四个特点上："第一，政教分离。国家尊重公民的宗教信仰自由，保护正常的宗教活动；宗教在国家法律、政策允许的范围内开展活动，不得干预行政、司法、教育等国家职能的实施。第二，各教平等。国家对待各个宗教一律平等，一视同仁，国家政权不能被用来压制某种宗教，也不能用来扶持某种宗教，任何宗教都不能超越其他宗教在法律上享有特殊地位。第三，依法管理。为了保障公共利益和包括信教者在内的全国各族人民的根本利益，政府依法对涉及国家利益和社会公共利益的宗教事务进行管理，但不干涉宗教团体内部事务；宗教组织也不能以政教分离为借口不服从政府的依法管理。第四，政治参与。虽然实行政教分离，但信教公民同其他公民一样，享有同等的政治权利，不得因宗教信仰不同造成政治权利上的不平等现象。宗教组织的代表可以通过合法渠道参与政治生活，如通过参加各级人民代表大会和政治协商会议等途径，表达社会主张，对依法管理国家事务和社会事务、管理经济和文化事业特别是宗教事务提出意见和建议，并实施民主监督。"① 应该说，官方的政教关系分析提供了一种符合当下中国现实的相对政教分离模式，这种分离模式允许一定的政治的宗教参与和相应的宗教的政治合作。

在官方解释中国式政教分离路径之外，国内学界研究文献还有专门涉及政教关系抽象类型划分的内容。比如中国社会科学院任延黎"政教关系浅议"一文从结构上将政教关系中的

① 王作安："从国家宗教局职能看中国政教关系"，载《中国宗教》，2009年第11期，第6—7页。

“政”细分为“政府”和“政治”两个概念，“教”分为“教会”和“宗教”两个概念。广义的“政教关系”是这四个概念的四组排列组合。新中国的四组政教关系分别是：国家与教会分离（政府与教会），政治与宗教分属不同范畴（政治与宗教），政府实行宗教信仰自由的政策（政府与宗教）以及教会和教徒参与政治生活（政治与教会）。[①] 中国人民大学张践的“论政教关系的层次与类型”则给出了政教关系主从差异的“政教一体”、“政教依赖”、“政教主从”和“政教分立”四种关系模式。[②] 国内政教关系研究的普遍结论是：鉴于“政”与“教”互动方式的不同，各个行为体变量之间的权力分配和利益判断随之产生差异，衡量政教关系模式优劣的标准在于是否适应社会发展要求。[③]

中国学界将政教关系普遍原则与国内现状结合起来探讨发轫于新世纪，尤其是全球性反恐怖主义政治浪潮相对平缓之后。华东政法大学主办的《法学》月刊于2005年先后刊登了两篇以海南三亚建造南海观音塑像为案例，分析我国当前宗教工作中对宗教信仰自由和政教分离原则的实践情况。在该刊2005年6月号上刊出的上海交通大学郭延军的“我国处理政

① 任延黎：“政教关系浅议”，载《世界宗教文化》，1996年第1期，第7—10页。

② 张践：“论政教关系的层次与类型”，载《宗教学研究》，2007年第2期，第132—144页。

③ 除了上述两篇论文外，近年公开发表的类似论点的还有张志刚：“当代中国的政教关系”，载《中国宗教》，2011年第10期，第28—29页。

教关系应秉持什么原则——从三亚观音圣像的建设和开光说起”① 一文认为，要体现宗教自由原则需要实现宗教组织自治，国家层面的单位机关应避免单一宗教偏好。如果政治机构以及政治权力部门中担任公职者以公职身份参与、介入乃至直接主持原本应归于宗教自治的内部相关事务，有悖于政教分离原则的初衷。文章的基本观点是发生在海南的南海观音塑像立项、建造过程、开光仪式以及之后政府主导的经济外包等等诸般表现都不符合法律要求，于法无据。五个月后《法学》继续刊登由华东政法大学童之伟主笔整理的“地方政府投资宗教项目涉及的法律问题——三亚南山观音圣像建设与政教关系学术座谈会纪要”② 一文，作为我国地方性宗教与法治案例研究更为系统全面的跟进成果。该文总结了三亚南山观音圣像建设与政教关系学术座谈会中华东政法大学刘松山、童之伟，中国人民大学法学院韩大元、胡锦光，中国政法大学焦洪昌、罗莉，北京联合大学人大研究所崔英楠，《中国法学》原总编郭道晖，北京大学法学院王磊，中共中央党校政法部副主任张恒山，浙江大学孙笑侠，上海交通大学法学院陈云生、郭延军，复旦大学刘志刚，清华大学公共管理学院于安等诸位参会学者对三亚南山观音圣像项目中存在的政教商混合的现象与宪法基本原则的问题，从法学的角度分析我国目前地方政府建立宗教产业的资质问题。上述与会学者均认可政教分离原则是建设社

① 郭延军：“我国处理政教关系应秉持什么原则——从三亚观音圣像的建设和开光说起”，载《法学》，2005 年第 6 期，第 11—19 页。

② 童之伟：“地方政府投资宗教项目涉及的法律问题——三亚南山观音圣像建设与政教关系学术座谈会纪要”，载《法学》，2005 年第 11 期，第 15—22 页。

会主义法治国家的重要内涵，认为公权力持有者不应主动投入公共财政资金到非政治性的、以盈利为目的的宗教项目中，否则有悖于我国宪政精神。

（五）纯粹宗教法

宗教的主体地位最高体现是宗教教规、宗教信条、宗教神圣文本的法律化，是以宗教信仰教条中的秩序规范要求更广大的社会人群，是真正意义上的宗教法。应该说前文所整理的——法律内含的道德意义上的宗教、宗教自由、宗教平等、政教关系——都基本属于世俗政治讨论范围，讲求的是以法律调整社会内部有关宗教的秩序。纯粹的宗教法则不同，宗教信条具有法律意义，宗教法庭可以审判非信仰宗教人群，这类宗教法主要存在于政教合一国家。在奉行纯粹宗教法的政治共同体中，宗教组织享有至少不低于政治集团的政治地位。历史上的中世纪教会、古印度婆罗门教法等等属于这一研究范畴。新世纪，尤其是后反恐时代，纯粹宗教法只存在于极少数执行伊斯兰教教法的国家中，相应的研究也就集中于此类国家。大多数西方学者都认可马来西亚等东南亚伊斯兰教国家的法律实践经验，认为这些国家实现了“温和伊斯兰”①的理想设计。

---

① 赞扬东南亚地区温和伊斯兰的西方研究很多，比如 John L. Esposito and John O. Voll，“Islam and the West：Muslim Voices of Dialogue，” in Pavlos Hatzopoulos and Fabio Petito，eds.，*Religion in International Relations*：*The Return from Exile*（New York：Palgrave，2003），pp. 237 – 270；［美］J. L. 埃斯波西托著，东方晓等译：《伊斯兰威胁——神话还是现实?》，社会科学文献出版社，1999 年版等等。

国内纯粹宗教法研究多遵循传统社会科学的历史、理论与应对策略三方面结合的研究径路。独立完成数部伊斯兰教教法专著的中国社会科学院学者吴云贵，“9·11”袭击事件后出版《当代伊斯兰教法》新著。本书审时度势地评析伊斯兰教复兴、原教旨主义兴起以及伊斯兰教教法的当代地位和作用。后反恐时代，无论是中东地区还是北非地区，这些伊斯兰教法影响深远的地区目前都不同程度地面临政治动荡。评价纯粹宗教法在这些国家施行的后果以及预测伊斯兰教与社会未来发展方向的研究和争论还远没有停止。

二、按法律结构分的宗教与法研究

以法律体系中法律基本结构要素为划分原则，法与宗教的研究涵盖了：法理学，法律观念、法律原则层面的与宗教的关系；以及从法律的位阶角度，由宪法、一般法再到行政法规层面的宗教关系；此外还涉及司法环节中的宗教因素；另外还有关于国际法层面的内容。

（一）法理学

这一分析类型从法理学角度解读宗教与法的基本问题，研究宗教对法的产生、发展过程发挥的作用，研究法律对宗教社会关系的调整一般规律等等法学基础性理论。法理学研究中的宗教问题研究成果斐然，尤其是追逐法律渊源之时，汉谟拉比法典、摩奴法典、摩西十诫等宗教法被视为早期法律意识形态依据。[①] 另一种法理学研究偏重是将宗教作为其他社会控制力量。宗教与法律相比，彼此代表不同的规范性命令，双方有重叠，但许多部门领域不受对方影响。[②]

瞿同祖先生的重要著作《中国法律与中国社会》第五章认为中国法律已经脱离宗教规范而单独存在。中国的法律观念无关神授，也不依赖神权，但功能上有密切关系。瞿同祖并没有把儒家列为宗教的范畴，而是将儒家思想单列于宗教之外，与法家思想共成一章。瞿同祖总结儒家化过程完成后，中国古代法重视家族伦理和阶级概念的基本精神得以固定。[③] 於兴中的“作为法律文明秩序的‘法治’”定位中国文明秩序以道德文明一以贯之，而西方历史上宗教文明秩序与法律文明秩序两种文明秩序并列，前者意味着宗教统治法律，后者意味着法律统治宗教。[④]

（二）宪法与宪政

按照法律纵向位阶分，从高到低依次为基本法、一般法、行政法规，因循此理，法与宗教问题也存在宪法、一般法和行

---

① 从历史发展脉络角度分析法理学中的宗教影响的著作常见的有［英］韦恩·莫里森著，李桂林等译：《法理学：从古希腊到后现代》，武汉大学出版社，2003年版。

② ［美］E. 博登海默著，邓正来译：《法理学：法律哲学与法律方法》，中国政法出版社，1999年，第357—391页。

③ 瞿同祖：《中国法律与中国社会》，商务印书馆，1981年版，第250页，第276页，第326—327页

④ 於兴中：“作为法律文明秩序的‘法治’”，载高鸿钧主编：《清华法治论衡第二辑》，清华大学出版社，2001年版，第33页。

政法规三个位阶的语境。宪法学学者主要关注两大向度：其一、关注宪法中关于宗教的基本条款是否能肯定人民信仰方面的自由权，其二、关注政府监督管理宗教事务过程中是否损害宪法维护的信仰自由表达。更具时代性的观点是多元宗教文化冲击下的宪政。比如2010年到访中国的德国洪堡大学宪法学家迪特尔·格里姆（Dieter Grimm）（其著作《现代宪法的诞生、运作和前景》[①] 中译本同年出版）就认为凭借“宪政国家”可以建构宗教间寻求和平共处的机制，因此宪政理念能够妥善处理国家与宗教的关系。[②] 按照格里姆的理解，单一基督教宪政体系下，宗教信仰自由在国家和社会层面都比较协调。当代宗教问题突显是因为大量的伊斯兰教和其他宗教移民塑造了全球流动条件下的多元宗教文化，而这些移民很多缺乏世俗国家和世俗法律观念的传统熏陶。

近年来国内宪法学学者在宗教问题研究方面不只停留在解释我国宪法文本36条，而把更多的研究重点放在缓解宪法层面上公民权益、个人利益与国家公共利益价值之间的张力，以期实现调和。北京大学法学院的张千帆在比较西方作为社会契约的宪法概念之后，认为中国的宪法也应该以规定人的权利为主，而不是和一般法一样规定公民义务。有鉴于此，宗教活动管理存在三种宪法问题：其一、不应设立国家管理宗教的专门机构；其二、宗教管理下位法存在违反上位法宪法的状况；第

---

① ［德］迪特尔·格林著，刘刚译：《现代宪法的诞生、运作和前景》，法律出版社，2010年版。

② Dieter Grimm, “Conflicts Between General Laws and Religoius Norms,” *Cardozo Law Review*, vol. 30 (2009), pp. 2369 – 2382.

三、应通过宗教立法保护宗教组织的自治权。[①] 2011 年上海三联书店翻译出版小约翰·威特（John Witte Jr.）《宗教与美国宪政经验》[②] 介绍以美国宗教自由的宪法实践经验。威特试图说明美国宪法第一修正案包含六条相对独立的原则：良心自由、实践自由、宗教平等、信仰多元、禁止政府确立宗教、政教分离，然而这些原则在实践中常常被人为地减损。威特希望通过该书梳理第一修正案溯源、案例以及分析当代变量，从而帮助美国人寻回曾经珍视的宗教权利和宗教自由。[③]

（三）一般法律

按照我国法律结构的一般理解，一般法的法律位阶低于基本法，一般法可操作性强于基本法。宪法主要授权于民，一般法则对公民提出义务规范和禁止规范。一般法针对具体的法律关系主体，而不再是抽象的社会原则。当前对一般法与宗教关系的研究集中于两个方面：其一、依据一般法律对宗教相关事务的规定是否与高位法——宪法相违背。其二，尊重广义的宗教规范与遵守一般法之间潜在冲突的可能性。本质上一般法是

---

① 综合整理张千帆："宗教管理需要法治——：'宗教事务管理法治化'学术研讨会主持发言"，"普世社会科学研究网"转载，http：//www. pacilution. com/ShowArticle. asp？ArticleID = 3050；张千帆："浅谈中国宗教活动管理的宪法问题"，2004 年 10 月"宗教与法治"国际学术研讨会上的发言，载"普世社会科学研究网"，http：//www. pacilution. com/ShowArticle. asp？ArticleID = 375。

② ［美］小约翰·威特著，宋华琳译：《宗教与美国宪政经验》，上海三联书店，2011 年版。

③ John Witte Jr.，*Religion and The American Constitutional Experiment*：*Essential Rignts and Liberties*（Colorado：Westview Press，2000），pp. 1 – 6.

用规范性文件在宗教利益与更广泛的社会公共利益之间寻找平衡点。2005 年出版的《法律与宗教》论文集就是一例。书中有的作者认为出于保护宗教这一符合公众利益的目的，扩大法律中宗教的定义是更优的法律选择。但是过分夸大受保护的宗教范围也很可能在税法等方面伤害到其他公众利益。① 另一些作者则认为法律将部分宗教外在表达界定为出于保护宗教自治而无权管辖的对象，但事实上却存在很大的、不利于实现正义的模糊空间。② 新世纪一般法律与宗教的研究多聚焦于经典案例判解。

（四）行政法规

国外对行政法规与宗教相互关系的研究主要以市民社会里公共政策和信仰之间合作与冲突为解读思路。宗教信仰多元化带来对本土信仰的冲击。宗教越来越成为公共广场中的新社会

① G. E. DAL Pont, "Charity Law and Religion," in Peter Radan, Denise Meyerson and Rosalind F. Croucher, eds., *Law and Religion: God, the State and the Common Law* (London: Routledge, 2005), pp. 204 – 225; Simon Fisher, "Clergy Confidentiality and Privileges: Themes and Prospects," in Peter Radan, Denise Meyerson and Rosalind F. Croucher, eds., *Law and Religion: God, the State and the Common Law*, pp. 226 – 248.

② Cameron Stew Art, "The Sanctity of Life in Law: Comparisons between Jewish, Catholic, Islamic and Common Law Approaches," in Peter Radan, Denise Meyerson and Rosalind F. Croucher, eds., *Law and Religion: God, the State and the Common Law*, pp. 249 – 272; Prue Vines and Rosalind F. Croucher, "Law and Religion: Religion and Death in the Common Law," in Peter Radan, Denise Meyerson and Rosalind F. Croucher, eds., *Law and Religion: God, the State and the Common Law*, pp. 273 – 296.

资本，宗教性的社会单元越来越活跃，宗教社区在社会管理中的作用也越来越大。公共政策的发展要同时满足治理和民主的需要，此外保护宗教信仰同样不能忽略。多重原则都必须保障的政治要求，造成行政性政策遇到了决断矛盾。①

行政法规的法律位阶低于宪法和一般法律。我国目前宗教工作重要依据是《宗教事务条例》，属于行政法规，是中华人民共和国国务院根据宪法和法律，为领导和管理国家各项行政工作，按照法定程度制定的规范性文件。除了国家层面的《宗教事务条例》，我国还有地方性的宗教管理法规和规范性文件。尽管国内社会普遍认可2005年开始施行的《宗教事务条例》标志我国宗教法治建设进入新历史时期。然而这部《条例》的法律位阶矛盾，一直是关注宗教与法，尤其是宗教立法的国内学者重点讨论的对象，他们希望能通过制定专门宗教法律来解决现行行政法规指导下的宗教工作中存在的一些问题。

（五）司法

宗教作为意识形态整体，对司法的影响研究主要体现司法理念、司法审判制度和法律器物。此外还有宗教作为私人信仰与司法的关系，比如法官个人宗教信仰对其宗教案件判决的影响，抑或分析世俗法官在判案之时引用宗教言论。在司法与宗教关系研究者看来，公共广场上的对话，选择言论时所依据的是听众对象，而不是单纯强调世俗。这也可以解释世俗的以色

---

① Adam Dinham, Faiths, *Public Policy and Civil Society*: *Problems*, *Policies*, *Controversies*（London: Palgrave Macmillan, 2009), pp. 202 – 210.

列法官在法庭上使用《圣经》话语。[①]

（六）国际条约、国际惯例与国际法

2001 年之后的国际法层面的宗教与法研究集中于四个领域：向非基督教文化国家解释国际法的宗教渊源；国际人权法的宗教自由原则实践；东西方司法结构差异下如何寻找妥协调和方式来践行国际性宗教人权保护；用国际法约束宗教恐怖主义滋生的土壤同时不破坏个人和群体的宗教自由。世界上通行的众多国际条约、国际惯例都带有明显的基督教色彩。在多元化、世俗化的新历史时期，这些带有基督教深层内涵的正义伦理标准如果要保持乃至扩大其合法性，面临着向非基督教文明人群从法理学上解释国际法的宗教渊源具有普世意义的问题。[②] 如果解释不畅，非基督教文化的宗教群体很可能认定国际法是歧视他宗教的法律渊源，“9·11”之后这种顾虑就更难消解。[③] 欧洲人权法院在“9·11”之后接收了比过去更多的涉及欧洲伊斯兰移民宗教自由诉讼请求。宗教自由原则运用

① W. Cole Durham, Jr., Brett G. Scharffs, *Law and Religion: National, International, and Comparative Perspectives* (New York: Aspen Publishers, 2010), p. 557.

② 2001 年之后出版的解释国际法与宗教相互关系历史脉络的研究专著有比如重新再版的 Malcom D. Evans, *Religious Liberty and International Law in Europe* (Cambridge: Cambridge University Press, 2008); Ilias Bantekas, "Religion as a Source of International Law," in Javaid Rehman & Susan C. Breau, eds., *Religion, Human Rights and International Law: A Critical Examination of Islamic State Practices* (Leiden: Martinus Nijhoff Publishers, 2007), pp. 115 - 136, 等等。

③ Mashood Baderin, "Religion and International Law: An Analytical Survey of the Relationship," in David Armstrong, ed., *Routledge Handbook of International Law* (Oxon: Routledge, 2009), pp. 166 - 168.

于欧盟成员国的伊斯兰教保守社区时，一些人权问题，比如伊斯兰教女性信仰者的个人权益问题，反而愈加突显。[①] 类似的情况在全世界许多地区都有发生。[②] 宗教恐怖主义除了非正常国家外，所有国家都否认其合法性。“9·11”后即便一些国家国内有活跃的宗教恐怖组织，这些国家的政府、主流政党、重要组织都愿意强调宗教恐怖主义违背本国宪法和国际法要求。[③] 宗教原教旨主义则与宗教恐怖主义不同。宗教原教旨主义的政治力量尤其在反恐战争结束后反而有所发展，这在“阿拉伯之春”期间就有体现。

三、法律中的宗教性议题

宗教与法律的研究不仅有基于宗教主体性地位差异和法律体系结构两种分析模式，更生动的研究体现在对法律中宗教性关键议题的技术分析，这是问题导向的研究模式。目前流行的几个议题分别为：宗教自由原则的遵守，宗教法人登记，宗教与学校教育，宗教慈善，宗教税收，宗教伦理正义，公共空间

---

① Christine Chinkin, "Women's Human Rights and Religion: How do They Co-Exist?", in Javaid Rehman & Susan C. Breau, eds., *Religion, Human Rights and International Law: A Critical Examination of Islamic State Practices*, pp. 53–80.

② Ekaterina Yahyaoui Krivenko, *Women, Islam and International Law: Within the Context of the Convention on the Elimination of All Forms of Discrimination against Women* (Leiden: Martinus Nijhoff Publishers, 2009), pp. 11–13.

③ Yonah Alexander, *Palestine Religious Terrorism: Hamas and Islamic Jihad* (New York: Transnational Publishers, 2002), p. 127.

的宗教表达等等。

（一）宗教自由原则的遵守

宗教的边界始终在变动，不同宗教之间会因为彼此边界外延拓展而产生争夺宗教空间的后果，宗教与法律之间的张力则取决于法律对宗教自由边界的认识。以美国联邦宪法第一修正案判例为例，尽管普适性的法律规则应对所有人平等对待，但是当宗教自由受到侵犯时的确需要为信仰者提供例外。如何平衡宗教自由与法律平等是法院和研究学者都面临的现实问题。宪法学学者由此认为："如果法律禁止的对象是某种行为，那么法律一般无须因这种行为是特定宗教的要求而豁免其责任。因此，法律可以通过宣布某些和宗教相关的活动非法，例如禁止在宗教仪式中使用某类药物，而对宗教活动施加直接或间接的负担。自由活动条款一般并不要求普遍适用的法律制造例外，以保护因宗教信仰而激发的行为。唯一的例外是如果原告'宣称她不能同时服从法律并对其宗教信仰保持忠诚'，这时法院在法律适用过程中应网开一面。但如果走向极端，就可能出现法因人而异的现象，损害法治的平等与统一，甚至导致社会失序。"① 在国内没有专门的宗教法规范宗教社会行为的今天，宪法学学者希望以宪法为宗教信仰自由、宗教组织自治提供法律保障。

---

① 王毅："张千帆：宗教信仰自由的宪法保护"，载《中国社会科学院院报》，2008年5月22日，第2版。

（二）宗教团体法人登记、宗教通过国家法制渠道获得法律人格

宗教法人登记关系到结社自由、集会自由、组织自治等一系列政治性问题。积极推进国内民间宗教社团合法化的学者认为过度强调登记、注册、审批的宗教组织管理制度反而会催生众多没有合法地位的民间组织，形成宗教监督困难。当前的宗教团体登记制度在政治合法性上能够保证，但社会接受度、社会合法性还需要一个与之配套的社会系统的建立。① 此外，宗教登记还关系到经济性问题。在世界上许多国家，包括中国在内，宗教法人登记意味着相应的税收优惠和经济扶助。一方面要考虑对宗教登记法人的经济资助是否损害其他非宗教法人的平等利益，另一方面要考虑登记是否存在宗教偏好有损不同宗教之间的平等。日本的《宗教法人法》为宗教法人制度研究提供比较研究案例。国内学者认为《宗教法人法》赋予宗教团体以民事权利能力和民事行为能力，拥有独立于国家政治权力部门的管理财产权力和义务。② 通过此法日本解决了宗教团体社团法人与财团法人兼具的矛盾。鉴于此，我国确立类似的，与市场经济体制适应的宗教法人财产所有制度既有利于宗

① 邢福增："结社自由与宗教自由——试论中国宗教团体的管理及登记问题"，载"普世社会科学研究网"，http：//www.pacilution.com/ShowArticle.asp?ArticleID=1461。

② 徐玉成："日本〈宗教法人法〉管窥（下）"，载《法音》，2001 年第 12 期，第 27—35 页。

教组织财产权明晰，也有利于宗教管理。[①] 尽管日本宗教法人登记有诸多经验值得借鉴，但是有学者也注意到此法律出台后出现靖国神社这样的国家神道也在努力实现国家法人化这样的右翼倾向，反而有损日本宗教的合法性。[②]

（三）宗教与公共教育

公共教育在当今世界绝大多数国家都已经属于世俗教育。然而多元文化交融带来的新问题是是否以及如何在公立学校教授宗教课程，不同国家的宗教传统、教育法、政治制度均有差异，对宗教课程与公共教育关系的讨论到今天仍在持续。[③] 公共学校教育是否要干预有宗教信仰的学生在学校参与、举行宗教仪式，公开表达宗教特质等等宗教生活都是争论焦点。国内高校目前多开设公选宗教类课程，推广宗教通识教育，这从而促进民族宗教之间相互理解，也有利于在全球化过程中广泛参与宗教间对话。另外，如何平衡有宗教信仰的少数民族群体的宗教教育和公共教育之间的关系，兼顾少数民族的宗教信仰自由和受教育权也是研究热点。

---

① 华热·多杰："我国建立宗教法人所有制度刍议"，载《中国民族报》，2007年9月25日，第6版。

② 李向平：《中国当代宗教的社会学诠释》，上海人民出版社，2006年版，第309页。

③ Hans-Georg Ziebertz and Ulrich Riegel, eds., *How Teachers in Europe Teach Religion: A International Empirical Study in 16 Countries* (Münster: LIT Verlag, 2009), p. 5.

（四）宗教慈善与宗教援助

西方公益慈善事业与基督教有密切联系，研究多以基督教视角推进慈善法律的讨论。国内近年对宗教慈善的研究渐趋完善，尤其是对佛教慈善事业思想、模式、意义研究渐成规模。自2007年起，我国高校、宗教研究出版机构和宗教事务部门连续举办数届“宗教与公益事业论坛”。佛教慈善文化常常是论坛中主要内容板块。论坛的参与者认为中国的宗教公益事业尚属于刚刚起步阶段。国内政界和宗教界共同参与公益慈善事业的经验不足。宗教团体、宗教人员参与慈善的表现有时会引起社会怀疑甚至歧视性对待。① 总的来说，国内学界认可宗教慈善。比如2008年出版的《中国宗教公益事业的回顾与展望》一书就认为宗教公益慈善缓解了人与人之间、人与自然之间、人与社会之间的矛盾，符合社会和谐发展要求。②

（五）宗教与社会伦理的问题

宗教往往强调对生命的尊重，把人的生命视为神圣。因为宗教价值观的推广，才使得世界某些地区摒弃了杀婴和弃婴陋习，并以法律的形式禁止杀婴和弃婴。宗教还催生了各种禁止堕胎、反对安乐死、反对同性恋、反对干细胞研究的运动和相关法案、法律的出台。

---

① 魏德东：“灾难危机与宗教慈善事业——第二届宗教与公益事业论坛综述”，载《中国民族报》，2008年11月25日，第6版。

② 张士江、魏德东主编：《中国宗教公益事业的回顾与展望》，宗教文化出版社，2008年版，序一。

（六）宗教仪礼与公共空间的冲突

一般来说，宗教与公共空间冲突的直接表现是针对公共场所悬挂宗教标志、公共环境使用宗教性言论的争议。比较常见的相关案例判决使用的解释是：这些宗教标示不仅仅传达了宗教信息，同时也意味着约定俗成的世俗信息，很多情况下这些宗教标示已经没有了曾经的神学意义，过分强调宗教标示的宗教根源可能导致法律与宗教间的对立。而个人在公共空间的宗教表达标志，只要不对公共秩序造成威胁，应该予以允许。①

从文献分布上来看，就专著而言，从伯尔曼的《法律与宗教》开始，国外学界对本国以及西方世界宗教与法律关系的研究成果颇丰，其中有许多被翻译引进中国。其中包括艾伦．赫茨克（Allen D. Hertzke）从宗教团体国会游说角度分析宗教介入的《在华盛顿代表上帝》、小约翰·威特讲述美国宗教自由原则缘起的《宗教与美国宪政经验》等。研究宗教与法律关系的英文著作数量惊人。② 国外宗教与法律、政教关系方面的研究著作基本集中于两个方面：首先是验证宗教自由原则，另一个大方向是论战政教分离原则，国外相关研究较少以

① W. Cole Durham, Jr. and Brett G. Scharffs, *Law and Religion: National, International, and Comparative Perspectives* (New York: Aspen Publishers, 2010), pp. 581 – 585.

② 有国际视野的如 J. I. Coffey & Charles T. Mathewes, *Religion, Law and the Role of Force* (New York: Transnational Publishers, 2002); Allen D. Hertzke, *Freeing God's Children: The Unlikely Alliance on Global Human Rights* (Lanham, Maryland: Rowman & Littlefield Publishers, 2004) 等等。

政治学理论分析的纵向角度考虑宗教管理以及参与性宗教介入。

亚洲地区宗教与法的研究同样颇具规模。亚洲地区与西方相比，宗教的种类和影响力都有较大差异，因此亚洲宗教与法研究多立足本土。比如日本龙谷大学的平野武是宗教法颇有建树的日本学者，其代表作包括《政教分離裁判と国家神道》等。又如台湾地区有中央研究院社会学研究所瞿海源论述台湾宪政与宗教自由的系列研究。

国内专注于研究新中国政教关系、新中国宗教法律发展的成果不如其他宗教问题充分。目前我国宗教与法的研究多采取历史路径。宗教与法治的历史分析视角往往以标志性事件作为阶段性研究的依据。中国的宗教立法和法治化始于现代并仍在继续。① 拨乱反正以后的我国宗教管理研究的时间分野大致以19号文件，两个宗教法规和6号文件，宗教事务管理条例颁布为界。或者基于党史，研究分析中国共产党宗教工作基本方针的发展过程。另外，还有从东方法系、普通法系、大陆法系、国际性宗教法等比较法的视角分析我国宗教法治建设的研究。新世纪以来我国宗教问题的研究、当代中国宗教制度建设、宗教法治建设诸方面研究都进展迅速。近年来国内学者研究宗教法治问题的著作主要有华东政法大学何勤华老师主编的《法与宗教的历史变迁》论文集。

随着宗教在全球以及中国境内的发展，国内目前对宗教与法律关系的研究机构与团体渐成规模，综合性大学和政法类大

① 卓新平：《“全球化”的宗教与当代中国》，社会科学文献出版社，2008年版，第141页。

学纷纷开设相关课程，相关全国性和国际性会议也有召开。国家级法学研究机构，比如中国社会科学院法学研究所公法研究中心先后主办十场“宗教与法”专题系列讲座，邀请国内外宗教与法律领域专家介绍各国宗教历史、宗教文化与法律之间的诸种形态和变迁。近年来国内综合型大学对宗教与法律的研究渐趋专业。比如2012年中国人民大学法学院、宗教高等研究院拟联合建立“法律与宗教研究中心”，中国政法大学人文学院俞学明主持成立了“宗教与法律研究中心”等等。这些研究机构既深化宗教与法的科研，也积极承办宗教与法为主题的学术研讨会和相关论坛讲座，为宗教与法律的研究搭建了多元对话的学术平台。与研究机构繁荣景象同时出现的是2001年以后，宗教与法律相关议题的研究生毕业论文数量的明显增加。根据“中国学术文献网络出版总库”的搜索结果，共有46篇博士论文和优秀硕士论文以“宗教”和“法律”为关键词，且基本都集中于2005年之后。

简短结语

因为宗教种类繁多，教义差别很大，而宗教人士的个人特质也存在差异，因此在进行比较性研究的时候尺度较难掌握。应该说国外，尤其是西方基督教世界对宗教的偏好，因此在评估宗教与法律的相互关系时不够公允。此外，国外研究受制于自身“政教分离”原则的固有逻辑，很难见到非常客观地评价宗教影响本国宗教制度建设方面的研究成果。国内从政治学角度研究我国宗教与法律关系的目的是寻求民族宗教和平共处之道。但目前从政治理论、国际关系理论角度辨析新时代我国宗教法治建设的专门著作并不多见。

总的来说，世界各国在新千年以来，尤其是反恐战争以来都对宗教与法治关系进行重新审视。新的变化不仅仅涉及宪法关于宗教信仰自由原则的遵守与实践，还细化到移民政策、社会保障制度、教育制度、选举制度等等各个方面的法律制度。世界各国越来越多的学者和政治活动家希望在本国、周边国家乃至国际交往的各个层面上推动宗教与法治建设。

哈梅内伊禁核"法特瓦"与伊朗核问题解读*

•钮 松 王 畅

[内容提要] 伊朗最高领袖哈梅内伊于2005年发布"法特瓦"(Fatwa)宣称:"生产、储存和使用核武器被伊斯兰教所禁止"。虽然哈梅内伊"法特瓦"因其在宗教上遭遇的身份质疑而受到神学挑战,但在神权政治里对于伊朗政府有着绝对的权威,其禁核"法特瓦"受到伊朗政府的拥护。由于伊朗铀浓缩活动超出民用核能的需求,因此从什叶派教义考察

---

* 本文受国家社科基金项目(13CZJ017)、中国博士后基金特别资助(2013T60402)和面上资助项目(2012M520795)、教育部人文社科重点基地项目(KA159225)、上外青年教师科研创新团队(冷战后大国中东安全战略比较研究 & 新时期中阿新型战略伙伴关系研究)、上外211工程和上海市一流学科政治学的资助。

哈梅内伊和伊朗政府的真实核态度非常重要，即是谋求和平使用核能，获得制造核武器的能力还是制造出核武器。中国可在伊朗核危机的关键时刻发挥宗教外交的作用。

学术界关于伊朗核问题的研究层出不穷，研究成果可谓汗牛充栋，这自然与伊朗核问题的复杂性以及围绕该问题所产生的大国博弈的激烈性有着巨大关联。由于伊朗政府在核问题上的言行存在差距，与国际原子能机构之间的合作也是断断续续，国际社会对于伊朗的核计划充满揣测和不信任。中国外交反对国际社会尤其是周边国家出现的核扩散现象①，认为这不利于中国国家安全和国际安全的实现。由于中国坚持不干涉别国内政的基本原则，因此中国在伊朗核问题上虽不愿看到伊朗发展核武器，但支持伊朗拥有和平利用核能的权力，因而不愿在国际社会中谴责伊朗。因油气合作的现实利益需求，中国对于伊朗核问题的态度表现出模糊且自相矛盾的态势，至少在西方看来不够强硬且破坏对伊经济制裁的实施，如 2010 年联合国对伊朗采取制裁之后，"负责加强对伊朗制裁努力的美国和欧洲官员传递出一个新的忧虑，即中国正在悄悄地对自己进行挑战以破坏最近的措施。"② 中国在伊朗核问题上要避免西方转移矛盾，即让伊朗核问题回到其问题的本源，伊朗的目的是谋求拥有制造核武器的技术，还是谋求拥有核武器，亦或是获

① 中国对于朝鲜的核试验所作出的激烈反对很好证明了这一点。

② Paul Richter, "West Worries China may Undermine Iran Sanctions Effort," *Los Angles Times*, June 28, 2010.

得和平应用核能的技术及核电站建设。伊朗作为一个伊斯兰神权共和国，伊斯兰教什叶派处于绝对的权威地位，而最高领袖不仅是名义上的最高宗教领袖，其对于国家政权也有着绝对的约束力，伊朗最高领袖哈梅内伊对于伊朗核问题从伊斯兰教义上的表态值得中国关注，在此基础上开展对伊朗的宗教外交是一个可行的选项。

一、哈梅内伊关于伊朗核问题的“法特瓦”及其宗教意义

2005 年 8 月 9 日，伊朗最高领袖哈梅内伊发布“法特瓦”(Fatwa)①，宣称生产、储存和使用核武器被伊斯兰教所禁止，该法特瓦被伊朗政府公开引用。② 2010 年 2 月，哈梅内伊正式宣布：“西方的指责站不住脚，因为我们的宗教信仰禁止我们使用此类武器”，“我们不信任原子武器，并且并未在寻求该武器”，“我们经常说，我们的宗教信条与信仰视这些种类的大规模杀伤性武器为种族灭绝的标志，因此它们是被禁止的”，“这就是为什么我们不寻求它们的原因”。③ 不难看出，作为最高领袖的哈梅内伊所发布的“法特瓦”用明白无误地

① 阿拉伯语音译，意为宗教法令、顶尖的教法判断。

② “Supreme Leader of World's Shias Grand Ayatollah Sayyid Ali Hosseyni Khamenei,” October 30, 2010, http://www.labbaik.ir/en/uploads/book/Supreme%20Leader%20of%20World.pdf.

③ “Iran's Supreme Leader Denies Nuclear Report Claims,” *BBC News*, February 19, 2010, http://news.bbc.co.uk/2/hi/8523340.stm.

语言明确将对核武器的全面禁止与伊斯兰教义联系在一起，因此，首先考察该“法特瓦”对于伊朗乃至世界伊斯兰教什叶派宗教界的约束力至关重要。

伊斯兰教逊尼派的“法特瓦”没有实际的约束力，仅仅是伊斯兰教学者的个人看法，而什叶派则完全不同，“在伊斯兰什叶派看来，马尔贾泰格利得（marja taqlid）（精神领袖）所发出的法特瓦被认为是具有约束力且必须得到遵守的。”[①]哈梅内伊作为最高领袖，其“法特瓦”从伊斯兰什叶派教义上理应具备完全的合法性和完全的约束力，但事实上哈梅内伊的宗教领袖身份一直受到许多什叶派领袖（马尔贾）的质疑，这与哈梅内伊在1989年霍梅尼去世时的宗教地位不高有着很大的关联。霍梅尼因政治上的考虑而放宽了对继任者在宗教地位上的要求，这在某种程度上意味着霍梅尼对于伊朗疾风骤雨式的革命高潮的终结，这种变化正如伊朗问题专家阿里·吉萨里（Ali Gheissari）和瓦里·纳赛尔（Vali Nasr）所言：“伊斯兰共和国的雅各宾阶段在1988年开始走向瓦解，这出现在阿亚图拉霍梅尼从公开场合消失以及伊朗在与伊拉克作战中表现出了筋疲力尽之后”，“随着战争的最终结束，伊朗的革命进入了‘热月’时期”[②]。两伊战争使得霍梅尼的政治权威受到

---

① Paul Shapera, *Iran's Religious Leaders* (New York: Rosen Publishing Group, 2010), p. 35.

② Ali Gheissari and Vali Nasr, "Iran's Democracy Debate," *Middle East Policy*, vol. 11 (Summer 2004). 雅各宾时期和热月时期是法国大革命中前后相继的两个时期，分别代表着法国大革命疾风骤雨的激进时期和巩固革命成果的政局相对稳定和改革时期，作者用“雅各宾”和“热月”形象地比喻了1988年前后的伊朗伊斯兰共和国。

极大冲击，他临终前反思外交政策的结果便是，改变了其接班人必须是属于高级教士的马尔贾的规定，并为此于1989年4月修改宪法，新宪法规定未来的最高领袖只需是“具备适当的政治和管治技能的”伊斯兰教法专家[①]，这显然大大降低了最高领袖的宗教合法性。哈梅内伊就任最高领袖前仅仅是霍贾特伊斯兰，之后才陆续晋升为阿亚图拉和大阿亚图拉。

伊朗的国家政权建立在“法基赫的监护”（Velayat-e Faqih，简称VF）基础之上，这是霍梅尼的宗教思想对于国家政权制度的设计，突破了许多什叶派教法学家对于“监护”领域集中于社会与日常生活的理解，将其拓展至教法学家的国家管治。即便如此，什叶派教士对于“法基赫的监护”和霍梅尼的地位在霍梅尼在世期间一直存在争议，这种争议也延及哈梅内伊，什叶派教士对于这存在着四种不同看法：1. 承认“法基赫的监护”并认为哈梅内伊是最胜任此职之人，持此观点的人是伊朗神权的铁杆支持者；2. 承认“法基赫的监护”但不认为哈梅内伊是合适的人选，如阿亚图拉侯赛因（Hosain）；3. 从未承认“法基赫的监护”并认为其与“马尔贾伊亚”（marja'iyya）[②] 原则相悖，如死在伊拉克的大阿亚图拉阿布·卡希姆·穆萨维·胡伊（Abu al-Qasim Musavi Khu'i）；4. 从未承认“法基赫的监护”，但认为需要一个政治领导人，仅仅将哈梅内伊视作政治领导人，如黎巴嫩的穆罕默德·法德拉

① Karim Sadjadpour, *Reading Khamenei: the World View of Iran's Most Powerful Leader* (Washington, D.C.: Carnegie Endowment for International Peace, 2009), p. 6.

② 阿拉伯语音译，意为伊斯兰什叶派十二伊玛目派法典等级。

拉谢赫（Muhammad Fadlallah）。[①] 由于宗教的跨国性，因此伊朗目前的“法基赫的监护”制度受到国内外什叶派领袖不同程度的质疑和挑战。正因如此，哈梅内伊关于禁止核武器的“法特瓦”招致了来自宗教层面的反对，一些什叶派领袖支持发展核武器，如一名毛拉2006年发布“法特瓦”，指出“唯一自然的是”将核弹作为“对策”用来对抗其他核国家，这立即被认为暗指美国与以色列，而该毛拉是极端保守的阿亚图拉穆罕默德·塔齐·梅什巴·亚兹迪（Mohammad Taghi Mesbah-Yazdi）的门徒。[②] 但总体而言，伊朗什叶派领袖在此问题上倾向于禁止核武器，如大阿亚图拉侯赛因·阿里·蒙塔泽里（Hossein Ali Motazeri）2009年7月发布的“法特瓦”，指出最高领袖哈梅内伊的不合法且与政府一起对抗宗教[③]，但他在2009年10月发布的关于伊朗核问题的“法特瓦”与哈梅内伊并无二致，即“无论如何，人类，尤其是遵守封印的且愿赞美归他的先知之沙里亚法的穆斯林，必须在禁止在所有国家合法地和实际地应用此类武器以及向那些可敬的和值得信赖的国

---

① Oliver Roy, “The Crisis of Religious Legitimacy in Iran,” in Albert Hourani, Philip Khoury and Mary Wilson, eds., *The Modern Middle East* (London and New York: I. B. Tauris, 2005), p. 641.

② Colin Freeman, Philip Sherwell, “Iranian Fatwa Approves Use of Nuclear Weapons,” *Telegraph*, February 19, 2006.

③ Muhammad Sahimi, “Grand Ayatollah Montazeri's Fatwa,” July 12, 2009, http://www.pbs.org/wgbh/pages/frontline/tehranbureau/2009/07/grand-ayatollah-montazeris-fatwa.html.

际组织寻求确保此类禁令的帮助上发挥引导作用。"① 大阿亚图拉蒙塔泽里是伊朗唯一的"马尔贾泰格利得"且什叶派世界仅有的两个之一②，其宗教地位高于哈梅内伊。尽管伊朗目前在世的大阿亚图拉有 40 余位，但随着 2009 年 12 月大阿亚图拉蒙塔泽里的去世以及许多持不同意见的宗教领袖被软禁，很难再有从什叶派教义上对哈梅内伊提出挑战。

二、哈梅内伊关于伊朗核问题的"法特瓦"的神权政治意义

虽然哈梅内伊并不是伊朗什叶派和全世界什叶派的最高领袖，其宗教地位和禁止伊朗武器的"法特瓦"遭遇了各种来自什叶派宗教界的挑战，但其作为伊朗伊斯兰共和国最高领袖的政治地位却不容置疑。1979 年伊朗伊斯兰革命建立的国体是全世界唯一的神权共和国，霍梅尼对伊朗的管治合法性首先来自于其崇高的宗教地位，这是伊斯兰革命迎奉其归国的主要原因，其次才是其作为伊朗最高领袖的政治合法性，但伊朗最高领袖职位的设置本身主要具备神权政治的意义而非宗教意义，因为什叶派不存在着一个最高领袖的问题。合法性问题对于伊朗历史和现实至关重要，"伊朗政治合法性和宗教合法性

① Ernie Regehr, "Transparency and the Nuclear Stand-off with Iran," January 4, 2010, http://disarmingconflict.ca/2010/01/04/transparency-and-the-nuclear-stand-off-with-iran/.

② 另一个获此称号的是伊拉克的大阿亚图拉阿里·西斯塔尼（Ali Sistani）。

在各自的构建过程中不断进行互动，时而相互支持，时而相互颠覆，但从根本上看，宗教合法性的最终目的还是为政治合法性服务。"① 由于国家政权才是核武器的生产或民用核能开发的主体，因此考察伊朗政府对于核武器的态度及其对最高领袖禁止核武器的"法特瓦"的遵守便蕴含着比该"法特瓦"所具备的宗教约束力更有现实意义的神权政治约束力的问题。

有中国学者从伊斯兰教与核武器的关系角度指出伊拉克、利比亚和巴基斯坦曾寻求发展核武器，其中巴基斯坦成为首个拥有核武器的伊斯兰国家，从而得出结论："显然伊斯兰教并未成为上述三国寻求核武器的道德障碍"，"伊斯兰教约束并不是拥有核武器难以逾越的必然障碍。"② 这种表述显然有两个错误：首先，伊斯兰教对于伊斯兰君主制国家和神权共和国的约束力不仅是道德约束力，更重要的是法律约束力，如伊斯兰教法和什叶派"法特瓦"分别对于海湾君主国和伊朗具有确实的法律约束力，违反教法的行为就是非法的行为，会严重地危及政府施政的合法性；其次，三个伊斯兰国家谋求发展核武器的事实并不能推理出伊斯兰教支持或反对发展核武器，伊斯兰教本身因《古兰经》降示的历史时代以及穆圣活动的时代而不可能对当今的核武器问题有着明确的提及；不仅如此，这三国并非政教合一体制，尤其是萨达姆的伊拉克和卡扎菲的利比亚有着明显的世俗主义倾向，巴基斯坦政权也是在文官政

① 程彤："伊朗政治合法性与宗教合法性之构建"，《阿拉伯世界研究》，2011 年第 3 期，第 34 页。

② 赵建明："伊朗和平利用核能策略解析"，《西亚非洲》，2009 年第 11 期，第 53 页。

府与军人集团之间博弈，伊斯兰教对于以上三国的政治参与力相对薄弱。而伊朗的情况完全不同：首先，它有着神权共和国的体制，伊斯兰教对于伊朗有空前的全方位的影响力，伊朗政府和总统必须对最高领袖和高级教士集团负责；其次，是伊朗最高领袖兼伊斯兰教什叶派大阿亚图拉、外国什叶派马尔贾哈梅内伊发布“法特瓦”在伊朗禁止核武器，但并非意味着伊斯兰教在伊斯兰世界禁止核武器。

综上所述，别的伊斯兰国家的逊尼派或什叶派教法学家支持或反对发展核武器对于伊朗政府都是没有约束力的，伊朗什叶派的其他大阿亚图拉和阿亚图拉发布的支持或反对伊朗发展核武器的“法特瓦”对于伊朗政府也是没有约束力的，因此只能从思考哈梅内伊的禁核“法特瓦”及其对伊朗政府的神权政治约束力的角度分析伊朗核问题的真实情况才是有意义的。伊朗内部已经形成了“保守派”和“改革派”相互博弈的两党制雏形，其代表分别是内贾德和拉夫桑贾尼，但这与西方的两党制有着很大不同，它显示了伊朗的政治文化由部落制向利益集团的演变。不仅是拉夫桑贾尼的“改革派”全面参与到伊朗经济领域，内贾德所代表的革命卫队（IRGC）势力和两伊战争老兵阶层事实上形成了利益集团，作为伊朗伊斯兰体制禁卫军的革命卫队已渗入伊朗经济的很大部分。有调查显示，革命卫队从参与两伊战争战后重建起家，逐渐扩至了伊朗的基础设施建设、油气和通讯部门；革命卫队甚至渗透至伊朗的地下经济，而这得益于伊朗遭遇的国际经济制裁。① 尽管伊

① Shayerah Ilias，CRS Report for Congress：Iran's Economic Conditions：U. S. Policy Issues，Washington，DC：Congressional Research Service，April 22，2010，pp. 8 –9.

朗内部政治力量出现分化，但其共同点在于维护伊朗的政治体制并绝对服从最高领袖的权威。实际上，伊朗政府自 2002 年核问题爆发并最终酿成危机以来，一直声称其目的是和平利用核能，并引述哈梅内伊的"法特瓦"作为证据。伊朗现任总统内贾德便是一个虔诚的什叶派信徒，他对于马赫迪重返（Mahdi's arrival）的信仰是理解其思想的关键：第一，马赫迪重返不是遥远的未来某日的事情，而是很迫切的；第二，在全球冲突乃至混乱的前提下，马赫迪的重返可以提前。[①] 就连一些西方学者也承认："哈梅内伊反对大规模杀伤性武器的法特瓦确实具有一定分量，因为伊朗是一个伊斯兰共和国，其领导人的合法性来自他们遵从伊斯兰法的声明。他们将有可能为违背此法特瓦付出代价。"[②]

从事宗教与政治研究、宗教与国际关系研究中一个值得注意的问题是：必须从信徒的角度来体会宗教的约束力，宗教对于非信徒没有约束力，具体某个宗教和教派对于别的宗教和教派信徒也没有约束力。如果只是从工具主义（Instrumenalism）的角度，过分强调权力和利益等物质因素的主导作用，而将宗教信仰和情感作为仅具伪关联性的变量的世俗主义倾向来考察的话，宗教以及具体的哈梅内伊禁核"法特瓦"对于伊朗政府的约束力问题便会变得毫无意义。

---

① Dore Gold, *The Rise of Nuclear Iran: How Tehran Defies the West* (Washington, DC: Regnery Publishing, 2009), p. 211.

② Philip Margulies, *Nuclear Nonproliferation* (New York: Facts On File, Inc., 2008), p. 88.

三、哈梅内伊和伊朗政府关于核问题可能的真实意图

既然最高领袖哈梅内伊发布了禁核"法特瓦"且伊朗政府一直声称遵循该"法特瓦"，但是伊朗在核问题上与国际原子能机构时而合作时而斗争的行为使得国际社会对于伊朗产生了深深的疑惑：最高领袖的禁核宗教法令对于伊朗政府的绝对约束力以及伊朗政府貌似发展核武器的行为之间如何并存？综合这两者的关系，哈梅内伊和伊朗政府关于核问题可能的真实意图可以从三个方面进行理解：

第一种可能：哈梅内伊和伊朗政府均反对发展核武器，但支持发展民用核能。和平使用核能是主权国家的合法权利，伊朗也不例外。2010 年 10 月 21 日，哈梅内伊在库姆接见宗教学校学生时指出："有人发布法特瓦让伊朗的和平核能计划变得不合法，仅仅是因为西方怀疑我们的人民，这是不合法的。西方人有怎样的胆量怀疑我们的人民？"其矛头直指已故大阿亚图拉蒙塔泽里和大阿亚图拉尤素福·萨内蒂（Yusef Sanei）。[①] 虽然哈梅内伊的讲话有拉拢库姆宗教界并扩大自身宗教权威的目的，但也明白无误地表明他支持伊朗和平使用核能的计划。伊朗政府自核危机爆发以来，一直通过各种途径表达其发展民用核能而非核武器的立场，如 2008 年 7 月 5 日，伊

① Arash Arameh, "Khamenei Demand Loyalty from Seminaries," *Inside Iran*, October 21, 2010.

朗官员表示：“伊朗关于自身和平核能计划的立场没有改变。”[①] 此种可能招致怀疑最多，但也最符合伊斯兰什叶派教法和伊朗的神权政治体制。

第二种可能：哈梅内伊和伊朗政府的目的是谋求拥有核武器的制造能力，但并非制造出并使用核武器，或者购买并在伊朗储存外国核武器。仔细来看，哈梅内伊的“法特瓦”只是禁止“生产”、“储存”和“使用”核武器，换言之，其禁止的是，将核武器的“生产”作为目的以及对待核武器的“储存”与“使用”两种方式。由此可以推导出，哈梅内伊可能的目的在于为伊朗拥有制造核武器的能力提供法律依据。制造出核武器与能够制造核武器是完全不同的概念。2006 年 4 月 11 日，伊朗前总统拉夫桑贾尼称伊朗已用离心机首次制造出浓缩铀，著名军控专家沈丁立教授指出，伊朗所掌握的浓缩铀已接近武器级。[②] 2010 年 3 月，沈丁立进一步指出：“迄今，联合国的制裁并未产生预期效果。伊朗不仅拒绝停止铀浓缩，反而加快步伐，最近宣布将把铀 235 同位素浓缩到 20% 的浓度，这离核武器只一步之遥，无疑引起外界强烈反应，因为即便民用发电，也无需浓缩到此级别。恰在此时，国际原子能机构扔出重磅炸弹，第一次宣布伊朗正在从事核武器

---

① Anthony Cordesman and Adam Seitz, *Iranian Weapons of Mass Destruction: the Birth of A Regional Nuclear Arms Race?* (Westport, CT: Greenwood Publishing Group, 2009), p. 29.

② “伊朗首次生产出浓缩铀　专家称技术已接近武器级”，《东方早报》，2006 年 4 月 12 日。

活动，这势必形成对伊朗的制裁升级。"① 种种迹象不难看出，伊朗通过多年来与国际原子能机构、联合国以及西方大国的合作与斗争两面手法为其铀浓缩活动的开展赢得了时间并取得了巨大突破。正如一份瑞典机构的报告所指出的："伊朗只想让世界其他国家和自己的人民看到，它具有制造核武器以及建立从开采铀矿到制造具备核能力的导弹的完整核燃料链的能力。这对于国家自信是足够的。伊朗将会处于一种类似于日本之于中国关系的地位。这将足以提升伊朗在它与邻国关系中的地位，并可在某些情形下成为抗衡美国和以色列的敲诈工具。"② 从这个角度看，伊朗采取的核武器制造的临界步骤与哈梅内伊的"法特瓦"可能是殊途同归，并无明显违背。

第三种可能：哈梅内伊和伊朗政府目的在于制造出核武器并进行核试验，最终跨过核门槛成为巴基斯坦式的拥核国家。由于制造核武器的能力与制造出核武器只有一步之遥，且核国家身份往往需要通过成功的核试验才能获得证明，而且核国家的身份只有让对手完全知晓才能起到预期效果，因为核武器本身重在威慑而非实际使用。对于伊朗而言，其核能力若不能为国际社会所知晓，那么威慑的目的也会打折扣。从伊朗的地缘战略乃至全球战略来看，它首先需要让美国和以色列知晓其核能力。若制造核武器是哈梅内伊和伊朗政府的目的，那么对于

① 沈丁立："制裁伊朗与讨好美国是两码事"，《东方早报》，2010 年 3 月 8 日。

② *Learn about Nuclear Weapons* 2008, *Swedish Physicians against Nuclear Weapons* (Stockholm: Swedish Peace and Arbitration Society, 2008), p. 5.

哈梅内伊的禁核“法特瓦”便难以理解了。但从伊斯兰教什叶派的历史来看，由于什叶派是伊斯兰世界的少数派且长期受逊尼派统治者的打击和压迫，出于保存实力的需要，什叶派有着极为特殊的“塔基亚”（Taqiyah）观念[①]，即强调坚持内心的真正信仰并保存生命和实力远比公开宣示信仰而导致无谓牺牲更重要，在关键时刻可以否认自己是什叶派信徒和穆斯林，甚至吃猪肉以示证明。什叶派的“塔基亚”被逊尼派视作“卑怯的”和“非宗教的”，“在倭马亚和阿拔斯哈里发统治下受迫害的什叶派伊玛目强调需要塔基亚。”[②] 什叶派教士通过1979年伊朗伊斯兰共和国的建立从而在历史上首次掌握政权，伊朗国内已不存在迫害什叶派的可能，在此情形下“塔基亚”便显得没有必要。但伊朗处在一个无政府的威斯特伐利亚国际体系之中，西方国家因历史和现实地位而在国际制度设计中掌握了话语权，美国甚至在某种程度上充当了世界政府的作用。伊朗伊斯兰共和国的诞生就建立在反美反以基础上，霍梅尼和哈梅内伊均称美国为“大撒旦”。从这个角度来看，哈梅内伊和伊朗政府为了减少唯一的超级大国美国对于其核计划的干扰而在国际关系中采取“塔基亚”便显得极有必要了，那么禁核“法特瓦”和伊朗政府禁核声明便可理解为“塔基亚”的具体实践，其本身也并不违背什叶派教义，哈梅内伊也可以在适当时候发布新的“法特瓦”以取代目前的禁核“法特瓦”，但造成的负面影响也会是巨大的，哈梅内伊很难从伊斯兰教义

① 阿拉伯语音译，意为“掩饰”或“明哲保身”。

② Taru Bahl and M. H. Syed, *Encyclopaedia of the Muslim World* (New Delhi, India: Anmol Publications, 2003), p. 32.

上对禁核到拥核的转变给予合理的解释，其宗教合法性会大大受损。

总而言之，最不容易导致哈梅内伊和伊朗政府合法性受损的第一种可能性遭遇到国际社会的最大质疑，而第三种可能性则会导致哈梅内伊宗教合法性和伊朗政府政治合法性的极大受损，第二种可能性相对折中。哈梅内伊和伊朗政府对于核武器的真实目的，仍需根据伊朗核问题的最终结果来判断。

结语：中国在伊朗核问题上的可选项

从哈梅内伊在伊朗的宗教和政治地位、伊朗神权共和的体制以及伊朗政府与最高领袖之间的良性互动的考察，可以选择从哈梅内伊的禁核“法特瓦”入手，从宗教的角度和方式来尝试理解哈梅内伊和伊朗政府在核问题上的真实目的，即将伊朗核问题视作一个伊斯兰什叶派的宗教问题，中国参与伊朗核危机的过程中可从此方面找到切入口。

随着宗教的全球复兴，尤其是伊朗伊斯兰革命和“9·11”事件的爆发，国际关系的“宗教参与”便成为一个不可忽视的话题，宗教外交变成为了一种可能与必需。对于什么是宗教外交存在着不同的理解，但可从其要素与内涵方面进行整体的考察。首先，它由四要素组成：1. 主体必须是中央政府或其默认之组织和个人；2. 客体必须是宗教组织和广大教众；3. 基础是超越威斯特伐利亚体系；4. 目的是促进宗信仰的扩散和国家利益的实现；其次，它有三个内涵：1. 由国家/政府主持/参与的宗教外交；2. 宗教组织外交；3. 宗教游说外交。[①] 中国政府可积极引导中国伊斯兰团体和穆斯林以宗教身份，超越中国政府与伊朗政府之间的意识形态和社会制度分歧，展开对伊朗的宗教外交，与伊朗政府官员、各级宗教领袖乃至普通信众展开交流。

中国相较于西方国家的优势在于：第一，中国的宗教团体相当大的程度上被整合到国家体制之中，其参与政府主导的宗教外交有制度上的保障；第二，中国拥有大量的穆斯林，既聚居在西北省区，也广泛散居于全国各地，既包括逊尼派，也包括少量的什叶派[②]，从地域到派别上有着广泛的代表性。中国政府可组织由中国不同地区和不同教派穆斯林组成的宗教代表团对伊朗展开多种形式的宗教外交活动，其议题也可不限于核问题。对于伊朗核问题，中国穆斯林的目的要明确：既然伊朗最高领袖和政府自身认为伊斯兰教不允许制造、储存和使用核武器，那么伊朗超越民用核能所必需并离核武器只有一步之遥的浓缩铀活动究竟是为什么？伊朗与国际社会冲突的根源到底是什么？中国穆斯林可以与伊朗各方面就核问题以及伊朗核危机进行交流，从宗教角度来解读伊朗的真实宗教态度：是确实恪守教义，禁止发展核武器；还只是在核电站建设方面引起国际社会的不信任所导致的冲突；还是出于伊斯兰什叶派所有别于逊尼派的传统，即为了实现对自己有利的一面而采取的迂回

① 涂怡超、赵可金："宗教外交及其运行机制"，《世界经济与政治》，2009年第2期，第52—55页。

② 新疆塔什库尔干地区有3万名什叶派伊斯玛仪派塔吉克族穆斯林；新疆莎车有数百名什叶派十二伊玛目派穆斯林，自称克什米尔族。

战术。

按照伊朗政府公开宣称所理解的伊斯兰教法，只有发布“法特瓦”的人才能撤销该条“法特瓦”[①]，因此伊朗铀浓缩活动向一步之遥的核武器级别迈进的情况和最高领袖哈梅内伊的在任与否（取决于其健康和寿命）是中国展开对伊宗教外交的两个核心变量。据美国CNN2010年11月30日报道，维基解密（WikiLeaks）声称哈梅内伊罹患白血病，“有可能在数月内去世”。[②] 由于伊朗政府的铀浓缩活动与哈梅内伊的在任与否息息相关，假若哈梅内伊先于伊朗铀浓缩达到核武器级之前离世且并不谋求废除其禁核“法特瓦”，或伊朗铀浓缩活动达到核武器级别时哈梅内伊依旧正常履行职务并废除该条“法特瓦”，所带来的结局对于中国的宗教外交就会因错过时机而变得毫无意义。在2010年伊朗铀浓缩活动已接近核武器级别、2011年8月伊朗首座核电站建成、2011年11月国际原子能机构不断谴责伊朗非和平动机的核计划，以及哈梅内伊在任且禁核“法特瓦”仍然有效时，换言之，在伊朗核问题尘埃落定之前，及时展开对伊宗教外交极为重要。中国政府在伊核问题上多年来面临着左右为难的局面：一面是西方国家和以色列的压力，一面是与伊朗的友好关系，而阿拉伯世界对于伊朗的复杂态度进一步缩小了中国对伊政策的运作空间。中国政

---

① Cindy Combs and Martin Slann, *Encyclopedia of Terrorism* (New York: Facts On File, Inc., 2007), p. 281.

② Kelly Marshall Smoot, “WikiLeaks Documents Focus on Health of Leaders in Iran, North Korea,” *CNN News*, November 30, 2010, http://edition.cnn.com/2010/US/11/29/wikileaks.health/index.html. 当然这只是维基解密的说法，并不足为信，但高龄领袖的健康确实非常重要。

府要认真看待宗教参与处理伊核问题的独特地位，这有利于缓和中国在伊核问题上与伊斯兰世界之间的矛盾，也有可能为伊核危机的缓和找到新的突破口，体现出负责任大国的国际形象。

浅析国际宗教非政府组织与中国的国家安全

•李 峰

[内容提要] 国际宗教非政府组织在发展援助和所谓的人权关注等国际事务领域发挥着越来越大的作用；而它们的宗教和地区背景差异也使其活动重点和行动方式各异。作为世界上最大的发展中国家，国际非政府组织也在此两方面与我国发生各种互动。在发展援助方面，虽然在我国合法活动的国际宗教非政府组织基本都被“福利化”，但其活动仍对我国某些非传统安全构成了一定的威胁。在所谓的人权关注方面，有些具有西方基督教福音派和基要派背景的倡议型国际非政府组织的活动完全基于西方和自身的价值观，直接干预我国的内政。为此，从维护我国的国家安全立场出发，本文认为，国际宗教非政府组织既非天使，也非恶魔。我们在与这些组织互动过程中，

首先应知己知彼，既要利用它们有利的一面，同时通过多途径将其不利的因素降到最低。

国际宗教非政府组织（International Non-Governmental Organizations，INGOs）是建立在某种或几种宗教信仰之上，在国际社会主要致力于社会关怀的国际非政府组织，其中不包括专事宣教和宗教教育等教会机构和组织，也不包括不为其母国的国内法律认定的组织（特别是诸如一些带有宗教和信仰色彩的政治性和极端主义组织）。① 换言之，该组织除了具备非政府性和国际性特征外，还必须具有宗教性或信仰性，与世俗组织相比，它有以下几个方面的基本特征：宣称工作和活动的动机是基于宗教信仰；该类组织通常还与宗教机构或某一神学传统有联系；该类组织雇佣或者招募的工作和志愿人员主要对象是宗教信徒。②

近年来，国际宗教非政府组织在国际社会中的影响日趋显著。以 2001 为例，根据国际社团联合会 2001—2002 年的资料，国际宗教非政府组织的数量约为 3123 个，占全部国际非政府组织的 6.6%。从冷战后各类非政府组织的增长速度来看，自 1990 年到 2000 年的十年间，国际宗教非政府组织的增长率为 32.8%，仅位于社会服务类（增长率为 78.5%）、健康卫生类（50.0%）和法律及政策倡导类

① 李峰：“全球治理中的国际宗教非政府组织”，《求索》，2006 年第 8 期，第 96 页。

② Elliott Abrams, *The Influence of Faith: Religious Groups and U. S. Foreign Policy* (Maryland: Rowman & Littlefield Publishers Inc. 2001), pp. 190 - 191.

（42.5%）之后。另外，如果我们将国际非政府组织置于整个人类发展史和当今现实来考量时，我们就更不能忽略国际宗教非政府组织的存在。从历史上看，现今许多大型的诸如乐施会（OXFAM）和卡尔国际（CARE）等国际非政府组织起初都有显著的宗教背景；而且在1900年前成立并一直延续至今的国际非政府组织中，有2/3与宗教有关。[①] 虽然从总的方面来讲，国际宗教非政府组织还难称得上明星，但它在所谓的人权保护、沟通、国际人道主义救援、发展援助和文化交流等方面却发挥着相当重要的作用，而且这种作用还有日益强化的趋势。

作为世界上最大的发展中国家，中国一直就与国际非政府组织有所接触，据中国发展简报统计，每年国际非政府组织在中国开展的项目资金约为100—200万美元，[②] 其中有许多就是国际宗教非政府组织。在这些组织当中，甚至还有诸如基督教儿童基金会等从中国走出去的国际宗教非政府组织。自改革开放后，越来越多的国际宗教非政府组织开始走进中国，开展各种具有积极意义的项目；但与此同时，也有些偏向倡议性的国际宗教非政府组织基于西方和自身的价值观在国际上对我国内政进行干涉。

---

① Colette Chabbott，“Development INGOs，” in John Boli and George M. Thomas，*Constructing World Culture*：*International Nongovernmental Organizations since* 1875（California：Stanford Univ. Press，1999），p. 228.

② 中国发展简报：“2000 International NGOs in China”，北京公旻社会发展研究中心2005年。

一、国际宗教非政府组织的主要活动领域和行动特征

大体上来说，国际非政府组织在国际社会中的参与可分为三大领域：发展援助、人权关注与和平维护。

因其宗教和非政府组织的双重特性，在活动领域和方式方面，国际宗教非政府组织既有与世俗非政府组织的趋同性，同时又具有特殊性。首先，由于所面临的问题和外界环境的相似性，国际宗教非政府组织表现出与世俗非政府组织相似的特征和功能。其次，国际宗教非政府组织的宗教性也使其国际参与具有与世俗非政府组织相异的特征，这主要表现为：第一，国际宗教非政府组织的国际参与更多是基于一种宗教使命感，这既是它们的组织目标，同时也是它们信仰的延伸，这成为它们宗教信仰实践和信徒自我灵性实现的方式和途径之一。第二，国际宗教非政府组织的宗教性特征还使其将世俗项目和活动置于信仰框架内进行，从而表现出与世俗组织相异的侧重点：在国际援助领域，国际宗教非政府组织既重视物质和技术等能力援助，也重视精神层面的关照；在和平维护方面，它们除了利用通用的调解方法外，还充分利用宗教在社会网络和信仰方面的优势；在人权领域，它们更是基于信仰的传统和权威开展各种活动。第三，这种宗教性特征使得国际宗教非政府组织在国际参与的领域和方式方面，会基于自身的宗教背景以及外界世俗环境作出不同的选择，从而表现出内部的差异性。本文主要就前两者进行简要的介绍。

（一）发展援助的特征及潜在的风险

帮助穷人和弱势群体是所有合法宗教的共同特征，因此几乎所有操作型国际宗教非政府组织都有致力于国际援助的项目，对它们来说，国际援助并非最终的目的，最终的目的是借此来实现社会公义和人之尊严。

总的来说，从参与该领域的国际宗教非政府组织的背景来看，它们多具有西方背景，或是西方基督宗教，或是在西方建立总部的非基督宗教，如设在英国的伊斯兰救助等。从援助的内容和性质来看，它们从事的国际援助包括短期的紧急人道主义救援（如灾难救援、重建等）和长期的发展援助。对于此类国际宗教非政府组织来说，国际援助往往是它们的主要活动内容和财务支出事项。当然，不同的国际宗教非政府组织基于不同的宗教背景和不同的组织目标，在提供国际援助的侧重点方面也有所不同：有的侧重于紧急救援，有的侧重于发展援助，有的则提供全面的支持。同时，不论是何种国际宗教非政府组织，与世俗组织相比，除了物质援助外，它们的宗教性特征还会使其更关注于受援对象的精神援助和尊严。

当然，神学倾向和教义的不同也使得它们在国际援助的重点有所差异。在基督宗教背景的国际宗教非政府组织中，由于福音派的教义强调通过援助来改变个人灵性和信仰，强调援助效果体现基督精神；而自由派和主流教会则更强调援助本身，强调通过长期的社会结构改造来实现人之平等和尊严，因此，两者在国际援助的参与态度和方式等方面都存在着一定的区别。此外，单一教派和跨教派的国际宗教非政府组织之间也存在着一些差异[1]。

具体来说，不论是单一教派还是跨教派的具有福音派背景的宗教非政府组织，它们专注于紧急救援的比例要远高于主流教会；而在发展援助方面，主流教派组织则要高于福音派组织。但在既提供紧急救援又提供发展援助方面，两者的规模差不多。同时，不论是何种背景的组织，跨教派组织在提供发展援助的比例上要远高于紧急救援。这可能与两个因素有关：第一，跨教派组织相对单一教派来说具有更多可资利用的物质和人力资源；第二，由于内部许多神学观点的差异性，因此跨教派宗教非政府组织更倾向于求同存异，而这可能在一定程度上弱化了其宗教性的要求。

在肯定国际宗教非政府组织发展援助的同时，我们也应注意到，这种援助对于受援国，特别是发展中国家来说也存在着潜在的风险。当然，这种风险的大小也取决于具体组织的宗教、国家背景以及组织的宗旨和个体成员的行动。

首先，从组织的背景来看，一般来说，神学思想偏向福音派或基要派的基督教非政府组织在提供国际发展援助时，通常会将发展与信仰结合在一起。如具有福音派和美国背景的世界宣明会在津巴布韦开展发展援助的过程中，它们将援助置于“福音整体论（evangelical holism）”和“生活方式福音化（lif-estyle evangelical）”的框架内，主张弥合物质世界和精神世界的鸿沟，既要将人们从物质贫困中解脱出来，也要最终将人们

---

① Fred Kniss and David Todd Campbell, “The Effect of Religious Orientation on International Relief and Development Organizations,” *Journal of the Scientific Study of Religion*, vol. 35, no. 1 (1997), pp. 93 - 103.

从精神的贫困中解放出来，而解放的途径就是通过皈依实现基督救赎[①]。同时，在活动方式上，福音派背景的国际宗教非政府组织更倾向于与当地教会合作，而尽量避免与发展中国家政府间的合作[②]。

当然，上述的这些特征也并非绝对，这在很大程度上取决于当地的政治、宗教和文化环境，以及该组织的保守程度等因素。政治主要体现为政府的管制程度，在政治上对外来组织管制较严格的国家和地区，它们宣教的动机就会降低或者被压制。宗教和文化环境主要是指当地的宗教和文化传统，若当地存在着与基督教差异较大的文化传统，如伊斯兰教、佛教等，为避免冲突，他们也会压制自己的宣教动机，其合作组织也更广泛，与官方的合作更为可能，而且对志愿者信仰的强调也较低。同时，对于具有福音派背景，但在这个谱系上属于较弱倾向的组织，如世界宣明会、救世军等来说，对宗教特征的强调也较弱，而且其权宜之策也更灵活。如世界宣明会在台湾招募的志愿者并无信仰的强调；在大陆，它既与教会合作，也与政府合作。

而对于大多数主流教会和天主教来说，由于它们更倾向于自由派神学，因此，与福音派组织更多关注个人不同，它们对贫困的社会结构原因更为关注，援助中劝人皈依并非其组织目标。如教会世界服务社明确宣称，其救援服务“不以任何劝

① Erica Bornstein, *The Spirit of Development*: *Protestant NGO*, *Morality*, *and Economic in Zimbabwe*（CA: Stanford University Press, 2005）, pp. 49－50.

② J. Tiburcio, “Human Security in Angola: the Role of Religious Non-State Actors,” *Journal of Human Security*, no. 2（2010）, pp. 47－57.

人皈依的形式为基础”[①]。明爱国际也认为：“将两者混合起来如同在玩一场危险的游戏，尤其是在当今的全球环境下，我们做我们所做的是因为我们是基督徒，而不是因为我们想要让别人变成与我们一样。[②]”

其次，从地域背景来看，欧洲背景的国际宗教非政府组织整体上较缘起于美国的组织宗教性更淡。欧洲许多宗教非政府组织，特别是基督宗教的组织甚至对自己的宗教身份保持缄默，它们在援助时，与世俗组织一样借助专业化的方法进行操作[③]。究其主要原因，还在于外在世俗环境对它们的形塑。如前所述，对于许多国际宗教非政府组织而言，越来越多的资源来自于政府。

最后，即便是主流教会背景的国际宗教非政府组织，也难以避免在援助过程中带有宣教的色彩。其原因有二：一是组织行为与个人行为的差异，对于有些组织而言，它的确宣称在发展援助中不开展宗教活动，但作为参与者的个人活动则具有不可控制性；二是发展与信仰在理论上容易找到分界线，但在实践中却难以区分，特别是对于在组织结构上直接隶属于宗教团体的组织更是如此。由于这类组织往往脱胎于教会机构，宣教

① Jim Remsen, “in Asia, Some Christian Groups Spread Supplies and the Word,” *Knight Ridder Newspapers*, Jan. 9, 2005, 转引自 Eman Ahmed, “A Dangerous Mix: Religion & Development Aid,” http://www.iiav.nl/ezines/web/WHRnet/2005/July.PDF（2012 年 5 月 2 日访问）。

② http://www.caritas.org/jumpNews.asp? idChannel = 20&idLang = ENG&idUser = 0&idNews =2307（2012 年 5 月 2 日访问）。

③ Rick James, What Is Distinctive about FBOs? How European FBOs Define and Operationalise Their Faith, *Praxis Paper* 22, 2009.

是其重要的工作之一

我们还可看到，福音派和基要派，特别是极端保守的福音派和基要派背景的国际宗教非政府组织的国际援助已经对他国的国家安全构成了威胁，其围绕劝人皈依的组织目标实质是对他国国家主权的侵犯。它们以所谓的人道主义救援高于国家主权为名进行活动，其结果往往会引起受援国和受援者的反感，甚至是抵制[①]。如在2001年，庇护所国际（Shelter Now International）的两位志愿者梅瑟（Heather Mercer）和库蕊（Dayna Curry）在阿富汗进行发展援助时有宣教的行动，其结果是他们两人被塔列班绑架，并且所有的基督教援助组织都被驱逐出境。又如在佛教徒占到总人口74%的斯里兰卡，由于有些福音派背景的组织和个人公开开展有违该国相关法律的宣教活动，导致了一场从2003年11月持续到2004年3月的针对基督教的反抗和暴力活动，也使得在该国开展了20多年工作的世界宣明会的办事处遭到暴力攻击。因此，斯里兰卡还制定了《宗教信仰自由法》，法律条文虽然使用较为中性的表述——任何人和组织都不得"强迫、诱使"本国公民改宗，但由于佛教在斯里兰卡的绝对主导地位，该法的适用对象主要是外来宗教，特别是基督宗教。这使得大批基督教背景的致力于扶贫开发的非政府组织停止了活动。受此启发，同样的法案在印度南部的米尔纳德邦（Tamil Nadu）出台，随后扩展到印度的其他一些邦。

① 徐以骅："宗教与冷战后美国外交政策——以美国宗教团体的'苏丹运动'为例"，《中国社会科学》，2011年第5期，第199—218页。

（二）所谓的人权关注和倡议

许多国际宗教非政府组织的宗教性使其从创建之时起就关注人权，尤其是涉及宗教自由等问题，大部分国际宗教非政府组织（特别是具有西方背景的组织）都将之作为本组织的优先目标之一，有的甚至还将人权关注写入组织章程。如世界基督教协进会就将促进人权与宗教自由列为其四大行动领域之一。从人权关注的发展和国际宗教非政府组织的人权参与历程来看，人权作为一个国际问题，并成为国际法和国际政府间组织关注的内容是从二战后才开始的，但在之前，人权就一直是非政府组织关注的重要内容之一，其中最著名的人权行动当属废奴运动。为此，彼特·魏雷特（Peter Willetts）甚至将非政府组织视为“世界的良心”①。而在二战前关注人权的非政府组织中，宗教类组织一直是其中的骨干。二战后，联合国的成立使得人权问题受到前所未有的关注，1949 年 12 月 10 日，联合国大会一致通过了《世界人权宣言》，这标志着国际人权运动开始步入了规范化的时代，国际宗教非政府组织的人权保护参与也进入了一个全新的时期。

大致来说，国际宗教非政府组织参与国际人权机制的方式有以下四种：

第一，会议议题和参与规则的设定。虽然国际非政府组织至今仍不具国际法行为主体资格，但它们的某些倡议常常能通过社会运动或其他渠道传达给国家政府和国际政府间组织，人

① Peter Willetts, *The Conscience of the World*: *The Influence of Non-Governmental Organizations in the UN System* (London: Hurst & Co. Ltd, 1996).

权倡议就是其中的一个重要内容。除了意见传达外，它们还利用可用的国际平台，积极参与国际人权标准的制定，同时也积极介入联合国人权事务委员会（UN Commission on Human Rights）等的具体运作，以期在其中体现本组织的某些主张。它们在标准制定过程中利用自身的组织和知识优势向相关机构和人士表达主张、施加影响，使得国际人权标准能够反映其宗教价值和目的。

第二，调查、游说及干预。除了积极影响议题设定外，某些倡议型的国际宗教非政府组织还利用通过情况调查、游说相关组织和直接进行干预等方式进行行动。

首先，有些国际宗教非政府组织利用其网络优势，积极收集分布于世界各国基层教会反馈的信息，然后或独立；或提供给诸如大赦国际、人权观察和国际人权同盟等影响更大的世俗人权非政府组织，通过网络机制对所在的国家政府或机构施加压力，或借助新闻发布会、年度报告和网络等方式对有关国家和政府进行“羞辱”；或借助联合国施压。因此，它们的行为虽然通常不具暴力性，但其影响范围更大或具有广泛的群众性。[①]

其次，还有些国际宗教非政府组织使它们所认为的“人权”问题国际化和政治化。这些组织积极游说所在国，特别是西方国家的政府，借助它们对所谓的问题国进行施压。随着美国政府逐渐提升所谓宗教自由问题在其年度人权状况报告中的比重，以及美国国会利用人权和宗教自由问题扩大自身在外

① 徐以骅：“全球化时代的宗教与国际关系”，《世界经济与政治》，2011年第9期，第17页。

交事务中发言权的倾向日益突出，这类宗教非政府组织在影响美国外交政策的某些议题上具有越来越大的能量和资源。

再次，有些国际宗教非政府组织直接进行所谓的人权干涉。其方式主要有两种：一是利用其宗教背景，高树宗教的权威性，或以所谓的普世性原则，或以所谓的公民社会建设，或以所谓的保护个人权利和自由等为动员符号和资源，在所在国进行社会动员，从而引发政治对抗。这不仅见于东欧剧变，也可见于发生在中亚的“天鹅绒革命”和阿拉伯世界的“玻璃瓶革命”。

第三，教育和援助。有些国际宗教非政府组织还会开展一些人权、宗教自由的宣传教育，同时也在某些地区提供诸如法律援助、人员培训等活动。

从宗教背景来看，一般来说，在人权领域中较为活跃的组织多是基督宗教背景的组织，它们因宗教倾向的不同也存在着一定的差异；但总体来说，与国际发展援助一样，宗教间的差异不及宗教内部保守派（右翼）和“进步”派（左翼）的分歧大，在许多人权类议题上，同一宗教内合作的可能性远不及跨宗教的保守派或自由派联盟。所不同的是，基督教的主流教派是左翼，偏向接受世俗社会的价值观；而天主教的主流则是保守派，坚持宗教的教义，拒绝对世俗社会的无原则妥协。

大多数天主教类的国际宗教非政府组织的观点与基督教右翼组织的立场接近，它们坚持传统的价值观，而且奉梵蒂冈为绝对权威。但也有少数天主教非政府组织的立场更接近基督教主流教会。如前文所述的天主教自由选择，它们认为，随着时代的发展，合法的堕胎等都应是人权的构成部分，而天主教主流教会对此坚决予以否定。当涉及到基督教和天主教共同关注的议题时，这种分歧和合作表现得更为明显。如在2000年北京举办的联合国妇女大会期间，在对妇女的某些议题上，宗教非政府组织大体分成两大阵营：一个阵营是自由派组成的“妇女行动2000（Women Action 2000）”网络，它包括基督教主流教会、天主教自由选择等天主教进步派和许多世俗非政府组织；另一阵营是由保守派组成的联盟，它由来自北美的四个保守派或福音派组织——世界家庭政策中心（World Family Policy Center）、霍华德中心（Howard Center）、天主教家庭和人权机构（Catholic Family and Human Rights Institute）和家庭研究中心（Family Research Center）为中坚，同时还有部分伊斯兰教和其他天主教背景的非政府组织参与其中。

同时，由于左翼和右翼对世俗价值观的态度，它们在人权关注的策略运用上也存在着一定的差异。总体来看，以天主教和基督教主流教会为代表的左翼会通常采取更温和的方式进行“警告”，也乐于进行直接的对话。它们也更倾向于与国际组织，特别是联合国合作，以推动所谓人权事业的有序化发展，其基本立场定位于“改良”。总的来说，它们更多采用的是前文所述的第一和第三种行动方式。

而基督教福音派和基要派（右翼）明显转向积极的社会和政治参与，它们在国际事务上通常支持保守的政治议题，尤其是反对所谓的人权侵犯和宗教迫害，它们不仅以倡议宗教自由为名进行激烈的抨击，而且甚至还会通过影响西方国家的政策向目标国施加压力。为此，“右翼，特别是来自北美的右翼则对联合国持批评态度，同时，还有一部分伊斯兰教和犹太教的非政府组织也支持这种批评”①，它们对人权关注或是直接进行社会动员，进行干预活动；或是积极影响美国或其他西方国家政府进行干涉，而与政府“合作”，越来越成为这类组织人权关注和活动的趋势。

二、国际宗教非政府组织与中国国家安全

如同国际宗教非政府组织在国际社会的活动领域一样，它们与我国的互动也主要表现为慈善救助和发展援助以及所谓的人权干涉两方面：

（一）国际宗教非政府组织在我国境内开展的项目及特征

由于中国相关法律制度的管制，在我国境内合法活动的国际宗教非政府组织基本都被“福利化”，即被纳入慈善福利事业轨道②。但由于互动的多样性，因此难以精确统计出有多少国际非政府组织在中国开展各类项目。中国发展简报截至1999年的资料将490多家各类国际非政府组织分为四类：（1）资助型基金会（Grant making foundations），共70个；（2）倡

① Marie Juul Petersen, “International Religious NGOs at the United Nations: A Study of a Group of Religious Organizations,” *The Journal of Humanitarian Assistance*, no. 17 (2010).

② 此方面具体的论述可参见徐以骅：“宗教与当代中美关系”，《国际问题研究》，2011年第3期，徐以骅：“后传教时代的宗教与中美关系”，载徐以骅、涂怡超、刘骞主编：《宗教与美国社会——宗教与美国对外关系》（第七辑），时事出版社，2012年版，第84页。

导为主的功能团体（advocacy-primary function groups），共 70 个；（3）实施类非政府组织（Implementing NGOs），共 200 个；（4）以教会为基础的慈善团体（Church-based charitable groups），共 150 个，[①] 占到总数的 31%。但笔者认为这种划分存在着一定的问题，如以教会为基础的慈善团体也可能会是实施类非政府组织，还可能是基金会。同样，以教会为基础的团体在一定程度上排除了那些不是以某固定教会组织为基础，但是基于某种信仰而成立的非政府组织。故本文根据中国发展简报委托北京公旻社会发展研究中心撰写的《在华的 200 个国际非政府组织》重新进行了统计，在该报告中共列举了 211 个国际非政府组织，其中属于宗教非政府组织有 37 个，约占 18%[②]。

不论如何统计，国际宗教非政府组织在中国的存在是毋庸置疑的。对此，我们可以从它们的分布、进入中国的时间、活动领域、活动方式和活动动机等方面进行探讨。由于资料有限，在此，我们主要以《在华的 200 个国际非政府组织》中列举的 37 个国际宗教非政府组织为个案进行初步

① http：//www. phelex. org/cn/about_ phelex/phelexinchina. doc（2011 年 3 月 4 日访问）。

② 该报告在组织特性的描述上有宗教归属一栏，但本文将报告标示有宗教背景的中国之友（Friends of China）、磐石国际（Good Lock Federation）和汉斯·赛德基金会（Hanns Seidel Foundation）三个组织排除在外。原因在于，对前两个组织来说，它们之所以被列为宗教背景的组织，很可能是因为它们的创始人是基督徒，但我们从其网站和历史的介绍来看，基督教的教义并未成为组织的支撑，更没有与教会建立某种关系；而汉斯·赛德基金会则是德国基督教社会联盟这个政党下的组织。故本文认为它们都不应归为宗教非政府组织之列。

分析。

对于在华活动的国际宗教非政府组织的宗教和地区分布背景来说，与世界范围内国际宗教非政府组织的宗教背景分布一样，在中国境内活动的国际宗教非政府组织也以基督教和天主教背景的居多。在《在华的200个国际非政府组织》中提及的37个国际宗教非政府组织中，基督教背景的有28个，约占76%，天主教背景的有5个，约占14%，佛教背景的有2个，约占5%，巴哈伊教和伊斯兰教背景的各1个。从这些组织的总部国家来看，西方国家背景的国际宗教非政府组织有26个，约占到70%；另外还有10个是港澳台背景的组织，1个是总部设在中国太原的组织——山西永青咨询服务中心（Shangxi Evergreen Service）。

从它们进入中国的时间来看，自改革开放后，我国在对待国际经济技术合作和国际发展援助的态度方面已不再严格遵循过去的“自力更生”和输出革命的方针，而是采取了“有给有取”的原则。① 自此，进入20世纪80年代后，一批致力于国际援助的国际宗教非政府组织开始通过各种方式进入中国开展灾难救援和发展援助等项目，这与样本反映的情况极其符合（表1）。在样本所显示的34个有效个案中，大部分组织都是在20世纪八九十年代启动中国项目，其中在1980—1989年时间段内的组织有12个，占有效数据的35%，1990—1999年时间段内的有17个，占50%。

① 王杰、张海滨、张志洲主编：《全球治理中的国际非政府组织》，北京大学出版社，2004年版，第288页。

表1 样本中国际宗教非政府组织开展中国项目的时间（N=34）

	组织数量	百分比
20世纪80年代之前	2	6%
1980~1989	12	35%
1990~1999	17	50%
2000~	3	9%
合　计	34	100%

就在华国际宗教非政府组织的活动领域来看，它们主要在紧急救援、发展援助、教育、环境保护和文化交流等方面发挥着自己的作用，其中，从事前两项工作的组织最多。在预算方面，从现有的资料来看，各组织间的差距也较大，从世界宣明会的每年1200万美元到安泽国际（中国）救援协会（Adventist Development Relief Agency, China）的8万美元不等。

从活动方式来看，国际宗教非政府组织与中国之间已经形成了“借道”进入、与政府合作、与民间团体合作的不同层次交流的格局。由于很长时间以来，我国在对国际非政府组织管理方面的法律是一个空白，如在1989年9月制定，1998年修改的《社会团体登记管理条例》中，国际非政府组织基本上不太可能以社会团体的资格进行登记，没有法律资格在许多时候就没法签订合作合同，没法合法雇佣员工等等，为此，许多国际宗教非政府组织往往借助香港分部开展相关的大陆项目，如世界宣明会已经在全国近20个省、市、自治区，推行了约88个救灾及扶贫发展项目。自1989—2004年，它在中国的项目总投入经费超过6.36亿元人民币（约合7950万美元），2001年10月，国务院新闻办公室所发表的《中国的农村扶贫开发》白皮书当中提到国际机构过去在中国扶贫领域的贡献，世界宣明会便名列其中。然而，1982 年就计划进入中国的这一世界上著名的民间慈善组织在很长一段时间内并没有获得在中国大陆的合法身份，不得不将中国办事处设在香港。

即便如此，许多国际宗教非政府组织仍实际上在中国开展诸多社会公益项目。我国政府对这类国外非政府组织通常采取的是“不登记、不干预”的态度。许多诸如安泽国际（中国）救援协会国际、伊斯兰救济等宗教非政府组织在国内也设立了办事处或办公室，但它们却未登记。在现行的法律框架内，一般来说，国际非政府组织在中国的合法存在方式一般有 3 种：改民政部门到工商部门注册，以个人的名义设立账户或办公室，以商会的形式注册。为此，当前国际宗教非政府组织的办公室通常或以个人名义设立，或以企业的形式注册。如美国基督教背景的机遇国际（Opportunity International）就在合肥以企业的名义注册为“国际机遇担保公司（合肥）”。2004 年 6 月，修订后的《基金会管理条例》开始正式实施，条例将基金会分为三种：可以面向公众募捐的公募基金会、不得面向公众募捐的非公募基金会和境外基金会在中国内地设立的代表机构。依照该条例，许多国际宗教非政府组织可以以合法的独立身份在中国开展项目，在该年，世界宣明会、世援社等组织在北京正式设立办公室，结束以前完全通过香港分部开展大陆项目的局面。

同时，国际宗教非政府组织有时还与官方或半官方机构开展合作，前者主要是各级政府，后者主要指有着官方背景的事业单位、社会团体等，其中最常见的有妇联、残联、中国国际民间组织合作促进会[1]和中国慈善总会等。如基督教失明救济国际曾与国家卫生部、中国残联合作，世界少数民族语文研究院（SIL International）一直与云南民委、贵州民委合作，门诺中央委员会曾与四川省教委合作，国际小母牛项目组织（Heifer Project International）曾与四川省畜牧局、妇联合作，人类家园国际机构曾与云南省扶贫办公室、残联合作，菲利浦海的基金会（Phillip Hayden Foundation）与中华慈善总会合作，德国基督教发展服务社（Evangelischer Entwicklungsdienst Church Development Service）、德国明爱与中国国际民间组织合作促进会等有过项目合作。同时，还有些致力于文化交流和教育的国际宗教非政府组织与中国高校建立起伙伴关系。

另外，还有些国际宗教非政府组织通过与中国的宗教非政府组织建立起合作关系，它们提供资金，具体由国内的宗教非政府组织，特别是南方的爱德基金会和北方的进德天主教社会服务中心负责实施。例如西班牙天主教背景的卫生和社会发展行动（Acción Sanitariay Desarollo Social）主要通过澳门明爱以及进德天主教社会服务中心开展大陆项目，基督教失明救济国际、德国基督教发展服务社和救世军等都曾与爱德基金会合作过。另外，爱德基金会还是具有普世主义基督教背景的教会联合行动、教会发展行动的成员，这些组织也通常借助它来开展

---

① 中国国际民间组织合作促进会的前身为外贸部下的中国国际经济技术合作中心，1993 年成为一个非营利组织，但具有较强的官方背景。它是联系我国与国际非政府组织关系的重要组织。目前，与中国国际民间组织合作促进会建立有伙伴关系的主要国际宗教非政府组织有世界宣明会、世界基督教协进会、德国基督教服务社、德国明爱、丹麦明爱、澳大利亚明爱、香港救世军、挪威路德宗组织、澳门天主教救济会等。参见 http：//www. cango. org/。

一些涉华项目。

总的来说，这些国际宗教非政府组织在社会服务、紧急救援、扶贫开发和文化交流等方面发挥了积极的作用，也为中国非政府组织的建设提供了宝贵的经验，但同时也存在着一些潜在的问题。除前文从普遍性角度对国际宗教非政府组织弊端的介绍外，就中国的具体情况而言，表现较为突出的问题就是国际宗教非政府组织进入中国的复杂动因。大体来说，笔者将之分为两种理想类型：业务冲动型和宣教冲动型。

从内容上来看，业务冲动型主要是指国际宗教非政府组织作为国际非政府组织的一员，也具有与世俗组织一样的业务扩张的自我证明需求，而它们的宗教性则进一步强化了这种需求。一方面，对任何一个组织来说，特别是对具有普世价值观的国际宗教非政府组织来说，组织活动范围的扩大是组织运作成功的重要表现；另一方面，宗教教义中广布仁慈的要求，再加上中国作为世界上最大、最重要，而且自然灾难频发的发展中国家，能将业务推广到中国，足以见证“神”之伟大，这也是其组织文化要求的结果。宣教冲动型主要是指对有些具有西方基督教背景的国际宗教非政府组织来说，在我国开展各种项目可能只是一种方式，其目的可能是试图扩大本宗教的影响，劝人皈依。

当然，这种划分的界线也并非是绝对的。总的来说，从当前的现实来看，与宗教组织没有直接隶属或紧密关系的国际宗教非政府组织的活动主要还是基于业务冲动型，基于中国的国情，大部分在中国活动的国际宗教非政府组织都保持低调，在许多场合还有意淡化本组织的宗教特征和西方色彩，一般来说，它们都部分雇佣或完全雇佣中国人开展项目。

但对于有些国际宗教非政府组织来说，这两种冲动可能是纠结在一起，这方面在福音派背景浓厚或个人化倾向较强的组织中较为明显。它们通常借助项目实施的平台主动进行直接的福音宣传。如在云南进行乡村医生培训的美国国际专家爱心扶贫组织，在培训班的结业典礼上让学员们用唱圣歌的形式表达感谢之情。[①] 同时，某些还未进入中国，具有西方背景，且与宗教组织有着直接的隶属关系，但在其所在社会处于边缘或非主流的基督教国际非政府组织可能还通过向我国官方或非官方机构提供慈善捐助等方式进行“宗教公关”，这些活动既有业务性冲动的层面，也有宣教性冲动的因素——为日后政策环境宽松后进入中国宣教提供便利。如摩门教下属的人道主义援助组织，自 1989 年至 2008 年 7 月，它们曾与国家民政部、全国妇联、中华慈善总会、上海慈善基金会、东方讲坛、天主教会、爱德基金会、西藏发展基金会、前首都医科大学、南京农业大学及中华女子学院等机构，以及其他的国际宗教非政府组织合作，共开展了 172 个项目。但在笔者与其负责人进行访谈时，他既强调了将本组织慈善业务拓展到中国的必要，也一直强调摩门教作为一个世界性宗教在中国取得合法地位的必要。[②]

---

① 郭竞鸣：“关于外国社会公益性民间组织合作的几点见解”，转引自王莹：《当代国际政治中的非政府组织》，当代世界出版社，2006 年版，第 168—169 页。

② 笔者曾于 2008 年 8 月在美国期间访问过摩门教人道主义援助组织，相关资料也来自于此次访问。

同时，少数组织或个人在项目开展过程中可能还带有一些不可告人的政治目的，充当为西方国家收集情报的不光彩角色，危害我国国家安全，破坏我国社会稳定①。

（二）国际社会中某些倡议性国际宗教非政府组织对中国内政的干涉

如前所述，在华活动的国际宗教非政府组织一般致力于操作型的项目实施，但还有些组织不在中国境内活动，却通过各种方式在国际社会或通过其所在国政府对我国施压。大体来说，它们对我国内政的干涉主要集中于所谓的人权和宗教自由等方面。

如前所述，在所谓的人权关注方面，国际宗教非政府组织的活动方式差异也表现为左翼和右翼的不同。与主流教会和自由派左翼倾向于批评、协商与合作的改良解决机制不同，右翼基本不开展冲突调解与和平维护等方面的长期项目，但在所谓的人权问题特别是所谓的宗教自由问题方面却是异常活跃，而且它们中的有些组织倾向于采用“单边主义”和“行动主义”策略，试图以对抗政治来解决问题。在具体方式方面，它们要么与某些西方政府一唱一和，通过影响西方国家的政策向目标国施加压力，要么直接动员对象国的宗教组织和信徒，开展对抗性的社会运动。

中国一直就是这类组织关注的重点对象之一。在对中国内政进行直接干预方面，它们通常立足于所谓的普世价值，以此

---

① 赵黎青：“如何看待在中国的外国非政府组织”，http：//www. study-times. com. cn/WebPage /xxsb/html/4371. html。

获取在道德上的制高点。如以瑞士为总部的基督教团结国际（Christian Solidarity International）、以芬兰为基地的殉道教会之友（Friends of Martyred Church）、以美国和南非为基地的前线团契（Frontline Fellowship）、以美国为总部的国际基督教关注（International Christian Concern）、开门（Open Doors）和释放国际（Release International）等经常会以卫道士的身分谴责包括中国在内的许多发展中国家的宗教及其他内政政策。它们曾联合发起了所谓的“为遭迫害教会国际祈祷日”（International Day of Prayer for the Persecuted Church）运动，在2008年的祈祷日（11月9日星期天）进行了“为中国祈祷”（Pray for China）的国际运动。拯救达尔富尔联盟（Save Darfur Coalition）则是一个维护所谓苏丹人权的国际宗教非政府组织，并关注中国与苏丹政府的关系，为此，它们专门收集和评价中国政府发表的一些涉及苏丹和达尔富尔问题的声明和政策，而且多持批评的态度。国际保护宗教自由协会也经常对我国的宗教政策和非洲政策说三道四。虽然这些活动的影响有限，但由于宗教在西方的影响力，因此在国际社会，特别是在西方社会给中国形象造成了不良影响，它们在某种程度上与西方某些反华政客一道，大造不利于我国和平发展的国际舆论。

除此之外，有些组织还积极影响所在国政府，借所谓人权、宗教自由之名通过所在国政府对中国施压。如国际基督教关注一方面在白宫、国会和国务院开展反华游说，另一方面还直接支持“地下教会”。[①] 2006年4月，拯救达尔富尔联盟在

① 美国反华议员弗兰克·伍尔夫（Frank R. Wolf）就是该组织的坚定支持者。

美国联合了近160多个非政府组织，要求前总统布什在会见胡锦涛主席时讨论中国对达尔富尔政策问题，还要求中国停止在联合国安理会阻挠美英等就达尔富尔问题达成的协议。[①] 随着美国“重归亚洲”的战略调整，某些国际宗教非政府组织一方面越来越多地直接进行社会动员，发动所谓人权干涉，进行“宗教性跨国对抗[②]”；另一方面，它们也越来越倾向于通过影响美国或其他西方国家政府进行人权干涉。

三、国家安全、软实力与国际宗教非政府组织外交

从上述分析来看，国际宗教非政府组织的活动不仅涉及到我国传统政治领域的国家安全，而且还涉及到宗教、社会和信息等领域的非传统安全。同时，由于宗教的世界性，国际宗教非政府组织的某些活动必然会对我国的国家形象产生直接的影响，从而在一定程度上影响着我国“软实力”的建构。本文认为，作为一种客观存在，而且具有深厚社会基础的现象，国际宗教非政府组织既非天使，也非恶魔。我们在与这些组织互动的过程中，首先应知己知彼，既要利用它们有利的一面，同

---

① http：//www. savedarfur. org/newsroom/releases/faith_ based_ and_ human_ rights_ coalition_ calls_ on_ preside -nt_ bush_ to_ raise_ dar/（2010年12月2日访问）。

② 张珺：“美国宗教非政府组织的‘对抗政治’参与”，载徐以骅、涂怡超、刘骞主编：《宗教与美国社会——宗教与美国对外关系》（第七辑），第216页。

时又通过多途径将不利的因素降到最低。

第一，完善“设堵”控制机制。我们需要对进入或要求进入我国境内活动的国际宗教非政府组织的宗教背景以及它们在其他国家开展项目的运作方式进行较为全面的了解，通过准入制度以及有针对性的管理将其危害降到最低。

第二，完善“疏导”控制机制。我们应加强相关的法律制度建设，健全国际宗教非政府组织公开化的合法参与渠道，这样既有助于对它们进行社会化控制，同时也可利用制度的诱导和强制机制规范它们的行为。如在宣教问题上，我们有必要让进入中国的国际宗教非政府组织了解中国的相关法律，根据我国法律，宗教事务只能在合法的宗教场所内进行，否则就要受到法律的管制。当然，由于非政府组织的志愿性，我们可能难以区分哪些宣教行为是组织行为，哪些仅是志愿者个人行为，但通过对组织的法律处理可以督促它们在志愿者招募时明确对不合法行为的限制。

第三，完善“出击”沟通机制。除了疏和堵外，我们还应积极主动地开展国际宗教非政府组织外交，表达我们的开放性和自信心，提升国家的“软实力”。

首先，处理好与在国内活动的国际宗教非政府组织的关系，通过它们向世界传达出中国政府的善意和关切；

其次，在条件允许的情况下，我们还应鼓励我国的非政府组织走出去，或独立或通过国际伙伴开展相关的项目，参与国际非政府组织内部环境和规则的建设；

再次，主动与那些致力于所谓人权、宗教自由的非政府组织进行对话，让它们更全面真实地了解中国的变化，而不是以西方人权卫士的形象不切实际地推销自己的价值观，或者偏听偏信，对我国进行片面指责，甚至“污名化”；

最后，利用国际非政府组织内部的分歧实现“以非治非”[①]，通过它们之间的相互制衡来实现我们国家利益的最大化。如前所述，即便是在国际宗教非政府组织内部，也存在着西方背景的基督宗教与非西方背景的伊斯兰、佛教之间，以及基督教内部福音派与主流教会或自由派间的分歧。一般来说，福音和基要派倾向的国际宗教非政府组织由于过分关注个人信仰的绝对自由，扩大宗教的世俗影响，因而更具西方意识形态色彩，更易与政治挂钩，我们与它们的沟通可能更困难，而自由派组织在许多场合对它们过分强调世俗援助中的福音宣传和政治关联也进行批评和抵钊。同时，那些诸如巴哈伊、摩门教等小的教派和跨宗教组织也更容易接触，更容易在相互理解的情况下进行合作。

总之，作为越来越受到国际社会重视的国际关系重要行为体，国际宗教非政府组织已实现了从遭遇“合法性”质疑到国际社会要求其承担起更多“政治责任”的角色转变。[②] 在这种形势下，虽然大多数具有影响力的国际宗教非政府组织都具有西方背景，甚至还带有强烈的西方价值观，但基于当前国际格局，这一局面难以在短期内改变。随着我国国力的提高，我们在对待它们时，有必要对其发展历程、组织结构、活动领域和运作方式等有较为全面的了解，从而有针对性地借助

① 即以非政府组织治理和牵制非政府组织。该观点主要来自于徐以骅教授的讲座。

② Alan Hudson, “NGOs’ Transnational Advocacy Networks: from ‘Legitimacy’ to ‘Political Responsibility’?” *Global Networks*, no. 4 (2001), pp. 331 – 352.

它们在提供社会福利方面的优势，引导它们参与到我国的社会建设之中，但同时也要警惕有些组织对我国的不利言行，并且主动出击，调动有关资源积极建构和提升我国的国家形象和软实力。

试析宗教对国家安全的介入式影响*

• 刘 骞

[内容提要] 自威斯特伐利亚体系确立政教分离原则以来，宗教及其因素从政治领域，乃至从非宗教领域里被“剔除”。但是一直以来，宗教因素及其载体对非宗教领域的介入却是司空见惯的情形。冷战结束以后，伴随着宗教的全球复兴，宗教及其相关因素呈现出大规模介入国家安全领域的趋势。这意味着在国家层次上，宗教对国家安全的介入式影响正在发生，而这种宗教的介入式影响在形式上兼容了有形与无形二律背反的本体形式，亦包含了主动性与被动性相互对立的行动逻辑。但是，这并非谬误，相反，

* 本文系教育部人文社科青年项目“宗教认同与公民身份的互动及其对国家安全的影响（项目编号：10YJCZH089）”的阶段性研究成果。

这正是宗教介入式影响的特殊性所在。

翻看当今世界所有主要宗教的教义，人们不难发现，宗教都力图逃避尘世，要求远离世俗政治的纷争和经济利益争夺。在这个意义上，“宗教”与“安全”似乎是两个听起来互不搭界的概念，但是，事实并非如此。宗教，是世界各个国家、各个民族普遍存在的社会历史文化现象。与宗教一样，安全也是一种社会历史现象，两者相伴而生，结缘良久。从远古部落出征前的宗教仪式，到人类历史上的宗教战争，再到现代国际关系下国家安全中的宗教因素，二者紧密相关，若即若离。因而，宗教与安全研究之间千丝万缕的关系引起了研究者和政策制定者的关注，正如有学者坦言：“在探求政治的规范基础的人中，神学家和宗教史学家无疑是走在最前列的”①。而到了近现代，随着威斯特伐利亚体系的确立、两次世界大战和冷战的爆发以及国际体系的数次根本性变化，安全的研究也在不断发展着，但随之发展起来的主流安全理论，却在学理上渲染了一种以国家为中心的传统安全观，对宗教与安全互动的现实“视而不见”。② 在后冷战的世界里，文化、宗教和社会性因素对国家安全的影响越发凸显。这也在客观上冲击着主流安全理论。甚至有研究者认为，国家之间最重要的区别不再是政治的

① Kenneth W. Thompson, *Masters of International Thought-Major Twentieth-Century Theorist and the World Crisis* (Baton Rouge: Louisiana State University Press, 1980), p. 1.

② Scott M. Thomas, *The Global Resurgence of Religion and the Transformation of International Relations* (New York: Palgrave Macmillan, 2005), pp. 47 – 51.

或经济的，而是文化的和文明的区别，全球政治正在变成文明的政治。① 而与此同时，由于宗教的全球复兴、非传统安全的兴起和综合安全研究的发展，关于宗教与国家安全的理论研究进入了一个全新的时期，宗教与国家安全分析的国际政治神学、国际政治社会学与国际政治心理学研究视角应运而生。② 毫无疑问，前人关于宗教与国家安全的研究成果中不乏真知灼见，但仍存在一些缺陷和不足，最直接的表现是，上述研究主要揭示的是在国际层次上宗教与国家安全的互动逻辑。为此，本文将在宗教及其载体在政治发展过程中的行为方式与动机分析的基础上展开论述，意图进而揭示国家层次上宗教与国家安全的互动规律。

一、宗教介入式影响概念的提出及其安全内涵

一般认为，自威斯特伐利亚体系确立政教分离原则以来，宗教因素开始从政治领域，乃至从非宗教领域里被“剔除”。与此相对应的是，“政治发展”这一虽争议颇多，但却被普遍接受用来指称一个脱离宗教影响后的政治制度和过

① Samuel P. Huntington, “The Clash of Civilization?”, in *Foreign Affairs* (Summer 1993), pp. 22 -24.

② 徐以骅等著：《宗教与当代国际关系》，上海人民出版社，2012 年版，第 135—143 页。

程的变迁。[①] 但是，冷战的结束使被美苏两极对抗所掩盖的诸多宗教矛盾和问题得以“释放”，各国重大事件中或多或少均有宗教的动因，特别是随着全球化的发展和认同政治的兴起，后冷战时期的世界里出现了几乎全球性的宗教复兴：世界各国信教人数迅速增长，宗教团体愈发活跃，宗教政治化日益明显。[②] 甚至于有学者还区分宗教在全球复兴中的五种形式：组织化的宗教（organized religion）、政治化的宗教（politicized religion）、社会运动形式的宗教（social movement religion），以及公共性（communitarian）和个人主义的宗教（individualistic religion）。[③] 或许学术界对于这些关于宗教复兴的形式在认识上存在分歧，但至少就国家层次而言，宗教复兴揭示着一个现实，即宗教开始介入非宗教领域，并正在产生或已经产生了一定影响。

为此，本文提出“宗教介入式影响”的研究概念，用以描述在国家层次上，宗教对非宗教领域产生影响的情形。在这个意义上，本文认为，宗教介入式影响应包含两层含义：第一层基于介入的客体性意义，即针对“非宗教领域”而言；第

① Leah Selinger, “The Forgotten Factor: the Uneasy Relationship between Religion and Development,” in Jeffrey Haynes, ed., *Religion and Politics: Critical Concepts and Religious Studies*, Volume IV (London and New York: Routledge, 2010), pp. 4 – 6.

② Leah Selinger, “The Forgotten Factor: the Uneasy Relationship between Religion and Development,” pp. 9 – 11.

③ Peter Beyer, “Social forms of religion and religions in Contemporary Global Society,” in M. Dillon, ed., *Handbook of the Sociology of Religion* (Cambridge: Cambridge University Press, 2003), pp. 50 – 60.

二层则基于介入的主体性意义，即针对“宗教本身”而言。

（一）宗教介入式影响的客体性意义

就“非宗教领域”而言，正如前文所述，本文是针对国家层次上关于“宗教对非宗教领域介入”的思考，在这个意义上，对国家层次与国际层次的特征进行梳理和区分无疑是展开分析的前提。对此，静态论者认为，国内社会与国际社会最大的区别就在于前者存在一个统一的中央政府，而后者没有，直接的后果是前者形成了等级制式的“有序”，而后者则处于“无序”状态；[①] 比起“结构”，动态论者更关心互动和建立在互动基础上的规则，因而，国内社会与国际社会其实一样，都是由规则支配的行为塑造的，只不过参与塑造的行为体不同，前者基于个体与共同体互动，而后者则基于国家间，因而，两种社会被赋予的规则也不会一致。[②] 尽管有所分歧，但两种观点都至少揭示了以政府为载体的“共同体”在国家层次上发挥着重要的作用，或者是基于“政府主导式”的单向度作用，或者是基于“个体—政府互动式”的双向度作用。

在这个意义上，从介入的客体性来看，该概念的前提假定是，在国家层次上存在着静态的由国家（政府）主导的以“金字塔等级”为主要逻辑的政治系统结构，以及动态上国家

① Terry Terriff, Stuart Croft, Lucy James, and Patrick M. Morgan, *Security Studies Today* (Cambridge: Polity Press, 1999), pp. 49 – 51.

② Alexander Wendt, “Anarchy is What States Make of It: the Social Construction of Power Politics,” *International Organization*, vol. 46, no. 2 (1992), pp. 391 – 425; C. Manning, *The Nature of International Society* (London: Mecmillan, 1975), p. 19.

（政府）与社会互动的以“主体间性”为主要逻辑的政治系统进程。

基于这样的假定，本文认为，宗教介入式影响是指在国家层次上，宗教行为体或宗教性因素通过政治系统结构被动地和政治系统进程主动地介入非宗教领域并产生一定程度影响的情形。其中包含两层含义：其一是政府主导下将宗教或宗教性因素纳入非宗教领域的“宗教被动式介入”；其二是政府—宗教互动下宗教载体直接或通过宗教因素间接参与政治系统进程而对非宗教领域的“宗教主动式介入”。

而就安全议题而言，宗教介入式的客体性影响是指在国家层次上，宗教行为体或宗教性因素通过与国家（政府）两种互动的模式或者被动地纳入国家安全议程，或者主动参与国家安全事务的情形。即，在国家层次上的宗教行为体及其因素要对国家安全产生影响必须面临静态上由国家（政府）主导的以“金字塔等级”为主要逻辑的政治系统结构的制约；同时宗教行为体及其因素还会通过动态上国家（政府）与社会互动的以“主体间性”为主要逻辑的政治系统进程，主动地介入国家安全领域。

（二）宗教介入式影响的主体性意义

就“宗教本身”而言，关于宗教的理解，学术界已有许多论述，而本文认为，宗教是一种认识，是一个由思想、规范和行为组成的观念体系。在这个观念体系中，处于基础层或核心层的是宗教的思想，因为有了宗教思想的前提，信仰主体才有可能产生相应的心理感受，而且，这种感受并不是只存在于一个主体之中，而是普遍存在于社会大众之中，共同的宗教心灵体验促使人们对“什么行为是适当或良好的行为有着相似或相同的强烈意识”，这样，关于宗教的规范就形成了。[①] 在前两个层次的基础上，宗教崇拜或表达崇拜的行为显然是宗教思想和宗教规范的外在表现，属于宗教观念体系的第三个层次，对宗教信仰者及其宗教思想、宗教体验和规范起着凝聚固结的作用，保证宗教这种社会现象作为社会结构的一部分而存在于社会之中。因此，宗教的内涵就包含了两层含义：宗教在本体上不仅具有无形的理念，同时还兼具有形的规范和行为，具有二律背反的本体，这正是宗教区别于其他事物的特殊性所在。

在这个意义上，从介入的主体性来看，该概念的前提假定是，在国家层次上宗教及其因素存在着以物质主义本体为特征的有形化载体，及其以理念主义本体为特征的无形化意义。

基于这样的假定，本文认为，宗教介入式影响是指，在国家层次上，宗教行为体或宗教性因素通过政治系统结构和政治系统进程有形地或无形地介入非宗教领域并产生一定程度影响的情形。其中也包含两层含义，简而言之，宗教对非宗教领域的介入可以是有形的，也可以是无形的，即“宗教有形化介入”与“宗教无形化介入”。

而就安全议题而言，宗教介入式的主体性影响是指在国家层次上，宗教本身是一个实实在在的组织机构，有专职的神职

---

① ［美］玛莎·芬尼莫尔、凯瑟林·斯金克：“国际规范的动力与政治变革”，载彼得·卡赞斯坦、罗伯特·基欧汉、斯蒂芬·克拉斯纳主编，秦亚青等译：《世界政治理论的探索与争鸣》，上海人民出版社，2006 年版，第 304—305 页。

人员、完善的组织规范与特定的活动方式，这决定了宗教除了可以通过感召、认同等“无形”方式影响国家安全外，它还可以直接控制各类资源、人员和装备以“有形”的方式影响国家安全。对宗教这种“无形与有形”的结合产生的安全复合性影响，约翰·洛克（John Locke）曾评论，“思想者强于利益者百倍，而当思想与利益结合时，其所产生的能量将是致命的”。①

因此，宗教介入式影响是指在国家层次上，在政治系统结构与政治系统进程中产生的政教关系博弈，及其由此引发的宗教对非宗教领域“溢出”的情形，就客体性意义上，宗教介入式影响包括：主动介入与被动介入；就主体性意义上，宗教介入式影响包括有形介入与无形介入。

二、宗教对国家安全介入式影响的模式

通过前文的分析，宗教介入式影响形容的是，在国家层次上，基于政教关系博弈而引发的宗教对非宗教领域实现了“溢出”。就宗教对国家安全的影响而言，宗教介入式影响就意味着宗教对国家安全领域实现了“溢出”。相应的，从介入式影响的主体性与客体性出发，这种对国家安全领域“溢出”的实现应包含在主动介入与被动介入、有形介入与无形介入两

① Pauletta Otis: “Religion and War in 21st Century,” in Robert A. Seiple and Dennis R: Hoover, eds., *Religion & Security: The New Nexus in International Relations* (Lanham, Boulder: Littlefield Publishers, 2004), p. 12.

个向度之中。

从“主动的意义”出发，宗教及其载体是通过与政府的主动博弈介入国家安全的。这就将主动性的分析问题转向了“宗教及其载体为何愿意与政府主动博弈介入国家安全”。对此，学术界有两种分析思路：一是需求论，即认为宗教及其载体参与政治互动的动力在于国家安全领域存在着对宗教及其载体具有特殊意义的某些社会性功能需求，包括由市场/政府失灵、契约失灵和新社会运动引发的需求；二是供给论，即认为宗教及其载体之所以参与政治互动在于宗教及其载体拥有的物质资源和观念资源，可以为国家安全领域的需要提供必要的供给，例如：感召和动员。①

从“被动的意义”出发，在国家层次上，政府主导下的“金字塔等级结构”不可否认地存在，无论是传统的“统治说”还是新近的“治理说”都不否认政府对国内社会主导与协调性的作用。在这个意义上，宗教及其载体必须面临和参与政府基于利益整合而“实践”的“政治邀约”。在这种状态下，政府不仅能够整合宗教及其载体的利益，并且为其提供了体制内利益表达的“管道”，一个直接的表现就是将利益主体或其精英人物被吸纳或者被录用进入体制内。作为回报，被整合的宗教及其载体则为政府的执政提供积极合作，包括服从和政治动员。②

---

① 徐以骅、秦倩、范丽珠主编：《宗教与美国社会——宗教非政府组织（第五辑）》，时事出版社，2008 年版，第 169—169 页。

② 参见［美］J. A. 阿尔蒙德，小 G. 宾厄姆·鲍威尔等著，杨红伟等译：《当代比较政治学：世界视野》（第八版），上海人民出版社，2010 年版，第 92—96 页；另参见荣敬本主编：《政党比较研究资料》，中央编译出版社，2002 年版，第 228 页。

从“有形的意义”出发，个体层次上的信徒或神职人员，以及群体层次上的宗教团体或组织介入了国家安全，表现为：第一，宗教机构直接掌控资源。一方面，宗教行为机构本身就有能力拥有、组织、控制小到社区、大到全球范围内的各类物资和各种服务；另一方面，宗教团体的声望、宗教领袖的魅力以及宗教的传教运动使得这种对资源的掌控能力更为便利。第二，宗教领袖直接影响安全主体。由于宗教领袖被认为具备与超自然神灵沟通的能力，可以厘清上帝（或真主）与人民之间复杂的社会关系。同时，宗教领袖往往具有权威气质，精通写作和演讲，深谙音乐、诗歌、艺术等象征性的交流。史诗般的语言会让人产生悠久的时空感，一些富有煽动性或有纪念性的讲话可以产生强烈的精神震撼效果。这些特质使得宗教领袖们往往拥有比政客更高的群众威望。

从“无形的意义”出发，宗教具有观念的属性，这一属性实质上直接地反映着宗教的本质，集中表现为对超自然力量的崇拜，它不仅包含着对天命、神祇的理解；对神的存在及灵魂不灭的论证；对神与世界、神与人相互关系的阐述；而且，它还包含着在此基础上形成的理论抽象与神学体系。[①] 究其对国家安全的影响，有研究认为，宗教信仰可以分为三种类型：世界观、原则信仰和因果信仰。所以，观念就可以帮助持有者界定安全利益，充当“路线图”的作用；当存在多种利益竞争时，观念还能起到聚合和粘合剂的作用，有助于合作的形成；观念可以转化为制度，而制度化的观念可以对国家安全行

① 徐以骅、章远、朱晓黎主编：《宗教与美国社会——当代传教运动》（第六辑），时事出版社，2009 年版，第 368 页。

为构成持久的约束力。①

综上所述，本文认为，宗教对国家安全介入式影响的实现是徘徊于主动介入与被动介入、有形介入与无形介入两个向度交叉组合而存在的四种模式中，即，主动/有形介入模式、主动/无形介入模式、被动/有形介入模式与被动/无形介入模式。

主动/有形介入模式强调的是，宗教对国家安全领域的介入，是基于政治系统进程中的“供需平衡”，宗教载体与政府博弈以实体“直接介入”进国家安全领域的理性选择模式，代表性个案为“游说与动员”。

主动/无形介入模式强调的是，宗教对国家安全领域的介入，是基于政治系统进程中的“供需平衡”，宗教载体与政府博弈以虚体“间接扩散”进国家安全领域的观念建构模式，代表性个案为“传教与认同”。

被动/有形介入模式强调的是，宗教对国家安全领域的介入，是基于政治系统结构下的“利益整合”，政府主导下对宗教载体进行“政治邀约”进国家安全领域的理性选择模式，代表性个案为“政教合一”。

被动/无形介入模式强调的是，宗教对国家安全领域的介入，是基于政治系统结构下的“利益整合”，政府主导下对宗教因素进行“制度规范”进国家安全领域的观念建构模式，代表性个案为“安全化”。

---

① ［美］朱迪斯·戈尔茨坦，罗伯特·O. 基欧汉著，刘东国等译：《观念与外交政策——信念、制度与政治变迁》，北京大学出版社，2005年版，第3页。

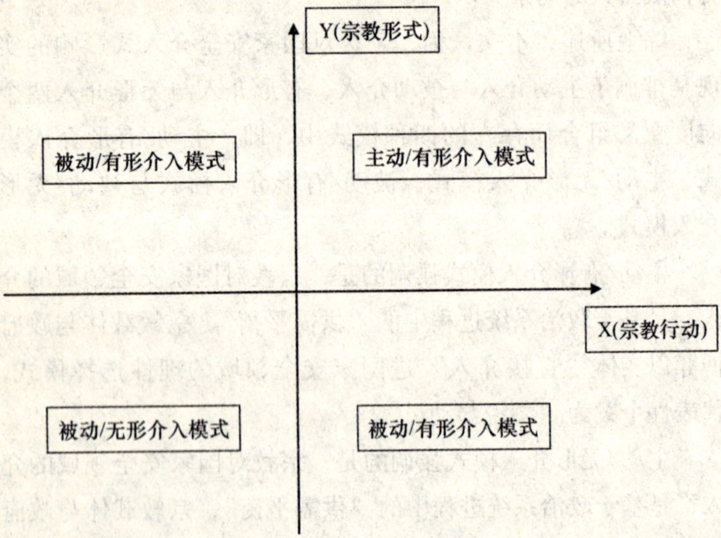

这样，本文就推演出了在国家层次上的四种对国家安全领域的宗教介入模式。显然，通过这四种模式的抽象，国家层次上宗教与国家安全关系的实质是政府在利益整合基础上，兼顾与宗教及其载体的“供需博弈”进行理性选择的结果。

三、宗教对国家安全介入式影响的逻辑

针对四种宗教介入模式，本文同时认为，在国家层次，四种对国家安全领域的宗教介入模式并非是被严格“割裂”的，即同一种宗教因素及其载体对国家安全领域的介入可能同时经由四种模式的路径得以实现。这并不意味着进行模式的抽象没有意义，相反，本文坚持认为，宗教及其载体对国家安全领域

的介入进行学理模式的抽象可以揭示在国家层次上宗教与国家安全关系的实质。

一直以来，关于宗教对非宗教领域介入的探讨就是学者们关心的重要议题，哲学家和历史学家们都为其绞尽了脑汁。[①]一开始，争论的旋涡集中在相互对立的认识论方面，一方是德国历史学派的主观主义认识论，另一方是奥地利理论学派的功利主义观，即试图将以信仰为基础的社会行动和社会秩序问题化约为物质利益。这两种对立的认识使“宗教介入”面临着要么变得抽象化和哲学化，要么变得物质化和数字化。但显然这两种选择所反映的都不是“宗教介入”的真实“图景”。著名社会学家埃米尔·涂尔干（Emile Durkheim）从对社会中道德的关注，探讨了关于观念因素在社会生活中的作用。他认为，观念因素与物质因素一样都客观存在于当今世界，他无意去争论世界是先有观念，还是先有物质，因为，在他看来，比起“先有”，“现有”更有意义，同时，他注重个体信念通过社会互动关系聚合之后对社会的建构作用，所以，社会中的观念及其载体被涂尔干定义为：社会中以个人为载体的信念集合。而更重要的是，这些聚合的信念形成以后，会因为其聚合而创造新的现象，而这些新现象不是存在于原来个体因素之中，而是存在于它们聚合之后的整体之中。[②] 例如，个人的言

---

① ［美］朱迪斯·戈尔茨坦、罗伯特·O. 基欧汉主编：《观念与外交政策——信念、制度与政治变迁》，第3页。

② ［美］约翰·杰拉尔德·鲁杰：“什么因素将世界维系在一起？新功利主义与社会建构主义的挑战”，载彼得·卡赞斯坦、罗伯特·基欧汉、斯蒂芬·克拉斯纳主编：《世界政治理论的探索与争鸣》，第259页。

语措词方式聚合后形成众人的语言习惯、个人的神物崇拜聚合后形成众人的宗教信仰、个人的高尚品质聚合后形成众人的道德规范等等。这样，语言习惯、宗教信仰与道德规范就不再是个体的信念，而是一种社会事实。这意味着，宗教及其载体对国家安全领域的介入影响不仅可以通过“意向”实现，还可以通过其载体集合而成的“集体意识”。

此外，马克斯·韦伯（Max Weber）似乎走得更远，他坚持相信社会科学可以自成体系，但是，他强调，社会科学如果要想自成体系必须能够表述社会行动和社会秩序的独特性质。这需要探索出社会事实之间的某种逻辑。他认为，自然科学和社会科学都使用概念，也都探讨因果关系，但它们使用的概念和将概念用于理论解释的方式却不相同。自然科学讲究对事物规律的研究，并力图建立通则化的公理；社会科学的概念首先要揭示具体行动的含义，并能够突出行动的社会意义。因此，社会科学的概念要能够揭示所描述事物的特殊性，而这种特殊性就是其得以在社会中存在并显现出来的特征。所以，社会科学家在开始研究行动含义的时候，不仅要关注行为体选择手段所具有的工具理性，而且要关注作为研究对象的社会群体对行动目的所持有的规范性自我理解。① 在这个意义上，物质化与理念化并不是区分内在逻辑的标准，只是理解的侧面不同而已，例如，因果规律的逻辑对于自然科学和社会科学都是十分必要的，不同的是，自然科学以探究因果规律为目的，而社会

① Max Weber, “‘Objectivity’ in Social Science and Social Policy,” in Max Weber, translated by Edward A. Shils and Henry A. Finch, *The Methodology of the Social Sciences* (London: Free Press, 1949), p. 56.

科学的因果研究却“不是研究的目的，而仅仅是种手段”。[①]毋庸置疑，社会科学的研究也存在主观性和客观性，无论主观性还是客观性都要受到价值因素的影响，但是，社会科学的客观分析不会因人的主观性而消除，同样，主观性也不会因借用自然科学的研究方法而泯灭。基于此种认识，对于形式上同时包含了无形和有形意义的宗教，其行动上必然会融合进不一样的行动逻辑，并且不同的行动逻辑之间是不会因为本体的差异而相互冲突的。

所以，国家层次上宗教与国家安全关系的实质是政府在利益整合基础上，兼顾与宗教及其载体的“供需博弈”进行理性选择的结果。而其内在的行动逻辑是同时符合因果分析链条式思维与社会建构网格式思维的。

① ［德］马克斯·韦伯著，朱红文等译：《社会科学方法论》，中国人民大学出版社，1992 年版，第 74 页。

西方国家“伊斯兰恐惧症”研究述评

•何健宇

［内容提要］　在西方国家广泛存在的“伊斯兰恐惧症”（恐伊症），是一种对伊斯兰的反感、恐惧甚至仇视的意识形态。它包含着一种思维定势，即认为各种与穆斯林有关的社会问题和公共危机均源于伊斯兰信仰。“恐伊症”一旦形成，便有自我强化的趋势，体现了信仰、意识形态与当代世界政治之间的复杂互动。学界涉及“恐伊症”成因和走向的研究大致可归为文化、社会、政治、安全和经济五个角度的解释。本文在分别梳理这五大因素的基础上，认为只有在“资本主义世界体系”这个综合的理论框架下，才能全面理解“恐伊症”的来龙去脉。该体系在二次大战后确立的以美国为首的政治、经济秩序在六七十年代陷入动荡，并触发伊斯兰世界的极端势力

的兴起，这股“反体系”力量所造成的“外部刺激”使西方对伊斯兰带有歧视的文化传统被“激活”，并在西方右翼势力的“内部煽动”下持续强化，最终导致“恐伊症”的形成和深化。

一、问题的由来和概念的界定

随着以美欧为主的西方国家与伊斯兰世界的关系趋于紧张，“伊斯兰恐惧症”（亦简称作“恐伊症”，英文为 Islamophobia）一词日益频繁地出现在媒体和学术作品中。从构词法上看，该单词是由“伊斯兰”（Islam）和“恐惧症”（phobia）组成的合成词。一般认为，该词最早见于 1991 年美国《洞察》（Insight）杂志。[①] 而 1997 年由英国兰尼米德基金会（Runnymede Trust）出版的报告《伊斯兰恐惧症：对我们所有人的挑战》（Islamophobia：a Challenge for Us All），则是该词较早在学术研究中被正式使用。从其最初的使用来看，“恐伊症”是泛指对伊斯兰教和穆斯林的反感、恐惧和仇恨等社会情绪和思潮。[②] 可见，该词的最初含义非常笼统，与其相关的现象可以是一般民众对穆斯林的负面印象、对穆斯林不友善甚至暴力的行为、也可以是职场中对穆斯林员工的歧视、媒体和政客对伊斯兰宗教的扭曲和攻击，甚至是外交上对伊斯兰

① Chris Allen, *Islamophobia*（London：Ashgate Publishing Limited，2010），p. 5.

② Ibid.，p. 15.

国家的敌意等。因此，“伊斯兰恐惧症”最初更多的只是为了表述上的方便而被广泛使用，并非严谨的社会科学概念。但是，随着西方社会中对伊斯兰负面情绪的不断膨胀，“伊斯兰恐惧症”一词的内涵亦逐渐从笼统走向明晰，从分散走向集中。英国学者克里斯·艾伦（Chris Allen）将“恐伊症”定义为一种使对伊斯兰和穆斯林的负面评价不断加强的意识形态。[①] 实际上，与历史上西方世界对伊斯兰的负面印象相比，在当前语境下所谈论的“恐伊症”在烈度和持续性方面均有较大的加强。一方面，“恐伊症”代表着一种思维定势，即认为各种与穆斯林有牵连的社会问题和公共危机均源于伊斯兰信仰。因此，诸如极端主义分子发动的恐怖袭击、伊朗的核威胁、阿拉伯国家对石油价格的操纵、穆斯林移民对欧美社会秩序的冲击等问题，虽然其成因非常复杂，却都容易被化约为“伊斯兰威胁”来叙述。这背后隐含的思维是将实际上高度异质的穆斯林世界看作同质化的整体，并将该群体造成的各种问题归咎于伊斯兰。这种思维的极端表现，是认为伊斯兰文明与现代社会无法相融、穆斯林必然成为麻烦制造者。另一方面，“伊斯兰恐惧症”一旦形成，就有自我强化的趋势，即将更多涉穆斯林的负面事件置于“伊斯兰威胁”的框架之下解读，不断加强这种对伊斯兰“妖魔化”的叙事。这将进一步影响西方国家对伊斯兰世界的态度和政策，从一般民众毁坏清真寺、焚烧《可兰经》，到政府层面因“恐伊症”作祟而制定对穆斯林带有歧视性的政策等，都可以看作是这种思维定势的反

---

① Chris Allen, *Islamophobia* (London: Ashgate Publishing Limited, 2010), p. 190.

作用。换言之，“伊斯兰恐惧症”极容易成为“自我实现的预言”。

可见，“伊斯兰恐惧症”的形成、演进过程，集中体现了信仰、意识形态等与西方国家内政、外交之间的复杂互动，构成当代世界事务中“宗教的作用从隐性转为显性”的又一范例，[①] 是理解当代世界政治、经济进程不可或缺的一环。本文即意在梳理学术界对该问题的研究现状。并在此基础上提出应该在“资本主义世界体系”这个综合的理论框架中全面把握“恐伊症”成因和走向。

二、已有研究：五个角度的解释

学术界在论及西方对伊斯兰的负面态度时，虽未必全然使用“伊斯兰恐惧症”一词，但通过对这些讨论的梳理，能为我们理解“恐伊症”现象提供有益的启发。笔者认为，与“恐伊症”相关的研究大致可归为五个角度，即分别从文化、社会、安全、政治和经济五个因素探讨该论题。

（一）文化因素：意识形态霸权与西方对伊斯兰诠释的偏见

西方与伊斯兰世界的交往源远流长，其中虽不乏和平友好的通商和文化交流，但基督教与伊斯兰教的纷争、两大文明在

---

① 徐以骅：“宗教与当代国际关系：挑战、影响路径与地缘宗教”，载徐以骅等主编：《宗教与美国社会——宗教与美国对外关系》（第七辑），时事出版社，2012 年版，第 435—449 页。

历史上的相互攻伐以及西方国家对穆斯林世界的殖民扩张等，不免使双方的当代互动蒙上阴影，并容易造成西方人在诠释涉穆斯林事件时带有偏见。

在这方面，文化批评家爱德华·萨义德（Edward W. Said）对西方“东方学”（Orientalsim）及其造成的穆斯林“僵固形象”的批判最具影响力。他认为，当代西方人对伊斯兰的成见，与受到帝国主义权力严重“污染”的传统“东方学”一脉相承。萨义德指出，源于中世纪基督教西方对伊斯兰世界的负面认知，随着西方自身现代化进程的推进，开始发生某种“极具现代色彩的转变”。[①] 自拿破仑出于帝国扩张的需要而组织一批御用文人“以贡献现代学术为名对殖民占领中收集起来的所有东方的知识加以美化”[②] 开始，西方逐渐形成了一套解读“东方”的话语体系。在这套体系之下，包括穆斯林在内的“东方人”的形象变得僵化，并从属于西方的意识形态霸权。因此，相对于西方人自诩为文明与理性的代表的优越感，“东方人”必然是原始的和野蛮的，因此“只能被统治”。[③] 更重要的是，由于这种霸权无孔不入的渗透性，使表面上不与政治权力直接相关的“民众社会”也不能摆脱这套“东方学”话语的控制。于是，这一霸权“排除了更具独立意识和怀疑精神的思想家对此提出异议的可能性”。[④] 因此，

① 【美】爱德华·萨义德著，王宇根译：《东方学》，生活·读书·新知三联书店，2009年6月版，第94页。

② 同上书，第111页。

③ 【美】爱德华·萨义德著，李琨译：《文化与帝国主义》，生活·读书·新知三联书店，2011年7月版，第2页。

④ 见前引《东方学》，第10页。

即便像福楼拜这样伟大的艺术家，其作品中所建构的“东方人”的形象，也一定程度上是对该霸权话语的“再构和重复”。[①] 而从中世纪便开始与西方发生冲突的伊斯兰世界，尤其成为西方文化诋毁、抹黑的重点对象。

于是，“伊斯兰”的负面印象，构成西方文化传统的一部分。它既是一个厚重的知识结构，也是一套“价值体系”[②] 和思维方式，以至于“每当‘东方’这一特殊的实体出现问题时，与其发生牵连的整个关系网络都不可避免的会被激活”。[③] 据此，萨义德认为，美国在接替英、法成为霸权后，其处理、诠释涉伊斯兰问题的方式，与此前的帝国主义国家如出一辙。是使用着“同一套陈词滥调、同一套侮辱性的固定观念，同一套论证霸权和暴力合法的依据”[④]。

所以，当各种涉及穆斯林的公共危机发生时，深受这套意识形态霸权影响的民众、学者和传媒，都倾向于在“伊斯兰威胁”等意识形态标签下对其进行解读。尤其是，作为当代最重要的文化传播机制，西方大众媒体成为“恐伊症”生成与传播最重要的载体，也是西方对伊斯兰歧视性的诠释方式的集中体现。萨义德本人也指出，“大众媒体强大的集中力”构成了西方对伊斯兰的“诠释共同体”的核心，[⑤] 塑造着欧美社会对伊斯兰的认知。中国学者马丽蓉则更为直接地指出，“恐

① 见前引《东方学》，第159页。

② 同上书，第110页。

③ 同上书，第5页。

④ 同上书，第7页。

⑤ 【美】爱德华·萨义德著，阎纪宇译，《报道伊斯兰》，上海译文出版社，2009年5月版，第62页。

伊症”的蔓延是西方传媒共同炒作的结果。①

（二）社会因素：移民问题引起的社会不适

如果说文化传统构成当代西方人对伊斯兰进行“遥远的想象”的框架，则大量涌入的穆斯林移民更是日益加深他们对伊斯兰的切身感受。自一战后奥斯曼帝国瓦解起，便开始有穆斯林向欧美国家移民。二战后，欧洲战后重建时对劳动力的需求、去殖民化造成的社会变迁、政局动荡产生的政治难民等众多因素，再度造成穆斯林移民向西方国家的大量涌入。于是，在许多西方国家，穆斯林已经成为基督徒之后的第二大信仰群体。这容易引起当地民众的各种不适，使种族主义和排外主义逐渐演变为“恐伊症”。这在欧洲国家尤其突出。简·斯密斯（Jane I. Smith）等学者指出，同质化程度较高的欧洲国家对穆斯林移民问题倍感焦虑。② 这种不适可大致归为四个方面：首先，穆斯林移民的信仰表达，容易对当地原有的“政教关系”造成冲击。例如法国穆斯林的各种与其信仰相关的活动，被认为是对自1905年确立的政教分离原则的违反。自1989年因穆斯林少女在学校佩戴头巾引发广泛争议起，穆斯林建造清真寺、开办伊斯兰屠宰店等均被看作是对法国来之不易的政教协调关系的严重

① 马丽蓉：《西方霸权语境中的阿拉伯—伊斯兰问题研究》，时事出版社，2007年7月版，第174页。

② Yvonne Yazbeck Haddad, ed., *Muslim in the West: From Sojourners to Citizens* (New York: Oxford University Press, 2002), p. 6.

冲击。[①] 其次，穆斯林移民容易对当地治安造成影响。例如部分移民瑞士的前南斯拉夫穆斯林参与到贩毒活动中，使当地民众将穆斯林对号入座为“毒枭”。[②] 第三，在不少西方民众看来，穆斯林移民占用了他们的资源。作为廉价劳动力的穆斯林移民，在经济不景气时容易被认为是挤占了当地人的就业机会。同时，在推行福利政策的欧洲国家，以穆斯林为主体的移民大军同样享受政府提供的社会保障项目。这容易引致当地公众的不满，例如瑞典民众便曾批评（以穆斯林为主的）外来移民的“好生活”是建立“瑞典人的辛勤劳动”之上的。[③] 在德国，更是有超过1/3的人称像穆斯林这样的外来人，根本不应该享受与本地人同等的权利。[④] 第四，穆斯林民众与西方人在风俗习惯上的差异，容易引发当地人的不理解甚至反感。这在穆斯林妇女的问题上尤为突出。一些知识分子、女权主义者甚至以穆斯林妇女受到的压迫来证明伊斯兰教与现代文明的不相容。而移居欧美的穆斯林家庭在婚姻等问题上对妇女的限制，便容易成为公众将伊斯兰误读为“反现代宗教”的佐证。例如挪威穆斯林妇女被家长强行劫持并包办婚姻，甚至有穆斯

---

① 见学位论文：Elizabeth Hope Bordeaux，Un-Veiling Islamophobia in the Post－9/11 Era：Orientalism in the Veil Debate in France and the United States，University of North Carolina at Chapel Hill，2007。

② Yvonne Yazbeck Haddad，ed.，*Muslim in the West：From Sojourners to Citizens*，p. 75.

③ Ibid. p. 103.

④ Foroutan Naika，*Identity and Muslim Integration in Germany*（Washington DC：Migration Policy Institute，2013），p. 5.

林妇女因抗婚而被杀等消息，强化着当地人对伊斯兰教的偏见。①

（三）安全因素：以伊斯兰为名的极端主义造成普遍恐惧

相对于穆斯林移民问题，以伊斯兰作旗号的极端主义，更是使“伊斯兰威胁”的思维定势趋于膨胀。一些穆斯林把以美国为首的西方国家视为二战后中东地区长期贫困与动荡的罪魁，开始将报复的矛头对准西方，这集中表现为以伊斯兰为名义的“反美”和“反西方”的极端主义行为。尤其是，在第三次中东战争以阿拉伯国家的惨败而告终后，以纳赛尔为领导的阿拉伯民族主义遭受质疑，要求复归伊斯兰教法以拯救衰败的社会局面的伊斯兰原教旨主义开始盛行，并经常表现为针对西方的极端主义。因此，自 1979 年伊朗霍梅尼革命和美国人质劫持事件起，包括黎巴嫩真主党、巴勒斯坦哈马斯在内的激进势力不断在伊斯兰的旗号下发动各种反西方的极端主义活动。于是，诸如极端分子劫持西方国家人质、袭击美国的海外军事设施和使馆、杀害荷兰电影导演等行为，逐渐使西方公众对“伊斯兰极端主义”变得神经过敏。事实上，在 90 年代已有调查显示，各种极端主义活动业已使西方公众对穆斯林的印象蒙上阴影。1991 年的调查表明，51% 的法国人认为诸如伊拉克、伊朗和利比亚等的伊斯兰国家对法国构成严重威胁。而

① Yvonne Yazbeck Haddad, ed., *Muslim in the West: From Sojourners to Citizens*, p. 97.

1995 年的调查则显示 61% 的美国人认为伊斯兰复兴是一种威胁。[①] 而触目惊心的“9·11”事件、马德里爆炸案等发生在欧美本土的袭击行动，更是使西方公众所感知的“伊斯兰威胁”逐渐从“远在天边”变为“近在眼前”。一项 2011 年的调查表明，在美国，69% 的民众对伊斯兰极端主义表示担忧。而在英国、法国、德国和西班牙等欧洲国家，该数字分别为 70%、68%、73% 和 61%。[②]。在此过程中，西方民众也容易逐渐将穆斯林看作“暴徒”和“极端主义者”的代名词。民意调查显示，45% 的美国民众认为穆斯林代表着暴力，而在英国、法国、德国和西班牙等欧洲国家，该数字分别为 32%、44%、54% 和 61%。[③] 同时，西方人容易将伊斯兰信仰中“吉哈德”（Jihad）的传统看作穆斯林对西方发动“圣战”的思想动力，并据此认为伊斯兰信仰中包含着固有的敌视西方的内容。而伊斯兰传统中要建立统一的“乌玛”（Ummah）的思想，也不免使西方人认为国内的穆斯林可能成为国际恐怖主义网络的分支。

（四）政治因素：右翼势力对“恐伊”情绪的煽动

无论是移民问题带来的不满，还是极端主义造成的恐惧，

① Jocelyne Cesari, *When Islam and Democracy Meet: Muslims in Europe and in the United States* (New York: Palgrave Macmillan, 2004), p. 2.

② Pew Research Center, "Common Concerns about Islamic Extremism: Muslim-Western Tensions Persist," 2011, p. 32, http: //pewglobal. org/files/2011/07/Pew-Global-Attitudes-Muslim-Western-Relations-FINAL-FOR-PRINT-July - 21 - 2011. pdf (2012 年 8 月 29 日).

③ 同上书，第 26 页。

都在欧美右翼政治势力的大肆煽动下变得政治化。包括美国保守主义运动和欧洲极右翼势力在内的西方右翼，是20世纪70年代以来西方政坛上备受瞩目的现象。虽然这股势力的成分非常复杂，且其内部的利益分化也相当明显，但它们都在70年代前后资本主义国家经历深刻的政治、经济危机时开始崛起，并利用该时期美国自由派、欧洲中间路线政党合法性下降的机会大举介入西方政治。就其政治立场而言，无论是外交上的对伊斯兰国家政策，还是内政上对穆斯林移民的态度，不少欧美的右翼势力均显示出“好斗”的姿态。因此，随着右翼势力不断扩大其政治影响力，其大肆中伤伊斯兰、“妖魔化”穆斯林的力度也趋于强化，并成为“恐伊”情绪膨胀的最直接推动力。

在美国，20世纪60年代林登·约翰逊总统“伟大社会”计划的失败和越南战争的挫折，使自富兰克林·罗斯福时代开始主导美国政坛的自由派势力和民主党的民望遭受重大打击，造就了保守派的强势反弹。这股集合了部分“老右翼”、犹太人集团和基督教右翼等复杂成分的保守势力，在支持以色列，对抗伊斯兰国家等议题上取得了相当的一致。因此，抹黑伊斯兰教，鼓吹对“伊斯兰法西斯主义”的战争，成为美国保守派明确的政治立场。[①] 而诸如丹尼尔·派普斯（Daniel Pipes）等活跃的保守派知识分子，更是持续的发表各种仇视伊斯兰的言论。而作为保守势力“代言人”的小布什的上台，更是使这股反伊斯兰的势力在美国政坛的显赫地位再度彰显。

---

① 【英】约翰·米克尔思韦特、阿德里安·伍尔德里奇著，王传兴译：《右翼美国》，上海人民出版社，2008年10月第1版，第18页。

相对于美国的保守派，欧洲的极右翼势力所具备的文化、道德根基相对薄弱，而主要是在经济、社会危机爆发时期觅得影响政治的机会。70 年代石油危机引发的欧洲经济的衰退、80 年代的"福利国家危机"等一系列社会经济问题，使二战后循温和路线上台执政的众多欧洲政党的合法性受到质疑。于是，激进的右翼政党纷纷粉墨登场，在历次危机中提升自身的选民支持度。包括法国国民阵线、意大利北方联盟等在内的极右翼势力，以反全球化、反欧洲一体化和反移民等政治口号吸引选民的支持。尤其是，由于极右翼势力或因其与纳粹主义的某种牵连，或因其自身固有的种族主义的立场，都把包括穆斯林在内的移民作为攻击的对象。随着西方与伊斯兰世界冲突的不断升级，鼓吹"伊斯兰恐惧症"更是成为这些政党操弄民意的惯用手段。在这些政治势力的煽动下，欧洲民众也更容易将其面临的各种社会问题与伊斯兰联系在一起，增添其对穆斯林的反感情绪。①

（五）经济因素：世界经济动荡构成"恐伊症"的根源

可见，穆斯林移民问题和极端主义威胁变得尖锐，并在保守派的煽动下趋于政治化，均有其深刻的经济根源。因此，已经有学者从世界经济运行的角度反思"伊斯兰恐惧症"。阿诺·陶施（Arno Tausch）指出，如今困扰西方国家的恐怖主义与移民问题，实际上都根源于资本主义世界经济所固有的矛盾。源于西方国家的资本主义经济制度，在不断的向广大亚非

① 张莉："当前欧洲右翼民粹主义复兴运动的新趋势"，载《欧洲研究》，2011 年第 3 期，第 70 页。

拉地区扩展的过程中，使包括伊斯兰世界在内的众多地区对欧、美等国形成了“依附”。[①] 这种不平等的关系，在早期主要表现为亚非拉地区对欧、美资本的依赖以及其在国际劳动分工中所处的劣势地位。而随着全球化的不断拓展，这种“依附”关系又以落后国家向欧、美等国输出移民并作为廉价劳工赚取较高工资的形式呈现。[②] 这种“依附”关系，决定了包括伊斯兰世界在内的“边缘”地区的发展从属于西方世界，并不由自主的受到资本主义经济周期及与其密切互动的西方“霸权秩序”兴衰的干扰。尤其是，在资本主义经济周期性下挫、西方政治霸权无法有效的维持世界秩序时，处于“依附”地位的非西方世界通常遭受更为严重的贫困与动荡。而当前伊斯兰世界频繁对西方国家发动的恐怖袭击，恰恰源于20世纪60年代以来世界经济的再度周期性下滑、美国霸权秩序陷于动荡时伊斯兰世界各种复杂矛盾的集中爆发。它体现了穆斯林世界对这种长期“依附”关系的一种较为极端的反冲。可见，从世界性资本主义制度的延展与深化并造成伊斯兰国家的贫困与移民的外流，到该体制因陷于动荡而触发极端主义行为，均源于这套以西方为主导的经济模式的不合理性。陶施据此驳斥“恐伊症”思维的谬误，认为“当下的危机不应归咎于移民和穆斯林的文化，而应归咎于作为世界资本主义体系核心的不平

① Arno Tausch, *Against Islamophobia: Quantitative Analyses of Global Terrorism, World Political Cycles and Center Periphery Structures* (New York: Nova Science Publishers, Inc, 2007), p. 27.

② Ibid. p. 37.

等资本积累和依附”。[①] 换言之，恰恰是西方人自己对这种经济根源没有清醒的认识，才容易在特定的文化偏见的作用下形成“伊斯兰恐惧症”，使伊斯兰成为经济危机的“替罪羊”。

三、综合解释框架：资本主义世界体系的演进与“恐伊症”的发展

（一）资本主义世界体系的动荡与意识形态的激进化

综上所述，已有研究从不同的角度为理解“恐伊症”的形成和深化提供了解释。其中，既包括文化传统、意识形态等观念因素，也包括与移民、极端分子相关的公共危机等物质因素；既包括各国保守势力煽动等直接、局部的因素，也包括世界经济波动等深层、宏观的因素。事实上，“伊斯兰恐惧症”是上述因素共同作用的综合结果。因此，只有在“资本主义世界体系”这个综合的框架下，才能全面把握“恐伊症”的成因与发展。

以“资本主义世界体系”理论框架分析世界事务的学者早已指出，以西方国家为中心的资本主义世界体系，是一个政治、经济和文化意识形态相互交织的综合体。正如冈德·弗兰克（Andre Gunder Frank）所言，权力、财富和思想文化之间

① Arno Tausch, *Against Islamophobia: Quantitative Analyses of Global Terrorism, World Political Cycles and Center Periphery Structures* (New York: Nova Science Publishers, Inc, 2007), p. 40.

的互动，使世界体系仿若一张“三足凳”。[①] 换言之，当世界历史在14～16世纪经历了“东方的衰落”和“西方的兴起”[②]后，这一以西方为主导的体系便深刻的塑造世界面貌，并始终在权力争夺、财富积累和相应的意识形态的互动中演进。具体而言，兴起于西欧的资本主义，随着列强的对外扩张而将广大亚非拉地区纳入其跨越国界的劳动分工之中，并形成一个世界性的资本积累的体系。正如在西方国家内部存在着资产阶级和无产阶级的二元对立一样，世界性的资本主义体系也造就了全球性的“中心——边缘”结构[③]。这在早期主要体现为宗主国对殖民地的统治和掠夺。而作为这种不平等的政治、经济秩序在思想意识形态上的体现，西方社会也逐渐的发展出一种对包括穆斯林在内的“东方人”带有歧视性的思想文化。作为这套文化传统的一体两面，对“西方优越”的自信和对“愚昧、落后的东方”的偏见相辅相成，并从属于作为“中心”的西方国家对“边缘”地区的霸权统治，为帝国主义政策提供合法性支持。这种具有浓厚霸权色彩的思想体系，既可体现为渗透于“民众社会”的大众文化，也可体现为西方政客别有用心的意识形态话语。尤其是那些虽然成分复杂却都不同程度的依靠鼓吹“西方优越”或“种族主义”等来达到政治目标的

① 【德】安德烈·冈德·弗兰克等主编，郝名玮译：《世界体系：500年还是5000年?》，社会科学文献出版社，2004年1月版，第62页。

② 【德】安德烈·冈德·弗兰克等主编，郝名玮译：《世界体系：500年还是5000年?》，第一章，第12页。

③ 对此，不同的理论家也会使用“中心—外围”等不同的表述，为保持上下文的一致，本文统一使用“中心—边缘”。参见前引《世界体系：500年还是5000年?》，第1章第10页。

西方右翼势力，更是推动这套霸权话语趋于政治化的“大本营”。

在该世界体系的演进过程中，资本主义经济的周期性起伏和“中心”国家的权力扩张和收缩，始终是体系秩序在稳定与动荡之间循环往复的根本动力。而在体系秩序因政治、经济的危机而陷入普遍的动荡时，通常会引致意识形态对抗的激进化。首先，世界体系通过“中心—边缘”结构进行资本积累的特质，以及由此造成的“边缘”地区的长期贫穷与落后，容易使亚非拉民众产生不满情绪，并伺机颠覆现有秩序以摆脱中心国家的压迫。伊曼纽尔·沃勒斯坦（Immanuel Wallerstein）将这股势力统称为“反体系”力量。[①] 在世界体系遭受政治、经济的挫折并引发世界体系动荡之际，通常是“反体系”力量集中爆发的时刻。而“反体系”力量兴起，意味着对西方国家政治、经济霸权的挑战，是对世界体系中既得利益者的冲击，必然引发“中心”国家朝野的恐惧。因此，作为对这种迅猛的“反体系”力量的回应，西方世界从民众到政治家均不同程度的谋求捍卫已有的霸权秩序，这在意识形态层面则通常表现为对霸权色彩浓重的意识形态的激活和强化。这不仅体现为一般民众对“反体系”势力的反感和恐惧，更体现为右翼人士重新借用西方的自由主义、民族主义、保守主义等传统价值体系以突显西方的优越，并以此对“反体系”运动进行肆意抹黑。这本质上是资本主义体系中的上层阶级在危机中强化其统治时在意识形态领域产生的效应。这在共产主义

---

① 【美】伊曼纽尔·沃勒斯坦著、路爱国译：“反体系运动在今天意味着什么”，载《世界经济与政治》，2003 年第 1 期，第 26—30 页。

运动方兴未艾时西方将其界定为对“自由事业”的“绝对的祸害”、[①] 反殖民主义运动风起云涌时宗主国重申征服“劣等”人的合法性是基于“纯西方人文价值观”的优越性[②]等案例中已经有所体现。

（二）二战后世界体系的动荡与“恐伊症”的形成

可见，意识形态对抗的激进化，可以从世界体系的动荡中寻找根源，而带有明显盲目性和歧视性的“伊斯兰恐惧症”，正是二战后世界体系再度进入动荡期时引发的“中心”与“边缘”意识形态对抗的新形式。该体系在 20 世纪六七十年代遭遇的政治、经济危机，致使以“伊斯兰原教旨主义”等极端势力为载体的“反体系”势力崛起并对以美国为首的西方国家构成威胁。这种“外部刺激”使西方对伊斯兰带有偏见的霸权意识形态重新被“激活”，并在右翼势力的“内部煽动”下持续变得政治化和极端化。

具体而言，虽然在殖民时代，英、法等欧洲强国并未对作为伊斯兰“心脏”地区的中东实现完全的殖民。但是，对非洲、东南亚等广大穆斯林地带的殖民，依然使西方世界中对“劣等”的“东方人”的歧视以及对“伊斯兰”这一基督教的“敌人”的反感不断得到继承和再生产，致使西方人更倾向于将“伊斯兰”作为一个意识形态标签加以使用，并将穆

① 参见【英】拉尔夫·米利班德：“西方学者谈反共主义”，载《世界经济与政治》，1987 年第 10 期，第 54 页；张扬：“‘自由委员会’立法之争——冷战前期美国反共意识形态探析”，载《美国研究》，2010 年第 4 期，第 125—135 页。

② 见前引《文化与帝国主义》，第 10—20 页。

斯林“单列”出来作为抹黑和攻击的对象。而随着奥斯曼帝国的覆灭和石油资源的战略价值不断提升，西方国家介入中东地区事务的动机日益加强。

因此，在世界体系在大萧条、第二次世界大战后接连发生了中心区的霸权转移和边缘区的去殖民化运动，并在新霸权美国的主导下重塑世界秩序、对抗共产主义阵营的过程中，以美国为首的西方势力对中东地区的渗透空前加强。这一过程也同时为日后西方与伊斯兰世界的冲突埋下伏笔。首先，接替英、法成为资本主义体系领导者的美国，在支持以色列、遏制苏联和保障能源安全三大目标的驱动下，日益深刻的介入中东事务。其中，美国偏袒以色列并压制巴勒斯坦的建国尝试、扶持产油国皇室并抑制其国内的民主改革等霸权政策，与民族独立、民主化等世界潮流相悖，甚至被视作一种新殖民形式，并不断积聚反美和反西方的情绪。同时，随着通讯技术的发达，美国文化、价值观得以在中东地区传播，使伊斯兰传统的价值体系和生活方式受到严重的冲击甚至瓦解，这更是为以伊斯兰复兴为名的反美、反西方运动奠定了广泛的社会文化基础。第二，作为美国霸权体系的一个支点，作为老殖民者的欧洲开始了某种“身份转型”的进程，它在政治上通过北约的框架成为美国对抗苏联的盟友，经济上则在马歇尔计划的支持下展开战后重建。而作为原殖民宗主国和世界体系中的富裕地区，欧洲国家可以因利乘便地吸收包括穆斯林在内的大量移民，使这批廉价劳动力为其经济振兴服务。这实质上是以往“中心—边缘”的劳动分工在全球化时代的一种新形式。可见，在以二战为分水岭的世界体系转型过程中，西方与伊斯兰世界的接触和互动更为密切，且潜藏着众多不平等和相冲突的因素。

因此，随着世界体系自20世纪60年代中期开始再度出现动荡，其包含的复杂矛盾开始集中爆发，并催生“西方—伊斯兰”二元对立的意识形态对抗。林登·约翰逊总统任内的一系列内政、外交危机，使美国管治世界的能力被削弱。这些政治上的失败与世界经济的周期性下挫共同作用，[①]标志着二战后确立的以美国为首的政治、经济秩序开始动摇。于是，作为该秩序中最为薄弱且矛盾最为尖锐的环节，中东地区在1967年爆发第三次中东战争。这次以阿拉伯国家惨败为结局的大规模冲突开启了此后地区乃至世界一系列冲突与不稳的序幕。尤其是，1973年阿拉伯产油国以石油禁运支持第四次中东战争中阿拉伯国家的反击，使地区的失序演变为世界性的石油危机，也使世界经济的周期性收缩因油价的剧烈上涨而雪上加霜，并诱发了美国的“滞胀”和西欧的经济衰退。而相对于1973年的石油禁运，1979年的伊朗霍梅尼革命及其带动的以复兴伊斯兰为旗号的极端主义运动，则体现了伊斯兰世界开始以更明确和激进的意识形态来开展反霸权和反西方的政治运动。正如沃勒斯坦所言，激进的伊斯兰复兴运动本质上是边缘地区开展“反体系”运动的一个“变种”。[②]因此，从80年代起，作为霸权国的美国首当其冲的成为极端分子袭击的对象。诸如贝鲁特美国大学校长麦尔克姆·凯尔（Malcolm Kerr）于1984年遭枪杀、两个月后美国中央情报局黎巴嫩分部部长威廉·巴克里（William Buckley）遭绑架以及随后的一系列对美

① 【美】伊曼纽尔·沃勒斯坦著，谭荣根译：《美国实力的衰落》，社会科学文献出版社，2007年7月版，第33—37页。

② 同上书，第105页。

国公民的袭击，已经使里根政府开始抛出激烈的反恐言辞。[①]与此相应的，新闻报道中也开始“随处可见穆斯林宣示他们对伊斯兰教的信仰”[②]。部分媒体甚至露骨的炒作“明目张胆、不折不扣的宗教激进主义在伊斯兰世界各处风起云涌，显然令西方猝不及防”。[③] 而欧洲国家老殖民者的形象和美国霸权盟友的身份，也使其成为各种伊斯兰原教旨势力仇视的对象。80年代以阿尔及利亚为基地的“伊斯兰拯救阵线”（Islamic Salvation Front）等伊斯兰组织的活动已经引起欧洲国家对伊斯兰的关注，[④] 并逐渐将伊斯兰极端势力的“反西方”行动与穆斯林移民问题相结合，开始在“伊斯兰威胁”的框架下解读穆斯林移民带来的社会问题。尤其是世界各地的穆斯林极端主义者的行为，都成为欧洲人将伊斯兰界定为一种暴力、顽固不化的宗教信仰的“最佳例证”，[⑤] 并促使其对国内穆斯林移民的“妖魔化”。在此过程中，西方文化传统中对伊斯兰带有偏见的种种意识形态话语因这种外部刺激而“沉渣泛起”。这种意识形态霸权的重新强化，本质上是资本主义体系中既得利益者面对“反体系”威胁时的一种应激反应。

在此过程中，西方右翼势力因其不同程度的以本民族利益

---

① 【美】威廉·匡特著，饶淑莹等译：《中东和平进程》，华东师范大学出版社，2009年11月版，第262页。

② 见前引《东方学》，新版绪论，第2页。

③ 同上，新版绪论，第10页。

④ Jocelyne Cesari, *When Islam and Democracy Meet: Muslims in Europe and in the United States*, p. 3.

⑤ Yvonne Yazbeck Haddad, ed., *Muslim in the West: From Sojourners to Citizens*, p. 5.

甚至整个西方价值观的“捍卫者”自居并鼓吹好斗的意识形态，顺理成章的成为推动这种意识形态霸权再度强化的“急先锋”。二战后世界体系秩序从重新确立到再度陷入动荡的过程，也同时是西方右翼从经受压抑到强势反弹的过程。在美国，借大萧条和法西斯肆虐的契机，以罗斯福为首的自由派克服了持自由放任主义和孤立主义立场的国内保守势力的阻挡，为确立世界霸权奠定了国内基础。这同时造成了战后自由派、民主党在美国政坛的强势和保守派、共和党相对的“政治低潮”。在欧洲，驱散法西斯阴霾的各国纷纷迎来了对全球化、外来移民等持开放态度的温和路线政党的上台执政。简言之，在这套新秩序中，西方世界内部偏执于狭隘、好斗的意识形态的右翼势力一度受到压制，并积聚着“伺机反扑”的能量。因此，随着六七十年代的政治经济危机中美国的自由派、民主党和欧洲的各主流执政党的合法性受到动摇，美国保守派和共和党、欧洲极右翼政党的重新集结和崛起。在这股被笼统的称作“右翼”的政治势力中，既包括那些历来传承着“爱自由甚于爱平等”、“今时虽不如往昔，但却胜过明朝”[①]等政治理念的传统保守派，也包括那些“缺乏系统性和连续性”[②]的理论而仅仅在社会经济危机中登台亮相的机会主义者。但无论如何，在他们从批判全球化、福利国家入手并逐渐将阿以冲突、伊斯兰原教旨主义和穆斯林移民等问题锁定为操弄民意的

① 【英】约翰·米克尔思韦特、阿德里安·伍尔德里奇著，王传兴译：《右翼美国》，第9页。

② 张莉：《西欧民主制度的幽灵——右翼民粹主义政党研究》，中央编译出版社，2011年7月版，第40页。

“法宝”的过程中，都不同程度的重申“美国实力至上”、“本民族优先”或者“西方优越论”等思想，并以此支撑其反穆斯林的立场。因此，这股势力在西方政坛的崛起，客观上成为西方强化意识形态霸权并形成“恐伊症”的重要推手。

可见，资本主义世界体系在二战后的演进，使历史上与西方国家在宗教、文化和地缘政治等层面纠结最深的伊斯兰世界被置于“反体系”运动的最前沿。这种以“复兴伊斯兰”为旗帜的极端的“反体系”政治路线，刺激着西方固有的意识形态霸权一再膨胀，并在鼓吹“西方优越论”的右翼势力的煽动下导致了“伊斯兰恐惧症”的形成。

（三）冷战结束后“伊斯兰恐惧症”的深化

“伊斯兰恐惧症”是冷战期间资本主义世界体系的政治、经济冲突在思想意识形态领域的反映。它因为西方国家的历史、文化中对伊斯兰固有的偏见而在欧美社会中广泛散播，并逐渐形成草根基础。因此，作为一种思维定势的“恐伊症”并未因八九十年代美欧等国家政治、经济问题的相对缓和而消除，反而在此后的历次局部冲突和公共危机中得到强化。尤其是冷战结束之后，两极对峙格局的瓦解使以美欧为中心的资本主义世界体系既获得进一步扩张的契机，也面临秩序重构的挑战。在此过程中，西方与穆斯林世界非但无法妥善解决旧有的矛盾，反而在此基础上增添了新的冲突因素，并造成“伊斯兰恐惧症”的进一步深化。一方面，在冷战时代已经形成且高度复杂化的以巴冲突、以色列与阿拉伯国家领土纠纷等问题，直至冷战结束后依然久拖不决。中东和平进程的几近停滞，使穆斯林国家中对以色列及其背后的美国的不满情绪不断膨胀，并持续为激进伊斯兰组织的反美、反西方行动提供合法性，使西方与伊斯兰世界的误解加深。同时，冷战结束带来的各种新问题，不时引发西方与伊斯兰国家冲突烈度的激化。尤其是，苏联解体使原本从属于两极对峙的美国与穆斯林的矛盾逐渐转变为二者的直接对抗。于是，作为后冷战时代单极霸权的美国在扩张过程中与作为地区强权的伊拉克、伊朗等的针锋相对，又成为西方与伊斯兰世界冲突的又一重要来源。这集中体现在海湾战争中以美国为首的多国部队对中东地区的军事干预。相应地，在伊斯兰世界内部，原本处于美国与苏联的双重压力之下的众多政治势力在后冷战时代开始集中火力对抗美国霸权。这较为典型的体现在以本·拉登为首的基地组织从原本的联美抗苏转而将美国列为头号攻击对象。同时，在西方国家内部，右翼势力也逐渐在后冷战时代将原本的“反共”热情转移至“反伊斯兰”上，以作为其继续鼓吹“好战”意识形态并提升其政治影响力的手段。因此，在冷战结束后，煽动“赤祸已熄，伊斯兰代兴”[①] 等思想的美国政客与知识分子不乏其人。而欧洲国家持续的经济不景气和高失业，也助长了极右翼政客将穆斯林移民作为“替罪羊”，并一再将国际恐怖主义与国内穆斯林居民相混同以鼓动反伊斯兰情绪。[②] 这些因素的综合效应，在后冷战时代为“伊斯兰恐惧症”的发展提供着动力。因此，作为一种思维定势的“恐伊症”在海湾战争、

① 见前引《报道伊斯兰》，新版绪论第 11 页。

② 徐珏：“试析穆斯林移民在欧洲社会整合的困境——以法国为例”，载徐以骅等主编：《宗教与美国社会——宗教非政府组织》（第五辑），时事出版社，2008 年 6 月版，第 314—379 页。

“9·11”恐怖袭击等事件中趋于深化。

简短结语

本文在梳理学术界对“恐伊症”的已有研究的基础上，认为作为一种思维定势的“恐伊症”是政治、经济等物质因素与思想文化等观念因素共同作用的综合结果。因此，要全面理解“恐伊症”的形成机制，既不能仅仅强调物质因素甚至滑向“经济决定论”等的窠臼，也不能过分强调思想文化的因素而落入“文明冲突论”的思维。借助“资本主义世界体系”这一糅合了政治、经济与思想意识形态的复杂互动的理论框架，本文初步分析了“中心”国家与作为“边缘”地区的穆斯林国家如何在一系列政治、经济的互动中陷入高烈度的冲突，并在西方国家固有的歧视性的文化传统下诱发“伊斯兰恐惧症”的形成与深化。“恐伊症”首先是资本主义世界体系中上、下层阶级之间政治、经济冲突白热化的产物，却由于伊斯兰世界与西方在历史上错综复杂的纠葛，迸发出惊人的意识形态能量，甚至妨害了西方国家对涉穆斯林问题做出务实理性的决策的能力，因而形成某种恶性循环。因此，“恐伊症”不是中世纪时基督教西方对伊斯兰世界仇视的简单延续，而是在近代以来确立的西方政治、经济霸权框架下产生的新型意识形态。只是因为历史文化的传承性，使西方在与穆斯林的冲突中不免重新唤起各种历史记忆。于是，在谈论恐怖主义时所联想到的伊斯兰帝国历史上的血腥扩张、在宣泄反穆斯林情绪时所使用的“圣战”等语汇，在西方公共讨论中亦不时出现。

这种宗教色彩浓重的反伊斯兰思想，与西方意识形态霸权中科学主义和世俗主义等内容不尽相融，却因为伊斯兰这个共同的“敌人”而共存于“伊斯兰恐惧症”的意识形态话语之中。这固然体现了信仰和文化变得政治化之后所固有的虚伪性，却也客观上使“恐伊症”具有了更为厚重的根基。因此，“恐伊症”一旦形成便难以消散，并将持续与中东的乱局、穆斯林移民问题等产生复杂的互动，构成今后观察宗教与世界政治的相互作用时重要的切入点。

试论宗教的虚拟化传播助益国家安全的理论可能与路径选择*

•赵 冰

［内容提要］　宗教的虚拟化传播是宗教信仰在信息社会中的重要发展趋势，它分别由宗教和互联网两个能够单独影响国家安全的要素构成。这是其能够作为一个整体作用于国家安全的基础。那么，这种新的宗教表现形式和宗教发展过程中的新趋势，是否会对国家安全的维护起到一定的促进作用，如果有，相应的方式如何？这不仅是本文所要回答的主要问题，同时也是相对全面、客观地分析两者关系时不可逾越的重要方面。因此，本文将尝试从本体论、认识

* 本文为2013年度教育部人文社会科学研究青年基金项目“宗教的虚拟化传播研究”（13YJC730009）、2012年度上海高校青年教师培养资助计划“当代大学生‘网上宗教’活动研究”（ZZSDJ12019）的阶段性成果。

论和方法论三个角度，对宗教的虚拟化传播助益国家安全维护的理论可能和作用方式进行探讨。

后冷战时代，既是非传统安全问题日益凸显的时代，也是人类社会全面实现信息化的时代。在这一时代，宗教不但日益成为一个对国家安全有突出影响力的显性因素，而且，其自身也正在与以互联网等信息技术为支撑的虚拟传播方式发生着紧密的结合，尤其是后者，更是宗教信仰在信息社会中的新的表现形式和发展趋势。那么，这种新形式和新趋势又会对国家安全产生什么影响？本文作者对此问题曾进行过论述，① 但关注点主要落在宗教的虚拟化传播对国家安全是否及如何产生消极影响上，而并未讨论除此之外其对国家安全是否还有积极作用，如果有，相应的作用方式又如何？为了全面（着重在理论层次上）、客观地探究、评价二者间的关系，在本文中作者将尝试从本体论、认识论和方法论三个角度对该问题进行论述。

本文认为，宗教的虚拟化传播为国家安全的维护提供了新思路，并主要以“共有观念及其建构”的方式发挥作用。这是因为宗教信仰虽是宗教观念和宗教组织的有机结合体，但相对于物质化的宗教组织来说，宗教信念却在大多数情况下发挥着主导作用，它不仅规范着教徒个人和宗教组织的行为，而且为宗教活动提供精神内涵。也就是说，无论是宗教行为体借互

① 参见赵冰：“从传播学角度论‘网上宗教’影响国家安全的路径”，张庆熊、徐以骅主编：《基督教学术》（第十辑），上海三联书店，2012 年版，第294—327 页。

联网进行的宗教传播行为，还是其在虚拟空间中进行的宗教活动，最终目的几乎都离不开加强教徒对宗教观念的认同，并进一步扩大宗教思想的影响范围。因此，可以近似地把宗教的虚拟化传播理解、简化为一种观念的传播。并在此基础上，以宗教观念作用于宗教行为的内在机制为路径，发掘宗教信仰中的理性成分，以理性的力量教养、涵化非理性冲动，引导其中与国家安全利益相冲突的不良宗教情绪进行合理宣泄。同时，借助宗教的虚拟化传播趋势，利用互联网建构宗教主体与国家主体之间的合作性共有观念，以共有观念界定、塑造共同利益。随着两者间共同利益的增多，宗教虚拟化传播对国家安全的积极效应将逐步显现。而与之相对的消极影响将得到一定程度的化解和遏制。

一、本体论层次：宗教信仰中的和平向度与国家的安全利益

从无神论立场出发，本文认为非理性在宗教的本质中居于相对主导地位，但这并不意味宗教不能以理性的方式去理解和解释。而且非理性也不是宗教本质的全部。实际上，在宗教发展和延续的过程中，理性一直发挥着重要作用。理性不仅使宗教成为除科学以外的另一种解释世界的方式，更重要的是，它一直合理引导着宗教中的非理性，尤其是宗教情感中的某些不良情绪，才使其不至于伤害信仰本身。而且，正是宗教信仰中必不可少的理性成分，在很大程度上使宗教信仰具备了内在的和平向度。

斯科特·阿普尔比（R. Scott Appleby）就曾指出，“宗教并不仅仅是狭隘、侵犯人权和极端暴力行为的来源，同时，更是平息暴力冲突、捍卫人权、维护统一，以及促进分裂社会之和解与稳定的重要力量”。[①] 有学者甚至认为，“不尊重、不坚持各宗教所公认的基本道德戒律，持久和深刻的世界和平是不可能实现的”。[②] 实际上，世界各主要宗教的基本理念，如，宽容、人道、理解、自制、非暴力等，不仅一直是解决冲突、促进和平的强大推动力，而且还激励着以宗教领袖和宗教非政府组织为代表的和平行动主义，如：从平息苏丹和前南斯拉夫内战，到调停巴以和尼日利亚等地的种族、宗教冲突，再到推动废除南非种族隔离制度，许多宗教领袖和大量宗教非政府组织，在协助搭建对话平台、监督和平协议履行，以及缓和人道主义危机等方面，已经发挥了突出作用。尤其是针对那些混合着宗教诉求与矛盾的冲突和战争，从宗教进路探索、建构解决机制，不仅可能、可行，而且十分必要。就如美国犹太人委员会（AJC：American Jewish Committee）国际部主任大卫·罗森拉比（David Rosen）所指出的那样，“如果不想让宗教成为问题原因的一部分，那么就必须将其作为问题答案的一部分”。[③]

---

① R. Scott Appleby, “*Religion as an Agent of Conflict Transformation and Peacebuilding*,” quoted from Amina Rasul, The Role of Religion in Peace Making, paper presented at the CSID 10th Annual Conferecnce. May 5th, 2009.

② Brian D. Lepard, “World Religions and World Peace: Toward a New Partnership,” in Arvind Sharma, ed., *The World's Religions after September 11*, vol. 1 (Westpoint: Praeger Perspectives, 2008), p. 162.

③ David Rosen, “*Religion, Identity and the Challenge of Peacemaking in the Holy Land*,” in *European View*, vol. 6 (2007), p. 142.

因此，本文认为，在和平作为最大的安全利益，成为国家生存、发展的根本，以及宗教因素日益回归至安全范畴内的情况下，国家为维护自身和国际社会的安全，提供经济、政治保障的同时，更应注重宗教信仰在个人、国家和国际三个层次上与安全利益的融合。具体来说：

首先，在个人层面，教义及组织的道德教化、心理调适、社会控制与救助等功能，可以从个体观念结构的深层，来规范行为、舒缓压力，并在必要的时候为教徒，甚至非教徒提供物质帮助。这可以在一定程度上缓和、化解许多社会矛盾。同时，宗教信仰既是社会道德的重要来源，又是道德观念的传播者和教育者。许多已为当今人类社会共享的道德标准和价值原则，如，公平、正义、相互尊重等，其实都不同程度地源于宗教思想体系。而对占世界人口大多数的教徒群体来说，宗教不仅是他们界定“自我”的重要工具及生命意义的主要提供者，更是其价值标准和行为规范的塑造者。所以，践行宗教道德观念，遵守宗教道德戒律，一方面是宗教教义、宗教组织的外在要求和教徒个人宗教情感的内在表达；另一方面，更是宗教为社会稳定和安全维护所做的重要贡献。一直致力于探讨宗教与和平间关系的著名学者兼拉比的马克·高平（Marc Gopin）就曾指出，“在世界各主要宗教中，几乎都存在着蕴含许多深刻、有力的亲社会价值的宝库，如果可以得到有效利用，那么它将成为应对暴力、冲突、毁灭性伤害的一个重要基础”。①

① 参见 Marc Gopin，*Between Eden and Armageddon*：*The Future of World Religions*，*Violence*，*and Peacemaking*（New York：Oxford University Press，2000），p. 10。

同时，宗教可以通过对神灵、超自然力量和彼岸世界的描绘，为无法掌握自己命运或丧失自我的人提供对未来的安全感，使他们摆脱焦虑与恐惧心理；可以满足人们对爱的需求与渴望；可以消除人们的愤懑与怨气，并从精神上补偿其在社会上感到的不公；而且，它还可以使精神超然于现实，帮助人们暂时摆脱现实与人生的各种烦恼。[①] 通过更好地满足教徒心灵上的需要和归属感，宗教信仰和组织在客观上起到了舒缓压力的减压阀作用。而心理压力的减轻，恰恰会有效降低反社会和暴力行为的发生几率。

除了从思想意识上教育、引导教徒向善和自制外，宗教组织还是重要的社会慈善和救助力量。贫穷和经济利益分配的不公正，是导致动荡、冲突、战争和恐怖主义的主要原因之一，同时，也为冲突挑起者可以成功利用宗教信仰，进行有效动员以实现自身政治目的提供了方便条件。所以，“降低宗教团体对绝望的人们的吸引力，并控制他们升级冲突潜力的最好办法，就是克服潜在的社会经济危机。这样，宗教利用信念来动员普通成员的可能性就会消失”。[②] 而且教会和宗教非政府组织，恰好能弥补国家和国际社会在改善弱势群体经济地位和生活条件方面的不足。如，天主教救援服务会（Catholic Rescue Service，简称：CRS）自20世纪60年代，就已经开始对当时处于极端战乱状态的冈比亚展开了大规模的食品救济行动，此

---

① 参见戴康生、彭耀主编：《宗教社会学》，社会科学文献出版社，2007年版，第130—131页。

② ［意］F·佩多蒂、［英］P·哈兹波罗编，张新樟等译：《国际关系中的宗教》，浙江大学出版社，2009年版，第182页。

举不但有效缓解了当地的食品短缺，而且还极大地降低了人道主义灾难引发进一步混乱的危险。此后，为了从长远上制止冈比亚陷入贫困导致战乱的恶性循环，该组织变单纯救济为发展援助，这在一定程度上相当成功地促进了当地经济的可持续发展。①

其次，在国家层面，宗教领袖和宗教非政府组织是解决国内争端，尤其是与宗教相关冲突的一支重要力量。国际关系学中的“冲突”，是指某一可认同的人群（无论是以种族、宗教、经济、政治、相同文化或其他社会互动形式来界定的）有意识地反对一个或几个可以自我认同的人群，原因是它们追求的目标相互抵触或看上去相互抵触。② 这意味着在冲突形成的过程中，观念和意识始终发挥着重要作用，它不但规定冲突双方各自的性质，而且还是冲突发生的主观动力，在某种程度上甚至可以说，没有冲突双方的观念互动，就不可能有冲突。与之类似的是，和平与合作作为规范范畴，同样也属于观念互动的产物。所以，无论是平息国内、国际冲突，还是化解政治、军事冲突，都不能忽视引发冲突的观念结构（即，冲突双方在互动过程中形成的对社会现实的共有理解）的作用。而兼具认同、规范、价值等多种功能，并且同时拥有和平与冲突双重向度的宗教信仰，则可以看作是冲突与和平观念结构中

---

① 参见：徐以骅等编：《宗教与美国社会——宗教非政府组织》（第五辑），时事出版社，2008 年版，第 42—72 页。关于 CRS 的详细援助活动，还可参见该书第 176—219 页。

② ［美］詹姆斯·多尔蒂、小罗伯特·普法尔茨格拉夫著，阎学通，陈寒溪等译：《争论中的国际关系理论》（第五版），世界知识出版社，2003 年版，第 200 页。

的底层，或者一种终极观念结构。因此，尽管无神论者不承认宗教信仰对“终极实在”或“超越者”的认定，但宗教信仰中所承载的人类共有的价值理念，却可以被涉及或者不涉及宗教因素的冲突双方所接受。本文认为，正是宗教信仰具有的这种普世价值集中体现者的地位，使宗教领袖和宗教非政府组织在冲突解决的过程中，可以扮演被冲突双方接受和信赖的调停人角色。尤其是在仅凭外界政治力量不足以搭建可被双方同时接受的对话平台时，宗教调停人的作用就显得更为关键。

就宗教领袖及宗教非政府组织在推动和平与和解过程中发挥的重要作用，道格拉斯·约翰斯顿（Douglas Johnston）指出，它们作为可以信赖的机构，能够为当事方提供受人尊敬的价值体系，对抗不公正的道德权威；可以成为被双方共同接受的调和争端的唯一平衡力量；同时，它们还具有广泛动员群体、国家和国际社会支持和平进程，并坚持不懈地面对、克服和平进程中的障碍的能力。[①] 例如，在阶级矛盾、种族矛盾和宗教矛盾互相交织、杂糅的尼日利亚普莱托州（Plateau State），经常爆发基督徒和穆斯林群体之间的武装冲突。据不完全统计，仅2004年5月的一个月中，就有超过1000名平民死于宗教报复和种族屠杀。为了结束当地战乱，推动双方和解，曾直接参与冲突的基督教牧师和伊斯兰伊玛目，共同组建了“跨信仰调停中心”（Interfaith Mediation Center）。该中心不但为年轻的宗教领导人提供和平谈判及斡旋技能的培训，还在

① David R. Smock, ed., Religious Contributions to Peacemaking: When Religion Brings Peace, Not War, Peaceworks no. 55, Washington, D. C.: United States Institute of Peace, Jan. 2006, p. 2.

主要宗教领袖中推动建立了牢固的跨信仰委员会，来专门负责调停两派之间的矛盾和冲突。在该中心和双方宗教领导人的共同努力下，不仅为平息 2007 年全国大选期间的暴力冲突所举行的基督教和穆斯林领袖峰会取得了巨大成功，而且该州中冲突最严重的 Yelwa 和 Nshar 两地，最终也实现了和平。此外，在致力于本国和解进程的同时，2008 年，该中心启动并自费实施的旨在介绍自身成功经验，培训其他战乱国家宗教和平力量的外宣计划，同样收到了良好效果，并广受国际社会的支持和好评。①

最后，在国际层面，以宗教领袖和宗教非政府组织为主体的"基于信仰的外交"（Faith-Based Diplomacy），能够一定程度弥补传统外交在化解国际冲突，甚至战争中的不足。自 20 世纪下半叶以来，国际社会最突出的两个全局性变化，就是冷战的结束和全球化的兴起、深入，但全球政治、军事对抗的结束，以及世界经济、财富的高速增长，并没有带来预期中的世界和平与普遍繁荣。相反，现代化失败所导致的经济凋敝和贫富悬殊，与固有的领土纠纷，种族、宗教矛盾及认同危机相互交织，催生了更多国内矛盾和新的冲突形式。它们的集中爆发，不仅给传统的以国家为主体，以现实主义为主要路径的"单轨外交"（Track-One Diplomacy）带来了空前挑战，更暴露出其在处理此类危机时的不足。巴以冲突的旷日持久，"9·11"和其他国际恐怖事件的频发，阿富汗反恐战争的有限效

① 参见 David R. Smock. Religion in World Affairs: Its Role in Conflict and Peace, Special Report. no. 201, Washington, D. C.: United States Institute of Peace, March 2008, p. 5。

果等例证，都在呼唤着由众多相关主体参与，兼顾现实与观念的合作型“多轨外交”（Multitrack Diplomacy）模式的出现。[①]“基于信仰的外交”就是这种新型外交模式的重要组成部分。

“基于信仰的外交”是指具有非官方性质，将宗教信仰与推动国际和平融为一体的外交形式。其首要目标是推动冲突各方之间的和解进程，其次是在此基础上促进冲突的解决。在宗教领袖和非政府组织看来，“基于信仰的外交”不仅应追求一种少冲突，甚至无冲突的状态，更应在遵守人类共同伦理道德的前提下，在国际社会各行为体间建立健康并相互尊重的关系模式和国际体系。[②] 所以，该外交形式的调整对象，既指向涉及宗教信仰的冲突，同时，也不仅限于此。实际上，在不涉及宗教因素的冲突中，宗教力量往往能凭借自身的道德优势，在冲突中建立起被各方公认的中立地位，这可以有效缓解当事方担心其他政治力量或强权国家的介入，导致和解过程中出现有失公允现象的忧虑。而且，宗教力量最大的优势是它们能够凭借广泛的社会联系与草根基础，以特定宗教价值观群体的集中代表身份，参与到宗教性冲突的和解过程中，以此弥补现实主义外交模式的内在弱点及其失效时的路径缺失。约翰斯顿就指

---

① “多轨外交”指国际社会和体系中的政府外交，与以个人、国家、社会联系为纽带的非正式、非政府行为体合作，从而发挥作用的一种外交模式。其主体包括政府、世俗和非世俗非政府组织、商业集团、个人、媒体、学术研究机构等广泛的非国家行为体。详细可参见 Scott M. Thomas. *The Global Resurgence of Religion and the Transformation of International Relations*（New York：Palgrave Macmillan，2004），pp. 176 - 179。

② Douglas Johnston. *Faith-Based Diplomacy*：*Trumping Realpolitik*（New York：Oxford University Press，2003），p. 15.

出，基于信仰的和平努力，能够为冲突当事方提供一种新的视角，它不仅可以超越、克服世俗障碍，更可以建构一种指向和平的共享观念，以鼓励冲突双方接受一种新现实和新关系，同时，宗教领袖和非政府组织还能够建立有效的对话桥梁，帮助治愈历史上的受伤记忆，或者直接进行斡旋。[①] 例如，以犹太教罗森拉比为代表的宗教界人士就认为，国际社会为解决巴以冲突所做出的努力和以奥斯陆协议为代表的一系列和平协议，从未真正考虑和重视冲突中涉及的宗教矛盾，所以，它们不是变成一纸空文，就是与预定目标相去甚远。[②] 事实上，巴以冲突虽多以领土纠纷为表现形式，但其深层却蕴含着犹太和阿拉伯两个民族各自的历史记忆和与之密不可分的宗教诉求。这一点集中体现在双方对“圣城”耶路撒冷的争夺上。为此，许多宗教界人士和组织在政府之外，尝试通过宗教对话的方式建立一种新型和平机制。2002 年 1 月，在坎特伯雷大主教乔治·凯利（George Carey）的直接参与和推动下，来自以色列、巴勒斯坦的基督教、犹太教和伊斯兰教领袖，在埃及的亚历山大召开了旨在推动巴以和解的宗教和平大会。会议期间，代表们共同签署并发表了“亚历山大宣言”（Alexandria Declaration），并建立了各宗教领导人在耶路撒冷定期举行跨信仰会晤的机制，以监督和讨论巴以冲突的最新情况。2007 年，参照亚历山大会议的和平目标，罗森拉比发起了一个新的以为政

① Douglas Johnston. *Faith-Based Diplomacy: Trumping Realpolitik* (New York: Oxford University Press, 2003), pp. 18 – 19.

② 参见 David Rosen, “*Religion, Identity and the Challenge of Peacemaking in the Holy Land*,” pp. 137 – 142。

治解决巴以冲突提供宗教路径为主要目标的跨宗教组织。① 目前，该组织的最突出贡献是在 2007 年 11 月，由来自“圣城”的基督教、犹太教和伊斯兰教高级领导人所达成的六点计划，其中规定各宗教领袖要借助自身地位，“努力防止宗教信仰成为冲突的来源，并为达成公正、全面的和平与和解服务”。②

此外，通过发展援助来预防冲突也是“基于信仰的外交”的重要内容。目前，宗教非政府组织已经成为对外援助力量中的重要组成部分。一些大型组织的援助规模，甚至超过了某些国家对外援助资金的总额。如，世界最大的基督教非政府组织“世界宣明会”（World Vision International，简称：WVI），仅 2010 年一年就筹集资金 26.1 亿美元，其中 82.9% 用于国际援助，雇佣了 4 万名工作人员，援助了 96 个国家的超过 1 亿人口。③ 除此之外，基于犹太人在世界各国，尤其是美国社会中普遍较高的经济地位，犹太教非政府组织在发展援助方面也十分活跃。如，“美国犹太人联合配给委员会”（American Jewish Joint Distribution Committee，简称：AJJDC）就认为通过对阿拉伯人的援助，来开启双方对话不但可能，而且能够取得很大的和解效果。而“美国犹太人世界服务会”（American Jewish World Service，简称：AJWS），则侧重于资助非犹太世界中普通民众的自我发展。它不但联合基督宗教非政府组织“美慈

① 大卫·罗森拉比在担任 AJC 主要领导人的同时，还兼任 IJCIC（International Jewish Committee for Interreligious Consultations）的首席拉比和主席。

② David R. Smock，Religion in World Affairs：Its Role in Conflict and Peace，p. 4.

③ 参见：World Vision International，2010 Annual Review，2011；徐以骅等：《宗教与美国社会——宗教非政府组织》（第五辑），第 182 页。

团”（Mercy Group）赈济土耳其地震中的穆斯林灾民，在资金和技术上资助加沙穆斯林妇女改善经济地位和生活条件，还在非洲的塞内加尔和中美洲的萨尔瓦多设立了各种发展援助项目，并有效地推动了冲突和内战双方的和解进程。①

二、认识论层次：国家主体与宗教主体向共有观念的产生

观念，尤其是共有观念的产生或建构，之所以能使宗教的虚拟化传播有利于国家安全的维护，主要是因为观念对利益有界定作用。利益是国家、社会、团体和个人存续的必要条件。任何行为体的生存、发展都离不开对利益的追逐与维护。同时，利益又是一种社会性现实。即，利益只有通过行为体之间的互动，并被认定为利益，它才有意义。换言之，行为体在互动过程中，产生了某种共享或公认的认识，这种认识将某事物（可以表现为物质形态，也可以表现为非物质形态），赋予“利益”的称谓，并在得到行为体的共同确认后，利益便产生了。在这一过程中，观念对利益的界定起了至关重要的作用。所以，在国家主体和宗教主体的互动过程中，只要能在某种范围内建立起双方具有共同利益的观念和观念分配结构，就能够促使它们修改各自身份与认同中彼此冲突的要素，甚至建构某

① 参见 David R. Smock, Faith-Based NGOs and International Peacebuilding, Special Report no. 76, Washington, D. C.: United States Institute of Peace. October, 2001, p. 8。

种被双方共享的新认同形式，从而化解由宗教认同与国家认同之间的潜在冲突，以及由其导致的对国家安全的威胁。具体来说：

首先，宗教认同与国家认同的形成，都是观念建构的过程。认同通过把“自我”和“他者”区分开来，或者模糊“自我”与“他者”界限，最终确定行为体身份的一种社会过程及由此导致的状态。实际上，认同怎样形成，认同形成后，其内容如何等关键性问题，都与“自我”内涵的确定有直接关系，确定了“自我”，也就确定了认同。“自我”是符号互动论（SI：Symbolic Interactionism）的主要概念之一。任何“自我”都是一种社会性事物，“是在我们自己与‘导向性他者’长期互动的过程中得以界定和发展起来的”。其概念不仅“是个人针对自身所进行的行为规划，还包括个人的身份、好恶、目标、意识形态和自我评价”。此外，它还是“个人对其他事物做出判断时最常用的参考框架”，因此，对态度起着引导的作用。所有随后进行的行动规划也都源于这一“自我”概念。[①] 也就是说，如何界定“自我”不但影响着行为体对其他事物的态度和行为，而且因其界定依靠与他者之间的互动，所以，“自我”的概念及其内涵是可以改变的。这意味着，虽然身份有一个相对稳定的核心，并构成行为体动机和期望的来源，但它并非一成不变，而是一种可变并持续更新的建构。同时，“自我”是相对于“他者”存在的，其形成过程“不仅仅是对独立于自我存在的事物的被动观察，而且也是主动地，不

① ［美］斯蒂芬·李特约翰、凯伦·福斯著，史安斌译：《人类传播理论》（第九版），清华大学出版社，2009 年版，第 95 页。

断地建构他者相对于自我的角色过程。”① 这决定了身份具有一种主体间特征。某行为体身份的确定，不但根植于自我界定，更赖于与其它行为体的互动中“他者”怎样看待“自我”。正因如此，原本被两者共享或一致认定的认同，可能在互动中，由于各自对“自我”或“身份”界定的变化，而出现分歧或彻底消失；而原本相互冲突的认同，也可能出现某种程度的新的契合。

具体到国家主体与宗教主体的关系中，虽然两者对“自我”的界定各不相同，但在某范围内建构一种两者间的共有观念却是可能的。“共有观念可以是冲突性的，也可以是合作性的”。② 而要建构合作性的共有观念，关键要改变双方对彼此身份潜在的冲突性，甚至威胁性界定。宗教主体是否对国家主体构成威胁，或者相反，都不是一种先验的事实，而是两者间互动的结果。正如“战争状态不是由无政府状态或人的本性建构的，而是由共有观念建构的”一样，③ 两者间互为威胁的社会事实，在很大程度上也是由国家主体和宗教主体间互为威胁的共有观念建构起来的。同时，在两者间的互动过程中，利益始终是决定其关系走向的首要因素，宗教主体把国家主体界定为威胁，主要是因为它认为国家主体对其利益（物质的和精神的）构成了威胁，反之亦然。所以，要避免冲突，化解威胁，就要使双方认同各自的利益诉求，并在持续的互动

① ［美］亚历山大·温特著、秦亚青译：《国际政治的社会理论》，上海人民出版社，2000 年版，第 421 页。

② 同上书，第 267—268 页。

③ 同上书，第 328 页。

中，建构共同利益。而利益则是以身份为先决条件，或者用关于身份的观念来界定的。这就意味着，建构国家主体与宗教主体间具有共同利益的共有观念，可以促使共同利益的产生，而随着共同利益和相互认同的增加，两者间互为现实或潜在威胁的状态，就可以被消解，从而最终帮助实现国家的安全利益和目标。

其次，传播行为是一种互动，更是建构国家主体与宗教主体间共同利益认同，以及国家实现控制的重要手段。要实施一个传播行为，必须具备三个基本要素：传播者，媒介和受众。由这三者构成的理想中的传播过程可以表述为：传播者利用某种媒介，将特定内容发送给受众，受众对此做出反应，并将其通过媒介反馈给传播者。因此，该过程也可以看作是两个行为体在特定情境下的互动过程。在这一过程中，行为体间不但会就某事物产生某种共享意义或共同理解，而且还界定了“自我”的内涵，并由此建构了行为体的身份。正如，乔治·米德（George H. Mead）所指出的那样，“自我”不过是社会的“自我”，它实际上与社会互动和语言密切相关。[①] 其中的语言既是一种承载意义的符号，也是传播意义的媒介。而通过媒介进行的传播是人们建构身份的方式，同时还是促使身份内涵发生变化的机制。也就是说，由身份界定而产生的认同，“可以随着传播者的行为的增减而增减”。[②] 厄内斯特·鲍曼（Ernest

① ［英］帕特里克·贝尔特著、瞿铁鹏译：《二十世纪的社会理论》，上海译文出版社，2002年版，第83页。

② ［美］斯蒂芬·李特约翰、凯伦·福斯著，史安斌译：《人类传播理论》（第九版），第133页。

Bormann）等人更是认为，人们通过共享“想象性主题”（与“历史记忆”相类似）形成了修辞性视野，后者创制和维持了人们的共享意识，认同感就是从中产生的。而公共传播就是传递、扩散、增加、改变想象性主题的最常见方式。[①] 所以，对国家主体来说，凭借其手中掌控的庞大媒体机构，以及相应地在传播过程中所占据的优势地位，不但能够在全体国民中塑造相对统一的身份观念，更可以建构国家主体与宗教主体对共同利益的认同。

同时，正是由于传播行为可以在很大程度上建构认同，所以它还扮演着社会控制工具的角色。菲利普·汤普金森（Phillip Tompkins）等学者指出，对某组织最为有效的控制方式，是依赖于共享的现实和价值观为基础的协作式控制。[②] 也就是说，建构成员间的认同，是实施控制的最佳方式。大到国家中的公民，小到社会组织中的成员，由于他们拥有各自不同的“自我”身份，所以，其并不会自动接受国家和组织的控制。而要解决这一问题，除了运用必要的强制手段外，最可行的选择就是塑造其对组织的认同。一旦取得了某种程度的认同，成员就会将组织的宗旨、主张和目标等，内化到其身份观念，甚至价值观中，并在决策和行为中自觉与组织保持一致，这就实现了组织对成员的控制。而国家作为一个掌握传播和话语主导权的大型的社会组织，同样也可以将这种控制方式运用于国内社会的管理、国家利益的实现，以及国家安全的维

---

① 参见［美］斯蒂芬·李特约翰、凯伦·福斯著，史安斌译：《人类传播理论》（第九版），第186—189页。

② 同上书，第307—308页。

护上。

三、方法论层次：互联网与共有观念的建构

互联网作为新型传播媒介的典型代表，在很大程度上颠覆了传统媒介所支撑的单向传播方式和信息流动模式。但这并没有改变其信息来源的本质及建构主体间共享意义，并为受众提供“外部真实”的能力。更重要的是，这种前所未有的自由化传播方式，实际上仍未有效阻止国家行为体将现实社会的权力结构，移植到虚拟空间中的进程。虽然相对于国家对传统媒体的控制力，国家对互联网的调控能力有了大幅下降，但无法否认的是，现阶段的国家仍在虚拟空间中占有着其它行为体难以掌握的强大资源和优势地位。所以，在理论上，互联网仍同其他传统媒体一样，能够成为建构国家主体与宗教主体间合作性共有观念的工具。而在这种共有观念能够界定共同利益的条件下，更多的共同利益将能够为相对和谐的政教关系提供物质基础，这样宗教的虚拟化传播便可以在一定程度和范围内对国家安全的维护起作用。具体来说：

首先，大众传媒的议题设置功能，使国家通过控制媒体而获得了相应能力。20 世纪 20 年代，著名政论家沃尔特·李普曼（Walter Lippmann）曾在其《公众舆论》（Public Opinion）一书中指出，由于公众获得关于外界变化或重大事件的第一手资料的机会极为有限，所以他们只能依赖媒介提供的信息，来了解具体情况。这就使媒介能够在人与客观真实的外在世界之间，创造出一种反映客观世界，但并一定不完全真实的象征性

现实（也称“媒介真实”或“拟态环境”），并把它传递给公众。而公众则据此形成对所谓外部世界的“在头脑中的图像”。也就是说，在现代社会中，媒介已经成为公众了解外部世界的首要选择和基本信息来源，即使在其所提供的信息和反映的图像是经过选择、加工，甚至是歪曲的情况下，媒介仍然会对受众观察、解释及理解外部世界，并建构与之相关观念的过程和结果产生影响。进入20世纪50年代以后，更多的学者发现了此现象。例如，诺顿·朗（Norton Long）指出，“从某种意义上说，在地方议程的设置上，报纸是先行者。在决定大部分的人将谈论些什么，大部分人将认为事实是怎样的，以及大部分人认为问题将被如何处理的时候，它充当了重要角色”。[①] 在此基础上，传播学者麦克斯韦尔·麦库姆斯（Maxwell Mccombs）和唐纳德·肖（Donald Shaw）提出了“议程设置”理论。该理论认为，大众传媒的新闻报道和信息传播活动，能够使某些议程或话题在公众中变得更加重要和突出；反之，当一件本可以成为重大公众议题的事件，并未得到媒体关注或被其做淡化处理后，它对公众的影响或在其话题域中的地位将会大大下降。用麦库姆斯自己的话说就是，“大众传媒具有建构公众思想和引发他们认知变化的能力。它能够为我们安排和组织脑海中的世界，并告知我们应该对哪些事务进行思考。”[②] 实际上，该理论的提出，意味着重新承认并进一步支

---

① ［美］詹宁斯·布莱恩特、苏珊·汤普森著，陆剑南等译：《传媒效果概论》，中国传媒大学出版社，2006年版，第119页。

② 参见［美］斯蒂芬·李特约翰、凯伦·福斯著，史安斌译：《人类传播理论》，第340—341页。

持了媒介能够对受众产生强大影响的观点，只不过它关注的并不是受众态度或行为的变化，而主要是从认知变化的角度，指明了受众建构关于外部世界的观念时，媒介为其提供了主要参考。尤其是在政治领域更是如此，公众对国家政治事件的了解和所持的意见更是大众传媒创造的“媒介真实”。因为除了内部人士之外，绝大多数普通受众几乎没有机会直接接触国家政治，相关知识也主要来自大众传媒，并且“我们仅仅知道那些被大众传媒认为有新闻价值、可以传播的国家政治的某些方面”。[①]

而随着研究的深入，学者们发现媒介不仅告诉公众思考什么问题，同时还能通过其报道中所暗含的观点和代表的立场，来影响公众怎样思考，从而进一步影响到公众未来的态度和行动。即，媒介在传播信息时，通常会采取一种集中的组织思路，通过选择、强调、排除和精心处理等方式为其内容提供背景，并提出中心议题，这就是所谓的媒介“框架”（framing）。[②] 利用内容或形式上的“框架”，媒介可以在公众塑造现实的过程中扮演重要角色，甚至直接参与他们对现实的社会性建构，而且，如果公众认为媒介设置的情境是真实的，那么他们将会以此而采取社会行动。实际上，媒介所提供的信息，作为绝大多数公众获取外界信息的主要来源，在通常情况下，尤其是在媒介和信息本身具有某种程度的权威色彩时，经常能够被大多数受众采信。这就使媒介无论在具体受众，抑或是更

① ［美］希伦·A·洛厄里、梅尔文·L·德福勒著，刘海龙等译：《大众传播效果研究的里程碑》，中国人民大学出版社，2004 年版，第 252 页。

② 参见董璐：《传播学核心理论与概念》，北京大学出版社，2008 年版，第 53 页。

大范围内的公众的认知、态度和可能采取的行动上，很大程度上都扮演着公众舆论或共有观念的重要形塑者角色，并时刻影响着人们对外界环境、重大事件或公众议题的认识和判断。正因如此，几乎所有国家行为体，都存在控制媒体的内在需求，并且也都在以各种不同的或显性或隐性的措施控制着媒体。

其次，通过议题设置来引导舆论，是国家行为体在国内建构共有观念的主要方式。在本文中，共有观念指的是被不同行为体所共享的某种意义形式，它可以促进行为体间合作的产生，也可以引发它们之间的冲突。决定共有观念是合作性，还是冲突性的关键在于行为体间的互动过程。即，如果在一定数量（最少为两个）的行为体中，多数行为体都持有一种以合作、和平的方式来处理问题的观念，那么，经过一段时间的互动后，行为体间便会产生一种合作性的观念结构，该结构进一步作用于行为体，从而产生被普遍共享的合作性共有观念。尽管如此，合作性共有观念的形成在没有必要的惩罚性机制的情况下，并不容易形成。但如果各行为体中存在一个力量上占据绝对优势的个体，并且其有进行合作的偏好，那么共有观念不但相对容易产生，而且可以通过塑造双方的共同利益，来减少或者将冲突限制在可控范围内，从而满足安全诉求，实现安全目标。在国内社会中，代表国家行使权力的政府和其他机构，就是这样一个拥有绝对力量优势的参与国内互动的行为体。作为维护国家安全的绝对主体，政府在国内外安全事务中具有无法比拟的话语权，它既可以对某事物进行“安全化”，也可以对其实施“去安全化”处理。同时，为了争取国内公众对其处理安全议题之行为的支持，政府必须通过某种方式，特别是大众媒介，将其安全观念传递给公众。而公众由于对国家所提供保护的依赖，以及他们一般不能直接参与到有关安全的决策中去，所以，公众在绝大多数情况下，都会接受政府对安全及安全议题范围的界定。但并不是说公众和传媒在这一过程中，完全处于无能为力的状态，公众和传媒对于安全的诉求和观点，也会通过传媒影响到国家对安全的界定和相关议程。简言之，政府和公众通过传媒就安全议题进行由政府主导的互动，通过这种互动，政府和公众之间形成了共有观念，通常政府会尽力将其保持在合作性的轨道上。其结果是共有观念帮助政府实现了安全目标，政府则为公众提供必要的安全保护。

在上述互动过程中，共有观念在满足和界定两者共同的安全利益上，发挥着相当关键的作用。而政府则在能否成功构建这种国内的共有观念上，既占据优势地位，又掌握绝对的主动权。那么，政府又是通过何种方式主导有关安全的共有观念的建构呢？其中最主要的方式之一就是引导和设置舆论。舆论是“公众对共同关心的社会事件或问题公开表达看法，最终形成较为一致意见的传播现象”。简言之，“舆论即公众意见的传播”。[①] 它具有影响政府政治议程和行为的功能，如，在民生等公众切身感受明显，并拥有绝对发言权的领域，舆论经常成为公众影响政治和满足利益诉求的工具。但同时也应该看到，虽然舆论是公众意见的传播，但在某些方面，尤其是国家安全议题上，普通公众并不是原始的信息源，他们的意见往往来源

① 邵培仁等著：《媒介舆论学》，中国传媒大学出版社，2009年版，第3—4页。

于政府等政治力量传递给媒体的信息。[①] 所以，政府能够通过影响、甚至操控媒体，将自己的政治议程融入或者直接使之形成公众舆论，并借助舆论具有的对社会个体的说服性和整合性特点，使政府的观念变为被国内社会中的绝大多数群体和个人共享和赞同的共有观念。[②]

最后，由国家的权力优势所支持的议程设置及由此产生的建构共有观念的能力，在宗教的虚拟化传播过程中仍发挥重要作用。本文认为宗教行为体利用互联网的主要目的，是加强教徒和潜在教徒对宗教信仰的认同，宣传、扩大宗教理念的影响范围。而这正是宗教的虚拟化传播能够对安全产生潜在消极影响的主要路径。因为无论是互联网作为宗教组织内部的互动工具，促进了教徒的“群体极化”和从众趋向，进而可能放大不良的宗教情绪；还是宗教极端主义和恐怖主义组织，打着宗教旗号，直接利用互联网进行的极端活动，都是以教徒对信仰的认同与执着为基础的。[③] 所以，要化解宗教的虚拟化传播对国家安全产生的潜在或现实威胁，必须要从教徒的宗教观念和

① 媒体虽然同样拥有自己的判断和发言权，但与政治或安全相关的议题上，政府等政治权力部门依然是主要的话语来源。并且，从总体来看，媒体与政府保持默契甚至一致，也是世界范围内较为普遍的现象。而诸如“水门事件”那样在很大程度上由媒体直接引发的政治地震，并不是在根本上否定既有的政治体制，而是媒体发挥内部纠偏功能的体现。

② 关于舆论传播的特点的论述，可参见邵培仁等著：《媒介舆论学》，第5—6页。

③ 详细论述可参见赵冰：“从传播学角度论‘网上宗教’影响国家安全的路径”，第300—327页；关于互联网与“群体极化”间关系的相关论述可参考[美] 凯斯·桑斯坦著、黄维明译：《网络共和国——网络社会中的民主问题》，上海人民出版社，2003年版。

宗教认同着手，一方面，强调宗教信仰与国家认同之间的和谐、合作关系；另一方面，突出、塑造宗教主体与国家主体的共同利益。而要使这两条途径充分发挥作用，就必须要从支持其运行的基础开始，发挥国家主体的权力和技术优势进行议程设置，并在现实和虚拟两个空间中，建构国家主体与国内宗教主体之间的合作性共有观念。

目前，许多学者都不同程度地承认，虽然互联网在某种程度上改变了传统媒体的单向传播方式和信息流动模式，并且在赋予受众一定的传播权和更大主动性的同时，相对削弱了国家和传统媒体的“把关人”角色及议程设置能力，但把关和议程设置功能在虚拟空间中不但仍然发挥作用，而且不可缺少。[①] 换言之，互联网的低门槛、互动性、弱管制等性质，使传统意义上只作为信息接收者的受众同时成为了信息的传播者。这使受众相应地获得了在以往传统媒体时代所不具有的更强、更主动的议题提出能力。而网络信息传播的高速化、集聚化、高强度等特点，也使网民的议题更容易形成一股强大的舆论力量，甚至演化成公共议程，直接对国家和媒体的议程设置过程产生影响。但即便如此，这种现象并没有从根本上改变国家和媒体在议程设置结构中的优势地位。因为即使在传统媒体时代，能够有能力参与议程设置的主体就不仅仅包括国家和媒体，公众的

① 关于虚拟空间中“议程设置”问题的相关论述，可参见彭兰：《网络传播学》，中国人民大学出版社，2009 年版，第 391—400 页；匡文波：《网络传播学概论》（第 3 版），高等教育出版社，2009 年版，第 17—21 页；段鹏：《传播效果研究——起源、发展与应用》，中国传媒大学出版社，2008 年版，第 136—141 页，等等。

议程设置能力虽然不及前两者，但公众议题和意见也可以上升为国家议程。所以，互联网只是给予了公众更多、更便利和更有力的意见表达资源。他们议题设置能力的上升，并不意味着国家和媒体相关能力的绝对下降。相反，面对虚拟空间中普遍存在的议题分散化和另类化，行为非理性和从众性，责任感缺失等现象，以及由此带来的负面社会效应和潜在危害，国家和媒体，尤其是代表国家进行社会管理的政府，必然会给予关注和做出反应，并在必要时制定控制措施或实行干预，特别是对于那些能够引发政治动荡和产生安全威胁的网上舆论和行为，如，网上宗教极端主义和恐怖主义，各国政府一直都十分警惕。事实证明，在信息化社会，国家不仅不会默认自身在虚拟空间中议题设置能力的削弱，反而会进一步加强相关方面的引导和监督力度。

有鉴于此，本文认为推动宗教的虚拟化传播发挥积极作用，化解其对国家安全的消极影响，尤其是对抗宗教极端组织通过互联网增加宗教极端认同的行为，最佳的途径之一就是有针对性地利用国家媒介和技术优势进行反向宣传和舆论引导。需要注意的是，这并非针对特定宗教和整个教徒群体，更不是限制、干涉宗教表达和活动自由，而是在承认宗教的虚拟化传播具有积极社会意义的同时，[①] 利用国家在现实和虚拟两层空

① 复旦大学美国研究中心的徐以骅教授指出，宗教与互联网技术的结合的积极效应包括：第一，互联网促进了世界各国政府间的宗教合作，推动了宗教非政府组织运动的发展；第二，有利于不同宗教团体的利益和要求进入国家决策过程，并加强国家团结；第三，国家和教徒能够就宗教问题进行更有效的沟通；第四，跨国宗教非政府组织就宗教问题的介入和讨论，有利于促进国家不断改善自身宗教状况。此观点出自：2010 年 9 月 21 日徐以骅教授在中国统战理论研究会统战理论上海研究基地“网络与宗教传播”会议上的发言。

间中的软硬件优势，发挥政府在国内宗教“议题设置”方面的主导作用，并配合以纸质、电子媒体等传统媒体的宣传，在某些重大和敏感宗教事件，或者容易成为破坏国家安全，威胁社会稳定的“引爆点”事件上，抢占先机，有效引导社会舆论，形成有利于维护国家安全的舆论氛围，化解或规避国家安全风险，并在国家主体与宗教主体的长期互动过程中，鼓励和发挥宗教信仰中蕴含的和平、宽容精神及由此产生的社会稳定与安全维护作用，建构国家主体与宗教主体间和谐共存、平等相待的合作性共有观念。

此外，共有观念建构和舆论的引导是一项综合的媒体工程，国家在发挥互联网等新媒体在处理宗教事务，化解关涉宗教信仰之安全风险的过程中，更应注意传统媒体的配合。一方面，建构共有观念、甚至实现说服等强大传播效果，是个复杂的综合性过程，必须有适当的传播策略与各媒体间的相互配合；另一方面，目前互联网媒体虽然具有强大的社会影响力，但其自身的公信力和独自完成议程设置的能力仍然有限，而传统的纸质和广播、电视等电子媒体，仍是包括网民在内的广大公众的主要信息来源，其整体的社会公信力仍然较高。所以，国家在虚拟空间中树立权威信息来源形象，建构与公众，尤其是教徒群体间维护国家安全的共有观念时，更要重视传统主流媒体对其的支撑作用。

结论：共有观念建构的长期性

宗教的虚拟化传播是当代宗教的重要发展趋势。[①] 本文认为，尽管其对国家安全存在消极影响，甚至在特定条件下还会构成现实的威胁，[②] 但决不能就此否认其同样能为国家安全的维护提供新思路、新途径的可能。在互联网作为一种价值中立的传播工具的前提下，宗教的虚拟化传播对国家安全的影响，主要取决于宗教如何作用于国家安全。而宗教作为一种可以深刻影响信徒思维和行为方式的思想观念，其阐述焦点多集中于对整体的自然、社会及所谓“彼岸世界”的认知上，而并非针对特定实体或事件。换言之，在本质上宗教应该是一种相对中立的哲学体系。因此，不同的行为体对其的支持程度和理解存在差异甚至根本对立，是非常正常的现象。在现实中，我们不仅可以看到对宗教的认同与否形成了有神论和无神论的区别，而且即使在单一宗教内部，对同一信仰的不同解释，也导致了不同的行为模式，一方面一些宗教极端组织利用宗教思想为其威胁国家和国际社会安全的行为辩护，并以所谓的“宗教合法性”指导、督促宗教极端主义者和恐怖分子的非法活动；另一方面，大批的宗教领袖和宗教界人士始终在孜孜以求

---

① 可参见金宜久，吴云贵：《当代宗教与极端主义》，中国社会科学出版社，2008 年版，第 124—125 页。

② 参见赵冰：“从传播学角度论‘网上宗教’影响国家安全的路径”，第 294—327 页。

地为冲突的解决及和平的维护而奔走呼号。所以，宗教对国家安全的影响是消极与积极并存，即双向的。因此，本文的第一个结论是，宗教及其网上传播对国家安全具有积极作用在理论上是可能的。

本文第二个结论是，宗教的虚拟化传播助益国家安全的理论可能转化为现实可行的途径，可以借助国家行为体与宗教行为体之间的共有观念的建构来实现。正如著名神学家汉斯·昆（Hans Kung）所强调的那样，“既然战争起源于人们的心灵，那么和平的维护也应当建构在人们的心灵之中”。[①] 观念为行动提供“路线图”。只有对共同事物的共同认知或对共同目标的认同追求，才有可能促发共同行动。目前，各宗教组织都在利用互联网极力扩大自身影响范围，塑造和加强教徒的宗教认同，在这种情况下，国家行为体同样可以利用其在国内传播过程中的优势地位，建构其与宗教行为体之间的合作性共有观念，即，国家的安全是包括教徒和宗教组织在内的各行为体基本利益的根本保证，政府、教徒个人及各宗教团体在维护国家安全方面具有共同利益。可以说，国家和宗教主体间合作性共有观念的形成，是双方实施共同维护国家安全行动的第一步，也是最重要的一步，这一步是否坚实，直接决定着二者合作是否能够实现及顺利进行。本文认为，宗教的虚拟化传播趋势，一方面使这种共有观念的重要性更加突出，只有国家主体和宗教主体对其的共同坚持，才能克服、化解虚拟空间中传播内容和主体的分散化、多元性带来的巨大冲击；另一方面，这一趋

① ［意］F·佩多蒂、［英］P·哈兹波罗编，张新樟等译：《国际关系中的宗教》，第150页。

势更为二者间合作性共有观念的建构、深化提供了新途径。最后需要指出的是，这种观念的建构并非一朝一夕能够完成，因为任何一种观念从产生、发展、深化到最终引发、指导特定行为，都需要一个漫长，甚至有所反复的过程，更何况在许多情况下，国家主体和宗教主体间会就一些问题存在各自不同的诉求。因此，二者间在国家安全问题上合作性共有观念的建构，将是一个复杂而漫长的过程。

全球化背景下的宗教与中国国家安全研究*

• 徐以骅

[内容摘要] 20世纪70年代以来的全球宗教复兴以及宗教政治化、国际化和暴力性宗教极端主义的肆虐，对国家主权和国际秩序提出了严重挑战，宗教对国家安全的影响业已成为当前世界各国难以回避的问题。建国60多年来，宗教一直在我国的国家安全考量中占据重要地位，“反境外宗教渗透”和“打击三股势力”成为讨论宗教与国家安全问题的基调。在全球宗教复兴、我国宗教安全形势发生变化以及国际非传统安全研究兴起的背景下，宗教与我国国家安

* 本文是复旦大学美国研究中心教育部人文社会科学重点研究基地项目“美国的宗教非政府组织研究”（项目批准号：06JJDGJW001）、复旦大学“985工程”三期整体推进社会科学研究项目“全球化时代的宗教与中国国家建设”的中期研究成果。

全研究开始突破“反渗透学”的窠臼，呈现出学术化和实证化的气象。本文对宗教与我国国家安全研究的历史和现状作了概述，并讨论了该研究领域目前的特点和存在的问题。

宗教向来就与国家安全有着不解之缘，这是由宗教的基本属性所决定的。宗教或宗教信仰往往关系到国家或民族生存的核心价值观，与一般社会思想和价值观相比更为持久且较少弹性，而“得到神明护佑的政治参与”往往更“不容忍妥协”。[①] 宗教及其宗教组织一般还具有广泛的社会动员力、跨国联系、使世俗权威相对化以及使暴力合法化的特性，故宗教问题较易被国家视为安全问题或加以安全化。因此，具有高度神圣性的宗教与具有高度现实性的国家安全之间存在着“基本的结构上的亲密关系”。[②] 20 世纪 70 年代以来的全球宗教复兴，宗教政治化、国际化以及暴力性宗教极端主义的肆虐，更是对国家主权和国际秩序提出了严重挑战，宗教对国家安全的

---

① Thomas Banchoff, "Introduction: Religious Pluralism in World Affairs," in Thomas Banchoff, ed., *Religious Pluralism, Globalization, and World Politics* (New York: Oxford University Press, 2008), p. 3.

② Carsten Bagge Laustsen and Ole Waever, "In Defense of Religion: Sacred Referent Objects for Securitization," in Pavlos Hatzopoulos and Fabio Petito, eds., *Religion in International Relations: The Return from Exile* (New York: Palgrave Macmillan, 2003), p. 169. 该书现有题为《国际关系中的宗教》的中译本，张新樟、奚颖瑞、吴斌译，浙江大学出版社，2009 年版。关于宗教与国家安全的关联性，参见刘骞：“后冷战时期宗教与国家安全的关联性讨论”，《世界经济与政治》，2011 年第 9 期，第 67—83 页。

影响业已成为当前世界各国难以回避的问题。[1]

在进入正文前，我们首先需对“国家安全”、“宗教安全”和“中国的宗教安全”等有关概念下一基本定义。“国家安全”通常指国家拥有维持其生存、稳定和发展所需的、免遭内外严重安全威胁的处境。[2] 照美国开国元勋杰斐逊（Thomas Jefferson）的话来说，国家安全是一国要保护或寻求推进的重大利益，因为这“直接关系到该国作为独立实体的继续存在、领土完整或人民的生命。”[3] “宗教安全”是国家安全的重要组成部分，意指主权国家内部宗教状态稳定和谐，外部不受宗教性质或来自宗教势力的严重威胁；[4] “中国的宗教安全”则指我国国家内部信仰主体和格局有利于维持国家的安定团结，外部势力在宗教领域对我国的国家主权、政治制度、社会现状等核心利益不构成严重威胁。[5] 换言之，“中国的宗教安全”就是指宗教之间以及宗教与我国的国家主权、政治和社会制度以及其

---

① 参见徐以骅：“当代中国宗教与国际安全”，载晏可佳主编：《辉煌六十年——中国宗教与宗教工作》，上海人民出版社，2010 年版，第 160—168 页。

② 参见 Ersel Aydinli and James N. Rosenau, eds., *Globalization, Security and the Nation-state: Paradigms in Transition* (New York: State University of New York Press, 2005), p. 32。

③ 转引自 Thomas F. Farr, *World of Faith and Freedom, Why International Religious Liberty Is Vital to American National Security* (New York: Oxford University Press, 2008), p. 309。

④ 宗教安全的概念参见刘骞：“国际安全分析呼唤宗教视角——宗教安全概念的引入尝试”，徐以骅主编：《宗教与美国社会》（第 4 辑），时事出版社，2007 年版。

⑤ 徐以骅、章远：“试论宗教影响中国国家安全的路径和范式”，载《复旦大学学报》，2009 年第 4 期，第 110 页。

他行为体处于某种远离“危态对抗”的“优态共存”的境况。[①]

需要说明的是，关于宗教安全的界定往往是有选择性的，或者说是不全面的。这是因为这些界定对宗教与国家安全关系的描述是单向度的，也就是说其所指的主要是宗教对国家安全的影响，而较少涉及国家对宗教安全的影响。实际上，一国的宗教安全至少包含以下互动的三个层面：宗教或信仰的生存受到内部（如其他宗教、信仰或行为体）或外部（如国家、技术、工业化、现代化等）的威胁；各宗教之间的冲突对自身和国家所造成的生存威胁；以及宗教对国家和政府造成的严重威胁，在一些特殊语境下尤指国际政治和宗教势力利用宗教干涉他国内政，[②] 而且这三个层面往往是互为因果的，比如我们很难想象政治伊斯兰甚至暴力性宗教极端主义的兴起与西方长期实行的霸权主义政策以及由西方引领或以西方生活方式为标志的现代化浪潮无关，但这些思潮和运动的发展却反过来对由西方主导的国际关系体制和西方各国的国家安全带来严重威胁。鉴于国家经常以安全的名义来压制宗教，因此宗教自身的安全或免除国家对宗教的“存在性威胁”，也许是更脆弱和更难奢望的安全。如果要全面涵盖上述教与教、宗教对国家、国家对宗教的各种共处、合作和对抗的关系和方式，基本上也就是上文所说的“中国的宗教安全”，本文的考察范围就会变得

① 关于“危态对抗”与“优态共存”的提法，参见余潇枫：“从危态对抗到优态共存——广义安全观与非传统安全战略的价值定位”，载《世界经济与政治》，2004 年第 2 期。

② 相近说法可参见 Carsten Bagge Laustsen and Ole Waever，“In Defense of Religion：Sacred Referent Objects for Securitization，” p. 160。

太大而无法驾驭。因此基于传统理解，本文还是把重点放在讨论宗教对我国国家安全的作用和影响之上。

一、宗教与中国国家安全研究的历史

上述的单向度，实际上还存在于对宗教与国家安全的正负面影响的评估方面。由于历史背景、现实环境以及意识形态的影响，强调宗教对中国国家安全的负面影响，曾经是国内的宗教与国家安全研究的主要特点之一。其实与宗教在国际关系领域兼具“动乱根源”和“和平使者”的作用一样，宗教对国家安全也扮演着“破坏者”和“建设者”的双重角色。宗教与国家安全的关系既可以是“危态对抗”，也可以是“优态共存”或者“优态互动”。比如在美国，由于宗教在美国历史上所扮演的“身份赋予者”角色以及美国政教分离的传统，宗教认同不被认为具有威胁性，或宗教归属不直接挑战现有的权力结构，曾经是美国社会生活的一个主要特点。[①] 作为公民意识的孵化器、社会的道德约束力和政治结构的价值观基础，宗教与美国国家、社会以及大众文化之间的此种共生的、相辅相成的关系有时被称为“未约定的伙伴”（unconventional partner）关系。[②] 宗教甚至还被视为关系到美国国家根本利益和发展方向的

① 约翰·F. 威尔逊（John F. Wilson）著、徐以骅等译：《当代美国的宗教》，上海人民出版社，2013 年版，第 84—85 页。

② 参见徐以骅主编：《宗教与美国社会——美国宗教的“路线图”》（第一辑），时事出版社，2004 年版，第 15—16 页。

"国魂"。[①] 近年来美国政府和权力建制内的部分人士在"民主和平论"的基础上进一步鼓吹"宗教自由和平论"，用"推进宗教自由"来对抗和消解宗教极端主义和恐怖主义，更是把宗教对美国国家安全的正面作用推演到极致。[②] 而目前我国的

① 类似说法很多，用美国著名宗教社会学家罗伯特·N. 贝拉的话来说，美国是"神的国度之观念"甚至"至今未衰"。见 Robert N. Bellah, Phillip E. Hammond, *Varieties of Civil Religion* (New York: Happer & Row, 1980), p. xiii。美国著名宗教史学家西德尼·E. 米德（Sydney E. Mead）曾引用 20 世纪初美国著名作家和神学家 G. K. 切斯特顿（G. K. Chesterton）关于美国是"有教会魂之国"的论断作为其关于美国宗教论文及专著的标题。参见 Sydney E. Mead, "The Nation with the Soul of a Church," in *Church History*, vol. 36, no. 3 (September 1967), pp. 262 – 283; Sydney E. Mead, *The Nation with the Soul of a Church* (New York: Harper & Row, 1975)；另参见徐以骅："后传教时代的宗教与中美关系"，载徐以骅、涂怡超、刘骞主编：《宗教与美国社会——宗教与美国对外关系》（第七辑），时事出版社，2012 年版，第 92—94 页。

② 主要指美国外交和安全权力建制已开始从国家安全和战略的高度来看待宗教问题，不仅把宗教自由看成是人权问题，而且视之为"国家安全的界定因素"，或是某种"硬性"的地缘政治和"国土安全"问题。用波士顿大学的国际关系学者普罗乔诺（Elizabeth H. Prodronou）的话来说，在"1998 年国际宗教自由法"和 2001 年"9·11"恐怖主义袭击的背景下，"华盛顿制定和实施外交政策的宗教因素已被安全化。"见 Elizabeth H. Prodronou, "U. S. Foreign Policy and Global Religious Pluralism," in Thomas Banchoff, ed., *Religious Pluralism, Globalization, and World Politics*, p. 298。研究美国政治和宗教的学者迈尔斯（Jack Miles）曾对"宗教自由和平论"有以下比较完整的表述："在追求政治或经济权力时民主资本主义国家不对其他民主资本主义国家发动战争是老生常谈。这种说法可延伸到宗教：即有宗教自由的社会不对其他有宗教自由的社会发动宗教战争"，……因此"从长远来看，没有什么针对由宗教驱动的恐怖主义的长期攻势要比在其最积极招募人员的国家推进宗教自由更为有效的了"。见 Jack Miles, "Religion and American Foreign Policy," vol. 46, no. 1, *Survival* (Spring 2004), pp. 32 – 33。

宗教政策，也逐渐从强调宗教的意识形态特征（与主流思想的对立）过渡到重视宗教的社会功能（与主流社会的协调和适应），宗教关系被视为当前国家需要正确协调和处理的五大关系（即政党关系、民族关系、宗教关系、社会各阶层关系、海内外同胞关系）之一。宗教和谐不仅被视为构建社会和谐的重要因素和标尺，而且被看成是处理政教关系问题的更高追求和更高境界。[①] 在此种变化的国情和语境下，关注宗教在中国国家安全和对外战略领域的正能量，实现宗教与我国国家安全的“优态互动”，应该成为我国的宗教与国家安全研究的一个重要方面。

建国 60 多年来，宗教一直在我国的国家安全考量中占据重要地位，或者说长期以来被安全化。在中国共产党执政后，由于与西方帝国主义、国民党政权和其他“封建反动势力”在组织上、思想上、经济上和人事关系上的密切联系，更由于朝鲜战争爆发后我国国际安全形势的恶化，各种宗教和教会基本上被视为需要改造的异己势力甚至需要镇压的敌对势力。不仅如此，新政权的马克思主义政治意识形态把宗教置于落后甚至对立的地位，这也强化了宗教问题安全化的认知和实践。[②]

20 世纪 50 年代初在各宗教内开展了表现形式各异的“宗教控诉”、“宗教革新”、“民主改造”和“社会主义教育”等

---

① 关于宗教和谐是我国宗教关系的新内涵和宗教工作的新境界的提法，参见国家宗教局党组理论学习中心组：“宗教和谐：宗教工作的新境界”，《人民日报》2010 年 1 月 13 日理论版；另载《宗教与世界》，2010 年第 2 期，第 1—3 页，

② 详见徐以骅、刘骞：“安全与统战——新中国宗教政策的双重解读”，《世界宗教研究》，2011 年第 6 期，第 1—2 页。

政治性运动后，执政党以尊重宗教信仰、团结广大信教群众、积极引导宗教与社会主义社会相适应为主线的宗教政策得以确立，并且在此后的长期实践中得到加强和完善，尽管其间该政策因各种接踵而来的政治运动的冲击而变样走形甚至严重偏离。[①] 然而，反对帝国主义利用宗教侵华、取缔和镇压反动会道门、废除宗教封建特权和压迫剥削制度、揭露和打击披着宗教外衣的反革命分子和坏分子、防止外来宗教势力渗透、打击三股势力（宗教极端主义、民族分裂主义、国际恐怖主义）以及四个维护（维护法律尊严、维护人民利益、维护民族团结、维护国家统一）等斗争实践和政策目标，构成了执政党宗教政策的另一条主线，而防止外来宗教渗透、打击三股势力和四个维护业已成为近几十年来我国政府在宗教安全领域的基本原则和标准话语。上述中国共产党宗教政策的两条主线（即统战主线和安全主线）相辅相成互为表里，成为解读党和政府宗教政策的缺一不可的两大路径。[②]

与上述宗教政策相对应的就是长期以来国内政、学两界关于宗教与我国国家安全的论述。这些论述一般具有以下几个特点：政策或对策性远胜于学术性、意识形态色彩浓厚、有鲜明的敌情观念和反境外宗教渗透立场，尤其把具有西方背景的基督宗教作为主要防范对象、把宗教问题与安全问题挂钩或等同起来的安全化倾向，以及把宗教安全视为传统安全问题（这

---

① 可参见《当代中国的宗教工作》编委会：《当代中国的宗教工作（上、下)，当代中国出版社，1998 年版。

② 详见徐以骅、刘骞："安全与统战——新中国宗教政策的双重解读"，第 2 页。

不仅指宗教安全问题在中华人民共和国建国后由来已久，而且指将宗教安全问题与国家主权以及意识形态和政权安全问题等量齐观）等。由于1949年后到文革结束前国内的宗教研究基本陷于瘫痪局面，在学术和出版界只有宗教批判而无宗教研究的时代背景下，[①]“反宗教渗透”便成为宗教安全乃至一般宗教问题讨论的基调，而这些关于宗教与国家安全的论述便构成了具有中国特色的“反渗透学”。[②]目前，与涉及如何评价宗

① 如在1949年后的20年间，在基督教研究领域带有学术性的论著只有杨真（赵复山）所著《基督教史纲》（上册，北京三联书店，1979年）。其他如中国基督教会史领域“较有影响”的论著大多关于“教案”和“反洋教运动”。可参见徐以骅：“大陆中国基督教会史研究之再评介”，载林治平主编：《从险学到显学：中原大学2001年海峡两岸三地教会史研究现状研讨会论文集》，台北，宇宙光全人关怀机构，2002年版，第65—86页；徐以骅：“两岸三地中国基督教史研究之比较及其重心转移”，载徐以骅、张庆熊主编：《基督教学术》（第7辑），上海古籍出版社，2008年版，第1—10页。

② 此类“反宗教渗透”的著述不胜枚举，可查中文期刊全文数据库；另参见郭培清：“反宗教渗透综论”，载《中央社会主义学院学报》，2007年第6期。又如由宗教文化出版社出版的《宗教工作的理论与实践——2003年全国宗教工作理论务虚会论文集》中，文章题目涉及反宗教渗透的就有“认清形势　常抓不懈　积极抵御境外宗教渗透”、“抵御利用宗教渗透辨析”、“境外宗教渗透的渠道、特点与对策探讨”和“试论抵御渗透与扩大开放的关系”等多篇。境外宗教渗透被描述为“境外团体、组织和个人利用宗教从事的各种违反我国宪法、法律、法规和政策的活动和宣传。主要有两方面的情况：一是境外敌对势力利用宗教作为渗透的工具，打着宗教旗号颠覆我国政权和社会主义制度，破坏国家统一和民族团结；二是企图控制我国的宗教团体和干涉我国宗教事务，在我国境内建立宗教组织和活动据点、发展教徒。……渗透的实质是要颠覆中华人民共和国政权和社会主义制度、破坏我国统一的事业，控制我国的宗教团体和宗教事务”。见张夏：“新时期抵御境外宗教渗透的几点思考”，载《科学与无神论》，2006年第4期，第48页。

教的“鸦片论”在主流学界已无多大地位不同，“反渗透学”作为在宗教政策和研究领域官方话语体系的一部分仍保持着具有导向性的影响力。

二、近年来宗教与中国国家安全研究发展较快的原因

改革开放以来尤其是在过去的10多年间，宗教研究在我国不仅得到恢复，而且呈现出蓬勃发展的局面。宗教与我国国家安全的研究，也突破“反渗透学”的窠臼而进入快速发展通道，并开始呈现学术化和实证化的气象。究其原因，主要有以下几点：

首先，历史上宗教与政治的互动从未间断过，但自20世纪下半叶以来此种政教互动显然已从此前的相对平静期转入目前的活跃期。美国对外关系委员会的学者蒂莫西·沙阿（Timothy Shah）把1967年第三次中东战争（或称“六天战争”）视为全球宗教发展趋势的重要转折点。阿拉伯世界在此次战争中的失败“使许多愤怒阿拉伯人从纳赛尔世俗的泛阿拉伯主义转向激进伊斯兰”。[①] 同样，这次对以色列来说“奇迹般”的战胜也加强了宗教势力在该国政治中的影响。1978年伊朗伊斯兰革命和次年美国基督教右翼“道德多数派”的形成，标志着东、西方世界宗教保守派的崛起和“政

① John Micklethwait and Adrian Wooldridge, *God Is Back, How the Global Revival of Faith Is Changing the World* (New York: The Penguin Group, 2011), p. 20.

治觉醒”。

伴随全球宗教复兴以及宗教保守派和基要派的崛起，许多国家出现宗教政治化和政治宗教化的趋势，国际关系也因此进入了宗教冲突部分取代意识形态冲突以及建立在其上的两大军事集团对峙的时代。“全球宗教震荡”、“世界的复魅或非世俗化”、“国际关系的宗教回归”、“宗教跨国与国家式微”、“宗教民族主义对抗世俗国家”、“以信仰为基础的外交”、“第二次宗教改革”、“宗教冲突取代意识形态冲突的新冷战”等等说法不胫而走，① 与20世纪60年代风靡一时的“上帝已死”、“后基督教时代”、“反传统文化”等等世俗化话语一样，“上帝归来”、“上帝复仇”以及“全球化上帝”等等成为新时代的宗教性标签。在“9·11”事件中宗教极端和恐怖主义势力对作为当今世界唯一超级大国美国的袭击，标志着“国际恐怖主义第四次浪潮”② 之高潮的来临，更把宗教恐怖主义演化为世界各国的“政权维护”和“国土安全”问题，把宗教安全提上相关国家的国家安全甚至军事反恐的议事日程，宗教驱

① 参见徐以骅：“当代国际关系中的‘宗教回归’”，载徐以骅主编：《宗教与美国社会——宗教与国际关系》（第四辑上），时事出版社，2007年版，第1—3页；徐以骅：“全球化时代的宗教与国际关系”，载《世界经济与政治》，2011年第9期，第4—19页。

② 学界认为，自19世纪末以来，国际社会经历了四次恐怖主义浪潮，分别为19世纪末至20世纪初的无政府主义浪潮、20世纪20年代到60年代的反殖民主义浪潮、20世纪70至80年代的意识形态浪潮和开始于20世纪80年代的宗教极端主义浪潮。可参张家栋：“现代恐怖主义的四次浪潮”，载《国际观察》，2007年第6期。另参见徐以骅等著：《宗教与当代国际关系》，上海人民出版社，2012年版，第七章《国际宗教恐怖主义》。

动的恐怖主义已经成为国际制度中具有主导性的恐怖主义，而“宗教极端势力与大规模杀伤性武器预期之结合”一度就被西方某些政、学界人士认为是“当今世界所面临的最大威胁”。①在国际政治和宗教势力的推波助澜之下，宗教极端主义、民族分裂主义和国际恐怖主义三股势力针对我国的政治和暴力行动也在不断升级，目前显然已经超越“西方宗教渗透”而构成对我国国家安全的最直接、最具突发性和暴力性的威胁。②

其次，以美国“1998 年国际宗教自由法”为主要标志的所谓“国际宗教自由运动”或“新人权运动”在世纪之交有了新的发展。以互联网和宗教非政府组织等为主要载体，依托西方某些国家的外交权力建制和话语权，所谓国际宗教自由运动催生了由美国在其中占主导地位的宗教人权国际制度或国际“人权联合体（human rights complex）”③ 的形成；各种以人权和宗教为议题的宗教非政府组织往往扮演西方国家外交政策非

---

① Douglas Johnston, “Introduction: Realpolitik Expanded,” in Douglas Johnston, ed., *Faith-Based Diplomacy: Trumping Reapolitik* (Oxford and New York: Oxford University Press, 2003), pp. 3 – 5.

② 应该指出，宗教极端主义、民族分裂主义、（国际）恐怖主义三股势力中威胁中国国家安全的提法不够严谨，这是因为“宗教极端主义”并不一定是暴力性的，如宗教学者周燮潘所言，长期以来宗教极端主义“主要表现为禁欲苦行而不是恐怖主义”。（见王逸舟主编：《恐怖主义溯源》，社会科学文献出版社，2002 年版，第 248 页）事实上“宗教极端主义”还可指有些宗教组织如公谊会（贵格会）所奉行的反对一切暴力和战争的极端和平主义思想和实践。因此，准确地提法应是“暴力型宗教极端主义”。

③ 宗教人权国际机制或“人权联合体”可参见徐以骅等著：《宗教与当代国际关系》，第五章《宗教与国际人权》。

正式执行者的角色。[1] 如果用较粗的线条来描述，宗教对美国外交政策的影响是渐次体现在“主权问题人权化”——“人权问题宗教化”——“宗教问题安全化”等外交实践中的。上述实践分别对应着“人权高于主权”、“保护责任”（即所谓基于人道主义原则国际社会有责任保护主权国家平民免受“大规模暴行”）以及“宗教自由和平论”（“民主和平论”的宗教版）等等一整套西方倡导和推行的所谓国际规则和理念，而这些规则和理念在所谓全球宗教复兴和“9·11”恐怖袭击事件的背景下已成为美国外交政策日益“涉教”甚至“福音化”的理论依据和驱动力。[2]

互联网作为信息的“简化器”或“放大器”，在建构他国宗教形象，动员信众政治参与，使宗教问题迅速国际化等方面正在起着日益重要的作用。以互联网为代表的新兴媒体的低门槛、大流量、快速度、广参与、无中心、跨国境、弱监管、难治理等特征也在相当大的程度上造成我国的有关宗教法规的滞后；[3] 而各种宗教的全球流动、传教运动的发展和“国际散居社会”的形成等，也在改变世界宗教的传统格局，加剧了国

① 关于国际宗教非政府组织可参见徐以骅等主编：《宗教与美国社会——宗教非政府组织》（第五辑），时事出版社，2009 年版；徐以骅等著：《宗教与当代国际关系》，第十二章《国际宗教非政府组织》。

② 参见徐以骅：“宗教与冷战后美国外交政策—以美国宗教团体的‘苏丹运动’为例”，《中国社会科学》，2011 年第 5 期，第 199—205 页。

③ 关于网络宗教的作用和影响参见赵冰：“宗教的虚拟化传播与国家安全”，复旦大学国际关系与公共事务学院 2011 年博士论文；另参见徐以骅主编：《宗教与美国社会——网络时代的宗教》（第三辑），时事出版社，2005 年版；徐以骅等著：《宗教与当代国际关系》，第三章《互联网时代的宗教》。

际间和民族间的“认同战争”。基督宗教的人口“重心南移”、“‘第三教会’和五旬节派的崛起”、“传教士肤色改变”以及“逆向传教”等,[①] 也在造成较大规模的信仰上的“改宗”和认同上的“变迁”，足以颠覆人们对传教运动和传教士的传统看法，并对一些国家和地区的现行社会和政治结构产生一定影响。作为宗教超级大国，美国无论在超级宗教明星、宗教慈善事业、宗教传媒还是在海外传教等方面在世界上均独占鳌头，在对海外的宗教输出上他国更是望尘莫及，因此给全球宗教复兴深深地打上了美国的烙印。[②] 上述各种国际宗教运动通常不具暴力性，但影响范围更大或具有广泛的群众性，并且有助推“颜色革命”的能量，因此成为影响我国国家安全的更为经常性的因素。事实上对我国国家安全来说，宗教极端主义势力或暴力型宗教组织往往借助互联网等

① 需要指出的是，尽管基督教人口重心南移，但神学、机构、经济资源的重点仍在“全球北部”。美国普林斯顿大学的著名宗教学者罗伯特·伍斯诺（Robert Wuthnow）在考察了关于“新传教运动”的所有文献资料后认为，基督教传教运动的格局并无重大改观，美国基督教会在提供传教人员、资金和人道主义援助方案在世界范围内不仅独占鳌头，而且比以往任何时期都更为积极。详见 Robert Wuthnow, *Boundless Faith: the Global Outreach of American Churches* (Berkeley: University of California Press, 2009)；关于“基督宗教重心南移论”，参见达纳·L. 罗伯特（Dana L. Robert）著、徐以骅译：“向南移动：1945 年以来的全球基督教”，载徐以骅等主编：《宗教与美国社会——当代传教运动》（第六辑），时事出版社，2009 年版；徐以骅：“当代国际传教运动的‘四个跨越’”，载《世界宗教文化》，2010 年第 1 期；徐以骅等著：《宗教与当代国际关系》，第十一章《当代基督教传教运动》。

② 具体描述可参见：John Micklethwait and Adrian Wooldridge, *God Is Back, How the Global Revival of Faith Is Changing the World*, pp. 226 - 234。

现代科技手段、在反恐问题上实行双重标准的某些国家的庇护，以及某些所谓宗教自由倡议团体的实际支持来开展其活动。

第三，随着全球宗教复兴和非传统安全问题的突显，宗教与国际关系和安全的关联性开始受到国际关系学界的重视，西方国际关系研究和教学领域在某种程度上发生了“宗教觉醒”或“宗教反省”。把宗教因素融入对国际关系的研究，从而扩大国际关系理论的内涵和外延，已成为当前国际关系研究的新趋势。[①] 就安全研究而言，在后冷战时代，对于国际社会所面临的更为复杂的安全挑战，人们的安全观念亦随之发生改变，安全研究由传统政治、军事领域渐次扩展到经济、科技、社会、信息、生态环境、能源等领域。新安全观有“非传统安全观”、“综合安全”和“人的安全”等种种不同表述，它促使传统安全观发生以下转向，即安全主体由国家中心主义转向多元主义，安全重心由主权转向人权，安全范围由国家化转向全球化，安全手段由单一军事化转向复合化。[②] 在西方，安全研究正在日益向宗教领域扩展，[③] 而宗教作为非传统安全则越

---

① 参见徐以骅：《全球化时代的宗教与国际关系》，第11—16页。

② 参见樊勇明：《西方国际政治经济学》（第二版），上海人民出版社，2006年版，第155—157页；另参见《当前国际关系中的“宗教回归”》，第21—22页。

③ 如国际关系学的哥本哈根学派过去一直将宗教归在社会领域内加以处理，现在则考虑将宗教作为独立领域而非社会领域之一部来进行研究。见上引“In Defense of Religion：Sacred Referent Objects for Securitization，” p. 151。

来越得到国际关系学界的重视。①

三、宗教与中国国家安全研究的现状

在上述诸因素的影响下，国内学界尤其是国际关系学界开始专注非传统安全问题。自非传统安全概念在 1994 年被正式引入我国、尤其是哥本哈根学派的“安全化”理论在国内学界被译介后，非传统安全和安全化理论对“中国的安全认知

① 国外关于宗教与国家安全的研究可参前引 Thomas F. Farr, *World of Faith and Freedom, Why International Religious Liberty Is Vital to American National Security*; Scott M. Thomas, *The Global Resurgence of Religion and the Transformation of International Relations: Struggle for the Soul of the Twenty-First Century* (New York: Palgrave Macmillan, 2005); Robert A. Seiple and Dennis R. Hoover eds., *Religion and Security: The New Nexus in International Relations* (Rowman & Littlefield Publishers, Inc, 2004); Jonathan Fox and Shmuel Sandler, *Brining Religion into International Relations* (New York: Palgrave MaCmillan, 2004); K. R. Dark, ed., *Religion and International Relations* (New York: Palgrave Publisher, Ltd, 2000); Pavlos Hatzopoulos and Fabio Petito, eds., *Religion in International Relations: The Return from Exile*。另参见刘骞：“美国宗教学者关于宗教与国家安全的关联性研究”，《社会主义研究》，2008 年第 6 期；刘骞：“论西方宗教与安全”，《国外社会科学》，2009 年第 2 期。

产生了重大影响”,[①] 国内各种有关非传统安全的研究机构和研究项目渐次设立，宗教作为非传统安全问题也开始受到关注，出现了为数相当可观的有关论著。文化和宗教在中国国家安全战略中的影响和作用也开始进入学界的视野,[②] 并且成为多项国家社科基金和有关部委资助项目以及博士学位论文研究的课题。在这些研究机构、项目和课题的基础上，宗教与中国国家安全研究进入了一个新的阶段。

目前国内学术化的宗教与中国国家安全研究，具有以下特点及问题：第一，“重文化轻宗教”：宗教现象通常被作为文化之一部分来加以讨论。这固然体现了国内宗教研究尤其是宗教安全问题研究的滞后，也反映出国内学界在一般宗教研究问题上仍未摆脱把宗教解释为某种社会存在（如政治、经济等）的附带现象的传统研究套路，较为边缘化的学科处境，以及宗教研究领域本身“乍暖还寒”、“下笔如有‘绳’”、“犹抱琵琶半遮面”的羞涩局面。

---

① 余潇枫、李佳：“非传统安全：中国的认知与应对（1978—2008）”，《世界经济与政治》，2008 年第 11 期，第 92 页。关于非传统概念的引入中国，参见王勇：“论相互依存对我国国家安全的影响”，《世界经济与政治》，1994 年第 6 期，第 39—44 页；“安全化”理论的译介参见［英］巴瑞·布赞、奥利·维夫著，朱宁译：《新安全论》，浙江人民出版社，2003 年版；安全化“指公共问题从非政治化到政治化、再从政治化到超政治化的过程”［见上引“非传统安全：中国的认知与应对（1978—2008）”，第 92 页］，“旨在解释某些公共性问题上升到需要依靠超常规政治手段加以处理的状况”。见徐以骅、刘骞：“宗教对国际安全的影响及其对中国的启示”，金泽、邱永辉主编：《宗教蓝皮书：中国宗教报告（2008）》，社会科学文献出版社，2009 年版，第 216 页。

② 可参见徐以骅：《宗教与当代国际关系》，第 21—23 页注。

第二，“受国内外恐怖主义威胁的驱动”：对“三股势力”、尤其是对有伊斯兰教背景的恐怖主义具有一定政策导向的专门研究相对发达，成为反恐研究的一个组成部分。这自然与我国国家安全的现实处境有关，[①]不过在西方学界也有“主要通过安全的棱镜来看待宗教”[②]的类似现象。宗教不能与恐怖主义划等号，但宗教和宗教组织往往为暴力、干涉和分裂活动提供了合法性依据和活动载体。宗教作为合法性途径具有多重性，它既可用来为国际调停和民族和解服务，但宗教教义也被认为是种族清洗和恐怖主义的“最通常的合法性依据之一”。[③]因此，在神学、教义以及组织层面阻断宗教与暴力型极端主义和恐怖主义的联结，最大程度地发挥宗教促进社会安定和国际和平的正面功能，应是宗教与中国国家安全研究的主要任务之一。

第三，“研究领域本身安全化所造成的失衡现象”：即国内学界对宗教对国家安全负面影响的关注要远远大于其正面影响。在我国，宗教作为推进和维护我国社会安全和对外安全战略的途径和资源无论在理论和实践上都有待开发。随着中国全方位“走出去”战略和中国海外利益全球化布局的展开，宗教问题日益成为增进我国对外战略的完整性和提升我国国际形

---

① 此类论著不胜枚举，可参见徐以骅等著：《宗教与当代国际关系》，第22—23页注。

② “Editor's Forward,” *Journal of International Affairs* (Fall/Winter 2007), pp. v - vi.

③ Jonathan Fox and Shmual Sandler, *Bringing Religion into International Relations*, p. 38. 另参见徐以骅、章远：“试论宗教影响中国国家安全的路径和范式”，第113—114页。

象亲和力的重要因素。在目前学界对国内社会领域宗教正面功能和积极影响已有大量论述的情况下，如何推动宗教与我国外交和安全战略的关系的研究，充分发挥宗教作为我国公共外交和民间交流中的作用，以期在我国对外关系的实践领域将宗教从“负资产”转变为“软实力”，从而“编织一个更加广大且更为柔和的中国海外利益的保护网路”，① 业已成为我国安全研究的一项重要议题。②

第四，“理论和实证研究的瓶颈”：笔者在论及国内学界的宗教与国际关系的现状时指出，该领域“存在宏观叙事和时事分析有余、实证和比较研究不足；宗教学、哲学和政治学外的其他学科较少介入；尚未建立较为完整的文献资料库和较为系统的理论分析架构等缺陷”，③ 这些缺陷在起步相对稍早的宗教与中国安全研究中同样存在。缺乏全国、地区乃至全球范围的大规模实地调查和资料收集工作、未充分具备建设权威数据库和处理数据的能力，是制约我国开展相关研究的硬件瓶颈。另一方面，由于现代资讯的发达，也出现了美国宗教学者金博尔（Charles Kimball）所说的“不差细节的无知”（detailed ignorance）现象，即包括学者在内的大部分相关人士对国内外涉教事件尤其是涉教暴力事件的细节并不陌生，甚至耳

---

① 徐以骅、邹磊：“地缘宗教与中国对外战略”，《国际问题研究》，2013 年第 1 期，第 39 页。

② 参见徐以骅、邹磊：“信仰中国”，《国际问题研究》，2012 年第 1 期，第 43—58 页；卓新平、徐以骅、刘金光、郑筱筠：“对话宗教与中国对外战略和公共外交”，《世界宗教文化》，2012 年第 4 期，第 33—38 页。

③ 徐以骅：“导论：国际关系的‘宗教回归’”，《宗教与当代国际关系》，第 23 页。

熟能详，但却缺乏将这些事件置于整体背景下加以理解和诠释的框架。①

由于议题的敏感性，上述缺陷和现象在宗教与国家安全领域更为凸显。由于中国国家安全的历史、处境和威胁与其他国家尤其是西方国家有较大差异，目前在国际关系的安全研究领域几乎已被奉为经典的哥本哈根学派“安全化”理论虽为国内学界带来安全研究的新颖分析工具，但其因忽视各国尤其是东西方社会发展程度的差异以及所面临安全威胁的大小仍受到质疑，被认为不适合包括中国在内的发展中国家的国情，② 而西方非传统安全观念甚至被斥之为削弱非西方国家主权的安全“陷阱”。③ 因此，基于本国国情提出我国安全研究尤其是宗教安全研究的议题、叙事和方法，建立宗教如何影响中国国家安全的理论框架和范式，应是宗教与中国国家安全研究学术和实证转向的后续工作。

① Charles Kimball, *When Religion Becomes Lethal*, *The Explosive Mix of Politics and Religion in Judaism*, *Christianity*, *and Islam* (San Francisco, CA: John Wiley & Sons, Inc., 2011), pp. 7 – 8.

② 参见王逸舟：《西方国际关系理论：历史与理论（第二版）》，上海人民出版社，2006 年版，第 373—375 页；朱宁：“对哥本哈根学派的几点质疑”，《社会观察》，2003 年第 4 期；徐以骅、刘骞：“宗教对国际安全的影响及其对中国的启示”，第 217—218 页。

③ 韩丽：“无处不在的威胁——‘新安全观’质疑”，《世界经济与政治》，2000 年第 10 期，第 67—68 页；另参见上引文“非传统安全：中国的认知与应对（1978—2008）”，第 90—92 页。

简短结语

以上只是对国内关于宗教与中国国家安全的研究现状的“浅描”，希望籍此引起更多的讨论和批评。其实无论在具体实践上还是在学术研究中，宗教一般都受到特殊对待。比如人们常说宗教具有正反两面性或互相抵触的多面性，既可“扶弱济贫”、“扬善抑恶”亦可“助纣为虐”、“为虎作伥”，既是“和平使者”又是“动乱根源”。[①] 其实无论是某项科技发明（如炸药和原子能）还是人类本身也都具有此种极端的两面性，而且无论其作用或功能是正还是负，宗教从来就不是单独起作用的。诚如美国乔治敦大学柏克利宗教、和平及世界事务中心主任托马斯·班乔夫（Thomas Banchoff）所言：“宗教从来不是暴力的唯一原因。它以爆发性的方式与领土争端，不稳定和压迫性制度，经济和社会不平等，种族、文化和语言上的分裂等交织在一起。但是，与以往的时代一样，在当下狂热的宗教认同和参与通常起到了加剧紧张局势和引发流血事件的作用。”

目前宗教与中国国家安全的问题已被置于各种研究框架和视角下加以讨论，而这些讨论所提出的问题远远要超出所能解决或达成共识的问题。比如是否或如何恢复我国民间信仰的植

① 关于宗教在国际关系和国家安全领域所具有的多面性、扩张性、虚实性、依附性和交互性等特点，参见徐以骅、邹磊：“地缘宗教与中国对外战略”，第31—33页。

被以保持信仰/宗教生态的相对平衡和防止大规模“信仰/认同变迁”；如何在海峡两岸关系中宗教率先“直航”的基础上，进一步开放和加强两岸以及海内外包括各种民间信仰和建制宗教在内的交流，从而“增加中华文化认同、中华民族认同，建设好我们共同的精神家园，推动两岸关系和平发展，促进中华民族伟大复兴”；[①] 如何增强我国在宗教领域的国际软实力，发掘宗教作为公共外交和民间交流的重要资源，展现中华民族的精神世界，使目前我国宗教的国际吸引力从“圣物”（如“《圣经》展”、“佛牙/佛指舍利赴外供奉”）、“圣地”（如湄洲岛妈祖祖庙等）和实践（如“少林武功”、“《圣经》出口”、“各教和谐”）层次提升到制度、范式和思想层次，从而掌握国际文化大战的话语权和主动权；我国政府有关部门如何在“宗教无小事”和“外事无小事”传统理念的双重约束下把宗教纳入我国对外关系的战略考量，并对涉及宗教的突发安全事件作出及时有效的反应，尤其当这些事件对我国阶段性核心利益构成威胁的情况下等等。这些问题对我国现行的宗教政策以及安全观本身都提出了挑战。

① 引自贾庆林2009年7月11日在“第五届两岸经贸文化论坛”上的题为“大力加强两岸文化教育交流　建设两岸同胞共同精神家园”的演讲。

第一次全球化：两次世界大战期间基督新教传教运动的国际化

●达纳·L. 罗伯特（Dana L. Robert）著*

●秦　倩译、徐以骅校

[内容提要]　本文在北美语境和国际主义全球话语下讨论20世纪二三十年代英美基督教传教运动内国际主义思潮与本色化之间的关系，认为国际主义与本色化说法不一，实质却相同。基督教传教运动的国际主义思潮的发展历程表明，建设一个能容纳不

* 达纳·L. 罗伯特，特约编辑，波士顿大学神学院世界宣教学杜鲁门·柯林斯讲座教授（Truman Collins Professor）。本文受"世界基督教形势"项目的资助，2001年7月在南非哈曼斯克拉尔举行的"当代基督教：全球过程与地方认同"会议上发表，并载于《国际宣教研究公报》，见Dana L. Roberts，"The First Globalizatio：The Internationalization of the Protestant Missionary Movement Between the World Wars，" *International Bulletin of Missionary Research*（April 2002），pp. 50－66。

同种族和文化的合作、和平的全球共同体要求在不同文化语境下深化对基督教的理解。尽管在本文涉及的这一时段，国际主义远较基督教传教运动的影响广泛，但该运动强调在每一文化背景下实现基督教的本色化，从而丰富了基督教国际主义思想的内涵。文章还探讨当时的传教思想与今日全球化之间的联系。

基督教固有的全球愿景——同一个世界，同一个耶稣基督辖下的神的国度——向来是大部分传教热情背后的动机和目标。然而，受这种理想主义愿景所驱动的教会差传事工是在人类历史中展开的。现代传教运动是在启蒙运动、工业革命，以及继之而来的资本主义和现代化的扩张背景下出现的。因普世主义或大公性的内在逻辑①，基督教差传发现自己无可避免地要与当下历史的世俗全球化趋势发生对话，无论是欧洲殖民扩张、西方资本主义还是万维网。②

20 世纪二三十年代英美基督新教的传教运动是在国际主义的全球话语下开展的。国际主义是在一次大战浩劫后出现的寰宇一家的道德愿景，源自伍德罗·威尔逊（Woodrow Wil-

① 罗伯特 J. 施赖特尔（Robert J. Schreiter）认为，大公性（catholicity）是“全球化的神学对应”。参阅 Richard Bliese，“Globalization，” in *Dictionary of Mission：Theology，History，Perspectives*，eds. Karl Muller，Theo Sundermeier，Stephen B. Bevans，and Richard H. Bliese（Maryknoll，N. Y.：Orbis Books，1998），p. 176。

② 虽然宣教学者不会把基督教差传与全球化划等号，但仍存在着如何与世俗全球化发生关系，如何影响世俗全球化，以及如何避免与之联系过密，这样当全球化时代峰期已过时，教会差传将不至因民众支持的退潮而被卷走等等理论和实践问题。

son）“十四点计划”的理想主义。国际主义发起了大规模的和平主义运动，使国际联盟和世界法院得以成立，并提出了民族自决权的思想。① 基督新教传教运动的一些重要部分接受了国际主义，并且还在草根层面推动了对其的塑造、参与、辩护和批评。在他们最为乐观的20世纪20年代，传教事业的拥护者们曾被指责将国际主义与神的国度混为一谈。尤其在北美主流新教教会中，国际主义与传教冲动本身已变得难以区分。

尽管在20世纪20和30年代，国际主义对主流新教差会来说至关重要，但研究者并未将此作为对当时差传问题的某种解释性框架。许多人更愿依据克莱默（Kraemer）与霍金（Hocking）的论争，或个人福音与社会福音两种不同的差传路径来解读两次大战期间的传教活动。本文主要在某种北美的语境下来探讨这一时期传教运动中国际主义与本色化之间的关系，并希望说明国际主义与本色化其实是同一事物的两个面向。

寰宇一家的全球化愿景与在全球背景下出现的文化特殊性之间存在着张力。国际主义展示了困扰21世纪初的全球化的种种复杂性，包括世俗与宗教这组定义的变化，以及民族主义或特定的种族认同即挑战又肯定的普世性假定。在本研究中，我把20世纪20和30年代的传教思想置于国际主义的大背景

① 关于美国的国际主义运动及该运动反对孤立主义的讨论，参阅 William Kuehl and Lynne K. Dunn, *Keeping the Covenant*: *American Internationalists and the League of Nations*, 1920－1939（Kent, Ohio: Kent State Univ. Press, 1997）。关于国际主义的和平主义面向，参阅 Charles Chatfield, *For Peace and Justice*: *Pacifism in America*, 1914－1941（Knoxville: Univ. of Tennessee Press, 1971）。

下，并扼要地探讨其与今日全球化的异同。①

一、差会与基督教国际主义的发展

国际主义议程在年轻的、其中许多是大学生的人群中迅速流传开来，他们的同龄人在1914至1918年间数以百万计地死于欧洲的战壕。1918年1月8日，美国总统伍德罗·威尔逊发表十四点计划作为结束战争的基础，该计划包括少数民族的民族自决权思想、奥匈帝国的结束、归还被轴心国占领的欧洲领土，以及设立国际联盟作为解决国际争端的论坛等等。然而，1919年5月公布的《凡尔赛条约》诸条款所展示的，不是国家间的和解，而是对轴心国的经济制裁，该制裁如此严厉以至形成了持续冲突的新基础。随后，美国国会拒绝批准《凡尔赛条约》，还决定不加入国联，这便在那些希望以威尔逊十四点计划为基础谋求永久和平的年轻人中引发了广泛的国际主义运动。

一次大战前，国际基督教学生运动，如基督教青年会（YMCA）和世界基督教学生同盟（WSCF），已经传至欧洲、亚洲、南非和美国的大专院校。在1889年到1892年间，基督教青年会世界委员会的魏夏德（Luther Wishard）分赴日本、中国、印度和非洲的部分地区来组织学生青年会，并访问了在20个国家的216个传教点。那些认为青年会是青年事工伙伴

① 本文是对一次大战后先进教会与后进教会之间关系进行考察这一更大研究项目的初步尝试，因此切盼有关建议。

的传教士是其在所谓传教工场的最坚定的支持者。而青年会也支持1888年成立的学生海外志愿传教运动（SVM）。1889年，第一批青年会海外干事抵达中国和日本。到20世纪40年代初，共有将近600名西方男性在遍及全球传教工场的教会大学参与培植有组织的青年事工。青年会注重培养本地领袖，并迅速发展了一种合作模式，即海外干事先是与当地学生领袖一起然后在后者的领导下做工。世界基督教学生同盟成立于1895年，该组织借助了基督教青年会，并且在某种程度上是青年会的扩展。20年代身兼生命与事工（Life and Work）和信仰与教制（Faith and Order）两个合一运动领导人之职的瑞典大主教纳特汉·瑟德尔布罗姆（Nathan Soderblom）后来回忆说，从他参加布道家穆迪（Dwight L. Moody）1890年在马塞诸塞州诺斯菲尔德举行的大学生集会开始，青年会就赋予他“基督教合一的全球愿景”。①

鉴于一次大战前基督教学生运动的传教重点和国际联系，年轻一代将传教议程融入战后时期的国际主义运动便是合乎逻辑的下一步，尽管不无争议。基督教学生已对世界联合持有基督教的展望，因此世界基督教学生同盟在战时仍跨越敌对方的战线而维持着正式的联合。战争结束后，当基督教学生和教会领袖重建跨越国境的友谊时，和平主义和国际联合的国际主义议程便为宣教奉献带来了某种看来是进步和现代的新理念。国际主义为受过良好教育的主流新教徒提供了某种新话语和讲述差传事业的新方式。

---

① Sherwood Eddy, *A Century with Youth: A History of the Y. M. C. A. from* 1844 *to* 1944 (New York: Association Press, 1944), pp. 88 – 91, 106.

在20世纪20年代的英国和美国，差会的国际主义转型在主流新教大专院校和学生运动中普遍发生。此处仅举数例便足以说明：安立甘宗的学生志愿者、后来成为英国基督教学生运动（SCM）总干事的蒂辛顿·塔特洛（Tissington Tatlow）在其关于英国基督教学生运动的史著中，就生动地描述了他本人意识到的国际主义转向。1925年，英国基督教学生运动在曼彻斯特召开的四年一度的大会吸引了来自29个国家的1600名代表。会上除了团契、崇拜与唱诗外，还有不少令人振奋的发言者，其中最令人难忘的是中国基督教青年会学生工作领袖顾子仁（T. Z. Koo）。以“新中国”为题，顾子仁向人们讲述了在国民政府领导下中国正在进行的社会重建工作。大会结束后，他在英国又逗留数周，走访教会领袖，并在各种学生聚会上发表演讲。一次，顾子仁与坎特伯雷和约克大主教会谈时，塔特洛也在场。他后来回忆说，顾子仁“身着一袭中式青衫，在两位大主教中间，显得长身玉立……握手言别之际，两位大主教都对他在访英期间给予英国基督徒的帮助致谢，热忱而又朴实。此情此景令我感怀至深。透过三人我似乎看到了不同种族、部落、肤色的人们一起敬拜上帝的远象。”①

1919年，英国基督教学生运动发表题为《战斗的号角》（Call to Battle）的宣言，强调来自所有种族和国家的学生基督徒的联合。宣言称，“我们确信，联合是实现和平和国家真正发展的唯一真切希望……人们有着常常是热切地寻找国际生活的新道路、见证新原则的运用，以及为更美好世界采取切实立

① Tissington Tatlow, *The Story of the Student Christian Movement of Great Britain and Ireland*（London: Student Christian Movement Press, 1933）, p. 673.

场的要求。"[①] 1920 年，英国基督教学生运动举行会议动员学生支持国际联盟。塔特洛解释说，转向国际主义是学生运动合乎逻辑的发展。战前他们所有会议都聚焦传教问题，总计约有2300 多名英国学生在战前成为传教士。在他看来，战后此种强调国际关系和建立超越国界和种族界限的友谊就是对传教的此种重视的延伸。在整个 20 年代他四处联络，筹建致力于和平与跨种族联合的学生运动。作为跨殖民地疆界联合的显例，一位来自印度基督教学生运动的代表就加入了英国的团队。假荷兰学生运动所提供的中立的会谈场所，塔特洛及其团队在此与德国学生运动代表举行会谈以谋求和解。在 20 年代国际主义关注之背后的其他动因，包括战后到英国大学留学的国际学生的人数日增，以及欧洲各地陷于困境的贫苦学生的各种需求。

在美国，国际主义议题传遍了基督教青年会、基督教女青年会、学生志愿传教运动和其他学生传教组织。[②] 那些志在传

---

① Tissington Tatlow, *The Story of the Student Christian Movement of Great Britain and Ireland* (London: Student Christian Movement Press, 1933), p. 685.

② 例如，穆德（John Mott）通过世界基督教学生同盟推动社会新秩序和"使国际关系基督教化"。John R. Mott, *The World's Student Christian Federation: Origin, Achievements, Forecast* (N. p.: WSCF, 1920), pp. 76 - 87。另参阅 Milton T. Stauffer, ed., *Christian Students and World Problems: Report of the Ninth International Convention of the Student Volunteer Movement for Foreign Missions, Indianapolis, Indiana, December* 28, 1923, *to January* 1, 1924 (New York: Student Volunteer Movement for Foreign Missions, 1924)。在这些展览中国际主义议程显而易见，参见第 445—50 页。Michael Parker, *The Kingdom of Character: The Student Volunteer Movement for Foreign Missions* (1886 - 1926) (Lanham, Md.: ASM and University Press of America, 1998), pp. 155 - 63；以及 Nathan D. Showalter, *The End of Crusade: The Student Volunteer Movement for Foreign Missions and the Great War* (Lanham, Md.: Scarecrow Press, 1998)。

教的大学生对美国未能批准《凡尔赛条约》和加入国联深感失望。而后在1924年通过的《排亚法案》（Oriental Exclusion Act）则大大增加了国际主义关切的迫切性。传教士普遍反对该法案，它将中国人、日本人和其他东方人拒于美国之外，而被所谓基督教国家拒之门外的亚洲人为什么还要皈依基督呢？战后美国传教事业强调“世界友谊”，这体现着和平主义、种族间和解，以及源自传教理想的全球联合愿景的某种结合。

位于马萨诸塞州的曼荷莲学院（Mount Holyoke College）是美国第一所女子学院，其学生传教运动史就是国际主义演进的生动案例。曼荷莲是19世纪中期公理会妇女传教士的主要培训学校。1878年该校一群学生创建了曼荷莲传教协会。10年后，随着学生志愿传教运动的建立并且得到基督教女青年会的联合赞助，曼荷莲传教协会成了学校基督教女青年会所属的传教文字出版委员会。在20世纪初，基督教女青年会引发了校园的传教兴趣，举办各种传教学习班和传教会议。1925年，基督教女青年会的差传部还更名为世界团契部。另一公理会传教基地、明尼苏达州的卡尔顿学院（Carleton College）也有类似的发展。在这些学校，“福音布道精神与较为世俗的国际主义思想融合在一起，几乎难分难解”。①

（一）1925年提出国际主义议题

一次大战后，不仅年轻人，也包括中年一代的传教运动均怀有一个和平和团结的世界的愿景。20年代中期的主要教会

① 引自 Dana L. Robert, *American Women in Mission: A Social History of Their Thought and Practice*（Macon, Ga.: Mercer Univ. Press, 1997）, pp. 273–74。

会议都强调国际主义，而最为乐观的美国人还将之融入其神的国度的异象中。[①] 由于对国际宣教协会（IMC）1928年前不举行国际性会议的决定不满，北美各差会于1925年在华盛顿特区自行召开了海外宣教大会。共有85家差传机构、11所传教士培训学校以及3419名代表参加了这次会议。卡尔文·柯立芝（Calvin Coolidge）总统在开幕式上致辞，敦促传教士将基督教最好的东西带给其他文化、并带回其他文化最好的东西以抵消西方文明的恶行。会议记录洋溢着国际主义。以“当今世界局势”为题的一系列文章回顾了世界不同地区的传教形势。许多出名的传教士讲员论述了国际主义的各个方面。其中最引人注目的讲员是查尔斯·布伦特（Charles Brent）。布伦特在担任菲律宾圣公会主教16年后成为驻菲美国远征军的资深随军牧师，之后又转任西纽约主教。布伦特呼吁所谓基督教国家民众的真正归信，并且指出东西方之间距离的不断缩小意味着只有东方人看到西方的基督教行为时，他们才会成为基督徒。为了真正服务世界并扩展到东方，西方文明应更多思考、更为虔敬，并且“更具有运用沉默的能力”。但在他看来，西方基督徒的最大机遇还在于根据国际公约而建立的国联，该公约对所有国家均有约束力。国联以及拟设立的世界法院，“其宗旨和实际可能性都符合基督教……基督教会必须用明确的声

① 迟至1944年，传教士国务活动家、信奉和平主义的社会主义者艾迪（Sherwood Eddy）还指出了普世合一运动建立“基督教世界秩序”以及“神的国降临于世”的希望。参见 Eddy，*A Century with Youth*，p. 109。艾迪的传记参阅 Rick L. Nutt，*The Whole Gospel for the Whole World*：*Sherwood Eddy and American Protestant Mission*（Macon，Ga.：Mercer Univ. Press，1997）。

音说出其选择：是接受战争虽邪恶但不可或缺，并支持已经发生的战争；还是认为战争是野蛮的暴行，必须寻找和使用其他方式取而代之。”在其饱含深情且因其有病在身而更感人至深的声明中布伦特宣称：“我只为两件事而生：一件是上帝教会的联合；另一件便是各国人民的良好意愿将永远消除战争。”①

1925 年华盛顿海外宣教大会的一个部分专门涉及传教运动与“国家间和平及亲善”之间的关系。在谈及国际关系时，一位讲员指出当前的一个主要问题是协调民族主义与基督教关于世界联合的理想。其他讲员则谈到需要通过祈祷、谦卑以及基督徒合作来化解民族间的分裂。国际宣教协会主席穆德认为，“基督教的差传事业确实是伟大和真正的国际主义。在国际关系以及跨种族关系的最为重要的领域，我们的 2.9 万名传教士是使节、传译者和调解者。”② 就妇女宣教运动发言的是伊夫林·尼科尔森（Evelyn Nicholson），她是美以美会妇女海外宣教协会主席、国际宣教协会成员，以及美以美会在战后出版的专论和平教育的第一本书的作者。尼科尔森强调教会构建世界和平的重要性，她认为基督的教导使教会有传授独立、和平与相互尊重的使命。教会“本身就是一个正在通过其代表在世界各地运作的国际联盟。它也是公认的教育机构，不仅传

① Charles H. Brent, “The Situation at Home,” in *The Foreign Missions Convention at Washington*, 1925, ed. Fennell P. Turner and Frank Knight Sanders (New York: Foreign Missions Conference of North America, Fleming H. Revell, 1925), pp. 30, 33, 35.

② John R. Mott, “New Forces Released by Cooperation,” in *Foreign Missions Convention*, p. 209. 关于追溯穆德创建全球基督教运动的事工的传记，参阅 Howard Hopkins, *John R. Mott*, 1865 - 1955 (Grand Rapids: Eerdmans, 1979)。

授知识且培育意志和精神。"① 通过其学校，差会正在进行人民拥有权利的教育。根据尼科尔森的说法，在不同种族和民族间促进友谊是传教机构的特殊责任。

在1925年举办的另一教会大会，是斯德哥尔摩生命与事工会议。如果说华盛顿宣教大会反映了英美代表的共识，即国际主义是传教议程的重要部分，那么这次会议则表明在这个问题上前协约国代表与德国代表之间的分歧。尽管英美法三国代表似乎都同意，作为构建新国际秩序的一部分，国联应得到支持，但德国代表团却指责他们把一个短暂计划与神的国度混为一谈。德国人援引了路德的"两个王国"理论，坚持说《凡尔赛和约》诸条款带给他们的苦难使他们对把任何人类计划等同于神的旨意的做法都持有戒心。莱茵省教区长克林格曼（Klingemann）博士抗议说，"现在请记住，我们被缴了械但却生活在一个武装起来的世界。我们期待所承诺的普遍裁军使我们能够相信和平。"②

德国代表对国际主义议题的抗议，认为它看上去很像是一个被特定政治计划绑架了的神的国度，与德国学生对塔特洛的乐观主义所提出的反对意见如出一辙。当战胜国与战败国人民之间经济差异悬殊之时，一场争取世界和平的理想主义运动有何益处？德国人的反对不仅提出了把国际主义与神的国度混为

① Mrs. Thomas Nicholson, "Educating for Peace and Goodwill," in *Foreign Missions Convention*, p. 177. 关于尼科尔森在传教运动中的作用，参阅 Robert, *American Women in Mission*, pp. 277 – 87.

② G. K. A. Bell, *The Stockholm Conference*, 1925 (London: Oxford Univ. Press, 1926), pp. 451, 452.

一谈的神学问题，也暗示着争取世界和平运动不过是得胜的协约国的一个政治阴谋。简言之，他们指控说是那些在战后世界里掌握所有权力的国家正在推动国际主义议题。[①]

严格地说，1925年的斯德哥尔摩会议不像北美的华盛顿会议一样是个宣教会议。但如我们把它与华盛顿会议和英国基督教学生运动四年一度的曼彻斯特会议（三次会议均在同年召开）联系起来看，某种形式的国际主义议题如何在西方新教领导层广为流传就变得清晰起来。

许多传教士及其差传领袖接受了基督教国际主义是他们与基要派差传领袖不断扩大的分歧的一个重要因素。这些基要派领袖像某些欧洲人一样，并不相信国际主义议题与正在出现的神的国度有某种关联。在那些较为保守的传教士看来，寰宇一家在天国于末世建立时才出现，而不可能是尘世渐进发展的结果。[②]

对20年代那些自认为自由派的新教人士而言，国际主义的兴起取代了传统的、较狭隘的福音派传教观：它处理的是国家间关系的基督教化，而非个人的皈依。当时持国际主义思想的自由派通常还保留着对个人认信的重视，但他们扩大了传教议程以强调社会领域的基督教化。

---

① 这些论点与今天全球化和自由贸易反对者的论点相似，对后者而言，经济全球化看上去就像是富国的议程。

② 关于基要派与现代派争端的传教面向，参阅 Bradley J. Longfield, *The Presbyterian Controversy: Fundamentalists, Modernists, and Moderates*（New York: Oxford Univ. Press, 1991）; Kevin Xiyi Yao, *The Fundamentalist Movement Among Protestant Missionaries in China*, 1920－1937（University Press of America, forthcoming）。

（二）富司迪家族（Fosdick Family）的国际主义

此一国际主义进程中的一个极有趣的例子发生于纽约上州服膺浸会的富司迪家族。该家族成员对国际主义在自由派基督教中的扩展起了重要作用。富司迪（Harry Emerson Fosdick）是两次大战间美国最著名的讲道人。在其自传《这些日子》（The Living of These Days）中他回忆道，他儿时决志受洗是因其想要成为一名传教士："这个广漠世界主要作为传教工场而吸引着我们的目光。这个工场在传教士用所有那些异教徒的需要来加以描述时对我们变得真切起来。1895 年我高中毕业时正逢土耳其人大规模杀戮亚美尼亚人，于是我的'毕业演讲'便是为这个被杀戳民族的呼吁。"① 作为他在科尔盖特神学院的神学训练以及在纽约市鲍威利街区实地事工的结果，富司迪接受了现代派的神学观点。在成为协和神学院实用神学教授后，他在多家教会继续磨练其讲道技巧。通过其多本关于灵性和讲道的著述，尤其是《完人之范》（The Manhood of the Master）一书，富司迪的思想在传教士和本土基督教领袖中拥有了广泛的读者。

1921 年，富司迪赴华在传教士中召开了一系列会议，在那里他亲身体验了差会内部正在出现的基要派与现代派之争。1922 年从中国返国后，富司迪作了题为"基要派将会获胜吗?"的讲道。围绕该讲道的争端便是 20 年代基要派与现代派之争的主要事件之一。作为对有关争议的回应，浸会教友、

① Harry Emerson Fosdick, *The Living of These Days*: *An Autobiography* (New York: Harper & Brothers, 1956), p. 24.

商业巨子约翰·D. 洛克菲勒（John D. Rockefeller）邀请富司迪担任其教堂的牧师。在紧邻协和神学院的拥有多元文化的曼哈顿上东区，洛克菲勒建立了无宗派的河滨教堂（Riverside Church），该教堂在富司迪的领导下成为国际主义运动的象征。富司迪所宣布的河滨教堂的目标，就是帮助年轻一代发现其神圣使命并且说“我在此，差遣我”。他说：“公益的战士无论在何处为一个更体面的国际生活和更公正的工业界而奋斗时，他们都应感到背后有本堂的支持……本教堂保持其信念的清晰，该信念就是基督教的主要部分就是将耶稣的原则运用于社会生活，并且除非运用基督教的方式，否则各种工业或国际问题均无法得到解决，而这才是奇妙的事。”①

富司迪执教协和神学院期间，许多回国休假的传教士和国际学生曾在此就学，而河滨教堂就成了他们的家外之家。富司迪记下了一些由本堂会众支持的典型的传教事工：如日本基督教团（Kyodan）开展的乡村项目、一所阿拉伯难民营里的女童教育、朝鲜难民、一所位于俄克拉荷马州的美国印第安人学院、日本国际基督教大学、印度韦洛尔医学院、印度德里的一所社工学校、莫桑比克和塞内加尔的基督教青年会、东京的一所社区中心、国内宣教会在移民中开展的工作、中国的农业宣教、东京协和神学院、菲律宾基督教协会的电台布道事工、农业宣教基金会、圣多明戈的普世合一事工，以及纽约城内的各种项目。尽管富司迪从未成为一名严格意义上的传教士，但他的国际主义确是出自其早期对差传事业的兴趣。他曾把国际主

① Harry Emerson Fosdick, *The Living of These Days: An Autobiography* (New York: Harper & Brothers, 1956), p. 194.

义描述为“假身于我的思想”，并写道，“随着距离的征服和经济上相互依存的加强使我们融为一体，我们人类将不可避免地成为‘寰宇一家’，而这种观念对我的思想和讲道产生了重要的影响。”①

如果人们知道哈里·富司迪的弟弟雷蒙德（Raymond）曾是国际联盟第一任副秘书长，那么他与国际主义关联就更值得关注了。雷蒙德·富司迪在普林斯顿大学攻读本科和硕士学位期间均受教于伍德罗·威尔逊，毕业后先作为反腐败的改革者在纽约市工作，其后在美国参议院就加入国联投票表决之前被伍德罗·威尔逊提名担任国联副秘书长。（其兄哈里1925年在日内瓦国际联盟的开幕式上作了和平主义的讲道）自国联退休后，雷蒙德做了律师，其首位客户就是洛克菲勒。作为洛克菲勒的资深顾问，雷蒙德把越来越多的时间花在洛克菲勒家族资助的各类组织上，最后还成为洛克菲勒基金会的主席。②

富司迪家族对国际主义的投入还在雷蒙德·富司迪的双胞胎姐姐伊迪丝（Edith）身上得到体现。伊迪丝终身旅居国外，在不同差会创办的大学里任教。从瓦萨学院毕业后，伊迪丝起先在纽约市的社区中心做社工，整个一次大战期间她在意大利基督教青年会属下当食堂工作人员。此后伊迪丝·富司迪在日本神户学院、中国金陵女子学院、希腊美国女子学院、土耳其

---

① Harry Emerson Fosdick, *The Living of These Days: An Autobiography* (New York: Harper & Brothers, 1956), pp. 198, 304.

② 参见雷蒙德·富司迪的自传，*Chronicles of a Generation* (New York: Harper & Brothers, 1958)。关于约翰·D. 洛克菲勒的国际主义、他与富司迪的关系，以及对许多自由派非宗派性项目的支持，参阅 John Ensor Harr and Peter J. Johnson, *The Rockefeller Century* (New York: Charles Scribner's Sons, 1988), pp. 153 – 80.

美国女子学院教授英语文学。哈里·富司迪的女儿伊利诺·唐斯（Elinor Downs）告诉我，她姑妈伊迪丝从不认为自己是名传教士。[①] 富司迪家族的这些奉献表明基督教国际主义的跨度是如何之大，从哈里以教牧为中心的关注，到雷蒙德政治化的基督教文明模式，再到伊迪丝的国际服务实践。

当然，并非所有的国际主义者都是传教士和差传领袖。但是，从宗教的视角来看，差传事业是国际主义运动背后的生成性冲动。寰宇一家的愿景、和平之联合、经济资本主义，以及现在称之为“人权”的事项，基本上都是新教差传事工“文明化”方面的产物。威尔逊十四点计划反映了某种基督教愿景，出自威尔逊这位其爷爷、父亲和岳父均为长老会牧师，且在投身政治之前担任过一所长老会所办大学校长职务者之手。在某种程度上保守派的怀疑是对的，他们觉察到对国际联盟与神的国度的某种混淆，因国际主义的支持者代表了显而易见的英美主义（Anglo-Americanism）的“使命”。不过，这仍然是由激励新教徒移民成为“山上的城”的某种冲动所推动的走向全球舞台、向世界其余地方发光的运动。

人们可以争辩说，在一次大战后新教自由派圈内的某些传教士对国际主义的信奉引发了最终摒弃其差传渊源的世俗化趋势。但是，不是所有信奉国际主义的基督徒都拒绝接受“传教士”这个词。相反，把确信基督教信仰作为其国

---

① 2001年5月7日在马萨诸塞州的牛顿市对伊利诺·唐斯的电话采访。唐斯本人先是在日内瓦的世界卫生组织工作，后出任哥伦比亚大学公共卫生学院院长一职。她姐姐多萝西（Dorothy）是一名外交政策专家，在20世纪40年代曾参与《联合国宪章》、马歇尔计划以及《北大西洋公约》的起草工作。

际主义愿景之源，数量庞大的英美传教士构成了国际主义者的网络，而这个网络对基督教国际主义的形成具有深远的影响。

二、国际主义范式下的传教本色化

我将在后文重点讨论尤其在20世纪20和30年代对差传国际主义特别重要的一个方面，即文化本色化运动。我试图证明，传教士对基督教国际主义的主要贡献是对非西方基督教本色化——基督教会作为世界范围不同文化和遗产的汇集的愿景。吊诡的是，那些作为曝光度最高的国际主义者的差传领袖同时也处在推动基督教的本土文化表述的前沿。要建立一个真正的全球教会就意味着对其中个别文化的欣赏。而民族自决则意味着鼓励它们对普世教会的独立贡献，并且意味着把包括历史、艺术、建筑、文学和崇拜在内的教会生活从西方传统的支配下解放出来。

（一）基督与西方文化分离

传教国际主义的神学核心是将基督与西方文化分离。一次大战的浩劫不仅引起对防止战争途径的广泛寻求，也促使人们对把基督教与西方文化简单挂钩的强烈反对。正是所谓基督教国家打了一场人类历史上最为惨烈的战争。美国差传文献并未马上转换调门。如战前海外传教联合研究中央委员会（The Central Committee for the United Study of Foreign Missions）每年出版的妇女学习读物就通常以俯视的眼光来看待世界各地的文化,[①] 但从 1916 年卡罗琳·阿特沃特·梅森（Caroline Atwater Mason）的《世界宣教与世界和平》（World Mission and World Peace）一书开始，该类妇女系列读物以及宣教教育运动出版的书籍，就对非西方文化采取了正面的观点，并对西方文化中非基督教的方面开展批评。此种从 19 世纪晚期的神学到 20 世纪 20 年代神学的关键转变是把基督与西方文化分离，以及看到基督在其他文化中也得到体现的能力。[②]

为说明把基督与文化分离的神学和宣教学的动力，让我们来检视一批 20 年代中期问世的具有开拓性的著作。到 1925 年，战后传教思想的转变不仅在上述各种会议中，而且在那些对差传和公众思想都具有广泛影响的宣教著述中有清晰的体现。在北美那些自觉与国际主义及其密切相关的本色化联系起来的传教士中，龚斯德（E. Stanley Jones）无疑是最著名和最受关注的。他不仅在和平主义圈子里具有广泛影响力，也是较早支持印度独立的著名人士，并且塑造了 20 年代美国一代神学院学生和年轻教会领袖的思想。龚斯德前后共出版了 28 本书，包括名为《基督的印度之路》（The Christ of the Indian

① Robert, *American Women in Mission*, pp. 260 – 85.

② 努力使基督教与西方文化相分离一直是 19 世纪“三自”宣教理论的目标，但直到一次大战后西方文化假设才得到广泛的批评。关于西方传教思想的概述，参阅 Timothy Yates, *Christian Mission in the Twentieth Century*（New York: Cambridge Univ. Press, 1994）。

Road）的畅销书，[①] 他的这些宣教学和灵性著作直到20世纪60年代还影响着全世界的福音派和自由派传教士。[②] 1938年被《时代》杂志誉为“世界上最伟大传教士”的龚斯德在1907年作为卫理公会传教士先去了印度。龚斯德有圣洁神学的敬虔派背景，他认为通过与耶稣基督的个人接触而获得宗教体验是基督徒生活的基础。

当龚斯德深入印度文化试图接近印度人和穆斯林时，他发现他们把基督教与西方文化结合起来，这便使他们无法与耶稣基督建立联系。对他们来说，耶稣基督似乎就是英帝国主义的象征。于是龚斯德开始发表有关耶稣基督的公开演讲，伴之以与当地知识分子令人疲惫的问答时间。通过坚定地去除西方基督教的包装，龚斯德证明能够使数以千计的印度人和穆斯林站

① 我有该书1926年11月的重印本，表明自1925年9月首版以来，这本书每月都会被重印一次。我不知道该书迄今为止被重印了多少次，但其销售量肯定以数十万计。

② 关于龚斯德的简短传记，参阅 Richard W. Taylor，“E. Stanley Jones，1884－1973：Following the Christ of the Indian Road，” in *Mission Legacies：Biographical Studies of Leaders of the Modern Missionary Movement*，eds. G. Anderson，R. Coote，N. Horner，J. Phillips（Maryknoll，N. Y.：Orbis，1994），pp. 339－47。龚斯德的大名广泛出现在与基督教国际主义有关的会议、出版物和其他事业中。他的影响在传教士中无人能及，比如，他的思想就给在20世纪20年代还是神学生的卫理公会的莫尔勒（Walter Muelder）留下了深刻印象，莫尔勒后来在20世纪中期成为卫斯理宗的主要社会伦理学家、普世合一派以及神学院院长。（2000年12月在马萨诸塞州的牛顿市对莫尔勒的电话采访）。我发现南非、美国和英国传教士的不少文章都提到龚斯德，关于龚斯德在新教和平主义圈子里的重要性，参阅 Patricia Appelbaum，“The Legions of Good Will：The Religious Culture of Protestant Pacifism，1918－1963”（Ph. D. diss.，Boston University，2001）。

出来承认归顺耶稣基督，不是归顺某种教义体系而是归顺耶稣基督其人。龚斯德不认为他的工作是把基督译介给印度，他希望把此工作留给印度人自己。相反，就像在《基督的印度之路》一书中那样，龚斯德描述了基督如何“逐渐归化”印度的过程。[①] 龚斯德拒绝陷于把基督教当成一种宗教或文化制度的争辩，而是把耶稣基督直接呈现出来。他认为基督的绝对性允许对非基督教制度有一个较宽厚的看法。[②] 作为甘地的朋友，龚斯德相信印度改革者都向往耶稣，而他正是生命和真理。龚斯德乐观地认为印度的灵性氛围充满了基督，而对基督的认信很快就会像暴风雨一样冲破厚厚的云层。

龚斯德基本的宣教神学是某种成全神学（Fulfillment Theology)。“如同耶稣以他自己的生命和人格集中体现了犹太教诲和历史中一切美好的成分，并加以发扬光大一样，他在印度也能有同样的施为。”虽然耶稣的话“我来不是要废除，乃是要成全”“合乎逻辑地被运用于律法和先知”，但其也能“广泛适用于任何一地的真理”。1925 他在华盛顿海外宣教大会上发表的《海外传教的宗旨与动机》一文中，把他激进方式的发展描述为把基督与以下观念区分开来的手段，这些观念即传教士都是些教条贩子、帝国主义和资本主义的探子，以及专横教会制度的支持者。通过把基督与西方文化加以分离，龚斯德在那些反对他的印度人和穆斯林那里经历了突破性进展。龚斯德成全神学的核心是宇宙基督的神学：“如果我们足够深入宗

---

① E. Stanley Jones, *The Christ of the Indian Road* (New York: Abingdon Press, 1925), pp. 1, 49.

② Ibid., p. 170.

教，我们就必须直面耶稣，他就是宗教本身的终极表达。”就东方而言，主耶稣就是道路（karm marg，生命之道）、真理（gyan marg，知识之源）和生命（bhakti marg，奉献之路）。[1]

在龚斯德看来，时代的奇迹之一，就是基督教跨出教会之边界而进入非西方社会这一新的启示。印度之路的基督是为世人服务的基督，他飘拂的衣襟穿越在人群中，轻抚和医治他们，并宣示神的国度。[2] 为实现其使基督在印度处境中“归化”的意愿，1930 年龚斯德创办了他的第一所基督教爱修会（ashram），开始了一系列生活社区活动，在这些社区中宗教探索者们同吃住同祈祷。他在印度人、穆斯林、基督徒中发起圆桌会议，这是某种基于分享宗教体验的跨宗教对话的较早尝试。“圆桌”一词借鉴了英国与印度民族主义者在政治领域举行的会谈，以及设计来通过谈判与和平方式帮助解决世界问题的各种协商。他 1928 年出版的《公开的基督》（The Christ of Round Table）一书对主流新教差会接受跨宗教对话作为其特征发挥了作用。

丹尼尔·弗莱明（Daniel Fleming）所撰《传道去往何方》（Wither Bound in Missions）[3] 是另一部开创性的著作。虽然此书不像《基督的印度之路》在全美国一般读者中流传得那么广泛，但它以较为系统的方式表述了龚斯德零星的见解，并阐

① E. Stanley Jones, “The Aim and Motive of Foreign Missions,” in *Foreign Missions Convention*, p. 54.

② Ibid., p. 56.

③ Daniel J. Fleming, *Whither Bound in Missions* (New York: Association Press, 1925).

述了在一线传教士中具有广泛影响的一项宣教计划。弗莱明曾为长老会在印度传教士，1918 年到 1944 年间在协和神学院任宣教学教授。[①] 弗莱明数十年来与同为协和教授的富司迪同住一楼，彼此家人亦是朋友。弗莱明吸引了各种国际学生、回国休假的传教士以及传教士子女，如刘廷芳（Timothy T. Lew）、吴耀宗（Y. T. Wu）、刘百克（Frank Laubach）和福门（Charles Forman）。因国际学生运动出版了弗莱明 23 种论著中的多种，这些论著于是便在全世界的青年会干事、传教士以及本土基督教领袖中间广为流传。[②]

在《传道去往何处》一书中，弗莱明将基督与西方基督宗教区分开来，并且预言当“东方的神学院”调整基督教思想以适应它们的古老传统时，“基督教争论的暴风眼”将很快转移到那儿。这一新的传教相互关系的处境，以及从西方到东方再回到西方的阐释，是某种“在一个世界社会中独立让位于相互依存、竞争为合作所取代的有机体观念。而充分意识到成员间此种相互关系便代表着灵性上的很大提升”。与龚斯德

---

① 尽管我极其敬佩威廉·哈钦森（William Hutchison）具有开创性的美国传教理论史，但我认为他对两次大战期间这段历史有误解，他把弗莱明描述成一位孤立的先知型人物，其思想直到在 1932 年霍金的《宣教事业平议》（Laymen's Missionary Inquiry）中得到充分阐述后才被广为传布。参阅 William R. Hutchison, *Errand to the World: American Protestant Thought and Foreign Missions* (Chicago: Univ. of Chicago Press, 1987), pp. 150–56。尽管在其《传道去往何方》一书中弗莱明很倚重龚斯德，但哈钦森却在其书中只字未提龚斯德。弗莱明并非孤家寡人，而是进步传教思想家和国际主义者关系网中的一份子。

② 如我所有的《传道去往何方》这本旧书是贝德士（Searle Bates）在 1926 年买的。贝德士是汉学家和传教士，曾在中国金陵大学执教 30 年，1950 年他接任弗莱明此前在协和神学院的职位。

一样，弗莱明也认为耶稣因其与西方之结合而受阻。鉴于传教之目的就是为与基督交通，那么差会有必要使基督脱离种族主义文化和西方的自以为是。弗莱明还谈到与其他宗教信徒建立友谊的需要、影响教会的国际问题、礼拜仪式的本色化、以及将差传的领导权逐渐转移给本土教会。他用了“基督教的世界观”这整整一章的篇幅，来阐述全世界各民族均为弟兄姊妹、较小团体有权追求自己做事的方式，以及在包括国际联盟和世界法院等共同事务上世界范围合作的必要性。而传教教育必须强调“上帝之子的普世手足之情，以及为世界性目标之明确且具有建设性的努力”，在他看来，这就是耶稣所说的神的国度的一部分。[①] 发展“国际观”，包括“世界意识、世界视野、世界背景、全球团契和世界目标”应是对学生进行宣教教育的一个科目。弗莱明建议说，“基督教国际主义者”要看外国报纸、学外国语言和文化，并且关注国际关系。

弗莱明所影响的传教士中的一位是刘百克。刘是公理会赴菲律宾传教士，1919 到 1922 年间在协和神学院休假。他深受弗莱明的愿景即宣教事业应关心人们整体福利的影响，通过阅读弗莱明《世界基督徒圣马可》（Mark of World Christian）一书，他得知世界有 2/3 的人口是文盲。[②] 回到菲律宾后，刘百克在摩洛族穆斯林中作工，他发起了“人人教一人（Each One，Teach One）”的扫盲教育方式，使用一些最基础的语

① Fleming，*Whither Bound*，pp. 45，199.

② David E. Mason，*Frank C. Laubach*，*Teacher of Millions*（Minneapolis：T. S. Denison，1967），p. 59.

汇，让成年人能在短短数小时内学会阅读。[①] 除了“扫盲先生”的头衔外，刘百克还被作为基督教国际主义者、和平主义者和神秘主义者而得到广泛认可。他写了 43 本书，是位彻底的普世主义者，不认为有哪个教会能垄断真理。受穆斯林摩洛族信仰的影响，他深研神秘主义，开始认为自己不仅属于所有宗派并甚至是属于所有信仰的成员。渴望大量吸收不同信仰传统的财富的他将这种想法应用于各国：“我已成为一名国际主义者，以致于认为爱国主义就是一篇为全世界尤其是为那些被遗忘和受压迫人们的主祷文。”[②]

1925 年，刘百克完成了《菲律宾人民：宗教进展及远东灵性领导之预备》（The People of the Philippines：Their Religious Progress and Preparation for Spiritual Leadership in the Far East）这部其最具学术性的著作。丹尼尔·弗莱明为此书作序。在这部菲律宾宗教全史著作中，刘百克首先写了菲律宾前基督教和穆斯林遗产，继之以基督教在菲传教史。该书之目的是“发现菲律宾整个历史中上帝的足迹”。[③] 此书的出版受十四点计划的影响，当时美国正在辩论如何解决“菲律宾问题”，即是否赋予其自决权，而菲律宾人民则支持菲律宾群岛的独立。刘百克争辩说，美国人从美国远征军和沮丧的西班牙

---

① 刘百克后来作为扫盲倡导者的工作非常重要，但其主要成就超出本文范围。关于刘百克生平事迹的概述，参阅 Peter G. Gowing，“Frank Charles Laubach，1884－1970：Apostle to the Silent Billion，” in *Mission Legacies*，pp. 500－507。

② Mason，*Laubach*，p. 130.

③ Frank Laubach，*The People of the Philippines：Their Religious Progress and Preparation for Spiritual Leadership in the Far East*，with a foreword by Daniel Johnson Fleming（New York：George H. Doran，1925），p. vii.

教士那里获得的菲律宾文化景象是被歪曲的。菲律宾人民非但不是野蛮的食人生番，而是温和、文雅和好客的。他们的源自丰富文化遗产的深刻宗教洞见，意味着他们在向神的国度进发，并且准备在整个亚洲担当灵性上的领袖。在该史著中，刘百克侧重菲律宾人而不是西方传教士在传教事业中的领袖作用，这包括在1909至1921年间所创建的19个本色宗派，

在他看来，菲律宾人民对东西方文化都具有深刻洞见，因此得以担当调和东西方文明的大任。照某位菲律宾教育家的话来说，菲律宾人都是国际主义者，处在一个战略性位置来促进"新型世界关系"。刘百克预言，菲律宾人民将把基督教"重新东方化"，使之摆脱西方理性主义思维所引入的"神学失望的泥沼"。他们将"为远东得出一个更简洁和美好的耶稣基督精神的观念——将帮助神的国度脱掉欧洲服饰，再次穿上其进程初期的东方衣裳"。作为基督教和民主的灯塔，以及亚洲唯一的基督宗教之国，菲律宾人民已准备好将这些事传授给亚洲其他地方。如果菲律宾人未完成他们的这一任务，刘百克担心亚洲会背离民主和基督教，"这样她从西方学到的将只是科学、黩武主义、仇恨和复仇。"①

另一本重要的宣教著作是玛丽·舍弗勒·普莱特（Mary Schauffler Platt）的《直通明天之路》（The Straight Way Toward Tomorrow）。玛丽·舍弗勒是著名德裔美国人和美部会宣教王朝的成员，曾撰写过几本书，这些书在那些在美国新教教会内

① Frank Laubach, *The People of the Philippines: Their Religious Progress and Preparation for Spiritual Leadership in the Far East*, with a foreword by Daniel Johnson Fleming (New York: George H. Doran, 1925), pp. 456, 461, 462, 464.

的宗派宣教学习团体中聚会的成千上万名美国妇女中广为流传。1926 年出版的这部《直通明天之路》标志着基督教国际主义思想被应用于妇女传教所特别关注的议题如儿童福利、基督之家、宗教教育等。该书在号召“全世界友谊”时达到高潮，而该号召便成为两次大战期间跨宗派妇女传教运动的基调。在“世界友谊”中，美国妇女支持强调世界和平、种族间和谐，以及在来自不同文化的妇女间建立个人沟通之桥的基督教国际主义。[①] 在该书的序言中，海外宣教联合学会中央委员会表达了其通过全世界基督教妇女的联合宣教学习来打破国家间障碍的计划：“我们将共同聚集在我们渴望并为之祈祷的全世界基督教妇女的属灵联合会之中。”[②] 对基督教妇女能够在各国政府就世界联合的“政治计划达成一致”之前，在属灵的基础上团结起来，该委员会表示乐观。

普莱特还引起对以儿童为中心的国际主义这一方面的关注，包括始于 1919 年的拯救儿童基金，以及 1924 年由国联支持的《日内瓦儿童权利宣言》（Geneva Declaration on the Rights of the Child），她称其目的是符合《圣经》教训的。与龚斯德、弗莱明和刘百克一样，她相信差传的未来取决于那些本土基督徒。“非洲的福音化落在未来非洲人的肩上。”在谈到全世界的基督教妇女时，普莱特说：“她们为自己同胞已经做的以及

---

① On the missiology of World Friendship, see Robert, *American Women in Mission*, chap. 6.

② Forward to Mary Schauffler Platt, *A Straight Way Toward Tomorrow* (Cambridge, Mass.: Central Committee on the United Study of Foreign Missions, 1926), p. v.

能做的一切，都远远超过那些来到她们土地上，多少有些蹩脚地学习她们的语言，试图想她们之所想、理解她们种族感情的异乡人所能做到的。基督主要依靠我们在中国、日本、印度和非洲的那些姊妹们来带领她们本民族的妇女和儿童走向直通明天之路……她们将始终需要我们的祈祷、同情与爱，但她们必须兴旺，而我们必须衰微，这无论就影响力、领导权，还是为她们本国的妇女解释基督的讯息等方面而言都是如此。"①

在该书的最后一章，普莱特强调了世界友谊的女性基础：真爱作为结束战争的途径。她还提出对以下事件关注，如1926年在伦敦举行的大规模妇女和平集会、1925年作为"友谊探险"的太平洋关系学会的成立、试图结束强加于中国的不公正条约和取消排日法案的传教士运动，以及1926年世界教育大会，该大会受为结束战争儿童必须接受和平教育的思想的激励。普莱特赞扬了男童子军和女后备团国际运动，这些青年运动教导年轻人通过战争以外的其他方式来解决冲突。《直通明天之路》的最后几页提出了照亮所有文化中的生命之路的宇宙基督的思想："耶稣是同一的，昨天、今天直到永远：'安第斯山的基督'作为阿根廷与智利两个国家之间的和平象征而耸立、'印度之路的基督'是东方神秘主义者能够爱慕并恳求成为他们同伴的基督、荒漠的基督给漂泊的阿拉伯人引路、秩序的基督和爱的律法是为那些在今日之喧嚣世界挣扎着寻找自我的国家、无私服务的基督是为那些了解和追随他的人

① Forward to Mary Schauffler Platt, *A Straight Way Toward Tomorrow* (Cambridge, Mass.: Central Committee on the United Study of Foreign Missions, 1926), pp. 124, 129.

们。”每个种族和国家的基督教妇女于是都将彼此间及与基督“幸福结伴”，共同踏上“通向完美日”的直道。①

在龚斯德、弗莱明、刘百克和普莱特等所有这些经验丰富的传教士的著作中，我们看到了到 1926 年时传教国际主义的充分发展。尽管他们以不同的风格来撰写个人经历、宣教学专著、历史以及宣教学习类书籍，但他们每人都表示了对耶稣基督在非西方文化中得到充分代表的能力深信不疑。每人都期待本色神学的发展，并期待我们今天所说的基督教的充分处境化。他们关于世界新秩序和基督教国际主义——包括和平、民主以及各民族享有政治和宗教自决权——的愿景，为基督教在世界范围内的本色化提供了框架。从神学角度来看，虽然他们支持个人福音，但他们也认为耶稣体现于所有的文化。就龚斯德和刘百克而言，两位都是热情和积极进取的和平主义者，虽然他们坚持耶稣的绝对性，但他们也看到基督的灵在其他宗教中做工。②

（二）传教本色化

在简要探讨了 20 年代中期几位主要传教士的宣教思想中

① Forward to Mary Schauffler Platt, *A Straight Way Toward Tomorrow* (Cambridge, Mass.: Central Committee on the United Study of Foreign Missions, 1926), p. 222.

② 宇宙基督观是 20 世纪那些对其他文化甚至其他宗教的美好的东西有所体验的传教士们所采用的共同主题。关于传教士对这一观点的运用需要更多的研究。宇宙基督观与成全神学密切相关。关于 20 世纪初成全神学的主导地位，参阅 Kenneth Cracknell, *Justice, Courtesy, and Love: Theologians and Missionaries Encountering World Religions*, 1846 - 1914 (London: Epworth Press, 1995)。

的国际主义与本色化的互动关系后，现在我转向两次大战期间传教士方面对于本色化的具体尝试。上文我已讨论过其著述的所有这些领袖们都曾明确指出，根据各自文化来诠释耶稣基督是本土基督徒的首要任务，这不是西方传教士可以代行的工作。虽然尚不能断言在20世纪20和30年代的传教国际主义者发展了真正的本色神学，但他们以许多方式促进了基督教与本土文化的适应过程。

随着时间的推移，特别在1928年耶路撒冷会议的议程中含有一份关于本色化进程的详尽报告后，有意识推动本色化的尝试在不断增多。该报告存录在会议报告第三卷中，题为《后进与先进教会》（Younger and Old Churches），其有关本色化的讨论涉及到来自中国、日本、印度、缅甸和西方的证词。该报告指出，“当教会对耶稣的阐释，对礼拜仪式和服务、习俗、艺术以及建筑的表述，既包含本民族的优良特点，同时又保留了古往今来所有地方的教会遗产时”，本色教会便可加以确认了。[①]

与前文所提到的宣教著作一样，国际宣教协会也是在为实现世界和平和对民族主义“基督教化”的必要性这一国际主义的合作框架下来讨论本色教会的。来自1926年印度卫理斯宗会议的讯息就说明了本色化与基督教国际主义之间的关系：“总是会有对一些来印度的传教士的需求，他们带来了西方基督教文化的精华，正如总是会有对印度传教士的需求，他们把基督教文化的精华从东方带去西方。东西方基督教文化的此种

① *The Jerusalem Meeting of the International Missionary Council*, *March 24 – April 8*, 1928, vol. 3, *The Relation Between the Younger and the Older Churches* (New York: International Missionary Council, 1928), p. 166.

交融将会产生新的、国际主义的基督意识，而这将帮助化解这个时代如此之多的国家、种族和肤色问题等未解决之大问题。”①

具有讽刺意味的是，促进后进教会本色文化可以被看作是由外来者自上而下强加的，而这是自由派和北大西洋议程的一部分。到20世纪30年代，主流教会的传教士很多情况下主要在几代都是基督徒的人群中作工，这些人所承继的是他们基督教先辈所留下的传统，这些先辈把西方基督教作为对本土非西方文化的必要批评的一部分。“本土基督徒”对本色化的抵制有可能与神学上保守的传教士一样强烈，他们都担心本色化会使异端邪说从后门侵入教会。主张本色化的国际主义者常常谈到保守的本土基督徒对他们事工的抵制。②

---

① *The Jerusalem Meeting of the International Missionary Council*, *March 24 – April 8*, *1928*, *vol. 3*, *The Relation Between the Younger and the Older Churches*（New York：International Missionary Council，1928），p. 53. 参阅提摩太·叶慈（Timothy Yates）对1928年耶路撒冷大会国际主义主题的精彩总结（*Christian Theology in the Twentieth Century*，pp. 65 – 70）。

② 我曾与我从前的宣教学老师福门（Charles Forman）讨论本文论题。福门教授出生于印度，在协和神学院受教育，作为传教士返回印度，后在耶鲁大学神学院担任宣教学教授达34年之久。1970至1989年间，他还出任东南亚神学教育基金会主席一职。作为传教事业中自由派国际主义运动的一份子，他和他的朋友为帮助世界而成为传教士。在印度时，福门试图在教会内促进本色圣乐和圣仪等。一次，一位年长的教会领袖告诉他，虽然印度教会除了接受由第一批传教士带来的西方文化外别无选择，但还轮不到让青年传教士来告诉教会何谓本色。简言之，即使传教士的本色化运动也会被看成是传教士家长式制度的一个方面。2000年12月6日在康涅狄克州纽黑文对福门的访谈。另参阅 Gerald H. Anderson，“Forman，Charles W.，” in *Biographical Dictionary of Christian Missions*，ed. Anderson（New York：Macmillan，1998），p. 218，and Charles W. Forman，“My Pilgrimage in Mission，” *International Bulletin of Missionary Research* 18，no. 1（January 1994）：26 – 28。

（三）文学、艺术与建筑

传教士支持文化适应的最持续的努力是由传教工场基督教妇幼文艺委员会（Committee on Christian Literature for Women and Children in Mission Fields，CCLWCMF）资助。该委员会于1912年成立，是北美妇女差会发起的三个联合项目之一，并且一直持续到1989年。在20世纪20年代，该项目得到了世界祈祷日那天由妇女们募集的款项，而该祈祷日则由全世界女传教士所支持。委员会的目的是资助基督教妇幼文艺工作，这些妇幼在成为基督徒后，需要有适合他们自身文化的读物和艺术品。

在其头一个50年，该委员会资助了27本不同语言的杂志。这些杂志中有的并未冠名基督教，因此作为儿童文学在其他宗教的处境中被广泛接受。比如创办于1922年的《聚宝盆》（The Treasure Chest）以刊登小说、戏剧、诗歌和一些文章为特色。该杂志设有社会服务的经常性栏目，名为“友谊联盟”。相比之下，儿童读者喜欢印度动植物、印度历史名人传记、游记，他们还会给编辑写信。30年代后期印度全国基督教协会开始资助《聚宝盆》，到1938年，该杂志已有英语、乌尔都语、马来语、泰卢固语、印度语、泰米尔语、马拉地语、缅甸语、古吉拉特语和孟加拉语等不同语言的版本。[①] 基

① 参阅 pamphlets in the Archives of the Committee on Christian Literature for Women and Children，Record Group 90，Special Collections，Yale Divinity School，New Haven，Connecticut。Ruth Robinson，“The Treasure Chest”（n. d.）；Clementina Butler，“A Quarter Century of Service to the Christian Home”（CCLWCMF，1939），RG90，Box 7，File 124. 从20世纪50到70年代，CCLWCMF为世界各地的妇女举办写作班，但这些活动已超出本文所涉及的时段。

督教妇幼文艺委员会支持的大多数刊物均由本地人任编辑，采用本地语言，并鼓励儿童投稿。该委员会主席，美国人克莱门蒂娜·巴特勒（Clementina Butler）希望该项目不仅能帮助维持“基督之家”，也有助于传播和平理想。1939 年巴特勒引述传教领袖对该项目表示支持的话。他们认为该项目有助于“全球理解、合作与和平的教育”。[①] 任何时候只要有可能，该委员会就与新近的基督教文字委员会合作，例如国际基督教非洲文字委员会。该会创办于 1929 年，是国际宣教协会的一个分会。到 20 世纪 40 年代初，委员会还计划把其部分杂志用罗马字母来翻译，以供刘百克用于其扫盲工作。

基督教妇幼文艺委员会工作最有趣的一个领域是资助本土基督教艺术，它也是第一个系统资助本土艺术的宣教组织。在 30 年代，考虑到印度皈依者只有廉价的印度神画像用来装饰他们的家，自小在印度的一个传教士家庭长大的巴特勒便开始定制具有印度风格的基督教画像。第一批 10 张基督教画像，每张售价 2.25 分，推出后迅速引起反响。“善良的牧羊人”画像第一年共计售出 2.7 万份，此后龚斯德设在勒克瑙的爱修社作为圣诞礼品给在穷人中工作的职员发了 2600 张。每年基督教妇幼文艺委员会都在印度举行年度本土基督教艺术比赛。[②] 在中国，除杂志外委员会还资助了一本共分五册的《救主画传》（Pictorial Life Our Saviour）。其中第一册在头 18 个月

① Quoted by Clementina Butler, "Report of the Committee on Christian Literature for Women and Children in Mission Fields, Inc." (November 1939), p. 9, CCLWC-MF Archives, RG 90, Box 4, File 65.

② Butler, "A Quarter Century of Service," pp. 8 – 10.

里共计销售了2.3万本。某位传教士把该系列制成幻灯片，观看者成千上万，并伴之以吟咏。[①] 当时大多数宣教出版物仍使用金发碧眼的圣母像，而委员会已经开始选用本地艺术作品作为其杂志和书籍的封面。

委员会制作的部分艺术作品后被收入丹尼尔·弗莱明编辑的关于非西方基督教艺术作品的系列著作而被介绍给西方读者。该系列共有三本书，即《美之遗产》（Heritage of Beauty）（1937年）、《各有所长》（Each with His Own Brush）（1938年）和《他乡的基督教圣物》（Christian Symbols in a World Community）（1940年）。弗莱明的这套书均由友谊出版社出版，该出版社本身就是传教国际主义的产物，由北美跨宗派宣教教育项目的出版部门合并而成。

在《美之遗产》的引言中，弗莱明探讨了基督教关于"世界共同体"的愿景与后进教会本色化过程之间的关系。在谈到世界共同体时他指出："使其最充分实现的最大势力无疑是基督教普世团契——这一团契不是全世界的政治联邦，不仅是跨越种族和国家所有差异的兄弟情谊，而是一个逐次体现基督教信仰的、通过主耶稣来敬拜上帝的日新月异的共同体。"基督教普世团契应在基督徒生活中成为一种"自觉现实"。实现这一普世团契要求人们逐步意识到"基督教在我们自身文化之外的其他文化中的体现"。"我们并不满于认为自己仅仅

① Butler, "Report," p. 4. 曾被用来向中国人布道的耶稣生平幻灯片，是后来非常成功的"耶稣电影"的先行者。到2002年1月1日，有超过46亿人次的观众看了这部被译成712种语言的电影。20世纪基督教本色化向全球化的演进历程在多媒体的发展史中清晰可见。

属于美国、英国、日本或印度的基督教团体，我们在努力获取某种忠诚感和看法，这种忠诚感和看法将有意无意地表明我们是普世王国的臣民。作为基督徒我们认识到，世界共同体应具有某种普世的、广涵的以及合一的内涵。因此，任何帮助我们感受到教会充分扩展并且更多理解教会真正多国家、多种族特质的客观方法，都是有益的。”①

相比20世纪20年代的初期，弗莱明的思想在30年代晚期的一个重要方面，就是其国际主义观已从世界转向教会自身。他提出了本色化的一些难题，如文化与宗教的关系，形式应做多大尺度的调整以适应当地民众的文化背景的问题，以及如何将基督教的基本特点与其主体文化分离。弗莱明不再有20年代初的那种轻松的乐观，他承认这些问题是困难的，并且可能需要花上几个世纪的时间才能发展出某种共同的世界文化。但是在30年代，认识到文化差异就是“确认基督教会的广涵性”。差会的主要希望是“一个本色的教会能够发展起来——该教会带着泥土气，自然成长，并且自觉是本土而非外来的。”②

促进本土艺术的一大难题是亚洲人自己的抵制，他们认为本土艺术是异端。本地制作的基督教艺术作品数量很少。“因此，某些对此感兴趣的西方代表人士带头进行示范性的适应实验，以此来克服第二和第三代基督徒已习以为常的对外来艺术

① Daniel Johnson Fleming, *Heritage of Beauty* (New York: Friendship Press, 1937), pp. 9, 10.

② Ibid., pp. 11, 12.

形式最初的喜好。"[①] 弗莱明在《美之遗产》中收入的大多数是在20和30年代建成的建筑物的图片，这些建筑物表明当时本色化运动在建筑领域的新特点。

在该系列的第二本书《各有所长》中，弗莱明注意到基督教艺术尚处于起步期，这部分是因为多数基督徒的贫困使他们不能资助高质量的工作。他从世界各地得到各种意见，认为本色基督教艺术还不存在。但他还是设法做成一本图画汇编，其中大部分都是由传教士和传教工场基督教妇幼文艺委员会委托制作的。弗莱明认为，基督教艺术在中国处于最先进阶段，在那里，圣公会会长和后来的主教沈子高（T. K. Shen）1926年开始以圣路加工作室名义资助基督教艺术。与北京天主教大学有联系的天主教徒在20年代也开始资助基督教艺术，并举办了几次展览。[②] 在第三本关于基督教圣物的书中，弗莱明引用了一些传教士的话，他们曾试图在印度介绍本地圣物，但结果遭到印度人的极力反对，担心异端邪说进入教会。这儿暂且不谈一些本色化人士如亚撒利雅（Azariah）主教预言式的观点，文化融入过程并非坦途。[③]

1938年初，委员会在筹备国际宣教协会的印度马德拉斯

---

① Daniel Johnson Fleming, *Heritage of Beauty*（New York：Friendship Press, 1937）, p. 15.

② Daniel Johnson Fleming, *Each with His Own Brush*（New York：Friendship Press, 1938）, pp. 2, 11-12.

③ 关于安立甘宗首位印度主教亚撒利雅使其教会在礼拜仪式和建筑方面本色化的努力，参阅 Susan Billington Harper, *In the Shadow of the Mahatma：Bishop V. S. Azariah and the Travails of Christianity in British India*（Grand Rapids：Eerdmans, 2000）, pp. 261-62。

会议时，就收到过建议要求资助一项国际基督教文字事工展，作为筹划中的基督教艺术展的一部分。① 国际宣教协会干事范礼文（A. L. Warnshuis）致信各国基督教协会，要求它们为基督教文字、艺术和建筑展提供展品。所要求的展品包括图画、雕塑、挂毯或刺绣、教堂建筑图片、素描与模型。展览旨在“展示基督教的悠久历史和普世性，以及不同时代和不同国度为丰富基督教艺术和建筑所作的贡献”。在这场将要迎接到那时为止来自最广阔地域的普世合一会议代表的大会上，艺术作品本身就是一个团结的因素。②

将建筑也纳入展览的倡议者之一是艾术华（J. Prip-Moller）。艾牧师曾在满洲里与丹麦差会、苏格兰和爱尔兰长老会，以及基督教青年会共事过五年。身为一位建筑师和《中原佛寺图考》（Chinese Buddhist Monasteries）一书的作者，他曾参照典型中国民居的结构设计了奉天基督教青年会大楼。此外，他还设计并建造了学校、医院和教堂。但是他最为重要的工作可能出自他与挪威传教士艾香德（Karl Reichelt）牧师18年的友谊，后者在香港的佛教出家人中开展特殊的传教事工。艾香德与龚斯德一样是长期传教士，他按照成全神学，认为大乘佛教在耶稣基督那里得到成全。在挪威信义宗信徒的支持下，艾香德创办了面向佛教徒的差会景风山（Brotherhood of

---

① “Notes of Discussion on International Exhibit of Christian Literature,” March 1, 1938, International Missionary Council Archives, 1910 - 1961, World Council of Churches, Geneva（IDC, 1987）, Fiche 262005, #4, Madras 1938, “Exhibits.”

② A. L. Warnshuis to Secretaries of National Christian Councils and Conferences, June 1, 1938, IMC Archives, Fiche 262005, #2, Madras 1938, “Exhibits.”

Religious Friends)，该机构在南京毁于1927年的内战。艾香德采用了以出家人来吸引出家人的方式，根据佛教制定了一套礼仪。1931年，他在香港新界建成被称为道风山的建筑群，由艾术华设计，该基督教社区仿照了佛教寺院。①

在《美之遗产》一书中，丹尼尔·弗莱明探讨了艾香德在位于南京附近的景风山如何将佛教符号去适应基督教。艾香德采用的徽号是一个插在莲花上的十字架。礼拜堂内陈设着朱漆圣坛，上设白鹤型蜡烛，并大量使用各种不同的图案，如鱼、火、太阳等等。仪式上的适应包括使用红烛和香。② 在关于本土艺术的该系列第三本著作《他乡的基督教圣物》中，弗莱明附上了道风山基督教丛林中教堂与圣坛的图片。作为自由派新教国际主义的有趣的国内案例，他还刊载了富司迪的纽约城河滨教堂的前门照片，上有摩西、孔子、佛陀、穆罕默德以及传教士威廉·克里（William Carey）和大卫·李文斯敦（David Livingstone）的塑像。

艾术华认为，差会忽视建筑是因为经费上的考虑，即使其代价是让基督教看起来像外来宗教，或者是因为新教徒对审美诉求的偏见。他认为，传教士不是前后一致的，他们一方面教导当地民众说其文化是上帝的恩赐，一方面却又将他们楼宇排

① P. Prip-Möller to David Paton, February 12, 1938, IMC Archives, Fiche 262005, #1, Madras 1938, "Exhibits." 关于艾香德牧师的生平事迹，参阅 Notto R. Thelle, "Karl Ludvig Reichelt, 1877 - 1952: Christian Pilgrim of Tao Fong Shan," in *Mission Legacies*, pp. 216 - 24。

② Daniel Johnson Fleming, *Christian Symbols in a World Community* (New York: Friendship Press, 1940), pp. 92 - 93.

除在外，仿佛上帝只把建筑赐给了西方。[1] 他在《教务杂志》(The Chinese Recorder）上发表了题为《新基督教社区中的基督教建筑》的文章，主张通过使本土建筑适应基督教新思想而实现基督教化，从而既取得和谐又“使古老建筑形式的灵魂和精神得以保存”。当艾术华谈到本土建筑的理论时，基督教国际主义精神顿时显现，他这样写道：“在今日之世界，我们比以往更需要一个强大的基督教会，该教会本着基督的精神将不仅会抵消民族主义，而且会将其提升到一个更高境界，而民族主义在一些地方往往使人们背离上帝。”艾术华称，西方风格的教会犹如非西方风格的教会一样也是民族主义和非普世性的，他强烈主张只有当上帝的子民能“用他们自己的语言来称颂上帝”时，基督的“超国家性”才会变得显而易见。[2]

20 世纪二三十年代基督教本色运动加快的声势在 1938 年印度马德拉斯国际宣教协会的会议上达到高潮。本色基督教文学、艺术和建筑展受到欢迎。关于“后进教会”本色化的不同方面，包括礼仪和崇拜、基督之家、本色圣乐、圣诗、基督教节日和宗教艺术等，都产生了许多不同的讨论。与会代表得出结论认为，应鼓励每个国家把自身文化形式奉献给基督教。就关于崇拜的部分而言，大会建议各国基督教协会收集礼拜仪式的改编作品并将其保存在图书馆以备将来参考。此次大会还提到丹尼尔·弗莱明近期关于本色艺术的著作以及艾术华对本

① Prip-Möller to Paton, p. 3.

② J. Prip-Möller, “Christian Architecture in New-Christian Communities,” *Chinese Recorder*, July 1939 reprint edition, pp. 3 -4, 6. IMC Archives, Fiche 262005, # 2.

色化建筑的反思。[①] 大会的正式报告表述了在文化融合上的以下共识：

> 当教会在非基督教的宗教和文化环境中成长时，它们有必要牢牢地植根于基督教传统和普世教会的团契。它们在所有时代和所有种族的基督教大家庭中有自己的地位。然而，它们也应植根于本国的土壤。因此，我们强烈认为，福音的表达和诠释应采取本土形式，而且在崇拜方式、机构、文学和建筑等方面，均应采用本国和本民族的精神遗产。福音并不一定要与从先进教会带来的形式和方法结合在一起。在那些此前从不知道基督的民众心中给与基督应有的位置——这样他就既非外来者、亦不受前基督教思想方式的歪曲——的努力是一项伟大的、成全后进教会带给普世教会其自身的巨大贡献的灵性使命。[②]

与此同时，宣教大会继续把基督教国际主义的愿景呈现在各国教会面前。在认识到传教士必须“使自己与其所服务民众的最崇高抱负和利益结合起来”的同时，关于教会与国家的分会议报告告诫说，传教士也必须“始终意识到其所代表的普世团契，以及所有基督徒为神的国度共同子民的身份”。尽管与会代表对军国主义、中日战争以及纳粹崛起的担心，他

① IMC, *The Life of the Church*, Madras Series, vol. 4 (New York: IMC, 1939), pp. 5 – 6.

② IMC, *The Authority of the Faith*, *Madras Series*, vol. 1 (New York: IMC, 1939), pp. 201 – 02.

们仍确信“在宣教事业中基督教运动对国际秩序作出了不可或缺的贡献……在这里，国际间和种族间的交往可达到最高程度。真正的传教士作为朋友而来……国家间和种族间的分离之墙将因普世教会不断扩大的团契而倒塌。”①

1938 年国际宣教协会的会议清晰地表明基督教国际主义与本色化在一次大战以来是如何共同成长起来的。② 马德拉斯大会有比此前任何宣教会议更高的来自非西方世界代表的比例。因为有这么多来自世界不同地方的本土基督徒与会，大会的主要议题便是“后进教会”。基督教作为世界性共同体以及促进世界团结、和平与公义之力量的愿景，在此次全球团契的集会中清晰可见。与此同时，大会号召通过使基督教适应不同文化来深化在各国不同处境下的基督教生活。尽管自较为乐观的 20 世纪 20 年代以来对推进尘世间神的国度的信仰有所减退，但国际主义愿景并未消逝。相反，在宣教圈子里此种愿景作为全球教会的本色化原则而更为聚焦。它已不太可能与此前对政府政治——如“十四点计划”、国际联盟、禁止大规模杀

---

① IMC, *The Church and the State*, Madras Series, vol. 6 (New York: IMC, 1939), pp. 256, 255.

② 应该注意的是，国际主义者并非 20 世纪 30 年代唯一对本色化有兴趣的传教事业倡导者。国际主义话语源自传教运动的“自由派”一翼。保守派宣教学者，像克莱默和古特曼（Bruno Gutman），也对本色化有兴趣，但他们并不赞同国际主义的神学框架或词汇。欧陆宣教学者更倾向自下而上推动本色化的方式，而非国际主义者自上而下的方式。关于欧陆对北美传教事业倡导者“十字军式”理想主义的批评，参阅 Jan A. B. Jongeneel, “European-Continental Perceptions and Critiques of British and American Protestant Missions,” *Exchange* 30 (April 2001): 117 - 18。

伤性武器的日内瓦议定书等等——基督教性的信心联系在一起。换言之，到20世纪30年代晚期，基督教国际主义的中心重新定位在教会本身，而非教会影响世界新秩序的能力。[①]

（四）来自后进教会的使者

使基督教脱离西方文化以及支持文化本色化这两大主题，是两次世界大战期间传教士对基督教国际主义所作贡献的一部分。然而，如果没有非西方基督徒在表述西方教会普世愿景方面的参与，此两个主题都不能产生预期效果。在西方人眼中，对上帝之国普世团契最有力的见证者是来自所谓传教工场的那些活生生的、讲英语的基督徒。在“世界友谊”这一时代的传教口号下，20世纪二三十年代标志着广泛使用本土基督徒或自东徂西的逆向传教士的开端。如果浏览当时的宣教杂志，人们会对20世纪30年代非西方基督徒的真切声音如何不断被听到而颇为震惊。在早年，宣教杂志所载关于中国或非洲女传道的故事都出自西方传教士之手。但到30年代，这样的故事则以本土基督徒自己观点并由他们自己来讲述。多年来教会高等教育不仅塑造了一批有文化的非西方领袖，而且传教士也意识到在推进国际主义议程方面，所谓本土基督徒的声音远比传教士的声音具有效力。

从20世纪20年代以来，基督教学生运动和差会组织开始资助非西方基督徒，尤其是那些在西方接受过教育并同样持有

① 以教会为中心的传教向来是德国和其他欧陆传教倡导者所支持的。关于德国人在两次大战期间对以教会为中心的传教事业的坚持，参阅 Yates，*Christian Mission in the Twentieth Century*，and Jongeneel，“European-Continental Perceptions.”

其资助者国际主义观的基督徒出版英语著作。在该领域国际基督教学生运动再次成为领导者，就像蒂辛顿·塔特洛的经历所证实的那样，来自基督教青年会、基督教女青年会和世界基督教学生同盟各分支本土领袖在西方大学生和国际友谊团体中成为大受欢迎的讲员。[①]

对西方当时出版的这类文献的粗略考察，显示中国和日本基督徒的观点在 20 世纪 20 年代极受关注。传教士们谋求抵消 1922 年中国非基督教运动的负面宣传、发动支持就 19 世纪以来不平等条约进行重新谈判，以及反对 1924 年《排亚法案》，试图以此来使中国人和日本人在西方人心目中更为人性化和个体化。1922 年至 1926 年间由英国基督教学生运动出版的《中国人眼里的今日中国》（China To-Day through Chinese Eyes）论文系列是具有开创性的。作者名单读起来就像中国基督徒知识分子和青年会领袖的名人录，其中包括赵紫宸（T. C. Zhao）、余日章（David Z. T. Yui）、刘廷芳和顾子仁等。这些作者在探讨中国基督教运动的不同方面时，还支持国际主义的议程，如同中国基督教会在 1922 年所做的那样，当时它把争取“世界范围的跨国手足情谊”和“国际友谊”作为基督徒的责任。新成立的中华基督教会号召使中国正在“迅速发展的民族意识”基督教化。[②] 在论及中国的知识运动时，燕京大学哲学教

---

① 虽然我这里所讨论的本土基督徒都有其自己的观点，需要进一步挖掘，但为本研究之目的，我在促进西方传教议程的背景下考虑他们。而且，显然他们对西方传教事业国际化的参与服务于他们自身的目标，其中一些目标是与他们资助者的目标是重叠的。

② Cited in Platt, *A Straight Way*, p. 206.

授徐宝谦（P. C. Hsu）指出，基督教对民族主义上升潮流的贡献是“以基督教国际主义精神”来补充民族主义，而人类手足之情的信条将使一个没有战争的世界成为可能。①

曾在协和神学院受教于富司迪和弗莱明、时任燕京大学神科主任的刘廷芳，在另一篇文章中对中国知识分子在新文化运动中谋求融合科学、民主、民族主义和精神探索展开了讨论。作为著名的圣诗作者，刘曾因创作实验性的本土礼拜仪式和灵修资料系列，而在 1938 年国际宣教协会的会议上受到赞扬。1927 年刘廷芳在波士顿大学神学院执教一年，从而成为美国第一位非西方的宣教学教授。

在美国所有支持妇女传教事业的非西方人中，无人具有日本教育工作者小川圭治（Michi Kawai）那样的地位。小川圭治曾就学于宾夕法尼亚布林茅尔学院，是日本基督教女子学校的创办者，也是日本基督教女青年会的共同发起人和领导人。她是一位虔诚的国际主义者，在英国、美国和中国有广泛的人脉。1910 年，她代表基督教女青年会第一次赴美演讲六个月，1926 年再次赴美为其基督教学校求助，并为反对美国排日造势。某次，约翰 D. 洛克菲勒夫人和悉尼·古立克（Sidney Gulick）一家人（他们曾在日本宣教）带她参加一个教会集会，共同发言支持废除排日法案。小川圭治在自传中写道，1926 年的美国之行坚定了她的信念，即要使“国际研究”成为其学校的特色，并鼓励学生“迎接充满和平和善意的世界

① P. C. Hsu，“Intellectual Movements，” in *China To-day Through Chinese Eyes*，2d ser.，3d ed.（London：Student Christian Movement，1927），pp. 29 – 30.

新秩序”。[①]

1934年小川圭治与人合著了宣教学习书籍《日本女性的声音》（Japanese Women Speak），由美国海外传教联合学习中央委员会资助出版。这本书探讨了日本女性基督徒为抵御不断上升的军国主义浪潮而推动的教育、国际主义、和平主义和世界友谊等议题。[②] 1934年北美妇女宣教部资助小川圭治赴美巡讲，此前一年该部曾邀请了两位来自中国的讲员。1938年，小川圭治作为日本代表之一参加了国际宣教协会的会议。在会上，她总结了这次会议对基督教教育的意义：“会议告诫我们应珍视各国、各种族的遗产，要求我们将基督教浓醇之宝血注入其中，它将唤醒和振兴古老的本土文化。”她认为，传福音是“在尘世间迎来神的国度”的基础，而教师就是神的同工。[③] 毫无奇怪，在二次大战期间小川圭治和其他日本妇女基督徒因其和平主义和国际主义观而经受磨难。美国读者通过阅读《我的明灯》（My Lantern）（1939年）和《两种人生》（Sliding Doors）（1950年）这两本英语自传，得以对她的斗争产生共鸣。[④]

---

① Michi Kawai, *My Lantern* (privately printed in Japan, 1939), p. 170.

② Michi Kawai and Ochimi Kubushiro, *Japanese Women Speak* (Boston: Central Committee on the United Study of Foreign Missions, 1934). 中央委员会出版的其他书籍也通过使非西方基督教妇女领袖的声音被听到来推动“世界友谊”。其中有一辑特别有趣，这辑名为《妇女与道：基督与世界女性》，由宋美龄（Madame Chiang Kai-Sek）主编，收入了全世界著名基督徒妇女的文章。参阅 *Women and the Way: Christ and the World's Womanhood* (New York: Friendship Press, 1938)。

③ Kawai, *My Lantern*, pp. 227 – 28.

④ Michi Kawai, *Sliding Doors* (Tokyo: Keisen-Jo-Gaku-En, 1950).

两次大战期间非西方“逆向传教士”对形塑国际主义传教议程的影响是值得深入研究的课题，这里再略举几例应足以说明此点。1923 年，从韩国梨花女子学院毕业不久的金海伦（Helen Kim）在美国攻读研究生课程。金海伦是韩国基督教女青年会的创始会长，此后长期担任梨花女子学院的校长。1923 年她参加了当时最大的妇女宣教机构美以美会妇女海外传教协会执委会的会议。会上金发表了讲话，提议妇女联合组成一个世界性组织，作为国联之外的另一选择；她认为国联是一个男性的组织。拟设立的组织将推动世界和平和团契，鼓励妇女工作的专业化，保护妇女和儿童，培育妇女成为世界公民，以及在所有地方都建立公正和正义。此后金的提议被来自日中两国的两位基督教妇女提交给了整个妇女海外传教部联会（Federation of Women's Boards of Foreign Missions）。1929 年卫理公会妇女宣教协会考虑更名为“妇女国际宣教协会”，以示世界教会是男女平等的团体。此后在 1939 年，来自 27 个国家的妇女成立了卫斯理宗妇女世界联合会（World Federation of Methodist Women）。联合会采用“生命之树”作会标——出自中国华南女子文理学院校长王世静（Lucy Wang）的建议——并支持在各国的以下“成果”：布道、教育、医疗、文学、青年、儿童、世界和平、禁酒、农村教育、家庭生活、种族间关系和经济正义。树叶象征着不同国籍的卫斯理宗妇女共同谋求建立一个“基督教世界秩序”，以使各国和好。①

① Rosemary Keller, gen. ed., *Methodist Women, a World Sisterhood. A History of the World Federation of Methodist Women, 1923 - 1986* (N. p.: World Federation of Methodist Women, n. d.), pp. 3 - 12.

值得注意的是，1938 年马德拉斯国际宣教会议共有 70 名妇女参会，这个结果部分是由于西方妇女宣教组织持续的压力，从而推动各国基督教协会指派妇女加入它们的代表团。中国代表团甚至由一名中国女性率领，吴贻芳（Wu Yi-fang）因此成为到那时为止参加国际会议所有代表团的第一位女性团长。吴贻芳毕业于教会学校，在密歇根大学获生物学博士学位。1927 年她成为金陵女子文理学院首任中国校长，该学院也是中国唯一的跨宗派女子大学。①

国际宣教会议的另外一名国际妇女，是来自南非的代表米娜·索佳（Mina Soga）。米娜是一名教师和社会工作者，也是出席国际宣教大会的第一位非洲妇女代表。她参加会议是因为长期从事宣教事工、且为不久前成立的南非全国基督教协会提名委员会的唯一女性委员克拉拉·布里奇曼（Clara Bridgman），后者坚持认为应选一名妇女加入有 12 人组成的非洲代表团。米娜以她的歌声和她对基督教用非洲形式和非洲人文化来加以表达的呼吁，在会上给人留下了深刻印象。后来为米娜撰写传记的露丝·西伯里（Ruth Seabury）回忆说："当我们听到她发言时，我们中有人第一次开始看到用非洲方式表达基督教讯息的可能性。"而这次会议也给米娜留下深刻印象，她也第一次经历了真正跨种族的团契。她感受到与其他发展中国家代表同心同德，就像她所回忆的那样，"走出非洲把我从一个南非人变成一个非洲人，而马德拉斯则更使我成为一个世界

① Sherwood Eddy, *Pathfinders of the World Missionary Crusade* (New York: Abingdon-Cokesbury Press, 1945), pp. 220 – 27.

基督徒。”[1] 会后，在美国代表团安排下，她与其他几位国际代表乘船赴美，与差会圈子、青年会议和教会团体的人士分享她们在马德拉斯的世界团契体验。在6个多月的时间里，米娜先后在美国24个城市发表演讲。美国的种族隔离意味着米娜的到场、她对南非局势的信息，以及国际基督徒团契的愿景，对正在为促进种族和解而斗争的黑人和白人基督徒来说，不但非常及时而且鼓舞人心。

两次大战期间，美国最有名的“逆向传教士”是一位日本人贺川丰彦（Toyohiko Kagawa）。他既是位传教士，也是一名社会工作者、社会主义者及和平主义者。虽然早先他的事业已为人瞩目，但直到1932年由长期在日本传教的艾科斯林（William Axling）撰写的贺川丰彦传记出版，他才引起西方教会的注意。[2] 在其编辑助理，另外一名传教士、神户基督教女青年会的海伦（Helen Topping）帮助下，他创作了大量英语著作，有诗歌、灵性反思和一本自传。贺川丰彦是基督教国际主义的主要代表人物之一，在宣教组织、日裔美国人团体、和平主义机构那里广受欢迎。当两国之间充满敌意和怀疑时期，是他与美国人一起分享日本基督教的精神。

在结束本节讨论之前，再简要看一下印度改革家莫罕达斯·甘地（Mohandas Gandhi）对基督教国际主义者的影响。虽然限于篇幅，本文无法对此展开充分讨论，但值得注意的是，甘地有许多传教士友人，比如龚斯德、安德鲁斯（C. F.

---

① Ruth Isabel Seabury, *Daughter of Africa* (Boston: Pilgrim Press, 1945), pp. 79, 77.

② William Axling, *Kagawa* (New York: Harper & Brothers, 1932).

Andrews)，正是他们将甘地的非暴力运动介绍到西方。较早一本富有洞察力的向西方介绍甘地的传记问世于1932年（贺川丰彦的传记也于同年出版），书名比较独特，即《短身棕肤奇人甘地》(That Strange Little Brown Man Gandhi)。这本书的作者是弗雷德里克·费舍（Frederick Fisher)，印度独立的支持者、卫斯理宗印度传教主教，他卸任主教之职以便让第一位印度人士担任该职。费舍关于甘地的研究强烈指责了西方种族主义、帝国主义和资本主义，号召民族自决以及把基督教方式作为实现人类手足之情的基督教理想的唯一适当路径。①

两次大战期间某种国际基督教意识的发展出于西方传教士与讲英语并受良好教育的非西方教会领袖有意识的合作关系。尽管他们的背景和动机各异，但如弗雷德里克·费舍等归国传教士以及如贺川丰彦等“本土”基督徒，都共同拥有某种国际主义愿景。

结论

在本文中，我提出了在20世纪二三十年代传教运动内的国际主义论述。该论述表明，不同种族和文化之间的合作的、世界范围的、和平的共同体的全球愿景需要特别关注，以深化

① Frederick B. Fisher, *That Strange Little Brown Man Gandhi* (New York: Ray Long & Richard R. Smith, 1932), pp. 231 – 33. 费舍去世后，他的遗孀韦尔西·杭辛格·费舍（Welthy Honsinger Fisher）应甘地的请求，在安拉阿巴德建立了一所扫盲之家。韦尔西之前是在华传教士，也是国际主义的一位主要发言人。

每一文化中基督教的含义。尽管在本文讨论的这一时段，国际主义运动比传教运动更为广泛，但传教士通过展望某种基督教国际主义，其特色为基督教在各个文化中的本色化，而对国际主义作出了独特的贡献。

当20世纪20年代过渡到30年代时，随着意大利、德国和日本法西斯主义、苏维埃共产主义以及在被殖民各民族中的民族主义运动的出现，此前关于实现世俗国际主义的乐观想法逐渐消退。然而，由于正在增长的普世教会加强了对本色化的强调，以教会为中心的国际主义却反而兴旺起来。那些倡导该阶段国际主义最著名的传教士代言人同时又是在传教实践中最致力于本色化和转交权力的人士，而这并非巧合。作为宣教实践者，他们对基督精神采取不同文化的、有时甚至采取不同宗教和像印度民族主义斗争那样的世俗运动的形式，持开放态度。

传教运动所采取的鼓励基督教国际主义和作为其孪生兄弟的本色化的步骤有三：

首先，差会领袖决志使基督脱离西方文化，并使其在不同民族和国家处境中具体化。虽然他们并未发展出完整的本色神学，但这些传教士将这一发展视为对所谓后进教会正在展开的重大任务。

其次，传教团体参与了具体的本色化实验，包括资助本土基督教文学、艺术、建筑、礼拜仪式等等。由于此类实验仍以自由派国际主义话语来表达，因此无论是西方的基要派还是本土的保守基督徒都指责其为混合主义。比如，艾香德的著作《道友之基督教会礼书》（Ritual Book of the Christian Church Among the Friends of the Tao），因对中国文化的适应而在1938

年国际宣教大会上得到好评，但同时也因其宇宙基督神学受到亨德里克·克雷默（Hendrik Kraemer）的批评。[①] 如果本色化人士走出基督教的环境去寻找参照系，那么他们就被传教士和本土人士视为走得太远。本色化项目以基督教国际主义作为基本参照系，建立多元和处境神学的日子仍未到来。

最后，传教士与一群受到良好教育并善于表达的本土基督教人士合作共事，这些人士出于自身的原因，成为对西方的国际主义和本色化使者。

两次大战期间的基督教国际主义如何与我们当今对基督教全球化的强调相比？从表面上看，愤世嫉俗的人可能会认为两者都是物质上成功的资本主义国家所发起的世界一体化更大运动在宗教上的表现。我们自身时代的全球议程是由全世界互相合作的知识精英所驱动的，而二次大战期间的国际主义议程基本上也是如此。国际主义是政治联合的计划，而全球化追求的则是一个资本主义的、技术上的世界一体的愿景。

国际化和全球化的第二个相似之处，是自上而下的世界一体愿景与从全球范围汲取力量的民族主义或种族复兴之间的张力。军国主义都是这两段历史时期的标志，而且在此两种情况下，基督教传教士都充当了对反西方势力的具有象征性的恶棍角色。西方传教组织尽可能把自己想成是非政治性的，但他们仍注定无法逃脱把他们描绘成西方政治与经济权力的代表的人类历史的罗网。

---

① 参阅艾香德关于道种（logos spermatikos）的演讲，宇宙基督观构成基督教与佛教的接触点。"The Johannine Approach," in *The Authority of the Faith*, IMC, pp. 90 – 101。作为其长期传教经历之结果，艾香德看到两教之间的连续性。

就基督教传教而言，国际主义与全球化之间最大的共同点就是对基督教本色化的强调。今日对普世教会内基督教本地形式的兴奋与20世纪30年代相似。[①] 二次大战期间传教领袖还在哀叹缺乏非西方的艺术和神学，而到20世纪末非西方神学已成为生机勃勃的事业（尽管在很多情况下由西方出版社出版）。就像二次大战期间的传教士推动非西方文艺一样，今日之西方基督教出版商也在资助非西方神学。虽然国际主义者往往是神学温和派或自由派，但今日之全球化拥趸在自由派和保守派两大神学阵营中都能找到。自由派往往对处境神学感兴趣，而保守福音派则指向福音基督教在世界各地文化中的全球传播。今天，世界基督教协进会（World Council of Church）被许多保守派视为破产和过时的自由派理想主义的遗物。但因为在历史上全球化的实体机构与西方文化和资本主义交织在一起，所以自由派与今日之保守派“世界基督徒”也许拥有比他们所愿意承认的更多的共同点。

---

① 具有讽刺意味的是，关注教会本色化或多元文化主义是西方教会自身的一部分所支持的对西方霸权的批评。在20世纪30年代和90年代，有钱的大亨们所设立的基金会均资助研究作为全球宗教的基督教。因此，如果对洛克菲勒基金会在20世纪20和30年代资助的研究与20世纪90年代皮尤慈善信托基金会资助的研究进行对比，将是有趣的。

作者简介

达纳·L. 罗伯特（Dana L. Robert）

	波士顿大学神学院世界宣教学杜鲁门·柯林斯讲座教授（Truman Collins Professor）
徐以骅	复旦大学美国研究中心、复旦大学宗教与中国国家安全研究中心、宗教与国际关系研究中心教授
李　峰	华东政法大学社会学系副教授
孙晓玲	深圳职业技术学院人文学院副教授
李　意	上海外国语大学中东研究所副研究员、复旦大学国际关系与公共事务学院政治学博士后
钮　松	复旦大学国际关系与公共事务学院在站博士后、上海外国语大学中东研究所副教授
刘　骞	同济大学政治与国际关系学院副教授
涂怡超	复旦大学美国研究中心、宗教与国际关系研究中心助理研究员
秦　倩	复旦大学宗教与国际关系研究中心讲师
章　远	华东政法大学政治学研究所助理研究员、华东政法大学法学流动站宪法与行政法方向博士后
赵　冰	上海电机学院马克思主义学院讲师

章志萍　复旦大学国际关系与公共事务学院博士生、上海第二军医大学外语教研室讲师

王首贞　复旦大学国际关系与公共事务学院宗教与国际关系研究中心博士后

何健宇　复旦大学国际关系与公共事务学院宗教与国际关系研究中心博士生

赵姗姗　复旦大学国际关系与公共事务学院硕士研究生

史美林　复旦大学国际关系与公共事务学院硕士研究生、上海人民出版社编辑

王　畅　上海外国语大学中东研究所硕士研究生